Paris
1882

Gambetta, léon

Discours et plaidoyers politiques

11vol

DISCOURS

ET

PLAIDOYERS POLITIQUES

DE

M. GAMBETTA

VII

PARIS

TYPOGRAPHIE GEORGES CHAMEROT

19, RUE DES SAINTS-PÈRES, 19

DISCOURS

ET

PLAIDOYERS POLITIQUES

DE

M. GAMBETTA

PUBLIÉS PAR M. JOSEPH REINACH

VII

CINQUIÈME PARTIE

(16 Mai 1877 — 14 Décembre 1877)

ÉDITION COMPLÈTE

PARIS

G. CHARPENTIER, ÉDITEUR

13, RUE DE GRENELLE-SAINT-GERMAIN, 13

1882

DISCOURS

Prononcé le 16 mai 1877

A LA RÉUNION PLÉNIÈRE DES GAUCHES

(PARIS)

Nous avons raconté dans le volume précédent (tome VI,
p. 355) qu'au cours de la séance du 4 mai, un député républicain avait produit à la tribune de la Chambre un article
paru deux jours auparavant dans le journal *la Défense*. Le
journal de M. Dupanloup affirmait que M. Jules Simon avait
été « mis en demeure, par le *gouvernement du maréchal*, de
donner solennellement au clergé et aux catholiques toutes
les garanties désirables de protection et de sécurité, de proclamer hautement sa détermination de mettre fin aux violences radicales et de réprimer énergiquement cette guerre
de presse qui, demain, se transformerait en guerre civile ».
Et le collaborateur de l'évêque d'Orléans ajoutait : « Si, au
dernier moment, M. Jules Simon recule, s'il altère en quoi
que ce soit la pensée du gouvernement qu'il représente, nous
savons bien les moyens de l'obliger à venir enfin à la politique de protection religieuse et sociale à laquelle il a fait
défaut jusqu'ici. Le gouvernement y viendra, malgré M. Jules
Simon peut-être, mais il y viendra. »

M. Jules Simon avait répondu « après avoir jeté par terre
avec indignation le numéro du journal *la Défense* qu'il tenait
à la main : [1] »

« On a fait intervenir dans cet article de la *Défense* le nom
respecté du président de la République. Eh bien, *il y a là*

---

1. Compte rendu sténographique, *Journal officiel* du 17 mai.

une calomnie pour lui comme il y en a une pour moi. (Oh!
oh! — C'est vrai! — Très bien! et bravos au centre et à gauche.)... Comme j'ai l'honneur de siéger dans les conseils du
gouvernement depuis cinq mois, je ne puis m'empêcher de
dire à la Chambre que le respect profond que, malgré des
dissentiments politiques, j'ai de tout temps professé pour le
caractère de M. le président de la République, n'a cessé de
s'accroître depuis que j'ai l'honneur de le voir de plus près,
et je suis heureux de cette occasion qui m'est offerte de dire
quelle respectueuse admiration m'inspire de jour en jour
davantage sa conduite politique. (Bravos et applaudissements
prolongés au centre et à gauche.) »

Douze jours plus tard, comme la Chambre des députés
venait de voter l'abrogation du titre II de la loi du 24 décembre 1875 sur la presse et un amendement établissant la
publicité obligatoire des séances des conseils municipaux,
M. Jules Simon recevait du maréchal de Mac-Mahon la lettre
suivante :

                                   « Paris, le 16 mai 1877.

        « Monsieur le président du conseil,

    « Je viens de lire dans le *Journal officiel* le compte rendu
de la séance d'hier.

    « J'ai vu avec surprise que ni vous ni M. le garde des
sceaux n'aviez fait valoir à la tribune toutes les graves raisons qui auraient pu prévenir l'abrogation d'une loi sur la
presse votée, il y a moins de deux ans, sur la proposition de
M. Dufaure, et dont, tout récemment, vous demandiez vous-
même l'application aux tribunaux ; et cependant, dans plusieurs délibérations du conseil et dans celle d'hier matin
même, il avait été décidé que le président du conseil, ainsi
que le garde des sceaux, se chargeraient de la combattre.

    « Déjà on avait pu s'étonner que la Chambre des députés,
dans ses dernières séances, eût discuté toute une loi muni-
cipale, adopté même quelques dispositions dont, au conseil
des ministres, vous avez vous-même reconnu tout le danger,
comme la publicité des conseils municipaux, sans que le
ministre de l'intérieur eût pris part à la discussion.

    « Cette attitude du chef du cabinet fait demander s'il a

conservé sur la Chambre l'influence nécessaire pour faire
prévaloir ses vues.

« Une explication à cet égard est indispensable, car, si je
ne suis pas responsable, comme vous, envers le Parlement,
j'ai une responsabilité envers la France dont aujourd'hui
plus que jamais je dois me préoccuper.

« Agréez, monsieur le président du conseil, l'assurance
de ma haute considération.

« Signé :

« Le président de la République,

« Maréchal DE MAC-MAHON. »

M. Jules Simon répondit en ces termes :

« Paris, le 16 mai.

« Monsieur le président de la République,

« La lettre que vous voulez bien m'écrire m'impose le devoir de vous donner ma démission des fonctions que vous
aviez bien voulu me confier.

« Mais je suis obligé en même temps d'y ajouter des explications sur deux points.

« Vous regrettez, monsieur le maréchal, que je n'aie pas
été présent samedi à la Chambre quand on a discuté en
première lecture la loi sur les conseils municipaux. Je l'ai
regretté également; j'ai été retenu ici par une indisposition;
mais la question de la publicité des séances ne devait être
discutée qu'à la seconde délibération; je m'étais entendu à
cet égard avec M. Bardoux. L'amendement de M. Peyras,
qui a passé, a pris l'Assemblée à l'improviste, et j'avais rendez-vous avec la commission vendredi matin, pour essayer
de la faire revenir sur son vote avant d'engager le débat
devant la Chambre. Tout cela est connu de tout le monde.

« Quant à la loi sur la presse, monsieur le maréchal, vous
voudrez bien vous souvenir que mes objections portaient
uniquement sur les souverains étrangers. Je m'étais toujours
expliqué dans ce sens, comme vous vous en êtes souvenu
vous-même, au conseil d'hier matin. J'ai renouvelé mes ré-
serves devant la Chambre. Je me suis abstenu de les déve-

lopper pour des raisons que tout le monde connaissait et
approuvait. Pour le reste de la loi, j'étais d'accord avec la
commission.

« Vous voudrez bien comprendre, monsieur le président,
le motif qui me porte à entrer dans ces détails. Je devais
établir ma position d'une façon très nette au moment où je
quitte le conseil. J'ose à peine ajouter, mais comme citoyen,
non plus comme ministre, que je désire vivement être remplacé par des hommes appartenant, comme moi, au parti
républicain conservateur. J'ai eu, pendant cinq mois, le devoir de vous donner mon avis, et, pour la dernière fois que
j'ai l'honneur de vous écrire, je me permets d'exprimer un
souhait qui m'est uniquement inspiré par mon patriotisme.

« Veuillez agréer, monsieur le maréchal, l'hommage de
mon respect.

« Jules Simon. »

Sous quelle influence particulière le maréchal de Mac-
Mahon avait-il écrit à M. Jules Simon la lettre de congé
qu'on vient de lire? Quels étaient les conseillers de cette
étrange et coupable aventure? Il n'a été encore répondu à
ces questions que d'une manière insuffisante. Nous avons
exposé avec quelles arrière-pensées le président de la République avait appelé M. Jules Simon aux affaires et comment
celui-ci, soit naïveté, soit vanité, avait donné dans le piège
qu'on lui avait tendu. C'était certainement le duc de Broglie
qui avait poussé le maréchal à faire venir M. Jules Simon,
afin d'user successivement les principaux *leaders* de la gauche. Comme le sort des élections sénatoriales de 1879 dépendait presque entièrement des élections municipales fixées
par la loi à 1877, M. de Fourtou avait toujours été l'avocat
d'une dissolution qui permit à un cabinet de droite de préparer ces élections. C'était M. Dupanloup qui avait été l'un
des principaux organisateurs de la dernière levée de boucliers des cléricaux, et il est avéré que ces trois chefs de
la réaction étaient d'accord depuis plusieurs mois pour
tenter, au moment propice, la dissolution de la Chambre
du 20 février et un nouvel appel au pays. Est-ce pourtant
à ces trois hommes d'État ou à l'un d'eux, plus particulièrement à celui qui était homme d'Église, qu'il convient d'attribuer la paternité de l'acte même du 16 mai? Nous ne le

pensons pas. La lettre du maréchal à M. Jules Simon est à la
fois trop maladroite dans la forme et trop inopportune pour
être autre chose que l'œuvre de la petite coterie de l'Élysée.
L'ordre du jour du 5 mai avait soulevé au Vatican les craintes les plus vives. Des lettres pressantes avaient été envoyées
à l'entourage clérical du président de la République. Le
maréchal, excité et impatienté depuis longtemps, dut se décider presque seul à son brusque coup de tête. Il connaissait
dans son ensemble le plan du duc de Broglie et de M. de
Fourtou, leur dessein, arrêté dès le mois de décembre, de
dissoudre la Chambre et de ne rien négliger pour contraindre le suffrage universel à revenir sur le vote du 20 février.
Il crut sans doute que le reste, les questions de forme et les
questions d'opportunité, était secondaire et il dicta la lettre
du 16 mai. On a pu supposer ainsi que cette lettre ne dé-
plut pas moins aux fins politiques de la réaction qu'à M. Simon. Mais cette lettre coupait les ponts et rendait toute retraite impossible. Le Rubicon une fois passé par le maréchal,
ses amis ne pouvaient plus reculer et ils n'y songèrent pas.
Pendant que M. Simon écrivait au président de la République l'épître singulièrement humble que nous avons reproduite, M. de Broglie convoqua sans tarder ses anciens alliés
du 24 mai.

Nous empruntons au *Rappel* du 18 mai l'historique très
exact de la journée du 16 mai :

« C'est le 16 au matin, à la première heure, que M. Jules
Simon a reçu la lettre du maréchal ; il y a répondu immédiatement et, quelques heures après l'envoi de sa lettre, il
s'est rendu à l'Élysée pour conférer avec le président de la
République.

« Dans cette entrevue, le maréchal a déclaré à M. Jules
Simon que, placé au pouvoir par les conservateurs, il ne saurait aller plus loin dans la voie républicaine ; qu'il était arrivé à l'extrême limite de ses concessions, et qu'il ne pouvait conserver un ministère sans action sur la Chambre des
députés *et marchant à la remorque de M. Gambetta.* « Je suis
« un homme de droite, a-t-il ajouté le maréchal, et je dois
« retourner à ceux qui m'ont porté au pouvoir. »

« Le maréchal aurait indiqué qu'il comptait faire un ministère *centre droit libéral.*

« Le maréchal a fait appeler dans la matinée M. le duc
d'Audiffret-Pasquier auquel, on s'en souvient, il avait eu recours tout d'abord, dans des circonstances semblables, après
la chute du cabinet Dufaure-Marcère, et lui a rapidement
exposé ses vues. D'après le maréchal, le chef du cabinet
actuel s'est montré hors d'état de faire prévaloir à la Chambre la partie conservatrice de son programme, et ce cabinet
de gauche, qui a succédé à un cabinet centre gauche, était
en réalité le prisonnier de la gauche radicale. M. le président de la République aurait ajouté : « Je ne sais encore ce
que je ferai; mais je ne prendrai conseil que de moi, car
mon honneur est engagé dans la question. »

« Pendant que M. Jules Simon recevait du maréchal la
lettre que l'on sait, chaque autre ministre recevait un mot
très bref également signé par le maréchal, et dans lequel
celui-ci disait simplement que M. Jules Simon avait donné
sa démission et qu'elle avait été acceptée.

« La plupart des ministres assistaient aux obsèques de
M. Ernest Picard, et c'est au moment où le cortège funèbre
allait se mettre en marche qu'ils ont reçu la notification
présidentielle.

« La nouvelle s'est immédiatement répandue parmi les
nombreux députés et sénateurs présents et a causé une
stupéfaction générale. La plupart hésitaient à y croire; mais
il a bien fallu se rendre à l'évidence.

« A trois heures, la gauche de la Chambre était convoquée à la salle des Conférences du boulevard des Capucines.
On s'y est rendu en foule; non seulement les membres de
la gauche proprement dite sont venus, mais encore beaucoup de membres appartenant aux autres groupes de la
gauche jusqu'à l'extrême gauche que préside M. Louis Blanc.
Il y avait également quelques sénateurs républicains présents. On estime à plus de 200 le nombre des assistants.

« La réunion a été mise au courant de la situation par le
président, car beaucoup de membres, qui n'avaient pas
assisté aux obsèques de M. Ernest Picard, ignoraient l'événement qui venait de se produire si brusquement.

« M. Gambetta, qui avait interrompu la séance de la commission du budget pour venir prendre part à la réunion, a
émis l'avis qu'il fallait organiser le jour même une réunion
plénière des gauches, pour y arrêter les termes d'une décla-

ration collective qui ferait connaître au pays l'état des
choses et le sentiment unanime de la majorité républicaine.
M. Gambetta a recommandé d'agir avec calme, mais avec
résolution, la fermeté et l'énergie de la majorité républicaine devant déjouer, à son avis, tous les projets que pourraient former les adversaires des institutions actuelles.

« MM. Jules Ferry et Bernard Lavergne, tout en réclamant
aussi une attitude énergique, se sont prononcés contre la
réunion plénière, et ont demandé qu'on établît l'accord
entre les groupes par l'intermédiaire de leurs bureaux.

« Après un débat assez vif et assez prolongé, la réunion
a décidé, à une immense majorité, d'organiser une réunion
plénière qui aurait lieu le soir même à Paris, à 10 heures,
au Grand-Hôtel.

« Les quelques adversaires de la réunion plénière avaient
essayé, une fois la réunion décidée en principe, de la faire
organiser ce matin seulement, et à Versailles; mais leur
proposition a été également repoussée.

« Immédiatement après la gauche, l'Union républicaine
s'est réunie et, à l'unanimité, a adopté le projet de réunion
plénière. Elle a, en outre, adjoint à son bureau MM. Gambetta, Spuller et Lepère pour délibérer, dans cette circonstance exceptionnelle, avec les autres bureaux des gauches. »

La réunion plénière des députés républicains eut lieu à
dix heures, au Grand-Hôtel. MM. Devoucoux, Louis Blanc,
Houyvet, Floquet et Brisson prennent place au bureau.
M. Devoucoux déclare la séance ouverte et donne la parole
à M. Gambetta.

M. GAMBETTA. — La mission qui m'est impartie ne
comporte pas de longs développements. Vous êtes tous
au courant de la crise qui vient de s'ouvrir et des circonstances dans lesquelles elle s'est ouverte. Vous
savez par quel acte singulier et en dehors de toutes
les traditions du régime parlementaire, M. le président
de la République a frappé d'interdit tout un ministère
qui n'avait été mis en minorité dans aucune des deux
Chambres.

En présence d'un acte qui révèle une politique tout

au moins personnelle, il est nécessaire que les représentants du pays envisagent, avec calme et sang-froid, la phase nouvelle dans laquelle semblent entrer les rapports des pouvoirs publics entre eux. Aussi, Messieurs, il est à peine besoin d'insister sur la nécessité qui s'impose à vous de commander à vos sentiments et de refouler en vous vos passions, même les plus légitimes. (*Marques d'assentiment.*)

En un pareil moment, nous avons donc à éviter toute discussion stérile et passionnée. Quand on veut accomplir un acte grave, marqué au coin de la force et de l'autorité, il faut savoir garder une attitude digne, tenir un langage correct, constitutionnel et légal. (*Applaudissements.*)

C'est pourquoi il vous a paru bon de vous réunir d'abord dans vos groupes distincts afin que de vos délibérations il sortît un acte dans lequel se refléterait exactement votre pensée commune et qui exprimerait la volonté de tous. Vous avez chargé vos représentants ordinaires de rechercher ensemble la formule à donner à cet acte, et c'est cette formule que nous vous apportons. Il serait oiseux d'ouvrir à l'heure actuelle une discussion sur cette décision qui a réuni l'unanimité de vos mandataires, de livrer à une dispute, à une argumentation nouvelle un document qui sera porté demain à la tribune du pays. Ce qui fait la force de cette manifestation, c'est l'accord unanime dont elle procède et qu'il importe de lui maintenir. Il y a dans la lettre présidentielle l'affirmation d'une responsabilité propre, l'affectation d'un pouvoir personnel. Vous y répondez par l'affirmation de l'autorité du pays dont vous êtes les représentants.

Vos délégués ont pensé qu'ils devaient affirmer trois idées principales :

Rétablir une fois de plus les principes du gouvernement parlementaire, sur la base de la responsabilité ministérielle scrupuleusement respectée ;

Rappeler que la politique républicaine est la garantie
de l'ordre et de la prospérité intérieure;

Résister à toute politique de hasard qui, sous l'influence de certaines agitations coupables entretenues
par je ne sais quel prétendant, pourrait lancer la
France, ce pays de la paix, de l'ordre et de l'épargne,
dans des aventures dynastiques et guerrières. (*Longs
applaudissements.*) Cette triple affirmation se retrouve
dans l'ordre du jour dont je vais avoir l'honneur de
vous donner lecture :

« La Chambre,

« Considérant qu'il lui importe, dans la crise actuelle
et pour remplir le mandat qu'elle a reçu du pays, de
rappeler que la prépondérance du pouvoir parlementaire s'exerçant par la responsabilité ministérielle, est
la première condition du gouvernement du pays par
le pays, que les lois constitutionnelles ont eu pour but
d'établir;

« Déclare

« Que la confiance de la majorité ne saurait être
acquise qu'à un cabinet libre de son action et résolu
à gouverner suivant les principes républicains, qui
peuvent seuls garantir l'ordre et la prospérité au dedans et la paix au dehors;
« Et passe à l'ordre du jour. »

Messieurs,

Nous avons la confiance que la France ne se mépren-
dra point sur le caractère de cet ordre du jour. Ce
n'est pas une agression dirigée contre l'autorité du
premier magistrat de l'État, mais une réponse aux
entreprises de la camarilla qui l'obsède. Nous devons
cette réponse au pays; nous devons à la responsabilité
même du président de la République, qu'il convient

de dégager des intrigues qui s'agitent autour de lui, la vérité tout entière.

Messieurs,

Je vous adjure, au nom des pouvoirs, des droits et des libertés dont vous avez la garde, au nom de la patrie qui a besoin de connaître au plus tôt votre sentiment sur cette crise, de voter sans débat, avec l'unanimité qui s'est déjà manifestée dans la réunion de vos délégués. (*Salve d'applaudissements.*)

Par assis et levé, à l'unanimité de 300 membres, la réunion adopte l'ordre du jour présenté par M. Gambetta.

On se sépare aux cris répétés de *Vive la République!*

La foule immense qui remplit la cour du Grand-Hôtel fait une ovation enthousiaste à M. Gambetta, qui remercie en quelques paroles et recommande la confiance, la modération et la sagesse.

DISCOURS

LA CRISE MINISTÉRIELLE DU 16 MAI

Prononcé le 17 mai 1877

A LA CHAMBRE DES DÉPUTÉS

———————

La lettre du maréchal de Mac-Mahon à M. Jules Simon et la démission du cabinet le 13 décembre ne produisirent dans le parti républicain qu'une seule impression de colère et d'indignation. Le renvoi de ce cabinet, c'était la revanche de l'ordre du jour sur la répression des menées ultramontaines. C'était le défi lancé par les revenants du 24 mai et de l'Empire à toute la démocratie progressiste et libérale, c'était le cléricalisme aux affaires, et *le cléricalisme, c'était l'ennemi,* car il n'avait pas seulement pour objet d'arrêter en France la marche de la Révolution, il était une cause d'inquiétudes pour l'Europe entière; sa victoire d'un jour avait provoqué en Italie une vive agitation et des armements contre les projets supposés de restauration du pouvoir temporel du pape [1]. Donc, « il fallait le combattre et l'abattre »; il fallait, sans perdre une heure, reformer contre lui l'union féconde de toutes les fractions de la gauche, il

———

1. Les deux dépêches qui suivent sont extraites de l'*Enquête parlementaire sur le Seize mai :*
« Pour Paris, de Nice, n° 690. — Dépôt le 19 mai 1877, à 8 h. 10 m. du soir.

« *Préfet à ministre intérieur,*

« J'appelle votre attention sur un télégramme par lequel le commissaire de police de Menton vous annonce concentration de fallait signifier sans retard au maréchal de Mac-Mahon que la France, à qui il avait fait appel contre le Parlement, serait avec le Parlement contre toute tentative de pouvoir personnel et de gouvernement ultramontain.

Les journaux républicains du 17 mai furent unanimes dans l'expression de ces sentiments. En province, comme à Paris, ils tinrent tous le même langage très ferme et très calme. Un accord tacite confia à M. Gambetta la direction du mouvement de résistance. Une heure de péril suffit à refaire l'union de tout le parti républicain.

M. Gambetta fut chargé de développer devant la Chambre l'interpellation des quatre groupes de gauche.

SÉANCE DU 17 MAI

M. DEVOUCOUX. — Je demande la parole.

M. LE PRÉSIDENT. — Vous avez la parole.

M. DEVOUCOUX. — Messieurs, je demande à interpeller les ministres démissionnaires et chargés de l'expédition des affaires, sur la crise ministérielle. (*A gauche et au centre : Très bien! très bien!*)

M. LE PRÉSIDENT. — La parole est à M. le ministre des travaux publics.

M. ALBERT CHRISTOPHLE, *ministre des travaux publics.* — Messieurs, j'obéis à la fois au règlement et à l'invitation que vient de m'adresser M. le président, en montant à cette tribune.

troupes et de matériel à Vintimille, où il n'y avait ici que deux compagnies. Ces préparatifs inattendus feront ici forte impression.

« DARCY. »

« Pour Paris, de Menton, n° 115. — Dépôt le 19 mai 1877, à 5 h. 10 du soir.

« *Commissaire spécial Menton, à Intérieur Paris et Préfet Nice,*

« Il est arrivé hier à Vintimille cinq wagons de poudre et de bombes. Douze autres wagons chargés des mêmes matières sont attendu incessamment. On annonce également un renfort de mille hommes pour la garnison. »

En même temps, les journaux officieux italiens annonçaient la concentration d'un grand parc d'artillerie à Plaisance et l'armement de la Spezzia.

Je ne sais quel est l'objet de l'interpellation ; je n'ai point
à l'examiner. Comme ministre, il m'est absolument impossible d'y répondre. Le cabinet démissionnaire est chargé
purement et simplement de l'expédition des affaires cou-
rantes ; il n'a point à s'exprimer, vous le comprendrez très
bien, par des raisons de très haute convenance, sur les incidents qui ont pu amener sa démission. (*Très bien!*)

D'un autre côté, je suis seul, ici, représentant du cabinet ;
il m'a été, par conséquent, absolument impossible de m'entendre avec mes collègues, de conférer avec eux sur la
réponse qu'ils auraient pu faire à l'interpellation qui est
proposée. J'estime donc, mais j'émets ce vœu simplement
en ma qualité de député, qu'il conviendrait à la Chambre,
par les raisons mêmes de convenance que j'indiquais tout
à l'heure, de remettre cette interpellation à demain. Peut-
être alors, après une entente avec mes collègues, sera-t-il
possible de déférer au vœu de la Chambre. (*Très bien! très
bien! sur divers bancs.*)

M. GAMBETTA. — Messieurs, le cabinet qui est aujourd'hui démissionnaire n'en demeure par moins
chargé de l'expédition des affaires, car il est bien entendu, selon la parole de M. Dufaure à une époque
analogue à celle que nous traversons, qu'il ne peut y
avoir d'interrègne dans le gouvernement ; et, en effet,
notre Constitution exige qu'il y ait toujours un cabinet qui couvre le pouvoir exécutif. Le cabinet qui est
devant nous ne refuse pas formellement de répondre
à l'interpellation qui a été déposée tout à l'heure. Le
cabinet dit seulement, par l'organe de l'honorable
M. Christophle, ministre des travaux publics, que les
ministres présents à la séance ne sont pas en nombre ;
M. Christophle ajoute que ses collègues n'ont pas
délibéré.

Serait-ce que la situation, par hasard, n'a pas paru
aux ministres assez grave pour qu'ils pussent prévoir
l'interpellation qui serait portée devant la Chambre et
arrêter d'avance des explications qu'ils me semble

impossible de décliner ? Car, Messieurs, très certainement, dans les pays qui vivent sous le régime constitutionnel, des crises comme celle qui est ouverte
aujourd'hui ne peuvent pas se clore sans qu'on demande aussi bien aux ministres qui entrent qu'aux
ministres qui sortent — et ici il n'y a que des ministres
qui survivent — les conditions, les circonstances, les
incidents qui ont pu amener un fait, un acte de nature
à jeter, et qui jette — vous savez bien, Messieurs, que
je ne dis que la vérité — une perturbation profonde
dans tous les esprits, sans distinction de partis. (*Très
bien! très bien! à gauche.*)

Je ferai, Messieurs, une autre observation : c'est que
le *Journal officiel* de ce matin porte à la connaissance
du pays et de l'Europe une lettre de M. le président
de la République, dans laquelle il donne précisément
des motifs pour expliquer la démission, disons mieux,
le renvoi du cabinet.

Au nombre des motifs invoqués dans cette lettre,
et qui déjà ont été, de la part du président du conseil,
l'objet d'une réfutation également rendue publique,
figurent des raisons et même une doctrine politique
qui, évidemment, provoquent, de la part des pouvoirs
publics, une appréciation, un jugement, une adhésion,
ou, au contraire, un refus d'adhésion. (*Très bien! très
bien! sur les mêmes bancs.*)

C'est pourquoi, Messieurs, je pense qu'il est bon que
nous ne laissions pas le pays sous l'impression d'une
incertitude semblable à celle qui s'est emparée de
l'opinion depuis vingt-quatre heures. Il me semble que
le cabinet peut très bien nous donner des explications,
car, s'il se retire, c'est qu'il a une opinion sur cette
doctrine politique dont je parlais il n'y a qu'un instant. Est-ce qu'il la partage, ou bien, au contraire,
est-ce qu'il la répudie? Ce que nous demandons, ce
n'est certainement pas d'établir ici un débat oratoire;
ce que nous demandons, c'est la lumière sur ce qui

se passe et sur ce qui s'est passé dans les conseils du gouvernement.

Je crois, en conséquence, Messieurs, que vous avez tous les éléments de discussion, et l'heureuse présence, sur ces bancs, d'un des membres du cabinet me paraît devoir permettre immédiatement la discussion de l'interpellation. Je demande donc à la Chambre de l'ouvrir. (*Très bien! très bien! — Applaudissements à gauche.*)

M. LE PRÉSIDENT. — M. le ministre des travaux publics demande que la Chambre renvoie à demain la discussion de l'interpellation déposée par M. Devoucoux. M. Gambetta demande que la discussion ait lieu immédiatement... Je consulte la Chambre.

(La Chambre, consultée, décide que l'interpellation n'est pas renvoyée à demain.)

M. LE PRÉSIDENT. — M. Gambetta a la parole.

M. GAMBETTA. — Messieurs, avant de présenter à la Chambre les observations qui me semblent de nature à appuyer l'ordre du jour par lequel nous espérons clore ce débat, j'ai le devoir de dire que, dans la discussion très brève à laquelle je vais me livrer, il ne m'échappera aucune parole qui puisse être regardée comme une sorte d'agression et d'hostilité dirigée contre le premier magistrat de la République. (*Très bien! très bien! au centre.*)

Le débat qui s'ouvre devant vous, en effet, est assez grave, assez important, — puisqu'il tient en suspens, avec l'avenir même de ce pays, le fonctionnement régulier de la Constitution qu'il s'est souverainement donnée et que la France a souverainement acceptée, — pour que nous puissions facilement garder le calme, le sang-froid et la courtoisie que comporte une matière aussi élevée et aussi difficile. (*Approbation à gauche et sur plusieurs bancs au centre.*)

J'accomplis un devoir en venant porter à cette tribune l'expression de l'émotion publique, de l'émotion qui se manifeste déjà par les nouvelles que le télégraphe nous apporte de la province...

Voix diverses à droite et au centre. — Très bien! très bien!

Autres voix dans les mêmes parties de la Chambre. — Silence! Laissez parler!

M. GAMBETTA. — Je vous prierai, Messieurs, de conserver le silence le plus parfait et de me laisser parler sans m'interrompre, pas plus par des approbations que par des exclamations contre lesquelles je suis décidé à ne pas lutter. Je voudrais garder la parfaite et calme possession de ma pensée et de mon langage.

A gauche et au centre. — Oui! oui! parlez! parlez!

M. GAMBETTA. — Cette émotion publique, pour qu'elle ne devienne pas périlleuse, pour qu'elle ne prenne pas un caractère de passion qu'elle ne manquerait pas d'affecter promptement, doit trouver dans cette Chambre une expression à la fois légale et éclairée.

Messieurs, alors qu'il existait une confiance générale, de la part du Parlement, envers le cabinet qui siège encore sur ces bancs, sans qu'il y eût eu ni conflit, ni vote de défiance, ni de ces discussions qui révèlent, contre les ministres qui représentent — et qui doivent représenter — la pensée de la majorité, un élément de désaccord ou une pensée d'agression; au lendemain des discussions les plus calmes qui se soient produites à cette tribune, et dans lesquelles la confiance de cette Chambre envers les ministres n'avait point été ébranlée; sans que, dans une autre enceinte, il se fût manifesté aucune attaque ni aucun vote qui eût frappé le cabinet de minorité; au moment où la France se trouve engagée dans une neutralité recueillie, désirable, nécessaire, patriotique; au milieu des efforts auxquels ce pays se consacre pour refaire sa fortune matérielle et morale, alors qu'il a tant besoin d'ordre, de paix, de sécurité, de longs jours de sécurité pour reconstituer véritablement cette double for-

tune; au moment où la paix semblait régner entre les
pouvoirs publics, sans que l'on sache pour quels motifs — c'est là précisément l'objet de l'interrogation
que j'adresse au cabinet — tout à coup, comme un
coup de foudre qui éclate dans un ciel serein, le pays
apprend, vous apprenez vous-mêmes que le président
de la République a écrit une lettre qui a obligé le président du conseil, ainsi que ses collègues, à donner
leur démission.

En présence d'un pareil fait, on s'est demandé d'où
pouvait naître ce conflit subitement révélé à l'opinion,
je le répète, et d'autant plus surprenant que rien n'annonçait ni ne laissait prévoir une guerre intestine dans
les conseils du gouvernement.

Et alors, Messieurs, quel a été le premier mouvement de l'opinion publique? L'opinion a été amenée
à penser que très probablement, soit qu'il s'agisse de
la politique intérieure, soit qu'il s'agisse de la politique extérieure, il y avait autour du président de la
République (dont personne ne méconnaît ni le patriotisme ni la loyauté constitutionnelle, depuis qu'il a
accepté le pouvoir), il se trouvait des inspirateurs, des
conseillers, une sorte de gouvernement tout formé,
qui dénaturait l'action du chef de l'État, et qui, par
calcul, ne craignait pas de le lancer dans des aventures. (*Mouvements divers.*)

Voilà ce que le pays a cru, voilà ce qu'il craint, et,
à coup sûr, ce n'est pas dans le spectacle que nous
avons aujourd'hui sous les yeux, ce n'est pas dans les
diverses interprétations qui ont été données de cet
événement inattendu, soit par les hommes politiques,
soit par la presse qui se réclame de l'ancien gouvernement de l'ordre moral, qu'il nous est possible de
trouver des motifs d'apaisement et de quiétude.

Souvenez-vous, en effet, Messieurs, depuis combien
de temps on rappelait au président de la République
qu'il s'était entouré d'hommes compromettants pour

la politique dite conservatrice ; rappelez-vous combien
ces manifestations cléricales auxquelles nous avons
dû, il y a quelques jours, opposer une barrière, étaient
devenues audacieuses, impérieuses ; combien elles
avaient eu d'action sur le pouvoir exécutif lui-même.
C'est alors, Messieurs, que, dans son inquiétude, la
nation s'est demandé s'il n'y a pas à la tête, ou à côté
du pouvoir, une influence tout à fait prédominante
contre laquelle la volonté des ministres, contre laquelle les meilleures intentions du chef de l'État sont
impuissantes à prévaloir. Voilà l'anxiété qui est au
fond de tous les cœurs, et, pour ma part, je ne puis
me défendre de croire qu'elle ait, depuis hier, frappé
l'esprit du président de la République. Je ne sais pas
si, sous le contre-coup de l'émotion de la France,
peut-être de l'émotion de l'Europe, il n'a pas compris
lui-même qu'on l'entraîne sur une pente redoutable.
Tout semble, d'ailleurs, Messieurs, l'indiquer, car tout
à l'heure, dans vos couloirs, on affichait une dépêche
qui a bien l'air de marquer le besoin qu'il a de rassurer l'opinion au dedans, et de calmer, soit des appréhensions, soit même des injonctions impérieuses au
dehors. (*Mouvement.*)

En effet, on lit dans cette dépêche, que vous connaissez tous, et qui a éveillé en vous des sentiments
divers, selon que vous siégez ou à droite ou à gauche ;
on y lit que, ce matin, le président de la République,
dans des entretiens qu'il a eus avec divers personnages politiques, leur a répété qu'il est toujours dévoué
au maintien de la paix, qu'il tient à conserver les
meilleures relations avec toutes les puissances étrangères, et qu'il est fermement résolu à réprimer toutes
les menées ultramontaines.

Mais, Messieurs, nous ne demandions pas autre chose,
le 1 mai, et c'est précisément tout ce que disait l'ordre
du jour que nous avons voté ! (*Double salve d'applaudissements à gauche et sur un grand nombre de bancs au centre.*)

M. le président de la République est, du reste, coutumier de ces inspirations. Il les a toujours dans les situations troublées, quand il se trouve placé, par une poignée d'ambitieux déçus, dans une situation critique. Ces paroles qu'il a dites ce matin, que vous avez lues dans cette dépêche, vont, je l'espère bien, porter au loin un certain apaisement dans les inquiétudes éveillées. (*Longs applaudissements.*) Elles me rappellent la phrase patriotique qu'il a déjà prononcée, lorsque, au mois d'octobre 1873, les mêmes conseillers, les mêmes agents de discorde, les mêmes intrigants et les mêmes fauteurs de troubles cherchaient à ramener la France sous le joug de cet ancien régime dont elle s'est débarrassée à jamais. Il disait : « Ne tentez pas cette aventure, les chassepots partiraient tout seuls! » (*Applaudissements prolongés à gauche et au centre.*)

M. LE MARQUIS DE LA ROCHEJACQUELEIN. — Ce mot-là est une invention de vos journaux! Jamais le maréchal n'a rien dit de semblable!

M. GAMBETTA. — Il disait alors qu'il était pour la paix, comme il dit aujourd'hui qu'il est pour la paix et contre les menées cléricales, car elles ne sauraient nous amener que la guerre. (*Vifs applaudissements à gauche et au centre.*)

Eh bien, Messieurs, que venons-nous faire aujourd'hui à cette tribune? Nous venons demander à la Chambre de s'élever au-dessus des premiers sentiments que font naître dans les esprits les brusques incidents de la vie politique. Ne jugeons pas ce qui s'est fait hier, ce qui figure aujourd'hui au *Journal officiel*, avec les premières impressions de la spontanéité. Non! il faut savoir aller au fond des choses. Messieurs, vous pouvez très bien, vous devez loyalement, sincèrement, en restant des serviteurs dévoués et pacifiques du pays, dire au président de la République : On vous a trompé, on vous a conseillé une

mauvaise politique, et nous, nous qui ne sollicitons
en aucune manière de nous asseoir dans vos conseils,
nous venons vous conjurer de rentrer dans la vérité
constitutionnelle, car cette vérité constitutionnelle,
elle est à la fois notre protection et la vôtre. (*Nouveaux et vifs applaudissements au centre et à gauche.*)

Et, en effet, qu'est-ce que nous venons demander?
Que la Constitution soit une réalité; que le gouvernement du pays par le pays, ce gouvernement pour lequel la nation française combat depuis bientôt quatre-
vingt-dix ans, soit loyalement et réellement pratiqué,
et nous disons à M. le président de la République :
Non! elle n'est pas vraie, elle n'est pas vraie, cette
phrase que vous ont suggérée des conseillers bien
connus, et dans laquelle vous prétendez que vous auriez une responsabilité en dehors de votre responsabilité légale, une responsabilité au-dessus de la responsabilité du Parlement, au-dessus de la responsabilité
de vos ministres, au-dessus de la responsabilité qui
vous est départie et qui est déterminée, limitée par la
Constitution. (*Vive approbation à gauche.*)

Ce sont les conseillers dont je parlais tout à l'heure
qui vous engagent, qui vous précipitent dans la voie
fatale en étendant votre responsabilité au-delà des
limites protectrices que lui assigne la Constitution du
25 février 1875; ce sont eux qui sont vos véritables
ennemis et qui vous mènent à votre perte! (*Bravos et
applaudissements à gauche et au centre.*)

Ah! Messieurs, je ne voudrais prononcer aucune
parole qui pût paraître même effleurer la haute personnalité du président de la République; mais il m'est
bien permis de dire que, s'il a conquis sa gloire sur
les champs de bataille, s'il s'est honoré dans la défense
de la patrie par les services éclatants qu'il lui a rendus au prix de son sang, au péril de sa vie; à coup sûr,
sa carrière, toute remplie d'efforts militaires, n'avait
pas été consacrée au culte et à l'étude des combinai-

sons de la politique et des équilibres parlementaires,
et que, par conséquent, il est, plus que tout autre chef
d'État peut-être, exposé à laisser surprendre sa bonne
foi et à apposer sa signature au bas de doctrines et de
théories dont ceux qui l'exploitent connaissent bien
mieux que lui les effets terribles et les immenses difficultés. (*Nouveaux applaudissements sur les mêmes bancs.*)

Messieurs, ce que nous demandons au président de
la République, c'est de rentrer dans la vérité de la loi.
Nous nous adressons à sa raison, qu'on veut en vain
obscurcir, à son patriotisme, qui sera pour lui la clarté
et son meilleur guide; nous lui disons : Monsieur le
président de la République, restez dans la Constitution, toujours dans la Constitution, et dédaignez les
avis perfides de conseillers que vous ne retrouveriez
pas à l'heure des dangers qu'ils auraient eux-mêmes
déchaînés. (*Acclamations et applaudissements prolongés
à gauche et au centre.*)

Messieurs, je n'insiste pas davantage sur ces considérations. Ce que nous voulons, c'est ce que le pays
veut. Ce que le pays veut, il l'a dit avec la puissance
et l'autorité qui appartiennent à la France, devant
laquelle il n'y a pas de volonté qui ne doive s'incliner,
aucune volonté, Messieurs, ni celle des partis, ni même
celle des majorités! (*Mouvement.*) Le pays est souverain, et il a dit solennellement qu'il voulait la République, une République sage, une République pacifique, une République progressive : donnez-la-lui! Le
pays a dit qu'il en avait assez de ces hommes de combat qui voulaient le faire marcher dans une voie qui
lui répugne : le pays a dit qu'il voulait être délivré de
ce cauchemar périodique, de ce retour des hommes de
la réaction qui viennent faire apparaître leurs livides
figures dans les jours de crises fatales et d'incertitudes. (*Salve d'applaudissements.*) Le pays a dit: Pour conserver la République, donnez-moi des fonctionnaires
loyaux; pour conserver la République, ne permettez

pas à des ambitieux déçus de troubler la paix, ni au dedans ni au dehors. (*Nouvelle salve d'applaudissements.*)

Messieurs, il faut en finir avec cette situation, et il vous appartient d'y mettre un terme par une attitude à la fois virile et modérée. Demandez, la Constitution à la main, le pays derrière vous, demandez qu'on dise enfin si l'on veut gouverner avec le parti républicain dans toutes ses nuances, ou si, au contraire, en rappelant des hommes repoussés trois ou quatre fois par le suffrage populaire, on prétend imposer à ce pays une dissolution qui entraînerait une consultation nouvelle de la France. Je vous le dis, quant à moi, mon choix est fait, et le choix de la France est fait aussi : si l'on se prononçait pour la dissolution, nous retournerions avec certitude et confiance devant le pays qui nous connaît, qui nous apprécie, qui sait que ce n'est pas nous qui troublons la paix au dedans, ni qui inquiétons la paix au dehors. Je le répète, le pays sait que ce n'est pas nous, et, si une dissolution intervient, une dissolution que vous aurez machinée, que vous aurez provoquée, prenez garde qu'il ne s'irrite contre ceux qui le fatiguent et l'obsèdent! Prenez garde que, derrière des calculs de dissolution, il ne cherche d'autres calculs et ne dise : La dissolution, c'est la préface de la guerre [1]!

Criminels seraient ceux qui la poursuivraient dans cet esprit!

(L'orateur, en descendant de la tribune, reçoit, au milieu de vifs applaudissements et des acclamations de la majorité, les chaleureuses félicitations de ses collègues.)

M. GAMBETTA, *remontant à la tribune.* — Messieurs, voici l'ordre du jour qui a été délibéré par la représentation parlementaire de tous les groupes de cette Chambre qui forment la majorité républicaine :

[1] Voir (*page 11, en note*) les dépêches de M. Darcy.

« La Chambre,

« Considérant qu'il lui importe, dans la crise actuelle et pour remplir le mandat qu'elle a reçu du pays, de rappeler que la prépondérance du pouvoir parlementaire s'exerçant par la responsabilité ministérielle est la première condition du gouvernement du pays par le pays, que les lois constitutionnelles ont eu pour but d'établir;

« Déclare

« Que la confiance de la majorité ne saurait être acquise qu'à un cabinet libre de son action et résolu à gouverner suivant les principes républicains, qui peuvent seuls garantir l'ordre et la prospérité au dedans et la paix au dehors;

« Et passe à l'ordre du jour. »

Signé : LEPÈRE, DEVOUCOUX.

(Bravos et applaudissements à gauche et au centre.)

M. de Durfort de Civrac protesta contre la prétendue inconstitutionnalité du débat soulevé par l'interpellation de M. Devoucoux.

L'ordre du jour pur et simple proposé par M. de la Rochefoucauld, duc de Bisaccia est rejeté.

L'ordre du jour déposé par M. Gambetta est voté par 347 voix contre 149.

Le retour des députés républicains à Paris est salué par des cris enthousiastes de : *Vive la République! Vive Gambetta!*

Le soir même, le duc de Broglie soumettait au président de la République la liste du nouveau cabinet. M. de Broglie prenait la présidence du conseil et le ministère de la justice, le portefeuille de l'intérieur était donné à M. de Fourtou, le duc Decazes et le général Berthaut restaient ministres des affaires étrangères[1] et de la guerre, M. Caillaux devenait

---

1. M. Decazes se fit adresser par le président de la République la lettre suivante, qui parut au *Journal officiel* du 18 mai.

« Paris, le 17 mai 1877.

« Mon cher duc,

« Les circonstances ne m'ont pas permis de conserver au pouvoir le dernier cabinet dont vous faisiez partie.

ministre des finances, M. Brunet, ministre de l'instruction publique, des cultes et des beaux-arts, M. Paris, ministre des travaux publics, M. de Meaux, ministre de l'agriculture et du commerce, M. le vice-amiral Gicquel des Touches, ministre de la marine et des colonies, et M. Reille, sous-secrétaire d'État au ministère de l'Intérieur.

« Je veux cependant qu'il soit bien compris que j'entends maintenir avec les puissances étrangères les relations amicales et confiantes que vous avez su entretenir avec elles. Nulle atteinte ne doit y être portée, et rien ne doit être changé à la politique extérieure, que vous représentez si habilement et si dignement.

« Je fais donc appel à votre patriotisme et je vous prie de rester au poste où je vous ai appelé il y a plus de trois années, aussi longtemps que vous ne pourriez l'abandonner sans dommage pour la chose publique.

« Recevez, mon cher duc, la nouvelle assurance de mon sincère attachement.

« *Le président de la République,*

« Maréchal de Mac-Mahon,

duc de Magenta. »

On lisait le soir même dans le journal *le Temps* :

« La lettre du maréchal à M. Decazes éclaire d'une vive lueur la situation que vient de créer inopinément la grave décision du chef de l'État. Le président de la République a compris que le coup d'autorité auquel il s'est laissé entraîner apparaîtrait nécessairement au dehors comme un triomphe des idées réactionnaires et cléricales. Aussi, en même temps qu'une note officieuse essayait de prévenir cette interprétation trop naturelle, le maréchal écrivait au duc Decazes pour obtenir que la représentation de sa politique à l'étranger ne fût pas modifiée.

« Mais si nous nous expliquons l'insistance du maréchal, nous nous expliquons beaucoup moins que M. le duc Decazes n'ait pas profité courageusement d'une situation qu'il connaissait à merveille. Il sait comment notre politique étrangère en est arrivée à se confondre pour ainsi dire avec notre politique intérieure ; il sait combien il sera difficile de donner au dehors une figure libérale à un gouvernement universellement suspecté : cette lettre lui montrait jusqu'à quel point il était indispensable. S'il avait tenu ferme, parlé haut et déchiré le réseau de sophismes dont la conscience du maréchal a été savamment enveloppée, il aurait coupé court au laborieux enfantement du ministère de combat, dont il a désormais le triste honneur de faire partie.

« Nous ne lui rappellerons pas les engagements qu'il avait pris devant les électeurs, qui ont eu surtout pour objet de fortifier en lui notre diplomatie. En gardant son portefeuille, il prend vis-à-vis du pays une responsabilité nouvelle sur l'étendue de laquelle il ne lui est pas permis de se méprendre : il contracte l'obligation de « s'opposer dans ce cabinet aux menées ultramontaines », obligation à laquelle il ne pourrait faillir un seul jour « sans dommage pour la chose publique » et sans déshonneur pour lui. »

DISCOURS

SUR

LA PROROGATION DE LA CHAMBRE DES DÉPUTÉS

Prononcé le 18 mai 1877

DANS LA RÉUNION PLÉNIÈRE DES GAUCHES

A VERSAILLES

———

Le ministère du 17 mai fut résolument un ministère de combat. Le lendemain de sa constitution, à l'ouverture des séances du Sénat et de la Chambre, le duc de Broglie et M. de Fourtou donnèrent lecture d'un message présidentiel dont la conclusion était un décret prorogeant le Parlement pour un mois (18 mai).

Nous reproduisons le *Compte rendu* de la séance de la Chambre des Députés :

Séance du vendredi 18 mai 1877.

PRÉSIDENCE DE M. JULES GRÉVY.

La séance est ouverte à deux heures et demie.

Sont au banc des ministres : M. de Fourtou, ministre de l'intérieur, M. Caillaux, ministre des finances, et M. Brunet, ministre de l'instruction publique, des cultes et des beaux-arts.

M. DE FOURTOU, *ministre de l'intérieur*. — Je demande la parole pour une communication du Gouvernement.

M. LE PRÉSIDENT. — La parole est à M. le ministre de l'intérieur.

M. DE FOURTOU, *ministre de l'intérieur*, monte à la tribune.

(De bruyantes exclamations éclatent à gauche. Les membres du centre invitent leurs collègues au calme et au silence, et les membres de la droite applaudissent.)

M. PAUL DE CASSAGNAC, *désignant la gauche.* — Ils sont indécents! (*Bruit.*) C'est une majorité factieuse!

M. GIRAULT (du Cher). — C'est bien à vous à dire cela, avec les exemples que vous donnez tous les jours!

M. LE PRÉSIDENT. — Je vous rappelle à l'ordre, monsieur de Cassagnac.

M. PAUL DE CASSAGNAC. — Rappelez toute la Chambre à l'ordre!

M. LE PRÉSIDENT. — Vous n'avez pas le droit de qualifier ainsi vos collègues.

Des manifestations de la nature de celles qui se produisent sont déplacées. — (*Agitation croissante.* — *Des interpellations fort vives sont échangées entre la gauche et la droite de la Chambre.*)

M. DE FOURTOU, *ministre de l'intérieur.* — Messieurs, je viens au nom... (*Vive et soudaine interruption à gauche.* — *l'es cris : A l'ordre! courent immédiatement la voix de l'interrupteur.*)

M. LE PROVOST DE LAUNAY. — Criez donc tout de suite : Vive la Commune!

M. ROBERT MITCHELL. — C'est un scandale!

M. PAUL DE CASSAGNAC. — A gauche, on vient de crier : Au pilori! et vous n'avez rien dit, monsieur le président! (*Bruit.*)

M. LE PRÉSIDENT. — Je ne l'ai pas entendu, au milieu du bruit qui se fait.

M. PAUL DE CASSAGNAC. — Vous n'entendez jamais ce qui se dit à gauche.

Voix diverses à droite. — Tout le monde a entendu! (A l'ordre! à l'ordre!)

M. LE PRÉSIDENT. — Si je connaissais personnellement celui qui a proféré cette parole...

M. PAUL DE CASSAGNAC. — Demandez-le-lui ! (*Bruit.*)

M. LE PROVOST DE LAUNAY. — Il ne s'en cache pas. C'est M. Duportal!

M. LE PRÉSIDENT. — ... Non seulement je le rappellerais à l'ordre, mais je lui infligerais une peine plus sévère.

Je ne devrais pas avoir besoin de rappeler à la Chambre
que son intérêt, l'intérêt du pays, exigent qu'elle sache
garder son calme. (*Applaudissements prolongés à gauche et
au centre.*) Je demande que sur tous les bancs on garde un
silence absolu.

M. LE MINISTRE DE L'INTÉRIEUR. — Messieurs, je suis chargé,
par M. le président de la République, de donner lecture à
la Chambre des députés du message et du décret suivants.
(*Nouvelles interruptions à gauche.*)

M. LE PRÉSIDENT. — Je réclame encore une fois le silence
le plus absolu.

M. PAUL DE CASSAGNAC. — Adressez-vous à la gauche!

M. LE PRÉSIDENT. — Je m'adresse à toutes les parties de
la Chambre, car on a interrompu sur tous les bancs.

M. PAUL DE CASSAGNAC. — Mais vous n'avez rappelé à
l'ordre personne de la gauche.

A gauche! — Silence donc!

M. LE MINISTRE DE L'INTÉRIEUR, après avoir attendu le rétablissement du silence, reprend sa lecture :

« Messieurs les députés, j'ai dû me séparer du ministère
que présidait M. *Jules Simon* et en former un nouveau.

« Je dois vous faire l'exposé sincère des motifs qui m'ont
amené à prendre cette décision.

« Vous savez tous avec quel scrupule, depuis le 25 février 1875, jour où l'Assemblée nationale a donné à la France
une constitution républicaine, j'ai observé, dans l'exercice
du pouvoir qui m'est confié, toutes les prescriptions de cette
loi fondamentale. » (*Rumeurs à gauche.*)

« Après les élections de l'année dernière, j'ai voulu choisir
pour ministres des hommes que je supposais être en accord
de sentiments avec la majorité de la Chambre des députés.

« J'ai formé dans cette pensée successivement deux ministères.

« Le premier avait à sa tête M. Dufaure, vétéran de nos
Assemblées politiques, l'un des auteurs de la Constitution,
aussi estimé pour la loyauté de son caractère, qu'illustre par
son éloquence.

« M. Jules Simon, qui a présidé le second, attaché de tout
temps à la forme républicaine, voulait, comme M. Dufaure,
la concilier avec tous les principes conservateurs.

« Malgré le concours loyal que je leur ai prêté, ni l'un ni

l'autre de ces ministères n'a pu réunir, dans la Chambre des députés, une majorité solide acquise à ses propres idées. » (*Exclamations de dénégations et de protestations à gauche.*)

M. LE CESNE. — C'est un mensonge au pays!

M. LE PRÉSIDENT. — Je vous rappelle à l'ordre.

M. LE MINISTRE DE L'INTÉRIEUR continuant :

« M. Dufaure a vainement essayé l'année dernière, dans la discussion du budget, de prévenir des innovations qu'il regardait justement comme très fâcheuses.

« Le même échec était réservé au président du dernier cabinet sur des points de législation très graves, au sujet desquels il était tombé d'accord avec moi, qu'aucune modification ne devait être admise.

« Après ces deux tentatives, également dénuées de succès, je ne pourrais faire un pas de plus dans la même voie sans faire appel ou demander appui à une autre fraction du parti républicain, celle qui croit que la République ne peut s'affermir sans avoir pour complément et pour conséquence la modification radicale de toutes nos grandes institutions administratives, judiciaires, financières et militaires.

« Ce programme est bien connu. Ceux qui le professent sont d'accord sur tout ce qu'il contient. Ils ne diffèrent entre eux que sur les moyens à employer et le temps opportun pour l'appliquer. (*Rumeurs et rires à gauche.*)

« Ni ma conscience ni mon patriotisme ne me permettent de m'associer, même de loin et pour l'avenir, au triomphe de ces idées.

« Je ne les crois opportunes ni pour aujourd'hui ni pour demain.

« A quelque époque qu'elles dussent prévaloir, elles n'engendreraient que le désordre et l'abaissement de la France. (*Applaudissements à droite.*)

M. GAMBETTA. — Je demande la parole.

M. LE MINISTRE continuant : « Je ne veux ni en tenter l'application moi-même, ni en faciliter l'essai à mes successeurs.

« Tant que je serai dépositaire du pouvoir, j'en ferai usage dans toute l'étendue de ses limites légales, pour m'opposer à ce que je regarde comme la perte de mon pays. » (*Très bien! très bien! à droite.*)

« Mais je suis convaincu que le pays pense comme moi. (*Exclamations et rumeurs ironiques à gauche. — Oui! oui! à droite.*)

M. PAUL DE CASSAGNAC. — Qu'on le consulte, le pays!

Une voix au centre. — Oui, et alors on verra bien!

M. LE PRÉSIDENT. — N'interrompez pas!

A droite. — Ce n'est pas nous qui avons commencé.

M. LE PRÉSIDENT. — Je m'adresse successivement à tous les interrupteurs.

M. LE MINISTRE. — « Ce n'est pas le triomphe de ces théories qu'il a voulu aux élections dernières.

« Ce n'est pas ce que lui ont annoncé ceux — c'étaient presque tous les candidats, — qui se prévalaient de mon nom et se déclaraient résolus à soutenir mon pouvoir. (*Rumeurs et interruptions à gauche. — C'est vrai! c'est vrai! à droite.*)

« S'il était interrogé de nouveau et de manière à prévenir tout malentendu, il repousserait, j'en suis sûr, cette confusion. (*Bruit à gauche.*)

« J'ai donc dû choisir, et c'était mon droit constitutionnel, des conseillers qui pensent comme moi sur ce point, qui est en réalité le seul en question.

« Je n'en reste pas moins, aujourd'hui comme hier, fermement résolu à respecter et maintenir les institutions qui sont l'œuvre de l'Assemblée de qui je tiens le pouvoir et qui ont constitué la République.

« Jusqu'en 1880, je suis le seul qui pourrait proposer d'y introduire un changement, et je ne médite rien de ce genre.

« Tous mes conseillers sont, comme moi, décidés à pratiquer loyalement les institutions... (*Exclamations à gauche*), et incapables d'y porter atteinte.

« Je livre ces considérations à vos réflexions comme au jugement du pays.

« Pour laisser calmer l'émotion qu'ont causée les derniers incidents, je vous inviterai à suspendre vos séances pendant un certain temps.

« Quand vous les reprendrez, vous pourrez vous mettre, toute autre affaire cessant, à la discussion du budget... (*Interruptions à gauche*) qu'il est si important de mener bientôt à terme.

M. DE LA ROCHETTE. — Ils refusent déjà de voter le budget!

M. LE MINISTRE. — « D'ici là, mon gouvernement veillera à la paix publique, au dedans; il ne souffrira rien qui la compromette. Au dehors, elle sera maintenue, j'en ai la confiance, malgré les agitations qui troublent une partie de l'Europe, grâce aux bons rapports que nous entretenons et voulons conserver avec toutes les puissances... (Très bien! très bien! à droite), et à cette politique de neutralité et d'abstention qui vous a été exposée tout récemment et que vous avez confirmée par votre approbation unanime.

« Sur ce point aucune différence d'opinion ne s'élève entre les partis. Ils veulent tous le même but par le même moyen. (Très bien! très bien! à droite.)

« Le nouveau ministère pense exactement comme l'ancien... (Nouvelles rumeurs ironiques à gauche), et pour bien attester cette conformité de sentiment, la direction politique étrangère est restée dans les mêmes mains. (Exclamations à gauche.)

« Si quelques imprudences de parole ou de presse compromettaient cet accord que nous voulons tous, j'emploierais, pour les réprimer, les moyens que la loi met en mon pouvoir, et pour les prévenir, je fais appel au patriotisme qui, Dieu merci, ne fait défaut en France à aucune classe de citoyens. (Applaudissements à droite.)

« Mes ministres vont vous donner lecture du décret qui, conformément à l'article 2 de la loi constitutionnelle du 16 juillet 1875, ajourne les Chambres pour un mois. »

M. GAMBETTA. — Avant la lecture du décret, je demande la parole sur le message!

A droite. — Non! non! — Lisez, Monsieur le ministre, lisez!

M. LE MINISTRE, lisant :

Le Président de la République Française,
Vu l'article 2 de la loi du 16 juillet 1875,

Décrète :

« ARTICLE PREMIER. — Le Sénat et la Chambre des députés sont ajournés au 16 juin 1877.

« ART. 2. — Le présent décret sera porté au Sénat par le

garde des sceaux, président du conseil, et à la Chambre des députés, par le ministre de l'intérieur.

« Fait à Versailles, le 18 mai 1877.

« Maréchal DE MAC-MAHON,

« duc de MAGENTA.

« *Le président du conseil, garde des sceaux,*
« *ministre de la justice,*

« BROGLIE.

« *Le ministre de l'intérieur,*

DE FOURTOU. »

M. Gambetta se dirige vers la tribune.

M. LE PRÉSIDENT. — Vous ne pouvez pas avoir la parole en ce moment. La Chambre est ajournée.

Laissez-moi expliquer qu'à la rentrée vous pourrez faire une proposition de réponse.

M. GAMBETTA, sur les marches de l'escalier de gauche de la tribune. — Je ne veux dire que deux mots.

A droite. — Non! non! à la rentrée.

M. GAMBETTA. — Mais c'est sur le message que je voudrais parler!

Voix diverses à droite. — Vous ne pouvez pas avoir la parole après la lecture du décret de prorogation! — Il ne peut plus y avoir de débat!

M. GAMBETTA. — Ne puis-je avoir la parole sur l'ordre du jour et pour le règlement de l'ordre du jour?

Voix à droite. — Non, non, non! vous n'avez pas le droit de parler! — A l'ordre! — Il n'y a pas de dictature ici!

M. CUNÉO D'ORNANO. — Nous ne sommes plus sous la domination des factieux! Personne n'a le droit de parler.

M. DE BAUDRY-D'ASSON. — Vous ne pouvez plus faire la guerre à outrance!

Plusieurs membres à droite. — Heureusement pour le repos du pays!

M. GAMBETTA. — Vous parlez du pays, et vous n'osez pas écouter une réponse! Le *Journal officiel* le dira.

A droite. — C'est un scandale!

M. GAMBETTA. — Il n'y a de scandale que celui que vous donnez!

M. le président. — La Chambre des députés donne acte à M. le ministre de l'intérieur du message et du décret dont elle vient d'entendre lecture. Elle ordonne qu'ils seront insérés au procès-verbal de la séance et déposés aux archives.

On demande la parole sur le message.

Après la lecture du décret d'ajournement, il ne peut plus y avoir ni discussion, ni délibération. (*Approbation.*)

Mais ceux qui croiront devoir faire des propositions au sujet du message pourront les présenter à la rentrée de la Chambre... (*C'est cela! — Très bien!*) conformément à leur droit et aux précédents.

M. Gambetta. — Et comme c'était mon intention.

M. le président. — Vous pourrez le faire à la rentrée. (*Bruit sur quelques bancs.*)

Restez donc dans la légalité. (*Très bien! très bien! — Applaudissements à gauche et au centre.*)

M. Horace de Choiseul. — C'est la seule réponse que l'on doive faire à un coup d'État!

M. le président. — Restez, je vous le répète, dans la légalité! Restez-y avec sagesse, avec fermeté et avec confiance. (*Applaudissements prolongés à gauche et au centre.*)

M. Margue. — Ce mot-là nous suffit!

M. Paul de Cassagnac. — Et avec confiance! Confiance en quoi et en qui?

M. le président. — Il avait été déposé au début de la séance une demande d'interpellation. M. le ministre ayant insisté pour avoir la parole, je n'ai pu en donner connaissance à la Chambre.

Je l'en saisirai lorsqu'elle reprendra ses séances.

La Chambre est ajournée à un mois.

Un très grand nombre de membres de la gauche et du centre se levant : *Vive la République!*

M. de Baudry-d'Asson. — Vive la France!

M. Haentjens. — Vive la nation!

M. le comte de Colbert-Laplace. — Vive l'appel au peuple!

M. le président. — La Chambre se réunira en séance publique le 16 juin à deux heures.

L'ordre du jour sera le tirage au sort des bureaux et la suite de l'ordre du jour.

La séance est levée.

(*Au moment où M. le président quitte le fauteuil, le cri de :*

*Vive la République! retentit de nouveau sur les bancs de la
gauche et des centres, ainsi que le cri de : Vive la France! sur
les bancs de la droite.)*

Les députés républicains se réunissent immédiatement à
l'hôtel des Réservoirs, M. de Marcère prend place au bureau,
assisté de MM. Louis Blanc et Floquet.

M. de Marcère donne la parole à M. Gambetta.

M. GAMBETTA. — Messieurs, il importe à des hommes
politiques investis d'un mandat dont on suspend l'autorité et la puissance, de rechercher par quel acte ils
répondront à l'acte de prorogation qui vient de les atteindre.

Je crois devoir expliquer tout d'abord que ce sont
les membres de la Chambre des députés qui se réunissent ici à ce titre exclusif. Je fais cette observation
parce que plusieurs de nos amis avaient pensé à prier
nos collègues et nos amis politiques du Sénat à se
joindre à nous. Il y aurait à cela plusieurs inconvénients : j'en citerai un seul, ce serait d'assembler des
personnalités politiques qui ne sont pas dans la même
situation constitutionnelle. Il est certain, en effet, que
le conflit qui est ouvert n'est pas dirigé contre les
membres du Sénat, mais contre les membres de la
Chambre des députés. Il faut donc que nous agissions
collectivement comme députés; mais, Messieurs, je
crois que le pays, qui a les yeux fixés sur nous, demande que nous fassions avant tout une chose claire
et indiscutable, aussi bien au point de vue du droit
que de la défense de nos propres personnes.

A cet égard, une proposition a déjà été faite dans
une réunion préalable de vos bureaux. Il s'agit, à l'heure
actuelle, de vous la soumettre, maintenant que vous
êtes réunis en assemblée plénière. Cette proposition
consiste à charger, séance tenante, un certain nombre de vos collègues de rédiger une adresse au pays,
dans laquelle on exprimerait les deux ou trois idées

dominantes que suggère la situation actuelle. Cette adresse serait immédiatement soumise à votre approbation et recevrait vos signatures individuelles. (*Très bien! très bien!*)

Je crois tout d'abord que, dans la situation que nous traversons, il importe de déclarer hautement que cette prorogation ne peut être que la préface de la dissolution. Messieurs, il n'est pas tolérable qu'un pouvoir impose au pays une suspension de travail, un chômage de cinq mois, une ruine matérielle écrasante, et qu'il l'expose à toutes les angoisses, à toutes les incertitudes de la vie politique et même de la vie nationale, en présence des effroyables dangers qui menacent en ce moment les destinées de l'Europe. (*C'est cela! très bien! — Applaudissements.*)

Je crois donc, Messieurs, que ce que nous avons à faire, c'est avant tout un acte de protestation dirigé contre la politique irrégulière, sinon dans la lettre, au moins dans l'esprit de la Constitution du 25 février. Il importe que vous vous présentiez au pays comme réunis et associés dans une même pensée, avec la résolution bien arrêtée de rapprocher le moment de comparaître devant lui pour le faire juge entre ceux qui réclament le repos, le travail et la paix, et ceux qui, au mépris de la prospérité nationale, persévèrent dans l'exécution des plus coupables desseins.

Il faut qu'on sache que nous sommes le parti républicain tout entier uni dans la défense des libertés publiques, que nous sommes la Chambre des députés maintenant tous ses droits.

M. RATIER. — Comme les 221 !

M. GAMBETTA. — Ce souvenir de la Restauration est juste, car nous avons devant nous des prétentions qui rappellent celles de Polignac. (*Mouvement.*) Mais, Messieurs, nous allons assister à un phénomène inouï dans les annales parlementaires. On a dissous des Assemblées dans bien des pays, mais jamais on n'a osé, au lendemain de leur dissolution, les placer devant un suffrage universel véritablement émancipé et libre. Nous allons, pour la première fois, assister à une dissolution d'Assemblée — car la dissolution étant inévitable, nous n'avons rien à perdre à la précipiter. (Oui! oui! très bien! très bien!) Et cette dissolution sera suivie d'une consultation presque immédiate du suffrage universel. Eh bien! les électeurs à cent écus de la Restauration ont renvoyé les 221. Imaginez alors quel sera le reflux de cet océan du suffrage universel poussant devant lui et rejetant pour jamais sur la grève toutes les épaves de l'ancien régime. (Très bien! très bien! — Vifs applaudissements.)

Je vous demande, Messieurs, de vouloir bien désigner quelques-uns d'entre vous qui se retireront dans une salle voisine pour rédiger un appel à la nation. Je désirerais qu'il fût possible d'insérer dans cet appel une mention spéciale des devoirs à remplir par les fonctionnaires encore en fonctions. Il faut qu'ils se considèrent comme des soldats à leur poste où ils doivent attendre un acte ou un abus de pouvoir. (Marques d'assentiment unanimes. — Applaudissements.)

Il faut leur dire par avance qu'ils ne trahiront en rien ni leurs convictions ni nos sympathies en persévérant jusqu'au dernier moment dans la défense de la place qui leur a été confiée. (Nouvelles marques d'assentiment.)

Il faudrait encore ajouter, dans cette adresse au pays, — c'est là une assurance que ne démentira pas la nation, — qu'au bout de trois, quatre ou cinq mois, si nos adversaires peuvent user de tout ce temps, la France aura consolidé la République, une République plus vraie, plus efficace et plus libre. (Très bien! très bien! — Applaudissements.)

La proposition de M. Gambetta est adoptée et M. Spuller rédige immédiatement le manifeste suivant :

MANIFESTE DES DÉPUTÉS RÉPUBLICAINS

Chers concitoyens,

Le décret qui vient d'atteindre vos mandataires est le premier acte du nouveau ministère de combat, qui prétend tenir en échec la volonté de la France; le message du président de la République ne laisse plus de doute sur les intentions de ses conseillers : la Chambre est ajournée pour un mois, en attendant qu'on puisse obtenir du Sénat le décret qui doit la dissoudre.

Un cabinet qui n'avait jamais perdu la majorité dans aucun vote a été congédié sans discussion. Les nouveaux ministres ont compris que, s'ils laissaient la parole au Parlement, le même jour qui avait vu l'avènement du cabinet présidé par M. le duc de Broglie en verrait aussi la chute.

Dans l'impossibilité de porter à la tribune l'expression publique de notre réprobation, notre première pensée est de nous tourner vers vous et de vous dire, comme les républicains de l'Assemblée nationale au lendemain du 24 Mai, que les entreprises des hommes qui reprennent aujourd'hui le pouvoir seront encore une fois impuissantes.

La France veut la République; elle l'a dit au 20 février 1876, elle le dira encore toutes les fois qu'elle sera consultée, et c'est parce que le suffrage universel doit renouveler cette année les Conseils des départements et des communes que l'on prétend arrêter l'expression de la volonté nationale et que l'on interdit d'abord la parole à vos représentants.

Comme après le 24 mai, la nation montrera par son sang-froid, sa patience, sa résolution, qu'une incorrigible minorité ne saurait lui arracher le gouvernement d'elle-même. Quelque douloureuse que soit cette épreuve inattendue, qui trouble les affaires, qui inquiète les intérêts, et qui pourrait compromettre le succès des magnifiques efforts de notre industrie pour le grand rendez-vous pacifique de l'Exposition universelle de 1878; quelles que soient les anxiétés nationales au milieu des complications de la politique européenne, la France ne se laissera ni tromper ni intimider. Elle résistera à toutes les provocations, à tous les défis.

Les fonctionnaires républicains attendront à leur poste d'être révoqués pour se séparer des populations dont ils ont la confiance.

Ceux de nos concitoyens qui ont été appelés dans les Conseils élus du pays redoubleront de zèle et d'activité, de dévouement et de patriotisme, pour maintenir les droits et les libertés de la nation.

Quant à nous, vos mandataires, dès maintenant nous rentrons en communication directe avec vous; nous vous appelons à prononcer entre la politique de réaction et d'aventures qui remet brusquement en question tout ce qui a été si péniblement gagné depuis six ans, et la politique sage et ferme, pacifique et progressive que vous avez déjà consacrée.

Chers concitoyens,

Cette épreuve nouvelle ne sera pas de longue durée : dans cinq mois au plus, la France aura la parole; nous avons la certitude qu'elle ne se démentira pas. La République sortira plus forte que jamais des urnes populaires, les partis du passé seront définitivement vaincus, et la France pourra regarder l'avenir avec confiance et sérénité.

Ont signé les membres des bureaux des Gauches :

POUR LE CENTRE GAUCHE :

MM. de Marcère, Paul de Rémusat, Aimé Leroux, Franck-Chauveau, Drumel, Richard Waddington, Morel, Danelle-Bernardin, Philippoteaux, Bardoux, Paul Bethmont, Robert de Massy, Germain.

MM. Devoucoux, Pascal Duprat, Lisbonne, Leblond, Albert Grévy, Jules Ferry, Bernard-Lavergne, Cochery, Margaine, Rameau, Tirard, Journault, Camille Sée.

POUR L'UNION RÉPUBLICAINE :

MM. Laussedat, Ch. Floquet, Henri Brisson, Gambetta, Lepère, Spuller, Lelièvre, Marcellin Pellet, Dréo, Henri Lefèvre.

POUR L'EXTRÊME GAUCHE :

MM. Louis Blanc, Madier-Montjau, Lockroy.

Le manifeste est adopté à l'unanimité des voix par les républicains dont les noms suivent :

Ain. — Chaley, Germain, Grosgurin, Mercier, Tiersot, Tondu.

Aisne. — Fouquet, Leroux, Malézieux, Soye, de Tillancourt, Turquet, Villain.

Alger. — Gastu.

Allier. — Adrian, Chantemille, Cornil, Defoulenay, Laussedat, Patissier.

Alpes (Basses-). — Allemand, Bouteille, Gassier, Arthur Picard, Thourel.

Alpes (Hautes-). — Cyprien Chaix, Ferrari.

Alpes-Maritimes. — Borriglione, Chiris, Lefèvre.

Ardèche. — Chalamet, Destremx, Gleizal, Seignobos.

Ardennes. — Drumel, Gailly, Neveux, Philippoteaux.

Ariège. — Vignes.

Aube. — Fréminet, Casimir Périer, Rouvre, de Tézenas.

Aude. — Bonnel, Marcou, Mir, Rougé.

Aveyron. — Mas, Médal.

Bouches-du-Rhône. — Bouchet, Bouquet, Labadié, Lockroy, F.-V. Raspail, Rouvier, Tardieu.

Calvados. — Houyvet, Arsène Picard, Pilet-Desjardins.

Cantal. — R. Bastid, Durieu, Oudoul.

Charente. — Duclaud.

Charente-Inférieure. — Bethmont, Mestreau.

Cher. — Boulard, Devoucoux, Duvergier de Hauranne, Girault, Rollet.

Constantine. — Thomson.

Corréze. — Général de Chanal, Latrade, Laumond, Le Cherbonnier, Vacher.

Corse. — Bartoli.

Côte-d'Or. — Sadi Carnot, Dubois, Hugot, Joigneaux, Lévêque.

Côtes-du-Nord. — Armez, Carré-Kérisouet, Even, Huon.

Creuse. — Fourot, Moreau, Nadaud, de Nalèche, Parry.

Dordogne. — Garrigat, Marc Montagut.

Doubs. — Colin, Gaudy, Albert Grévy, Viette.

Drôme. — Chevandier, Christophle, Loubet, Madier-Montjau.

Eure. — Lepouzé, comte d'Osmoy, Papon.

Eure-et-Loir. — Dreux, Gatineau, Maunoury, Noël Parfait, Truelle.

Finistère. — Arnoult, Corentin Guyho, Hémon, Nédellec, de Pompéry, Swiney.

Gard. — Alphonse Bousquet, Ducamp, Mallet, Marcellin Pellet.

Garonne (Haute-). — Caze, Constans, Duportal, Paul de Rémusat.

Gers. — Descamps.

Gironde. — Dupouy, Lalanne, comte de Lur-Saluces, Roudier, Mie, Simiot.

Hérault. — Castelnau, Devès, Lisbonne, Vernhes.

Ille-et-Vilaine. — René Brice, Martin Feuillée, Pinault, Durand, Roger-Marvaise.

Inde française. — Godin.

Indre. — Bottard, Leconte.

Indre-et-Loire. — Belle, Guinot, Joubert, Wilson.

Isère. — Anthoard, Bravet, Breton, Buyat, Couturier, Marion, Ferdinand Reymond, Riondel.

Jura. — Gagneur, Lamy, Lelièvre.

Landes. — Loustalot.

Loir-et-Cher. — Dufay, Lesguillon, de Sonnier, Tassin.

Loire. — César Bertholon, Brossard, Chavassieu, Cherpin, Crozet-Fourneyron, Francisque Reymond, Richarme.

Loire (Haute-). — Guyot-Montpayroux, Maigne, Vissaguet.

Loire-Inférieure. — Luisant, Fidèle Simon.

Loiret. — Bernier, Cochery, Devade, Robert de Massy.

Lot. — Teilhard.

Lot-et-Garonne. — Fallières, Faye, de Laffite de Lajoannenque.

Lozère. — Bourrillon, Théophile Roussel.

Maine-et-Loire. — Benoist, Maillé.

Manche. — Morel, Riotteau, Savary.

Marne. — Blandin, Leblond, Margaine, Alphonse Picart, Thomas.

Marne (Haute-). — Bizot de Fonteny, Danelle-Bernardin, Maitret.

Martinique. — Godissart.

Mayenne. — Bruneau, Charles Lecomte, Renault-Morlière, Souchu-Serrinière.

Meurthe-et-Moselle. — Berlet, Cosson, Duvaux, Petitbien.

Meuse. — Billy, Grandpierre, Liouville.

Morbihan. — Ratier.

Nièvre. — Girerd, Gudin, Turigny.

Nord. — Desmouliers, Guillemin, Bertrand-Milcent, Louis Legrand, Pierre Legrand, de Marcère, Massiet du Biest, Masure, Mention, Merlin, Scrépel, Trystram.

Oise. — Levavasseur, Frank-Chauveau.

Oran. — Jacques.

Orne. — Christophle, Gévelot, Grollier.

Pas-de-Calais. — Deusy, Devaux, Florent-Lefebvre.

Puy-de-Dôme. — Bardoux, Costes, Duchasseint, Girot-Pouzol, H. Roux, Alfred Tallon.

Pyrénées (Basses-). — Marcel Barthe, Louis La Caze, Vignancour.

Pyrénées (Hautes-). — Alicot, Paul Duffo.

Pyrénées-Orientales. — Escanyé, Escarguel, Paul Massol.

Réunion. — De Mahy.

Rhône. — Andrieux, Durand, Guyot, Édouard Millaud, Ordinaire, Perras, Varambon.

Saône (Haute-). — Noirot, Versigny.

Saône-et-Loire. — Boysset, Bouthier de Rochefort, Duron, Gilliot, de Lacretelle, Logerotte, Margue, Sarrien.

Sarthe. — Galpin, Lemonnier, Rubillard.

Savoie. — Bel, Pierre Blanc, Horteur, Mayet, Parent.

Savoie (Haute-). — Ducroz, Jules Philippe, Silva, André Folliet.

Seine. — Allain-Targé, Barodet, Louis Blanc, Brelay, Henri Brisson, Cantagrel, Germain Casse, Clémenceau, colonel Denfert-Rochereau, Pascal Duprat, Farcy, Ch. Floquet, Dr Frébault, Léon Gambetta, Greppo, Dr Marmottan, Spuller, Thiers, Tirard, Bamberger, Camille Sée, Deschanel, Benjamin Raspail, Talandier.

Seine-Inférieure. — Dautresme, Desseaux, Lanel, Le Cesne, Thiessé, Richard Waddington.

Seine-et-Marne. — Comte Horace de Choiseul, Menier, Plessier, Sallard.

Seine-et-Oise. — Émile Garrey, Charpentier, Albert Joly, Léon Journault, Langlois, Lebaudy, Rameau, Léon Renault.

Sèvres (Deux-). — Giraud, Antonin Proust.

Somme. — Barni, comte de Douville-Maillefeu, Jametel, Labitte, Magniez, Mollien.

Tarn. — Cavalié, Bernard Lavergne, Marty.

Tarn-et-Garonne. — Chabrié, Lasserre.

Var. — Allègre, Paul Cotte, Daumas, Dréo.

Vaucluse. — Alphonse Gent, Alfred Naquet, Dr Poujade, Saint-Martin.

Vendée. — Beaussire, Bienvenu, Jenty.

Vienne. — Hérault, Salomon.

Vienne (Haute-). — Beaury, Codet, Lavignère, Ninard, Georges Périn.

Vosges. — Bresson, Jules Ferry, Jeanmaire, Méline, Frogier de Ponlevoy.

Yonne. — Paul Bert, Guichard, Lepère, Dethou.

Le même jour (18 mai) à l'issue de la séance du Sénat, les sénateurs républicains se réunissaient en assemblée générale et votaient, à l'unanimité des voix, la déclaration suivante :

DÉCLARATION DES SÉNATEURS RÉPUBLICAINS

Les trois groupes de la Gauche du Sénat, réunis en assemblée générale,

Après avoir mûrement examiné la situation faite au pays par la lettre présidentielle du 16 mai et par la composition du cabinet,

Protestent contre la tactique qui, en ajournant le

Parlement aussitôt après la lecture du message, a supprimé toute discussion et confisqué au profit du ministère la liberté de la tribune,

Et, considérant que la crise suscitée sans motifs, au
milieu de la paix profonde du pays et en présence des
éventualités de l'extérieur, alarme les intérêts et jus-
tifie toutes les défiances,

Qu'il importe de rassurer la France,

Expriment la ferme conviction que le Sénat ne s'as-
sociera à aucune entreprise contre les institutions républicaines, et déclarent qu'ils résisteront avec énergie à une politique menaçante pour la paix publique.

Ont signé :

> MM. BERTAULD, président du Centre gauche;
> GILBERT-BOUCHER, CALMON, vice-présidents;
> BERNARD, FOUCHER DE CAREIL, secrétaires;
> EMMANUEL ARAGO, président de la Gauche
> républicaine ; LE ROYER, vice-président ;
> MALENS, secrétaire.
> A. PEYRAT, président de l'Union républicaine;
> SCHŒCHER-KESTNER, secrétaire.

Ont adhéré :

MM. Arago (Emmanuel), Adam (Edmond), Adam (Seine-
et-Marne), Arbel, Arnaud (de l'Ariège).

Barthélemy-Saint-Hilaire, Bérenger, Bernard, Bertauld,
Billot (général), Blanc (Xavier), Bonnet, Bozérian, Brillier,
Brun.

Crémieux, Charton, Cazot, Chardon, Corne, Claude, Cor-
bon, Carnot, Cordier, Calmon, Chaumontel, Challemel-
Lacour, Claudot.

Dauphin, Dauphinot, Delacroix, Dumesnil, Duclerc, Du-
boys-Fresnay (général).

Eymard-Duvernay.

Feray, Favre (Jules), Ferrouillat, Foucher de Careil, Fou-
bert, Foureaud, Fayolle (Edm.), Frébault (général), de Frey-
cinet.

Garnier (Joseph), Guillemaut (général), Georges, Gilbert-
Boucher, Gayot.

Huguet, Grandsire, Humbert, Hugo (Victor), Hérold.

Jobard, Jacotin.

Lasteyrie (de), Lafayette (Oscar de), Lafayette (Edmond
de), Lucet, Lacomme, Laget, Le Royer, Laurent-Pichat, La-
serve, Littré, Lamorte, Labiche, Lepetit, Lelièvre, Lefranc
(Pierre).

Mazeau, Martin (Henri), Morin (Paul), Maleville (Léon de),
Malens, Masson de Morfontaine, Michal-Ladichère, Meyna-
dier (le colonel), Magnin.

Oudet.

Pélissier (le général), Pernolle, Peyral, Pothuau (l'amiral),
Pelletan, Palotte, Pin (Elzéar), Pomel.

Rampon (comte), Rampont (de l'Yonne), Roger du Nord
(comte), Robin (Charles), Ribière, Robert-Dehault.

Schœlcher, Salneuve, Scherer, Scheurer-Kestner, Simon
(Jules).

Tamisier, Thurel, Testelin, Tolain.

Valentin, Vigarosy.

La *République française* du lendemain (19 mai), publia
l'article suivant :

« M. le duc de Broglie est aux affaires depuis vingt-quatre
heures, et les deux Chambres sont prorogées pour un mois.

« La lutte contre la France est déjà commencée.

« Il n'y a aucune illusion à se faire quand on a lu le message présidentiel. Ce document est d'une parfaite clarté. Il
dissipe tous les doutes. Il indique à tout le pays la voie déjà
connue où l'on espère de le faire marcher. M. le maréchal
de Mac-Mahon ne cache pas qu'il a une politique personnelle, une manière propre de comprendre son rôle. Il dit
comment il a, jusqu'à présent, rempli la tâche qui lui était
assignée par la Constitution et comment il compte la remplir
désormais. Il se découvre lui-même; il se jette en plein dans
la mêlée politique; il prend position en face du pays ; il se
met carrément en travers de l'opinion. Désormais tous les
voiles sont déchirés, et l'équivoque, l'incertitude ne sont
plus permises.

« Nous sommes au lendemain du 24 Mai. Ce sont les
mêmes hommes, les mêmes visées politiques. Ce sont aussi
les mêmes espérances chimériques de courber la nation sous
un joug qu'elle n'acceptera jamais. Pourquoi ne pas penser

que les hommes de combat, sous le prétexte déjà invoqué
de protéger l'ordre moral, de sauver le pays du péril social
qui le menace, vont reprendre la politique de combat? Mais
cette politique, la France la connaît. Elle l'a subie, elle y a
résisté, et, finalement, elle lui a infligé la défaite la plus
complète et la mieux méritée. Puisque nous sommes destinés à la subir encore, nous saurons y résister mieux encore
que nous ne pouvions espérer de le faire quand pour la
première fois on a voulu l'appliquer au pays. Ne sommes-
nous pas plus forts, plus nombreux qu'à cette époque? La
République n'a-t-elle pas des racines plus profondes? L'esprit
politique de la nation ne s'est-il pas développé? Après le
24 Mai, nous n'avions presque rien pour nous encourager à
l'énergie calme, à la patience qui vient à bout des obstacles,
à l'espérance qui aide à passer les mauvais jours. C'était
devant nous l'inconnu avec toutes ses terreurs. Nous étions
sans institutions, sans garanties, sans point d'appui ni de
résistance.

« L'union du parti républicain a tout fait : à force de sagesse et de fermeté il s'est constitué, et il a conquis la
France sous les yeux mêmes et en dépit des efforts de ses
adversaires. Aujourd'hui, l'union du parti républicain fera
tout encore. Les républicains du Sénat ne pensent pas,
n'agiront pas autrement que ceux de la Chambre. Tous les
représentants du pays sont d'accord. Tous ont pour eux
l'expérience du passé ; tous savent que, pour réduire la politique de combat, il suffit de lui tenir tête, sans forfanterie,
sans bravades inutiles, sans démonstrations dangereuses,
mais avec sang-froid, en ne cédant rien de ce qui doit être
gardé, en luttant pour conserver ce que, par la ruse et la
violence, on voudrait chercher à nous enlever.

« Les manifestes des deux Chambres sont la première
réponse de la France aux actes du pouvoir exécutif. Le pays
est orienté maintenant. Il s'est déjà reconnu ; il est prêt à la
résistance. »

DISCOURS

EN RÉPONSE A L'ADRESSE DES ÉTUDIANTS DE PARIS

Prononcé le 31 mai 1877

A PARIS

La prorogation n'était que la préface de la dissolution.
La dissolution ne pouvait profiter à la coalition cléricale que
par l'organisation méthodique, d'un bout à l'autre du pays,
de la candidature officielle. Le cabinet du 17 mai ne perdit
pas une heure à commencer la campagne. Huit jours lui
suffirent à remettre en place tout le haut personnel administratif et judiciaire du 24 Mai. Il menaça de révocation
tous les petits fonctionnaires suspects d'attachement à la
République. Il invita les tribunaux à poursuivre avec la dernière rigueur toute la presse républicaine, et à traquer sans
pitié les colporteurs de tout écrit hostile au nouveau gouvernement. Il se déclara le très humble serviteur du parti
clérical. M. de Fourtou ouvrit toutes les portes aux chefs les
plus insolents du bonapartisme, et le duc de Broglie, qui
n'avait été, le 24 Mai, que le protégé de l'empire, en devint
publiquement le plagiaire et le patron [1].

[1]. CIRCULAIRE DE M. LE DUC DE BROGLIE, MINISTRE DE LA JUS-
TICE, PRÉSIDENT DU CONSEIL AUX PROCUREURS GÉNÉRAUX.

Monsieur le Procureur général,

M. le Président de la République, en se séparant de son ministère et en inaugurant une nouvelle ligne politique, a fait un usage
légal de sa prérogative constitutionnelle. Le message qu'il a adressé
aux Chambres a expliqué à la France le motif et le but de cette
grande résolution. Il s'y déclare, comme vous l'avez vu, aussi fermement résolu que par le passé à respecter et à maintenir les

Nous n'avons pas à entrer dans le détail de la politique
de corruption et de violence qui fut, pendant six mois, la
politique du cabinet du 17 mai. On en trouve un exposé

institutions qui sont l'œuvre de l'Assemblée de qui il tient le pouvoir et qui ont constitué la République. S'il est intervenu dans la
marche de la politique, c'est pour arrêter l'envahissement des
théories radicales, incompatibles à ses yeux, sous quelque forme
de gouvernement que ce soit, avec la paix de la société et la grandeur de la France.

Rien n'étant changé, ni dans les lois constitutionnelles ni dans
aucune autre, je n'ai rien à changer non plus aux instructions
qui vous ont été adressées sur le respect qui leur est dû et sur
l'esprit que vous devez porter dans leur application. Mais vous
sentez vous-même que, plus les passions politiques s'animent
autour de vous, plus les questions qui s'engagent sont de nature
à les exciter, plus vous devez redoubler de fermeté et de vigilance
dans l'accomplissement de tous vos devoirs.

Parmi les lois dont la garde vous est confiée, les plus saintes
sont celles qui, partant de principes supérieurs à toutes les constitutions politiques, protègent la morale, la religion, la propriété
et les fondements essentiels de toute société civilisée. Ce sont
celles-là précisément qui sont chaque jour l'objet des attaques
d'une presse dont l'injurieuse grossièreté dépasse toute limite. En
la rappelant par une répression ferme au respect d'elle-même et
de ses lecteurs, vous vengerez la conscience publique indignée.

Il est, en outre, dans la période de discussions ardentes que
nous traversons, plusieurs points qui doivent appeler tout particulièrement votre attention.

On a essayé plus d'une fois, dans ces derniers temps, de présenter, par des moyens plus ou moins détournés, soit l'apologie, soit
même la réhabilitation de la douloureuse guerre civile qui a désolé Paris en 1871. Quelques journaux ont même eu recours, dans
ce dessein (contrairement aux prescriptions positives de la législation), à la collaboration d'individus condamnés et proscrits pour
ces faits odieux. Il importe à la morale publique que rien ne
vienne atténuer l'horreur salutaire que cette époque néfaste a laissée
dans la mémoire des populations.

Vous devez me signaler avec soin et désigner à la poursuite des
magistrats placés sous vos ordres toutes les offenses qui pourraient
être dirigées contre le chef de l'État. Bien que son initiative se
soit fait sentir dans les derniers événements, sa responsabilité est
toujours couverte par celle des ministres; et l'offense, sous aucune
forme, ne doit monter jusqu'à lui.

La tactique plus que jamais mise en œuvre par les partis, et
qui consiste à troubler l'opinion par de fausses nouvelles, ne doit
pas être réprimée avec moins de vigilance. Jamais cette manœuvre
n'a été pratiquée avec plus d'audace et d'acharnement qu'aujour-
d'hui. Des rumeurs de toute nature sont propagées avec une
activité systématique, par toutes les voies publiques ou secrètes,
dans le dessein d'inquiéter le pays sur les relations du gouverne-

fidèle dans le rapport de la Commission d'enquête, que nous reproduisons à l'*Appendice* de ce volume. Ce qu'il nous suffira de marquer ici, c'est l'union étroite que l'acte du

ment avec les puissances étrangères, et sur le maintien de la paix, ce bien inestimable, qui lui est plus que jamais cher, après tant de malheurs. Il faut démasquer à tout prix cette conspiration de la calomnie, qui se fait un jeu de paralyser les affaires, d'arrêter l'élan de la prospérité publique, au risque d'amener elle-même les dangers dont elle menace. Car rien ne serait plus propre à troubler nos bons rapports avec les nations alliées, que de faire croire, contrairement à toute vérité, qu'il existe en France une secte ou un parti assez criminels pour vouloir déchaîner sur l'Europe les maux d'une nouvelle guerre.

Vous êtes muni, contre ces fausses interprétations, de toutes les armes nécessaires. L'article 15, non abrogé du décret du 17 février 1852, punit la propagation de *fausses nouvelles* de peines dont la sévérité s'accroît quand le délit est commis de mauvaise foi et peut avoir pour conséquence de troubler la paix publique. Vous en assurerez l'exécution et vous ne laisserez pas oublier que ce n'est pas seulement la fausse nouvelle propagée par la voie de la presse qui tombe sous l'application de la loi, mais que, sous quelque forme que le mensonge se produise, dès qu'il est proféré publiquement, il peut être puni.

Tels sont, monsieur le procureur général, les devoirs particuliers auxquels je vous recommande de rester attaché, dans la situation présente. En les remplissant avec son zèle accoutumé, la magistrature française s'attirera peut-être, de la part des partis qui gênent son action tutélaire, le redoublement des attaques auxquelles nous venons tout récemment de la voir en butte. Cette perspective, j'en suis sûr, ne l'arrêtera pas. Et quant à moi, placé à sa tête, sans avoir l'honneur de lui appartenir, par la confiance de M. le Président de la République, ce sera mon devoir de la défendre et de lui rendre en toute occasion le témoignage qu'elle mérite. C'est une tâche à laquelle je ne faillirai pas.

CIRCULAIRE DE M. DE FOURTOU, MINISTRE DE L'INTÉRIEUR.

..... L'article 3 de la loi du 29 décembre 1875, en décidant que « l'interdiction de vente et de distribution sur la voie publique ne pourra plus être édictée par l'autorité administrative comme mesure particulière contre un journal déterminé » n'a porté aucune atteinte à l'article 6 de la loi du 27 juillet 1849, qui demeure tout entier avec les conséquences légales qu'il entraîne dans un intérêt supérieur d'ordre public.

Cet article, dont aucune interprétation depuis trente ans n'a contesté ni affaibli la portée, stipule que « tous distributeurs ou colporteurs de livres, écrits, brochures, gravures et lithographies devront être pourvus d'une autorisation qui leur sera délivrée, pour le département de la Seine, par le préfet de police, et pour les autres départements, par les préfets, » et il ajoute que « ces

16 Mai rétablit, du jour au lendemain, dans le parti républicain. Il n'y eut pas une défection, à peine quelques courtes
hésitations. Le coup d'État parlementaire dont M. de Broglie

autorisations pourront toujours être retirées par les autorités qui
les auront délivrées ».

Il résulte de ces dispositions précises que si certains écrits ne
peuvent plus être, comme autrefois, l'objet d'une interdiction administrative au point de vue de la vente sur la voie publique, l'administration n'en conserve pas moins le droit formel et le rigoureux
devoir de n'admettre à l'autorisation de colporter que des agents
reconnus dignes de cette faveur par leurs antécédents, leur moralité et les garanties qu'ils assurent à l'ordre social. Or de nombreuses plaintes m'ont été adressées à ce sujet, et plusieurs de vos
collègues m'ont signalé des abus graves auxquels il importe de
mettre un terme.

Un de mes plus éminents prédécesseurs, M. Dufaure, fixant,
dans une circulaire remarquable, l'esprit et la portée de la loi de
1849 à cet égard, écrivait, à la date du 1er août 1849 : « Il faut
reconnaître que, dans l'esprit de la loi, l'autorité administrative
supérieure se trouve investie par l'article 6 d'un pouvoir en quelque sorte discrétionnaire et qui doit lui permettre de réprimer tous
les abus du colportage. » Puis, formulant ses instructions aux préfets, M. Dufaure ajoutait : « Vous ne délivrerez la permission de
colporter qu'aux individus bien famés, » c'est-à-dire à ceux qui ne
distribuent ou ne colportent « aucun écrit contraire à l'ordre, à la
morale, à la religion, à la paix publique, aux principes essentiels
sur lesquels notre société repose, ou aux institutions qui la régissent. Vous retirerez les permissions précédemment délivrées à
quiconque ne se sera pas renfermé strictement dans le cercle que
vous lui aurez tracé. » Et la circulaire se terminait par ces paroles
nettes et significatives : « Selon la loi, la faculté de colporter ne
s'exerce pas comme un droit, mais comme une concession ; l'autorité, responsable de l'ordre et protectrice de la morale, ne peut
accorder de telles concessions aux dépens de l'ordre et de la morale. »

Tels sont les principes, monsieur le préfet, et quand mon illustre prédécesseur les exposait dans ce ferme langage, au lendemain même de la discussion de la loi de 1849 et quatre jours
seulement après la promulgation de cette loi, il était mieux placé
que personne pour en bien déterminer le caractère et en préciser
le véritable esprit.

M'inspirant à mon tour de ces considérations, et résolu à défendre
tous les principes fondamentaux contre le débordement d'écrits
subversifs, j'ai jugé nécessaire de prescrire la révision générale
de toutes les autorisations précédemment accordées.

..... Vous saurez faire comprendre à tous vendeurs, colporteurs
ou distributeurs de journaux et d'écrits, que leurs nouvelles autorisations seraient immédiatement retirées s'ils se faisaient les complices des mensonges, des calomnies et des attaques dont la société, le gouvernement et les lois sont journellement l'objet.

était le meneur, fut jugé par tous avec la même sévérité,
au Sénat par M. Victor Hugo et par M. Dufaure, à la Chambre
par M. Thiers et par M. Gambetta, par M. Louis Blanc et
par M. Léon Renault, dans les provinces par les organes les
plus passionnés de l'extrême gauche et par les organes les
plus académiques du centre gauche constitutionnel, par
M. John Lemoinne au *Journal des Débats*, par M. Schérer au
Temps, par MM. Challemel-Lacour et Spuller à la *République
française*, par M. Émile de Girardin à la *France*, par
M. Édouard Lockroy au *Rappel*, par le *XIX° Siècle*, le *Siècle*,
la *Revue politique*, etc. Le second *Ordre moral* rencontra
d'un bout à l'autre du pays la même opposition que le premier. Les campagnes marchèrent résolument avec les villes.
La résistance légale y fut prêchée avec la même énergie et
la même confiance. A toutes les violences et à toutes les
mesures, il ne fut opposé partout qu'une même inflexibilité
et qu'une même modération. Le parti républicain comprit
qu'il avait pour lui le droit et le nombre; il pouvait être
patient. Il frappa d'une réprobation sévère les quelques
agitateurs qui eurent l'audace coupable de faire appel aux
moyens révolutionnaires. (M. Bonnet-Duverdier à Saint-
Denis, etc.) Il imposa rudement silence aux intransigeants.
On citerait difficilement un parti politique qui ait donné,
dans des circonstances aussi graves, un plus bel exemple de
sagesse et d'union.

L'opinion publique de l'Europe suivit le parti républicain.
Le premier mouvement de stupeur passé, l'acte du 16 Mai
rencontra partout la même désapprobation et les mêmes
craintes. La presse anglaise jugea le 16 Mai comme elle eût
jugé une réédition des Ordonnances de juillet. La presse
officielle allemande déclara que l'avènement du parti clérical aux affaires était une menace contre la Prusse et, pour
l'Allemagne tout entière, une cause de défiance. La presse
italienne poussa un véritable cri d'alarme devant l'insolence
croissante des ultramontains. Les journaux de Vienne pro-
testèrent sans exception contre le retour des bonapartistes
aux affaires. Le *Monde russe*, le moins sévère des journaux
de Saint-Pétersbourg, publia ces lignes bien caractéristiques :
« MM. de Broglie et de Fourtou se disent les représentants
de l'ordre moral, et il a suffi que leurs noms fussent prononcés pour que l'ordre fût moralement troublé dans toute

la France, car s'il ne l'est pas autrement, c'est que la France montre plus de sagesse que ses gouvernants. » — On estima dans toutes les cours que la partie follement engagée par la coalition cléricale était perdue d'avance et qu'elle aboutirait nécessairement à la retraite du maréchal de Mac-Mahon. L'on prévoyait partout qu'après une lutte de quelques mois, M. Thiers serait réélu président de la République.

La désapprobation générale de l'Europe et la ferme modération du parti républicain ne tardèrent pas à exaspérer les amis du cabinet du 17 mai et à leur faire perdre toute prudence. Ils se mirent à discuter l'hypothèse d'une issue *illégale*, d'un véritable coup d'État. Le *Français*, qui était, avec quelques feuilles du boulevard, l'organe officiel du ministère, annonça, dès le 25 mai, que le maréchal était décidé à aller « jusqu'au bout, » que ceux-là comptaient mal, qui comptaient le voir reculer. M. Paul de Cassagnac et M. Louis Veuillot, déclarèrent avec un même cynisme « qu'un bataillon bien commandé supplée admirablement aux lacunes de la Constitution ». Aussi bien, les nouveaux préfets de M. de Fourtou, ne tenaient pas un langage qui fût sensiblement différent, et leurs actes répondirent à leurs paroles. Les plus humbles fonctionnaires républicains furent révoqués et traqués, les cabarets fermés, les autorisations de colportage retirées en masse, les journaux d'opposition poursuivis, frappés d'amende, bannis de la voie publique, supprimés, les réunions démocratiques interdites. M. de Langle-Beaumanoir à Saint-Brieuc, M. Doucieux à Saint-Étienne, M. de Nervo au Puy, M. Copin à Auxerre, M. de Tracy à Bordeaux, commirent des actes de pouvoir qui ressemblaient à des actes de folie et qui étaient, au premier chef, des délits de droit commun. La réaction du 24 mai fut dépassée dès la première semaine. C'était au 2 Décembre et à la loi de sûreté générale que M. de Fourtou songeait avec envie et regret.

Comme nous l'avons dit plus haut, le parti républicain était décidé à n'opposer qu'une propagande légale à toutes les violences du gouvernement de combat. Cette propagande fut admirablement organisée. Dès que la dissolution de la Chambre devint imminente, M. Gambetta réunit les directeurs politiques des grands journaux de Paris [1], et créa avec

1. MM. Émile de Girardin, Hébrard, Jourde, Bapst, Edmond About, Vacquerie.

eux un comité général de résistance et de propagande. Un
second comité, composé de fonctionnaires révoqués par
M. de Fourtou et de jeunes avocats, eut mission d'expédier
en province des milliers de journaux et de brochures. Les
363 signataires du manifeste du 18 mai furent invités à
former dans chaque chef-lieu de canton des comités républicains, à grouper les électeurs, à leur enseigner la nature
de leurs droits contre les abus du pouvoir, à répandre les
journaux envoyés de Paris. M. Thiers se crut revenu à 1830,
à la grande lutte des 221 contre le ministère Polignac. Les
bureaux de la *République française*, comme naguère ceux
du *National*, devinrent le quartier général de l'armée républicaine et libérale. Les plus vieux lutteurs descendirent
dans l'arène avec une ardeur nouvelle. M. Crémieux et
M. Senard, prirent l'initiative d'un comité de consultation
juridique. M. Henri Martin présida le comité de propagande.
M. de Montalivet rentra au *Journal des Débats*. M. de Girardin
commença dans la *France* la superbe campagne pour laquelle
il lui sera tant pardonné dans l'histoire... M. Thiers qui
venait d'atteindre sa quatre-vingtième année, était, de tous,
le plus ardent et le plus impatient. Nous l'avons entendu
accuser M. Gambetta d'être trop *modéré*.

Le 31 mai, M. Gambetta reçut dans les bureaux de la
République française une députation de la jeunesse des écoles
qui lui apportait une adresse signée par un millier d'étudiants des Facultés de Droit et de Médecine. Le président
de la députation s'exprima en ces termes :

Monsieur le député,

Nous avons l'honneur de vous présenter une adresse signée
par un grand nombre de nos camarades, étudiants de Paris,
appartenant aux Facultés et aux Écoles. Nous nous sommes
efforcés d'en rendre la teneur modérée, mais elle est l'expression exacte de nos sentiments, et nous espérons que
vous voudrez bien l'accepter comme un témoignage d'estime
et de sympathie ; nous nous sommes attachés à ne recueillir
que les signatures de ceux de nos camarades que nous con-
naissions nous-mêmes ou par nos amis ; nous aurions pu,

à l'aide d'une publicité plus grande, chercher des adhérents plus nombreux encore ; mais, redoutant par-dessus tout de soulever la moindre agitation, nous avons cru vous rendre un meilleur hommage en restant calmes, rigoureusement calmes, et en ne vous apportant que des adhésions libres et réfléchies.

Tout en nous gardant de vouloir jouer, à *titre d'étudiants*, un rôle politique, nous sommes certains de n'être pas désavoués par nos camarades en vous priant de considérer cette manifestation comme un remerciment de vos efforts de chaque jour et des belles paroles que récemment encore vous prononciez en faveur de la cause républicaine, à laquelle nous sommes tous sincèrement attachés. Nous ne saurions oublier non plus, nous dont la vie de citoyens a commencé dans de si tristes circonstances, qu'à une fatale époque de désespoir, vous, vous n'avez pas désespéré du pays, ralliant les débris de nos armées que l'incurie, et pis encore, avait follement dispersés, changeant la déroute en une défaite honorable, et réparant ainsi, dans la mesure des forces humaines, les lourdes fautes d'un gouvernement que vous aviez eu le courage de flétrir au temps même de sa toute-puissance.

Depuis, dans le cours de votre carrière politique, pleine de tant de services rendus à la cause de la liberté, nous avons constamment été en conformité d'idées avec vous ; nous pensions, nous disions ce que votre éloquence proclamait du haut de la tribune : car le plus bel éloge à faire de votre caractère, c'est de dire que vous n'avez jamais cessé d'être l'écho puissant de la majorité du pays.

C'est qu'en effet, Monsieur, non seulement sur le terrain politique, mais encore sur le terrain religieux, vous souteniez la même lutte, celle de la pensée libre contre le dogme qui s'impose, de la diffusion des lumières contre l'ignorance calculée, de l'esprit de 89 contre l'esprit du *Syllabus*.

Cette lutte est actuellement plus ardente qu'elle n'a jamais été ; le devoir d'y prendre part est aujourd'hui pour tous les citoyens, surtout pour nous, plus impérieux que jamais. Nous aimons trop toutes les libertés pour ne pas revendiquer pour tous la liberté de conscience ; nous respectons, quoi qu'on en dise, la foi sincère jusque dans ses écarts. Mais ce n'est plus de foi qu'il s'agit aujourd'hui : le temps est passé où il y avait en France une Église gallicane; il n'y a plus qu'une Église romaine, inspirée par l'esprit de la Congrégation, poursuivant comme but suprême l'asservissement des intelligences, pour mieux préparer l'asservissement de l'État. Mais la raison se révolte contre cet esprit tout à la fois d'obscurantisme et de domination, qui, si on le livrait à lui-même, envahirait tour à tour la législation, les sciences et les arts, paralysant ainsi les forces vives de la jeunesse et de la nation.

Vous avez montré ces périls dans la séance du 4 mai, vous en avez indiqué les causes et le remède, défendant ainsi du même coup la raison humaine et la sécurité de l'État. La France entière vous en a déjà remercié; la jeunesse des Écoles, cette réserve de l'avenir, devait joindre sa voix à celles qui déjà vous ont acclamé : elle n'a pas encore atteint l'âge des désenchantements, elle ne connaît pas les défaillances énervantes, et, même aujourd'hui, amie fidèle de l'ordre et de la paix, soucieuse du devoir et du travail, calme, confiante, elle attend de la sagesse républicaine le salut de toutes les libertés.

M. Gambetta répondit :

Messieurs,

De toutes les manifestations qui viennent soutenir le courage d'un homme public, il n'y en a pas de plus touchante que celle de cette jeunesse que vous appelez la réserve de l'avenir, j'ajoute l'unique réserve; de cette jeunesse qui puise dans ses longues études le sentiment de la dignité humaine, l'amour éclairé de la patrie, qui conserve les traditions républicaines; de cette jeunesse qui représente ce que nous avons de plus précieux : la générosité du cœur et la liberté de l'esprit. La France a pu voir ses finances ruinées, ses armées prisonnières ou dispersées, ses libertés confisquées, son avenir compromis, et il n'en a pas moins été permis de dire : Rien n'est perdu si la génération qui s'élève est bien pénétrée de la liberté de l'esprit et de l'amour de la patrie. Voilà pourquoi vous me voyez si profondément touché, si heureux de cette manifestation des Écoles.

Je ne veux pas vous associer à la politique militante. Votre place n'est pas dans l'ardent forum où se livrent nos luttes; mais je proteste contre cette tendance à vous exclure des idées générales et généreuses, des doctrines dont vous êtes les gardiens. Mes amis et moi nous observons avec satisfaction l'attitude ferme et patiente de la jeunesse des Écoles de Paris en face du grand combat qu'on avait le droit de croire achevé et qui recommence.

Nous avons l'air de combattre pour la forme du gouvernement, pour l'intégrité de la Constitution? La lutte est plus profonde. La lutte est entre tout ce qu'il reste du vieux monde, des vieilles castes, des privilégiés des anciens régimes, entre les agents de la théocratie romaine et les fils de 89.

Nous sommes convaincus que ce duel ne sortira pas des conditions d'une lutte sur le terrain de la légalité. Quoi qu'on fasse, il faudra bien en arriver au jugement du pays. On ne peut pas abandonner la France à une plus longue agonie de ses intérêts. Ceux qui auront provoqué ce jugement devront en subir les conséquences. Je ne leur fais pas l'injure d'en douter. On a voulu effrayer le pays en le menaçant d'une démission. On lui a dit que cette démission, c'était l'inconnu. Mais l'inconnu, c'est au contraire le pouvoir, dont on ignore les projets. Le connu, c'est la majorité, dont on connaît les hommes et les principes.

Le parti républicain ne manque pas d'hommes éminents qui feraient des présidents de la République très constitutionnels.

Il y en a un surtout que l'on a vu à l'épreuve, qui a déjà occupé la présidence et qui en est descendu avec une simplicité, un désintéressement, une grandeur qu'on se fera certainement un devoir d'imiter quand l'heure sera venue.

Attendons avec patience; nous serons délivrés au jour du scrutin.

Retournez donc à vos travaux; redoublez de zèle, maintenez les études de l'Université au niveau où les ont portées des maîtres illustres. Puis, venez de temps en temps vous mettre en communication avec nous.

Pour moi, je n'ai qu'une ambition : c'est, entouré de mes amis, de préparer pour la génération qui s'élève un temps plus facile, plus calme, moins chargé d'épreuves. Nous désirons vous rendre un pays libre, reconstitué, et ce sera votre tâche, jeunes gens devenus des hommes, de lui refaire, à force de travail et de patriotisme, de glorieuses destinées.

DISCOURS

Prononcé le 9 juin 1877

A AMIENS

Nous empruntons au *Progrès de la Somme* le récit suivant du séjour de M. Gambetta à Amiens :

« Un public nombreux se pressait samedi soir à trois heures aux abords de la gare pour saluer M. Gambetta, pour rendre hommage au patriote énergique, à l'orateur puissant qui a su résumer, dans une synthèse si féconde en résultats pratiques — la communion républicaine des quatre groupes de la Gauche — l'écrasement du cléricalisme et le triomphe de la démocratie.

« M. Gambetta a été reçu à la descente de wagon par M. Goblet, maire d'Amiens, et par MM. Fournier, Fiquet et Delpech, membres de la municipalité de notre ville.

« Dès qu'il est arrivé dans la salle des Pas-Perdus, tous les fronts se sont découverts, et une acclamation puissante, mêlant les cris de : Vive Gambetta ! aux cris de : Vive la République ! a parcouru comme une traînée de poudre l'intérieur et les abords de la gare.

« M. Gambetta s'est dérobé le plus rapidement possible aux acclamations de la foule. De la gare, leur voiture s'est rendue directement chez M. le maire d'Amiens, au grand désappointement du public nombreux qui stationnait dans la rue des Trois-Cailloux, attendant l'arrivée de notre hôte d'un jour.

« Après un instant de repos et quelques présentations, M. Goblet a fait à M. Gambetta les honneurs de notre ville, dont il lui a montré les promenades et le musée.

« A sept heures, un banquet de près de cent couverts réunissait, dans les salons Gresset décorés pour la circonstance d'un magnifique buste de la République, de trophées aux couleurs nationales et de superbes corbeilles de fleurs, les notabilités du parti républicain d'Amiens et des environs. Nous avons remarqué dans l'assistance, outre M. le comte de Douville-Maillefeu, M. le maire et ses adjoints, MM. F. Petit, Caron, Dieu, conseillers généraux, MM. Fiquet et Delambre, conseillers d'arrondissement ; presque tous les conseillers municipaux d'Amiens, un certain nombre de maires des communes voisines, des négociants et industriels.

Au dessert, M. Goblet a porté à M. Gambetta le toast suivant :

« Messieurs,

« Je vous propose la santé de notre hôte illustre, M. Gambetta.

« Je le remercie d'avoir bien voulu, malgré les labeurs et les préoccupations qui l'assiégent, prendre le temps de nous faire cette visite, et je le prie de nous excuser si cette réception improvisée ne répond pas à ce que nous aurions voulu faire pour célébrer dignement sa présence au milieu de nous.

« Mon cher Gambetta, — permettez-moi cette appellation familière à laquelle vous m'avez autorisé par votre constante bienveillance et par une amitié dont je suis fier — nous honorons d'abord en vous le patriote que nous avons connu aux jours funestes de l'invasion, fort au milieu de tant de défaillances, déployant des efforts héroïques pour rendre au pays désarmé la volonté et les moyens de se défendre, luttant jusqu'à la dernière heure pour empêcher, s'il était possible, le démembrement de la patrie, et pour sauver au moins l'honneur sans lequel il n'y a pas de relèvement pour les peuples vaincus.

« Nous saluons le grand orateur qui a mis tout son cœur et toute la puissance de sa parole au service de la démocratie, dont la vaillante éloquence, après avoir combattu l'empire debout, poursuit sans relâche les anciens adversaires de l'empire devenus ses protégés, et défend contre leurs agressions les libertés publiques et les droits de l'État.

« Nous saluons l'homme d'État dont la politique habile autant que sage a fait sortir la Constitution de la République des votes d'une Assemblée en majorité monarchiste et la maintient aujourd'hui en maintenant l'union du parti républicain.

« Il faut le dire ici, ce fut pour beaucoup d'entre nous un sujet de chagrin et d'inquiétude, au lendemain des élections triomphantes de 1876, de voir les représentants élus sous le drapeau de la République conserver d'anciennes distinctions, qui semblaient n'avoir plus de raison d'être, et compromettre ainsi l'autorité que leur aurait assurée, dès le premier jour, une direction commune. Mais ces distinctions ont cessé. Les Gauches ne forment plus qu'une Gauche, et cette fusion, sitôt faite en face des événements qui sont venus nous surprendre, nous a tout d'abord rassurés.

« Notre ville industrielle et commerçante a souffert de cette nouvelle crise, dans ses intérêts autant que dans ses convictions républicaines. Elle n'a cependant pas un seul instant perdu la confiance et, à l'exemple de la France entière, elle attend avec calme une solution qui, en sauvegardant la sincérité de nos institutions, doit rendre au pays la sécurité intérieure et extérieure dont il a tant besoin.

« Vous êtes aujourd'hui l'âme de la résistance légale, comme vous avez été l'âme de la défense en 1870. A la veille de la bataille décisive, nous sommes heureux de serrer votre main et de vous dire : Nous comptons sur l'union des Gauches, nous comptons sur votre sagesse et votre fermeté.

« Je bois à Gambetta, au patriote, à l'orateur, au chef de la majorité républicaine ! »

« M. Gambetta a répondu :

Messieurs, ou plutôt mes amis, mes compagnons,

Je vous demande pardon de l'émotion profonde qui m'oblige, pendant quelques instants, à ressaisir le gouvernement de ma pensée, mais ce n'est pas impunément qu'on évoque, même entre amis, entre citoyens, associés depuis longtemps à la même tâche et animés des mêmes passions, poursuivant avec la même ardeur

un but commun à travers les obstacles et les difficultés
de toute sorte accumulés sur la route, — ce n'est pas
impunément, dis-je, que l'on sent évoquer le passé,
ne fût-ce qu'en quelques mots, mais de ces mots éloquents dont mon ami Goblet a le secret, quand, d'un
trait de feu, il reporte la pensée aux jours lugubres
de la lutte, de l'invasion et du désastre national.

Oui, je sens, et je ne peux pas ne pas le sentir, que
c'est comme une sorte de volonté fatale du destin qui
mène les choses, que je me trouve presque ramené
dans votre ville, dans votre cité, à la veille d'une action intérieure politique qui ne ressemble pas, tant
s'en faut, à celle qui m'avait amené, il y a tantôt sept
ans, au milieu de vous. Comme aujourd'hui, je ne fis
que traverser votre généreux pays, mais, dans ce rapide regard, je sentis, comme aujourd'hui, autour de
moi, les champions, les représentants de la démocratie républicaine, et, comme aujourd'hui, nous eûmes
un même entretien, une même communication : vous
m'êtes témoins que l'amour de la France et le salut
de la patrie envahie, opprimée par les légions amenées
par le gouvernement personnel, étaient le sujet de nos
uniques préoccupations. Nous avons réuni nos efforts ;
ils ont été ce qu'ils pouvaient être, nous ne les avons
pas mesurés, nous les avons donnés sans trêve, sans
mesure et sans repos ; mais la France permettait de
tout tenter, de tout espérer, et quand on parle de sa
résistance, à l'étranger même, chez nos vainqueurs,
— à qui il faut rendre cette justice qu'ils sont impar-
tiaux dans la vérité historique qui s'est déroulée devant nous, — quand on parle de la France chez ceux
qui nous ont jalousés et abattus, comme chez ceux qui
n'ont pas su la secourir, on reconnaît que c'est le seul
peuple qui ait donné le spectacle du plus magnifique
héroïsme, quand tout avait sombré : armée, administration, finances ; quand tout avait été livré au hasard,
à l'incertitude, en face d'un ennemi dès longtemps

scientifiquement préparé. (*Vifs applaudissements.*)

Mais écartons ce passé! Non que la blessure ne soit toujours saignante; mais il n'est pas bon, il n'est pas sage, il n'est pas politique ni patriotique de parler de ces choses. A l'heure où nous sommes, ce dont il faut parler, c'est, en effet, comme on vient de le dire avec justesse et précision, de la résistance légale. Oui. Et pourquoi résister? Et pourquoi ce mot est-il devenu nécessaire? Pourquoi est-il devenu urgent que les bons citoyens, non pas seulement le parti républicain qui est déjà la nation, j'imagine, mais encore tous ceux qui, en dehors de lui, ont quelque souci de la dignité et de la liberté d'un peuple, — pourquoi faut-il qu'ils se mesurent, se regardent, se rencontrent et s'associent?

Pourquoi cette résistance? — Parce qu'il y a, quelque part, quelques ducs infatués de leur prestige et qui ont la prétention de s'emparer de la nation. (*Très bien! très bien! — Bravos et applaudissements prolongés.*)

Ah! vous l'avez bien dit, dans cette ville de travail et d'épargne, d'industrie et de commerce, il s'est passé ce qui s'est produit dans toute la France, un mouvement d'indignation suivi immédiatement d'un mouvement de dédain. Il a été clair alors que le pays était sûr de lui-même, et que ceux-là n'étaient pas sûrs d'eux, qui avaient tenté l'aventure! (*Oui! — Très bien! très bien! — Vifs applaudissements.*)

Ce qui est certain, — mais l'heure n'est pas à la discussion, elle est aux actes, — c'est que, tous, nous sommes unis et d'accord, et que quiconque s'honore, en France, de mettre aujourd'hui la patrie et la République au-dessus des contestations et des vaines querelles de la politique pour en faire l'égide du relèvement matériel de la France, — que quiconque, dis-je, est animé de cette pensée patriotique, est avec nous, et, lors même qu'il n'est pas dans nos rangs, nos maîtres d'un jour le savent s'ils sont renseignés fidèlement

par les agents qu'ils jettent dans les foules, si ceux-ci
ne les trompent pas, ils savent qu'il n'est pas un commerçant, pas un usinier, pas un homme d'affaires qui
n'ait été immédiatement indigné et frappé, et qui ne
se soit demandé si ces prétendus conservateurs n'é-
taient pas des fauteurs de désordre perpétuels. (*Très
bien! très bien! — Applaudissements répétés.*)

Aussi, mes chers amis, il n'est pas nécessaire, en
effet, de penser à d'autre moyen de salut que la résistance morale qu'oppose la France. Comme je vous le
disais tout à l'heure, elle est sûre d'elle-même; elle a
fait connaître hautement ses volontés; on a rusé avec
elle, on a cherché à infirmer son arrêt, son verdict; on
a — et nous le discuterons ailleurs, — on a improvisé,
on a supposé des périls, des conflits et des risques qui
n'existaient pas : c'est une querelle que nous viderons
quand on nous aura rendu la parole, car nous sommes
dans cette singulière situation que ceux qui prétendent
sauver le pays n'osent pas affronter une controverse
publique.

Mais la France a bien compris, et le silence qu'on
faisait n'était pas de nature à la tromper : quand nous
nous taisions, elle parlait; et si ceux qui ont osé prendre le pouvoir, abusant de la confiance de celui qui
gouverne, n'ont pas perdu toute oreille, ils savent ce
que la France a dit. S'ils l'ignorent, dans quelques
jours nous le leur apprendrons. (*Rires et applaudissements.*)

Je ne veux que vous dire un seul mot : c'est que l'u-
nion admirable que vous avez vue se manifester immédiatement dans tous les rangs de la majorité républicaine n'est pas passagère; il tient aux convictions
les plus profondes et les mieux assises, ce pacte des
363 pour défendre la Constitution, la loi et les volontés de la France.

Ce pacte s'impose et il s'est déjà imposé à la conscience nationale. Que dis-je? il n'est que l'expression

de la conscience nationale elle-même, et on le verra bien le jour où, à bout d'artifices et d'expédients, il faudra venir consulter le seul juge devant lequel je suis d'avis qu'il faut s'incliner, pouvoir, opposition, majorité, minorité, tous les partis, et ce seul juge, c'est la France.

Ce jour-là, la France parlera comme elle a parlé; je crains seulement qu'elle ne parle plus haut.

Je bois à l'opinion de la France, je bois à l'union du parti républicain, c'est-à-dire du parti patriote, avec la nation sous l'égide de la République. (*Très bien! très bien! — Bravos et applaudissements prolongés.*)

« Lorsque l'émotion produite par ces fermes et éloquentes paroles a été un peu calmée, M. Goblet a donné lecture de la lettre suivante, par laquelle l'honorable M. Gaulthier de Rumilly, sénateur inamovible, lui faisait connaître les motifs qui l'empêchaient d'assister au banquet :

« La proximité du grand combat au Sénat m'oblige à « conserver avec soin la santé dont j'ai besoin pour des « votes qui tiendront à quelques voix. Veuillez donc être « mon interprète auprès de nos amis politiques et particu-« lièrement auprès de notre grand orateur Gambetta, dont « j'aime le grand cœur et le vrai patriotisme. Veuillez lui « exprimer tous mes regrets, motivés sur mon dévouement « à mes devoirs au Sénat. »

« Sur cette lecture, M. Gambetta a porté à M. Gaulthier de Rumilly un toast éloquent qui n'a pas été recueilli.

« M. Dieu s'est levé alors et, en quelques paroles émues, a rappelé les souffrances de la classe ouvrière. « N'est-ce pas, a-t-il dit, une chose bonne, utile et conforme à nos principes communs, que la démocratie militante, qui a en ce moment l'inappréciable bonheur de posséder son illustre chef, ait une pensée fraternelle pour les démocrates souf-frants? Je vais avoir l'honneur, sûr d'être le fidèle inter-prète de vos intimes sentiments, de recueillir vos offrandes pour les malheureuses victimes du terrible incendie qui laisse tant de familles sans travail et sans pain. »

« M. Gambetta répond qu'il s'associe de toute son âme à la bonne pensée que vient d'émettre M. Dieu. Il développe en termes éloquents, qui provoquent les applaudissements de l'auditoire, cette idée que, dans la démocratie, il n'y a pas de classes; que quelques-uns, par la fortune, le talent et le bonheur, peuvent se trouver portés *au premier rang, mais que tous restent frères, unis dans le devoir d'une solidarité commune,* et il déclare qu'il est heureux de pouvoir s'associer à l'acte excellent dont M. Dieu a pris l'initiative.

« Une collecte a produit une somme de 800 francs.

« Au nom des patrons des usines incendiées, présents tous deux à la réunion, M. Alphonse Fiquet remercie l'assemblée de la bonne œuvre qu'elle vient de faire. Les patrons s'attachent, ajoute-t-il, à abréger les épreuves qu'ont eu à subir leurs ouvriers et bientôt, il l'espère, le travail reprendra, au moins partiellement, dans les deux usines. Il demande en terminant à rappeler le souvenir d'un citoyen dont le nom est présent à la mémoire de tous, M. Jules Lardière, qui a tant fait dans le département pour la cause démocratique et qui, dans un moment difficile, a dignement représenté le gouvernement de la Défense nationale.

« Toute l'assemblée et M. Gambetta s'associent au juste hommage rendu à la mémoire de M. Jules Lardière, et M. Dieu se fait applaudir en déclarant que la vie de cet homme de bien auquel il a l'honneur de succéder sera toujours devant ses yeux comme un exemple qu'il s'efforcera de suivre dans sa carrière politique.

« Avant de quitter la salle du banquet, M. Gambetta prend de nouveau, au milieu du silence sympathique de l'assemblée, la parole pour exprimer toute sa reconnaissance du cordial et fraternel accueil qu'il a reçu.

— « Restez toujours unis, Messieurs, dit-il en terminant; et, engageant ma responsabilité, je n'hésite pas à vous le dire : Ayez confiance. »

« Cette rassurante affirmation a été couverte d'applaudissements.

« Un dernier mot :

« C'est un devoir pour nous de constater que, malgré certaines précautions aussi exagérées que ridicules prises par la police, notre sage et patriotique population a su rester calme, notamment en présence de deux cris séditieux

proférés dans l'enceinte de la gare. On sait que le succès —
et un succès des plus éclatants — réduira à néant dans quelques semaines la politique de combat que la pire des réac-
tions veut ressusciter ; pourquoi s'impatienter? Aussi nos
concitoyens n'ont-ils fait que hausser les épaules en entendant les cris — sans doute aussi intéressés qu'isolés — dont
nous venons de parler.

« Cette conduite est des plus sages, et c'est en la suivant
jusqu'à la fin d'une crise passagère que nous mettrons le
mieux en pratique cette tactique si sage qu'ont adoptée, il
y a trois semaines, les quatre groupes de la Gauche, et qui,
si elle eût été mise en pratique à Versailles après les élections du 20 février 1876, eût évité au pays des méprises,
des mécomptes et des désagréments nombreux. »

DISCOURS

Prononcé le 10 juin 1877

A ABBEVILLE

Le 10 juin, M. Gambetta se rendit d'Amiens à Abbeville. Nous empruntons à la *République française* le compte rendu télégraphique de ce voyage :

« Abbeville, 10 juin, 0 h. soir.

« Une foule nombreuse attendait M. Gambetta à la gare et l'a salué de ses acclamations.

« La conférence a eu lieu à une heure dans une salle décorée de verdure, où se trouvaient seize cents personnes, parmi lesquelles beaucoup de dames. Autour du fauteuil de la présidence, réservé à M. Gambetta, siégeaient au bureau MM. Labitte, Marmottan, Mollien, de Douville-Maillefeu, Magnier, députés, et douze conseillers municipaux, MM. Dieu, Frédéric Petit, etc. L'entrée de M. Gambetta a été accueillie par les cris de : Vive la République! Vive Gambetta!

« M. Gambetta ouvre la séance en expliquant le but de la conférence. C'est de venir en aide à l'éducation mutuelle pour l'œuvre des bibliothèques populaires dans cet arrondissement d'Abbeville, qui est un terrain d'élection propre à faire lever la moisson des esprits. Le changement qui s'est produit dans les circonstances ne pouvait amener un changement dans les résolutions prises.

« Cette réunion n'aura rien de politique, car nous savons

que c'est par le respect de la loi que les démocraties gran-
dissent. (*Vifs applaudissements.*)

« M. Goblet expose l'importance de l'instruction populaire
dans un pays de suffrage universel. Trop longtemps les
gouvernements ne se sont occupés du peuple que quand ils
ont eu à compter avec lui... (*Interruption du commissaire de
police, qui croit voir là une allusion politique.*) L'orateur con-
tinue en établissant que le développement de l'instruction
populaire date de 1789. L'infériorité de la France sous le
rapport de l'enseignement a apparu à l'Exposition de Phi-
ladelphie ; le reproche ne s'adresse pas au gouvernement
actuel, qui, tout occupé du soin d'exister, n'a pas eu le
temps de toucher à la question.

« Le commissaire de police interrompt de nouveau et
menace de lever la séance. M. Gambetta intervient, recommande à l'auditoire un recueillement profond, rappelle au
commissaire qu'il est impossible de parler de l'instruction
en évitant tous les mots de la langue politique.

« M. Goblet analyse les progrès déjà accomplis par les Conseils municipaux d'Abbeville et d'Amiens, le développement
des écoles laïques ; il rappelle les efforts faits pour la propagande de l'instruction par les bibliothèques populaires. Il
démontre la nécessité de redoubler de zèle. Il termine en
exprimant l'espoir qu'au centenaire de 1789, nous aurons
fondé, sur les bases indestructibles de l'instruction, le règne
de la démocratie. (*Vifs applaudissements.*)

« M. Gambetta ajoute quelques paroles. Il sait qu'il plane
sur la réunion une sorte d'inconnu. Il est des choses que ses
auditeurs doivent entendre et qu'on ne doit pas dire. Il se
fie à la finesse gauloise et à la vaillance picarde. (*Explosion
de bravos.*) Nous avons à faire une œuvre de paix ; répandons le livre, qui renverse les Bastilles, le livre, la plus
sublime création du génie humain. (*Nouveaux bravos.*) Pla-
çons dans nos bibliothèques les livres qui racontent nos origines, les débuts laborieux et terribles du peuple de France,
les efforts qui nous ont conduits à ce résultat devant lequel
tous sont obligés de s'incliner, le règne de la souveraineté
nationale. (*Applaudissements prolongés.*) Répandons nos historiens, ce Voltaire tant décrié (*Acclamations*), les Mignet,
les Thiers, les Augustin Thierry et tant d'autres ; répandons
la géographie qui analyse, fouille et met au jour les titres

de noblesse de chaque commune, de chaque canton, de chaque département. Répandons aussi les livres de science : en la vulgarisant on agrandit la science. Elle conduit à l'émancipation de l'homme par la nature. La science, c'est la patrie retrouvée, c'est l'humanité resplendissante dans le droit et la justice. (*Longues acclamations.*) Tronquer, défigurer la science, c'est commettre le plus grand des crimes, le crime de lèse-raison humaine. Que ceux qui redoutent la science nous laissent seulement les moyens de parler, d'écrire et de lire : ils seront pesés dans la balance de la justice et seront trouvés trop légers. (*Applaudissements.*) Continuons donc notre œuvre; lisez beaucoup; faites part à tous de vos impressions, appelez la controverse. La raison finit toujours par triompher et c'est par ce cri que je termine : Vive la raison! »

« Ce cri est répété par l'auditoire; la séance est levée au milieu des acclamations.

« Les entrées ont produit 1,000 francs pour les bibliothèques populaires. »

« A la suite de la conférence de M. Goblet, les républicains d'Abbeville offrent à M. Gambetta un banquet de 300 couverts. M. Labitte, député de la première circonscription d'Abbeville, président du banquet, donne lecture des lettres d'excuse de M. Gaulthier de Rumilly, sénateur inamovible, doyen du Sénat, qui se ménage pour assurer une voix solide contre le 16 mai, et de M. Dauphin, sénateur de la Somme :

« A la fin du banquet, M. Labitte prend la parole et porte le toast suivant :

« Messieurs, je vous propose la santé de M. Gambetta.

« Vous vous souvenez qu'au moment où il me promettait de devenir notre hôte, la France était calme. M. Gambetta, toujours dévoué de corps et d'âme aux institutions populaires et qui avait déjà multiplié partout son éloquente parole au profit de nos utiles bibliothèques, n'avait pas hésité à nous promettre son concours, sachant bien que l'instruction assurera l'avenir de la démocratie.

« Cette France calme et prospère, on vient de la jeter dans le trouble le plus profond; cependant, malgré les menaces qui nous poursuivent de tous côtés, la France a confiance. La confiance lui est inspirée par la conviction en la durée de la République, et par la fermeté et la sagesse de la Chambre.

« M. Gambetta a voulu tenir sa promesse. Malgré ses fati-
gues, il est venu nous prodiguer ses sages pensées et ses
ardentes paroles. Le pays saura profiter de leçons si bien
dites, et nous remercions M. Gambetta au nom de la Biblio-
thèque populaire et de tous nos concitoyens.

« Je bois à M. Gambetta, au grand orateur, au grand
citoyen ! (*Acclamations. — Cris répétés de : Vive la République ! — Vive Gambetta !*)

« M. Gambetta prend la parole :

Messieurs et chers concitoyens,

La meilleure réponse que je puisse faire au toast
que vient de porter notre honorable président, mon
ami et mon collègue, M. Labitte, parlant en votre nom,
à vous, membres de la démocratie abbevilloise qui
êtes ici présents, comme au nom de ceux qui s'unis-
sent de loin à cette réunion par les lettres énergiques
que vous avez applaudies, c'est de rechercher avec
vous, simplement et brièvement, les causes qui ont
amené la situation que l'on vous dépeignait tout à
l'heure par le mot « situation troublée », de découvrir
et de mettre en lumière les menées, les visées des
hommes qui ont créé cette situation, et enfin de vous
dire quels sont, selon moi, les moyens et les ressources de la France, du parti républicain tout entier pour
y faire face, pour la dominer et finalement pour triompher le jour où cette crise se dénouera.

Messieurs, la situation qui vient de se révéler brusquement sous les yeux de la France et de l'Europe, à
la fois attristées, indignées et surprises, cette situation
a de lointaines origines. Elle a éclaté comme ces mines
qui ont longtemps cheminé sous le sol et qu'une main
imprudente fait partir d'une façon tout à fait inattendue. C'est pourquoi, Messieurs, il est utile, si l'on veut
analyser complètement les causes multiples de cette
sorte de travail latent qui vient d'éclater brusquement au
grand jour, de reprendre les choses d'un peu plus haut.

Remontant vers un passé dont peu d'années encore nous séparent, reportons-nous à cette Assemblée nationale née sous les pas de l'invasion : que voyons-nous? Nous y trouvons déjà nos adversaires d'aujourd'hui réunis et coalisés contre la démocratie et contre la République, le seul gouvernement vers lequel la France lève les bras dans les moments où sa fortune semble s'éclipser. C'est, Messieurs, au moment où, pour la seconde fois depuis un siècle, cette République résistait à l'invasion de l'étranger, amené chez nous par les fautes de la monarchie ; c'est au moment où elle prodiguait tous ses efforts pour ramener du gouffre où on l'avait précipitée, la France mutilée et sanglante, qu'il s'est trouvé des partis politiques qui, ne voulant laisser à notre malheureux pays ni repos ni trêve, ont rêvé, chacun suivant ses convoitises personnelles, de fausser sa volonté, de contraindre son cœur et son génie et de lui imposer, qui une monarchie de droit divin, balayée à jamais par la Révolution française ; qui une équivoque constitutionnelle et bâtarde, une oligarchie sans assises et sans lendemain. (*Vive adhésion.*) D'autres, enfin, oublieux de tout le sang qu'ils avaient répandu, oublieux des provinces qu'ils avaient perdues, allaient jusqu'à penser qu'on pouvait nous infliger cette dernière honte de ramener l'empire. (*Longs applaudissements.*)

Leurs plans furent vains. Ils eurent beau avoir le pouvoir, tout le pouvoir, ils eurent beau posséder toutes les ressources unies dont dispose le gouvernement dans un pays aussi fortement centralisé que la France : leurs machinations, leurs calculs devaient succomber par le fait de leurs divisions mêmes. Après avoir renversé l'homme illustre qui prendra rang dans notre histoire, avec le double titre de fondateur et de libérateur de la République française, ils furent condamnés à subir la politique qu'il avait indiquée et à prendre le rôle hypocrite de serviteurs malgré eux de la cause et des desseins qu'il avait fait ratifier par la France et par l'Europe. (*Adhésion générale.*)

Une Constitution républicaine dont on a beaucoup exagéré les vices, mais dont on n'a jamais assez célébré les vertus et, entre autres, le mérite qu'elle a eu dès le premier jour de réduire à l'impuissance les fauteurs de restauration monarchique, de quelque nom qu'elle fût affublée (*Marques nombreuses d'approbation*), une Constitution avait été donnée au pays. Elle s'était imposée au patriotisme des uns comme aux fermes espérances des autres : tous les bons citoyens lui devaient le respect. Cette Constitution avait la double force qui tient à la vérité et à la tradition, la force toute-puissante dans le règlement des affaires humaines : la nécessité et le droit.

Oui, Messieurs, la nécessité et le droit, à telles enseignes que, le jour même où elle a été votée, on vit les représentants de la plupart des anciens partis apporter leur vote à côté des votes républicains. Toutefois, il en est qui laissèrent tomber ce vote dans l'urne sans l'expliquer, car toute explication sur leurs arrière-pensées ou leurs projets ultérieurs n'aurait pu être qu'un mensonge ou un parjure que le pays n'aurait pas toléré. (*Assentiment.*)

Le suffrage universel fut enfin convoqué le 20 février 1876. La France, encore aux mains des derniers survivants de l'ordre moral, la France, encore sous le joug de fonctionnaires hostiles à la République, la France, sous la contrainte administrative et sous la pression officielle qu'ont révélées et stigmatisées les vérifications de pouvoirs, la France, à moitié libre, mais résolue à user de ce qui lui restait de liberté, rendit, dans un scrutin mémorable et décisif, un arrêt qui fut comme la ratification de la Constitution, et qui fut certainement l'acclamation de la République comme forme définitive du gouvernement national. (*Salve d'applaudissements et acclamations.*)

Les mandataires de la France se rendirent à Versailles et, là, s'inspirant de la volonté si hautement exprimée par la nation, ils ne demandèrent qu'une chose au pouvoir, une seule : ils lui demandèrent d'appliquer loyalement la Constitution et de donner enfin à la France le gouvernement du pays par le pays : c'est-à-dire, Messieurs, puisqu'on était en République, que l'on demandait, avec droiture et franchise, que les agents du pouvoir fussent républicains.

Cette prétention, véritablement inouïe et subversive (*Hilarité*), de faire servir un gouvernement par ceux qui l'estiment, l'aiment et le respectent et qui sont capables de le comprendre et de le faire aimer — cette prétention devint le prétexte de duels et de conflits incessants entre la représentation nationale et ceux qui détenaient le pouvoir. (*C'est cela! — Très bien! très bien!*)

Aux justes demandes de la Chambre nouvelle, on répondit tantôt évasivement, tantôt par les déclamations habituelles aux représentants de ce qu'on est convenu d'appeler les classes dirigeantes, mais qui ne représentent qu'eux-mêmes, car, Messieurs, grâce aux progrès de la raison publique, grâce aussi aux terribles et redoutables leçons du passé, les vraies classes dirigeantes — s'il faut employer ce mot — ne sont pas du côté de ceux qui s'en font les champions et qui prétendent exercer le pouvoir en leur nom; les vraies classes dirigeantes, c'est-à-dire ceux qui pensent, ceux qui travaillent, ceux qui amassent la richesse, ceux qui savent en faire un emploi judicieux, libéral et profitable au pays: les classes dirigeantes, c'est-à-dire la partie éclairée, active et généreuse de la nation, elles sont — comme la partie de la nation qui est encore tenue dans les ténèbres de l'ignorance — avec la République, parce qu'elles ont toujours eu pour devise et pour drapeau la liberté dans l'ordre et dans la paix. (*Vive approbation.*)

Mais il existe dans notre pays une poignée d'incorrigibles petits-maîtres de la politique (*Hilarité générale*), qui, toujours battus et jamais lassés, qui, incessamment refusés par le suffrage universel et refoulés
par l'opinion, cherchent avec obstination à se dérober
aux conséquences de leurs fautes, à échapper aux
suites de l'aversion qu'ils inspirent. Ils reviennent sous
toutes les formes, reniant tout leur passé, foulant
aux pieds toutes leurs doctrines, ne tenant compte
ni de leurs écrits ni de leurs discours antérieurs, ni
de leurs plus récentes déclarations, se jetant à corps
perdu dans la lutte, contre qui?... — ah! nous pouvons nous rassurer, Messieurs, — contre la France !
(*Oui! oui! — Très bien! très bien!*)

Messieurs, il faut le dire, ces hommes qui n'étaient
pas au pouvoir, qui n'y étaient plus, après le scrutin
du 20 février, sont restés cachés derrière le pouvoir
(*Sensation*) et, quand nous dénoncions une sorte de
gouvernement occulte, quand nous disions que les
ministres qui avaient la confiance de la majorité
étaient des ministres sans liberté d'action, parce qu'ils
se heurtaient on ne sait à quelle puissance mystérieuse
et latente dont nous sentions partout l'action et la
présence, on nous traitait de visionnaires, on nous regardait comme des esprits chagrins, comme des gens
sans vues politiques, et on nous considérait comme
des propagateurs de fausses nouvelles. (*Rires d'approbation et applaudissements.*)

Un jour est venu — c'est le 16 mai — où ce gouvernement a levé le rideau, et alors on vit les mêmes
hommes qu'autrefois rangés en ordre autour du pouvoir, avec toute leur clientèle prête à leur obéir. L'ac-
cès des plus hautes fonctions publiques leur a été ouvert; ils sont rentrés tous par la même porte, traînant
derrière eux le même cortège.

Quelle pensée politique persistante anime donc ces
hommes qui se sont décerné à eux-mêmes le nom

d'hommes de combat? La voici. Messieurs, depuis 1870,
ces hommes n'ont jamais voulu se résigner au triomphe pacifique et légal de la démocratie française. Ils
n'ont jamais consenti, malgré la majorité, malgré les
votes réitérés de la France, qui avait réussi, à travers
les mailles serrées du filet qui l'oppressait, à exprimer
sa volonté, — ils n'ont jamais voulu tenir aucun compte
de cette volonté nationale, devant laquelle toutes les
volontés individuelles doivent se courber. Et pourquoi? C'est parce qu'ils étaient et sont encore résolus
à ébranler tous les jours le gouvernement, espérant
que, de guerre lasse, les esprits fatigués, les intérêts
troublés, les passions surexcitées, leur fourniraient
l'occasion d'en finir avec la République, ou par la
force, ou par la lassitude. (*Applaudissements unanimes.*
— *C'est cela!* — *Très bien! très bien!*)

Eh bien! je le leur prédis au nom de la patience
française, au nom de cet admirable esprit d'union et
de concorde dont notre France a donné tant de preuves
multipliées; je leur prédis qu'il suffira de la résistance
morale du pays pour condamner leurs desseins à un
avortement misérable. (*Mouvement.*) En vérité, toute
cette aventure ne serait que ridicule si malheureusement elle ne tenait pas en suspens les destinées mêmes
de la patrie. (*Oui! oui!* — *Assentiment.*)

Ils se sont dit, dans leur aveuglement et dans leur
infatuation, que le pays avait beau vouloir la République, qu'il ne l'aurait jamais, puisqu'eux-mêmes n'en
voulaient pas. (*Hilarité prolongée.*) Et alors ils ont cherché, par tous les moyens, à rendre cette Constitution
du 25 février presque impraticable, tant ils se sont
appliqués à en fausser les véritables ressorts. Et que
l'on ne me dise pas que j'exagère! Dès le début de la
session de 1876, lorsqu'il s'agissait de rendre aux communes de France leurs franchises, est-ce que la proposition n'a pas été repoussée par le Sénat? Et celui
même qui préside aujourd'hui le conseil n'a-t-il pas

exposé, à la tribune de la Chambre sénatoriale, qu'il fallait le conflit pour le conflit lui-même, sans quoi le Sénat ne saurait ni comprendre ni accomplir son rôle? (*Hilarité. — Vive approbation.*)

C'est dans ces dispositions, c'est avec ces projets qu'on est entré dans la pratique de la vie constitutionnelle. On présentait le conflit entre les deux Assemblées comme un jeu normal et régulier et on disait, dans ce style prétentieux dont on a l'apanage sinon le secret, que le Sénat et la Chambre des députés étaient comme deux horloges qui devaient marcher ensemble, mais non pas marquer la même heure. (*Nouvelle hilarité.*)

Messieurs, ce sont là des inventions beaucoup trop raffinées, des rouages beaucoup trop compliqués pour la démocratie et le suffrage universel. Ce que la France veut, c'est que tous ses représentants et le pouvoir fonctionnent d'accord. Elle est peu éprise de subtilités parlementaires. Il lui faut un gouvernement clair, sage, pratique, qui mette l'ordre et l'harmonie dans tous les ressorts de l'immense machine gouvernementale, et elle laisse aux sophistes politiques le soin de rechercher si le conflit, savamment préparé, touche à l'état aigu et positif, pour la faire avancer ou retarder au caprice de quelques beaux esprits.

Voici un second exemple de ce besoin de fausser l'harmonie des rapports entre les deux Chambres : Lorsque le cabinet vint proposer à la Chambre des députés de retirer aux universités catholiques le droit de collation des grades qui avait été, jusque-là, une attribution incontestée et nécessaire de la puissance publique, la signature du président de la République était au bas de ce projet de loi, et l'honorable M. Waddington, le ministre regretté, n'eut qu'à le soutenir devant la Chambre, qui s'empressa de le ratifier par acclamation ; mais on va devant le Sénat et, sous l'influence des mêmes meneurs, on fait échec à cette mesure de réparation demandée par tout le pays. Le gouvernement était battu par de prétendus conservateurs ; on laissait triompher le cléricalisme une fois de plus : on dépouillait l'État de l'une de ses attributions les plus nécessaires. Je n'insiste pas, Messieurs, et, comme je ne veux pas faire ici un long discours, je caractérise d'un mot les rapports habituels des pouvoirs publics.

La Chambre des députés a toujours été très modérée, très sage ; avant même de la connaître, on l'a dénoncée comme une assemblée turbulente, nécessairement radicale et perturbatrice. Or, la Chambre n'a jamais refusé un vote de confiance ou une majorité aux ministres choisis par le pouvoir exécutif.

Sous quelles suggestions, d'ailleurs, agissait l'exécutif lui-même ? Laissait-il toujours une parfaite latitude à ses ministres ? C'est une question que c s ministres eux-mêmes voudront bien trancher pour le pays dans un avenir prochain ; mais ce qu'il faut bien voir, ce qu'il faut reconnaître et proclamer, c'est que M. Dufaure lui-même a été renversé par le Sénat, et, quant à M. Jules Simon, c'est au lendemain du jour où il avait obtenu la plus forte majorité qui se fût déclarée dans la Chambre des députés qu'il a reçu cette lettre de congé qui a jeté la stupéfaction dans le pays et dans l'Europe entière. (*Très bien ! très bien ! et applaudissements.*)

Messieurs, dans des circonstances semblables, il faut dire, avec modération mais avec fermeté, la vérité au pays.

Il est bien certain qu'une pareille lettre, adressée sans être contre-signée par aucun ministre responsable, a tranché une grosse question parlementaire en invoquant une responsabilité qui n'est nulle part écrite dans la Constitution. C'est là un fait grave et *nouveau* : c'est l'apparition du pouvoir personnel au sein de la Constitution républicaine. (*Assentiment général. — Oui ! Oui ! — C'est vrai !*)

L'opinion a immédiatement jugé la gravité de cet incident; tout le monde s'en est ému, et le cabinet qui est venu vingt-quatre heures trop tard couvrir cet acte personnel, ce cabinet en disait plus long sur le caractère et la portée de la lettre que la lettre elle-même. En effet, on voyait revenir au pouvoir, à l'état de coalition, l'ancienne coalition qui avait renversé M. Thiers du pouvoir ; qui avait, après le 24 Mai, préparé la fusion et essayé de ramener en France, dans ce pays de démocratie, le représentant du droit divin, et qui probablement, n'ayant abjuré aucun de ses desseins, reprenait les affaires pour se livrer aux mêmes entreprises. C'est dans ce but que, marquant tout de suite ses préférences et ses volontés, le gouvernement du 16 Mai a expulsé de toutes les fonctions administratives quiconque a pu être soupçonné d'adhérer à la Constitution et aux lois républicaines.

Ah! Messieurs, c'est là un spectacle singulier, car peut-on dire que c'est respecter l'esprit de nos institutions que d'en confier la garde et la défense à une coalition de partis qui font profession — et c'est l'honneur des partis, Messieurs, de ne pas déchirer les programmes inscrits sur leur drapeau — mais enfin qui font hautement profession de poursuivre la destruction de la République? Et d'où vient donc cet empressement, cette subite levée de boucliers des partis hostiles à la République? Messieurs, une pareille question pourrait nous mener loin dans les recherches. On pourrait chercher longtemps, on pourrait interroger les conversations comme les écrits ou les journaux des hommes appartenant aux divers partis coalisés; on pourrait donner bien des motifs, bien des raisons, justes ou ingénieuses, de cette nouvelle tentative. Pour moi, qui aime les choses simples, je crois qu'il y a une seule raison qui domine toutes les autres et qui les explique toutes.

La République, Messieurs, bien que médiocrement

servie, en dépit de toutes les difficultés dont on en-
tourait ses premiers pas, la République allait, tous les
jours, gagnant davantage le cœur de la nation ; elle
s'implantait visiblement ; on voyait pour ainsi dire ses
racines s'étendre au loin dans les couches les plus
profondes ; les commerçants, les industriels, les capitalistes, les entrepreneurs, les gens les plus timides
s'y ralliaient tous les jours, sans fracas, mais avec fermeté et sincérité. Les masses rurales comprenaient,
elles aussi, tous les jours, que ce gouvernement, tant
dénigré, tant calomnié, est un gouvernement véritablement réparateur, un gouvernement de discussion
et de lumières, un gouvernement de contrôle, un gouvernement d'économie, un gouvernement d'égalité, un
gouvernement de sagesse, un gouvernement de paix
surtout. Et les masses rurales, le comprenant, com-
mençaient à rejeter bien loin les diffamateurs, les ca-
lomniateurs attitrés du parti républicain, et se ran-
geaient de plus en plus, aux jours des scrutins partiels
dans la commune, le canton, l'arrondissement ou le
département, sous le drapeau de la République. (*C'est
vrai! — Très bien! très bien! — Applaudissements.*)

De telle sorte que l'on pouvait, à en juger par les
progrès que faisait la République dans les sympathies
du pays, prévoir qu'à coup sûr, en 1880, à cette date
où les partis vaincus le 20 février 1876 se sont donné
rendez-vous pour livrer un dernier assaut à la démocratie républicaine, il serait trop tard et qu'alors, établie sur des bases inébranlables, la République non-
seulement repousserait les assaillants, mais ne leur
donnerait même pas l'occasion de livrer bataille.

C'est alors que, voyant leurs desseins renversés et
leurs espérances coupables déjouées, sentant l'immi-
nence de ces élections départementales qui allaient se
faire sous la neutralité d'un ministère républicain, les
hommes de réaction ont poussé un cri de détresse et
qu'ils ont dit : Mais ne sentez-vous pas que si ces élec-

tions ne sont pas faites, nous étant au pouvoir, avec
des fonctionnaires dociles, avec des agents de compression et d'intimidation, c'est l'avenir, c'est notre dernière ressource que vous livrez à l'ennemi? — et, Messieurs, pour eux, l'ennemi c'est le sentiment national!
(*Salve d'applaudissements et bravos prolongés.*)

Ce qu'on a voulu faire, Messieurs, c'est rapprocher
ce jour de combat et de lutte, parce que le temps qui
passait s'écoulait au profit de la République et au détriment de ses adversaires. Et c'est pour cela, ainsi que
je le disais à la Chambre, que vous avez vu, comme un
coup de foudre qui éclate dans un ciel serein, tomber
subitement la lettre du 16 mai au milieu des affaires,
au milieu de la campagne à moitié faite de l'année, au
milieu des préoccupations diplomatiques qui assail-
laient tous les cabinets de l'Europe. C'est pour cela
que vous avez vu congédier les ministres pour faire
place aux hommes de combat, à ceux qui ont pour programme politique de donner une place dans le cabinet à toutes les factions hostiles à la République, et
qui néanmoins, par dérision et comme par outrage,
conservent à leur pouvoir ce nom, ce titre dont ils
poursuivent l'effacement et la radiation.

Ah! Messieurs, on a pu multiplier les circulaires
pour dire qu'on interdirait jusqu'aux conversations et
qu'on saurait bien appliquer un bâillon sur la bouche
des citoyens. Quant à moi, je connais mes devoirs,
mais aussi mes droits; vous parlerez, vous parlerez
avec moi, et déjà toute la France a parlé. (*Oui! oui!* —
Assentiment unanime et longs applaudissements.)

Et la France a parlé si clairement et d'une voix si
ferme, son sentiment a tellement été unanime, que
vous avez vu se faire l'union de tous les patriotes de
ce pays, l'accord de tous les représentants élus de la
majorité française; vous les avez vus se grouper, se
solidariser, et ce ne sont pas ceux qui passaient pour
les plus tièdes qui, comme M. Dauphin, tiennent le

moins ferme et le moins énergique langage. De tous
côtés, les distinctions se sont effacées, les petites dissidences, les querelles personnelles ont fait place au
sentiment qui doit rallier véritablement les bons Français. Tous les citoyens sages, honnêtes et politiques,
tous, sans nuances, sans qualification de qualité ou
de rang, tous sont venus, ceux-ci du Sénat, ceux-là de
la Chambre, se ranger autour du même drapeau, le
drapeau de la loi, le drapeau de la France. (*Explosion
d'applaudissements et acclamations.*)

Mais demandons-nous, Messieurs, ce qui pourrait
advenir si, par hypothèse — hypothèse que je veux
bien prévoir pour les besoins de cette discussion —
ce qui pourrait sortir du succès de la coalition de nos
adversaires au pouvoir. Quel est celui de ces trois partis qui est prêt à abjurer ses prétentions et à faire le
sacrifice de son prétendant? Où est-il? Est-ce le parti
bonapartiste qui va sacrifier ses convoitises et ses appétits? Sera-ce le parti dit orléaniste qui sacrifiera ses
prétentions à la domination politique? Verrons-nous
enfin s'effacer ceux qui pensent qu'un homme, que le
roi a reçu, de toute éternité (*Rires*), le droit de gouverner à sa guise ce pays sans tenir compte ni de ses
besoins, ni de ses révolutions, ni de ses intérêts, ni de
ses instincts les plus intimes?

Voyons, où est-il le parti qui abdiquera devant les
autres? Les coalisés sont au pouvoir; ils vont combattre partout le parti républicain, c'est entendu, car
il ne faut rien moins que la coalition de tous ces
partis pour pouvoir même entrer en lutte et se mesurer avec la démocratie. Supposons-les vainqueurs;
mais, à l'issue de la lutte, qu'arrivera-t-il? Messieurs,
il faut le dire, à la honte de ceux qui usurpent encore
le titre de conservateurs, l'issue de la lutte, c'est la
guerre civile entre les coalisés, c'est le désastre suprême, c'est la ruine de la patrie. (*Oui! oui! — Très
bien! très bien! — Applaudissements.*)

Aussi, Messieurs, le pays ne s'y est pas trompé. Avec son ferme bon sens, avec cet instinct infaillible qui le guide aux heures solennelles, il a senti tout de suite qu'il s'agissait purement et simplement d'une revanche contre les élections qu'il avait faites lui-même. On veut forcer le pays à se déjuger, à se démentir, et on croit y arriver avec ces misérables moyens de procédure qui ont tant réussi à M. Buffet. (*Hilarité générale.*)

On va poursuivre les journaux, persécuter les colporteurs, gêner les réunions publiques ou privées, envoyer des proconsuls plus ou moins intelligents et rogues en province, et on s'imagine que la France moderne, qui a appris à comparer la valeur réciproque des gouvernements, on s'imagine qu'elle a besoin de lire des journaux, d'entendre la parole de ses députés ou de ses représentants pour savoir ce qu'elle a à faire !

Ah ! j'ai autrement confiance dans la fermeté des convictions de mes concitoyens. On fera les élections quand on voudra : je sais dès maintenant quelle sera la réponse de la France. Qu'on lui ait parlé ou non, elle a, au fond de son cœur, la volonté de former la République ; c'est elle qui l'a faite et non pas l'habileté ou l'éloquence de tel ou tel orateur. La République n'est pas sortie de tel ou tel vote de l'ancienne Assemblée nationale. C'est le pays qui l'a faite, c'est la France elle-même qui l'a imposée, c'est elle qui, par ses votes répétés, a dit hautement, depuis le mois de juillet 1871, qu'elle voulait, qu'elle entendait vivre sous les institutions républicaines. (*Oui! oui! — Salve d'applaudissements. — Bravos répétés.*)

Pourquoi, messieurs, me suis-je plu à rappeler cette date de juillet 1871 ? C'est que je rappelle en même temps qu'il a suffi au pays de voir aux prises les factions et les prétendants des diverses maisons qui ont régné sur la France, pour prendre son parti et, une fois son parti pris, il l'a signifié sans relâche, dans toutes les occasions où il a eu la parole, et ce ne sont pas les expédients de divers cabinets soi-disant d'ordre moral qui le feront se déjuger. (*Non! non!* — *Longs applaudissements.*)

Je n'ai donc aucune inquiétude sur la réponse de la France.

Allons plus avant, Messieurs, et voyons comment la question qui nous occupe a été jugée au dehors, car, pour le dire en passant, nous avons eu, à la grande douleur de nos adversaires, cette consolation d'avoir pour nous l'assentiment unanime de l'Europe, qu'elle fût monarchique ou républicaine, vivant sous un pouvoir absolu ou sous un pouvoir pondéré. Sans distinction de partis ni de nuances, nous avons vu tous les organes de l'Europe blâmer ce qui s'est fait le 16 mai, et condamner cette politique dans des termes qui dépassaient en vivacité tous ceux que nous employons nous-mêmes. C'est la première fois qu'on a rencontré, pour un acte semblable, un pareil arrêt rendu avec une telle unanimité par l'Europe tout entière. C'est là un fait grave contre lequel on a essayé de réagir d'abord en raillant, puis en supposant des correspondances qui se sont trouvées fausses, mais, en fin de compte, il a bien fallu s'incliner : le jugement de l'Europe est là, il demeure comme un verdict sans appel.

Aujourd'hui, où en sommes-nous ? Nous en sommes à entendre dire, par les coupe-jarrets de Décembre qui subsistent encore, qu'on ne sortira de là qu'en allant jusqu'au bout, et que le bout ce serait un coup de violence, c'est-à-dire le crime. Messieurs, je ne fais pas à de pareils polémistes, à de semblables insensés l'honneur de discuter avec eux. (*Très bien! Très bien!* — *Applaudissements unanimes.*)

Je ne crois pas que personne, dans ce pays, puisse penser à un coup de force, et, dans tous les cas, je le dis, c'est un coup de force qui serait condamné à une terrible expiation. (*Vive sensation.*)

VII.   6

Messieurs, laissez-moi dire en passant qu'il est scandaleux et outrageant pour la dignité nationale de voir une certaine presse discuter des éventualités aussi criminelles, qu'il est scandaleux d'y voir mêler le nom de notre armée nationale, si rudement éprouvée dans le passé, si patriotique dans le présent, si étroitement liée aux destinées de la patrie française. Qui donc sont-ils ceux qui osent mêler le nom de l'armée et les intérêts sacrés qu'elle représente, à je ne sais quelle infâme combinaison ? (*Double salve d'applaudissements. — Acclamations prolongées.*)

Non ! non ! il n'est permis et il ne sera permis à personne de sortir du cercle étroit de la légalité telle qu'elle a été fixée par une assemblée souveraine, et confirmée aussi par le verdict électoral du mois de février 1876.

S'il y a conflit, s'il y a duel entre les pouvoirs, s'il y a rupture d'équilibre ou d'harmonie entre eux, vous connaissez le remède et il ne m'appartient pas de vous l'apprendre. S'il y a lieu de l'appliquer, nous irons devant la France quand le moment sera venu ; nous avons conformé notre conduite à sa volonté, car on aura beau calomnier la Chambre, on ne lui enlèvera pas un suffrage. Notre conduite ferme, patiente et résolue rendra, au contraire, ces suffrages plus nombreux, et les 363 reviendront. (*Bravos et acclamations.*) Je sais assez bien comment se passent les élections dans mon pays, pour être assuré que je ne prononce pas une parole téméraire quand je dis que les 363 reviendront comme une leçon, qu'ils reviendront comme une force, qu'ils reviendront comme une délivrance. Ces 363, ils seront fortifiés par le suffrage universel, comme les 221 de la Restauration. Et je pourrais vous démontrer, s'il m'était permis de le faire en ce lieu et en ce moment, carte en mains — car nous pouvons jouer cartes sur table — que ceux qui perdront des sièges appartiennent à la minorité réactionnaire de la **Chambre des députés.**

Oui, je ne m'avance pas en disant que cette minorité perdra un tiers de ses sièges, et elle le sent si bien
qu'elle veut reculer le plus possible la consultation
du pays. Elle sait que le pays, sans difficulté, sans
bruit, sans émotion et sans désordre, profitera des
élections pour augmenter la majorité de la Chambre
des députés, afin qu'on ne puisse pas se méprendre sur
sa volonté définitive et afin d'en finir, une fois pour
toutes, avec les intrigants et les fauteurs de désordre.
(*Assentiment unanime et applaudissements prolongés.*)

Messieurs, telle est l'attitude du parti républicain
devant le suffrage universel. Nous nous présentons,
la Constitution à la main, le pays derrière nous, sûrs
de l'assentiment de l'opinion publique dans toute
l'Europe, ayant dit à la France, dans une occasion solennelle, au 4 mai, quelle est, au fond, la main qui
dirige toute cette politique de réaction.

Messieurs, voulez-vous que je vous dise toute ma
pensée? C'est probablement parce que le cabinet et
la Chambre se sont trouvés, ce jour-là, associés dans
un sentiment commun, qu'on a précipité les évènements. (*Sensation.*) Dans tous les cas, Messieurs, une
chose a frappé le monde : c'est l'influence véritablement exorbitante qu'a prise, dans notre malheureux
pays, le cléricalisme... (*Explosion d'applaudissements.*)

Plusieurs voix. — Voilà la plaie !

M. GAMBETTA. — Tout le monde, et surtout les âmes
sincères et pieuses, les esprits les plus religieux, tout
le monde a vu avec effroi la puissance publique de
l'État menacée par une levée de boucliers des cléricaux, au commencement de l'année 1877, dans tous
les pays catholiques en Europe. Vous avez présentes
à l'esprit les prétentions de ces évêques qui dictent
des circulaires aux fonctionnaires, qui leur expédient
des ordres venus de Rome, qui considèrent qu'ils
n'ont plus besoin de l'autorisation des pouvoirs civils,
et qui agissent comme agents de la curie romaine,

comme de véritables préfets du pape, en pleine France républicaine, en plein dix-neuvième siècle.

On a demandé et on a obtenu, depuis le 16 mai, de mettre une certaine sourdine, d'apporter un certain apaisement à ces outrecuidantes jactances du parti clérical, mais la France est avertie, et, jusque dans le dernier de ses hameaux, personne n'ignore de quoi il s'agit. On sait ce qu'est le cléricalisme, ce qu'il vaut et où il nous mène, et on n'arrachera pas de la tête de nos paysans français que la main du jésuite est dans tout cela. (*Oui! — C'est vrai! — Très bien! très bien! — Applaudissements.*)

Eh bien! j'ai confiance, pour ma part, parce que je suis convaincu que ce pays de liberté et d'égalité, que ce pays de raison, et quelquefois ce pays du rire, ne permettra jamais que ses gouvernements, quels qu'ils soient, que ses intérêts de tout ordre, et que ses affaires puissent jamais recevoir la direction, subir la domination de ceux qu'il a, tant de fois, bannis et frappés. Messieurs, sous tous les régimes, la France a résisté à l'empiétement du cléricalisme, parce que tous les régimes, tous les gouvernements doivent avoir, avant tout, le sentiment de leur indépendance, de leur individualité, et de leur action propre, véritablement libre et respectée. (*Assentiment.*)

Mes chers concitoyens, si nous allons au scrutin, et j'ignore si nous irons, — car nos adversaires n'ont pas encore eu le temps de nous renseigner sur ce point; à l'heure qu'il est, ils discutent s'ils feront une seconde prorogation ou bien la dissolution tout de suite, ou bien si on fera les élections cantonales avant les élections législatives; il ne semble pas que l'on ait rien prévu ou, si l'on a tout prévu, on ne nous apprend rien, mais nous aurons bien quelques heures de discussion, dans huit jours, et quand la Chambre sera réunie; à ce moment, nous nous efforcerons d'obtenir un peu de lumière et, dans tous les cas,

nous nous attacherons à démontrer que vos mandataires sont restés les fidèles agents de la volonté du
pays, — ce jour-là sera un jour décisif. Il appartiendra,
en effet, à une autre Assemblée que la Chambre des
députés, d'exercer, pour la première fois, son rôle
d'arbitre et de prononcer entre le pouvoir exécutif et
le pouvoir législatif.

Une grande responsabilité pèsera sur ceux qui pren-
dront part à cette délibération. Ils auront non-seulement à évoquer devant eux les intérêts de la France,
intérêts extérieurs et intérieurs, mais encore les intérêts de la Constitution elle-même et des rapports des
pouvoirs entre eux.

Messieurs, je l'ai toujours dit, je crois qu'il est nécessaire, dans une grande démocratie, d'avoir des pouvoirs différents qui s'éclairent sans se contrarier, qui
élaborent ensemble les lois afin de faire une œuvre
mûre et réfléchie ; je ne suis pas l'ennemi des deux
Chambres, je les ai défendues et je désire pour mon
pays que celles que nous avons trouvent l'occasion de
rendre et à elles-mêmes et au pays les services qu'on
peut attendre de leurs lumières et de leur patriotisme.
(*Vive adhésion.*) Mais aller plus loin, ce serait s'engager dans une voie indiscrète et téméraire.

Je vous ai fait connaître d'où venait la situation actuelle ; je vous ai mis en présence des difficultés,
mais aussi des espérances certaines qui sont engagées
aujourd'hui dans la crise. Je vous ai montré la France
sûre d'elle-même et attentive, sans autre impatience
que de voir ses intérêts matériels troublés et suspendus. Ce pays a tant souffert qu'il fera encore ce suprême sacrifice, mais je demande que ce sacrifice et
cette épreuve soient les derniers. Aussi, Messieurs,
quand la France aura prononcé une troisième fois son
arrêt, tout le monde devra s'incliner, tout le monde
sans exception. (*Applaudissements prolongés. — Cris
répétés de : Vive la République! Vive Gambetta!*)

DISCOURS

SUR

LA CONSTITUTION DU CABINET DU 17 MAI

(Interpellation des gauches.)

Prononcés les 16 et 19 juin 1877

A LA CHAMBRE DES DÉPUTÉS

Le Parlement rentra en session le 16 juin, la Chambre des députés pour discuter l'interpellation des bureaux des gauches sur la constitution du cabinet, le Sénat pour recevoir communication du message présidentiel qui demandait la dissolution de la Chambre.

Le message du président de la République fut communiqué au Sénat par le duc de Broglie. Il était ainsi conçu :

« Messieurs les sénateurs, en vertu de l'article 5 de la loi constitutionnelle du 25 février 1875, le président de la République est investi du droit de dissoudre la Chambre des députés, sur l'avis conforme du Sénat.

« Cette grave mesure me paraît aujourd'hui nécessaire. Je viens vous demander d'y donner votre assentiment.

« Mes ministres sont chargés de développer devant vous les motifs qui m'y déterminent. Le 16 mai dernier, j'ai dû déclarer au pays quel dissentiment existait entre la Chambre des députés et moi.

« J'ai constaté qu'aucun ministère ne pouvait se maintenir dans cette Chambre sans rechercher l'alliance et subir les conditions du parti radical.

« Un gouvernement astreint à une telle nécessité n'est plus maître de ses actions.

« Quelles que soient ses intentions personnelles, il en est réduit à servir les desseins de ceux dont il a accepté l'appui, et à préparer leur avènement.

« C'est à quoi je n'ai pas voulu me prêter plus longtemps.

« Quand un tel désaccord existe entre les pouvoirs publics, la dissolution est le moyen prévu par la Constitution elle-même pour y mettre un terme.

« J'aurais préféré, cependant, que la date fût retardée. J'aurais désiré, en particulier, qu'avant de se séparer, les Chambres eussent pu voter le budget de 1878.

« Le mois de prorogation qui vient de s'écouler pouvait servir à apaiser les esprits et à leur rendre le calme néces-saire aux discussions d'affaires.

« Ce résultat n'a pas été obtenu. A peine la prorogation était-elle prononcée que plus de 300 députés protestaient dans un manifeste dont vous connaissez les termes, contre l'usage que j'avais fait de mon droit constitutionnel:

« Ce manifeste a été répandu à profusion; un grand nom-bre de ceux qui l'ont signé l'ont accompagné soit de lettres à leurs électeurs, soit de discours prononcés dans des réunions nombreuses.

« Quelques-uns même, à l'abri de l'impunité parlemen-taire, se sont servis d'expressions telles, que la justice a dû sévir contre les journaux qui les reproduisaient.

« Une telle agitation ne pourrait se prolonger sans cau-ser un trouble profond. Ceux qui s'y livrent ne peuvent s'étonner que je les appelle devant le pays auquel ils se sont eux-mêmes adressés.

« Je me borne donc à demander à la Chambre des dépu-tés de voter quelques lois urgentes que le patriotisme de tous les partis ne laissera sûrement pas mettre en question.

« La dissolution ensuite promptement prononcée, permet-tra qu'une Chambre nouvelle, convoquée dans les délais légaux, se réunisse à temps pour assurer les services de l'exercice prochain.

« Je m'adresserai avec confiance à la nation; la France veut comme moi maintenir intactes les institutions qui nous régissent; elle ne veut pas plus que moi que ces institutions soient dénaturées par l'action du radicalisme; elle ne veut

pas qu'en 1880, le jour où les lois constitutionnelles pourront
être revisées, tout se trouve préparé d'avance pour la désorganisation de toutes les forces morales et matérielles du pays.

« Avertie à temps, prévenue contre tout malentendu et
toute équivoque, la France, j'en suis sûr, rendra justice à
mes intentions, et choisira pour ses mandataires ceux qui
promettront de me seconder.

Vous sentirez la nécessité de délibérer sans retard sur
l'importante résolution qui vous est soumise.

« Le président de la République, vu l'article 5 de la loi
constitutionnelle du 25 février 1875, relative à l'organisation
des pouvoirs publics, fait connaître au Sénat son intention
de dissoudre la Chambre des députés et lui demande son
avis conforme. »

« Fait à Versailles, le 16 juin 1877.

« Signé : Maréchal DE MAC-MAHON,

« duc de MAGENTA.

« *Le président du conseil, garde des sceaux,*
    « *ministre de la justice.*

« DE BROGLIE. »

Le message du maréchal de Mac-Mahon fut accueilli par
la droite du Sénat avec une réserve triste. Le compte rendu
du *Journal officiel* ne constate pas un seul applaudissement.
Les sénateurs de gauche interrompirent à plusieurs reprises,
par de vives exclamations, la lecture du message présidentiel. L'examen de la proposition de dissolution fut immédiatement renvoyée aux bureaux.

Pendant que M. de Broglie présentait au Sénat le message du président de la République, M. de Fourtou faisait
à la Chambre la déclaration suivante :

M. DE FOURTOU, *ministre de l'intérieur.* — Messieurs les députés, à l'heure où je parais à cette tribune, M. le président
de la République adresse au Sénat, en application de l'article 5 des lois constitutionnelles du 25 janvier 1875, un
message pour lui faire part de son intention de dissoudre
la Chambre des députés, et pour lui demander un avis conforme.

Cette décision ne vous surprendra pas.

A droite. — Non, non! Nous nous y attendions!

M. PAUL DE CASSAGNAC. — Il en était grand temps!

M. LE MINISTRE DE L'INTÉRIEUR. — Depuis le 16 mai dernier, un profond dissentiment s'est révélé entre M. le président de la République et cette Assemblée. Notre présence sur ces bancs est le signe de ce dissentiment, et ne peut s'expliquer d'aucune autre manière. (*Très bien! très bien! à droite.*)

M. le président de la République demeure convaincu, après deux essais sincères mais infructueux, qu'aucun minis-tère ne peut espérer de réunir une majorité durable dans cette Assemblée... (*Exclamations à gauche*) sans demander...

Une voix à gauche. — C'est un mensonge!

M. PAUL DE CASSAGNAC. — Allons donc! A l'ordre!

M. LE MINISTRE. — ... sans demander un point d'appui au parti qui professe les doctrines radicales et, par là même, sans en favoriser les progrès. (*Très bien! très bien! à droite.*)

Plein de respect pour les institutions qui nous régissent... (*Exclamations à gauche*) et résolu à les maintenir intactes, il croit avoir le droit d'user de toutes les prérogatives qu'elles lui donnent pour s'opposer à ce qu'un pas de plus soit fait dans une voie qui lui paraît conduire à la ruine et à l'abais-sement du pays. (*Légère rumeur à gauche.*)

Il a choisi des ministres qui partagent sur ce point sa pensée et en prennent, devant la France, la responsabilité.

Quand un désaccord de cette nature éclate entre deux des pouvoirs publics, la Constitution a prévu le moyen d'y mettre un terme : c'est le recours au jugement du pays par la dissolution de la Chambre des députés.

M. le président de la République aurait préféré cependant que la date de cette dissolution fût retardée, et que les deux Chambres, avant de se séparer, eussent pu achever l'examen et le vote du budget de 1878.

En invitant, il y a un mois, les Chambres à proroger leurs séances, il avait espéré que l'émotion causée par les der-niers incidents se calmerait et qu'une sérieuse session d'af-faires deviendrait possible.

Cet espoir ne s'est pas réalisé. (*Exclamations et rires à gauche.*) La grande majorité de cette Assemblée a cru de-voir protester, dans une réunion extraparlementaire, contre l'usage que M. le président avait fait de son droit. (*Très bien! très bien! à droite.*)

l'a manifeste, partout répandu, commenté avec passion, a propagé dans toutes les parties de la France une agitation qu'il ne peut convenir de laisser durer plus longtemps, (*Très bien! très bien! à droite.*)

D'ailleurs, l'attitude d'hostilité anticipée contre le Gouvernement qu'a prise la majorité de cette Assemblée, et des déclarations déjà rendues publiques nous ont enlevé jusqu'à l'espérance que le budget pût être voté par vous. (*Réclamations ironiques à gauche.*)

Si l'avis du Sénat est conforme à la demande de M. le président de la République, une Chambre nouvelle, convoquée dans les délais légaux, aura tout le temps nécessaire pour pourvoir aux services de l'exercice prochain.

Le Gouvernement se bornera donc à vous demander quelques lois urgentes qui touchent à des intérêts graves, et que vous ne voudrez pas laisser en souffrance. (*Applaudissements à droite. — Mouvement prolongé.*)

L'ordre du jour de la Chambre appelle la discussion de l'interpellation déposée par les bureaux des gauches, le jour même de la prorogation de la Chambre.

Nous reproduisons, avec le compte rendu de cette discussion, celui des incidents qui le précédèrent.

M. LE GÉNÉRAL BERTHAUT, *ministre de la guerre*. — J'ai l'honneur de déposer sur le bureau de la Chambre, un projet de loi relatif à des modifications à introduire à la loi du 13 mars 1875, articles 10 et 53.

M. LE PRÉSIDENT. — Le projet de loi sera imprimé et distribué.

M. GAMBETTA. — J'ai demandé la parole.

M. LE PRÉSIDENT. — Vous avez la parole.

M. GAMBETTA. — Avant d'examiner les questions politiques que soulèvera l'interpellation et que soulèvent les nouveaux documents apportés à cette tribune tout à l'heure, je demande à la Chambre de vouloir bien prononcer l'urgence sur le projet de loi qui vient de lui être présenté par M. le ministre de la guerre.

A gauche. — Très bien ! très bien !

M. GAMBETTA. — Je demande également qu'on mette en tête de l'ordre du jour de notre prochaine séance le rapport de M. Girerd sur les comptes de liquidation, en faisant observer que, si la brusque suspension du 16 mai n'était pas intervenue, le vote sur ce rapport aurait déjà eu lieu dans cette Chambre, sans qu'on ait attendu l'avis du nouveau cabinet pour pourvoir aux besoins du pays. (*Applaudissements à gauche et au centre gauche.*)

M. PAUL DE CASSAGNAC. — Et les comptes du 4 septembre, quand les examinerons-nous?

M. ERNEST DRÉOLLE. — Oui ! Et la liquidation de Tours et de Bordeaux ?

M. LE PRÉSIDENT. — M. Gambetta demande la déclaration d'urgence du projet de loi présenté par le ministre de la guerre.

Je consulte la Chambre.

(La Chambre, consultée, prononce l'urgence [1].)

1. Le rapport de M. Girerd sur les comptes de liquidation avait été discuté par la commission du Budget, dans la séance du 12 juin. Nous croyons utile de reproduire, d'après la *République française*, le compte rendu de cette séance.

« La commission du budget s'est réunie mardi, à deux heures, au Palais-Bourbon, sous la présidence de M. Gambetta; vingt-six membres étaient présents.

« Elle s'est d'abord occupée de deux points très importants sur lesquels son attention était appelée par une lettre spéciale du ministre des finances.

« Il s'agissait, d'une part, des demandes de crédits présentées le 4 mai dernier par les ministres de la guerre et de la marine sur le compte de liquidation, et, d'autre part, d'un projet de loi spécial que M. Caillaux se propose de présenter aux Chambres, projet d'après lequel les contributions directes à percevoir en 1878, seraient détachées de l'ensemble du budget et votées séparément.

« Après un très court débat, après avoir entendu les observations de M. Cyprien Girerd, rapporteur du compte de liquidation, la Commission du budget a chargé son président de prévenir immédiatement le ministre des finances de ses intentions.

« M. le président de la Commission doit faire observer au ministre que, dès le lendemain du jour où les deux projets de loi relatifs au compte de liquidation avaient été présentés, c'est-à-dire dès le 4 mai, elle s'en était occupée avec le plus grand zèle;

M. BOURGEOIS. — J'ai l'honneur de déposer sur le bureau de la Chambre une proposition de loi dont je me borne à donner lecture :

« A l'occasion des comptes du Gouvernement du 4 septembre, la cour des comptes constate un déficit de 200 millions au moins dont la justification n'a pu être faite.

« En conséquence, je demande que l'examen de cette question importante soit soumis à la Chambre des députés avant sa séparation. »

M. GAMBETTA. — Je demande que le Gouvernement, pour éclairer M. Bourgeois...

A droite. — Et la France! et la France!

M. CUNÉO D'ORNANO. — La France que vous avez dépouillée !

M. LE PRÉSIDENT. — Vous n'avez pas le droit d'interrompre l'orateur. (Interruptions à droite.) Je vous répète que vous n'avez pas le droit d'interrompre l'orateur.

M. GAMBETTA. — ... veuille bien faire distribuer à nos adversaires qui sont là... (Exclamations à droite) et qui ne paraissent pas l'avoir lu, le travail de la cour des comptes.

qu'elle s'était mise d'accord avec les ministres de la guerre et de la marine, et qu'elle avait choisi un rapporteur spécial. Comme elle a toujours été résolue à mettre la France en possession de l'outillage reconnu nécessaire pour assurer son indépendance, il est certain qu'en cette circonstance elle continuera, avec les ministres spéciaux de la guerre et de la marine, la tâche qu'elle s'est constamment imposée, et qu'elle mettra la Chambre en mesure de voter tout ce qu'elle jugera nécessaire pour les intérêts les plus sacrés du pays.

« Quant à ce qui concerne le projet de loi relatif aux contributions directes à percevoir en 1878, la Commission du budget ne peut que manifester son étonnement de voir cette demande lui être présentée par le membre d'un cabinet qui n'a encore exposé devant la Chambre ni sa politique financière, ni sa politique parlementaire. Elle n'a sur ce point aucune réponse à faire. Simple émanation de la Chambre, elle doit attendre, pour traiter la question soulevée, que le cabinet du 16 mai ait fait connaître à celle-ci ses idées et son programme.

« Une fois cette question résolue, la Commission a continué la marche ordinaire de ses travaux. »

C'est là-dessus que je compte, s'ils ont encore quelque reste de bonne foi, pour faire cesser une calomnie qu'ils ne se lassent pas de reproduire. (*Bruyantes exclamations à droite et cris: A l'ordre! à l'ordre!*)

M. BOURGEOIS. — C'est, de ma part, une question d'honnêteté et de loyauté.

Quant on a mérité de l'un de ses collègues le titre de dictateur de l'incapacité, on n'a pas le droit de tenir un pareil langage!

Voix diverses à droite. — Très bien! très bien! monsieur Bourgeois. — A l'ordre, l'orateur! à l'ordre!

M. LENGLÉ. — Nous demandons que M. Gambetta soit rappelé à l'ordre.

M. PAUL DE CASSAGNAC. — ... à l'ordre et à la pudeur!

M. LE PRÉSIDENT. — Le caractère des interpellations personnelles qui ont accueilli, à la tribune, l'explication si naturelle qu'y apportait M. Gambetta... (*Exclamations à droite. — Applaudissements prolongés à gauche.*)

M. LE PROVOST DE LAUNAY. — Nous ne pouvons laisser mettre en doute notre bonne foi. Nous ne pouvons pas nous laisser insulter par le complice de Ferrand!

M. LE PRÉSIDENT. — Vous m'interrompez et vous n'en avez pas le droit. Je rappellerai à l'ordre quiconque interrompra le président.

A droite. — Rappelez-nous tous à l'ordre!

M. LE PRÉSIDENT, *se tournant vers la droite.* — Veuillez garder le silence!

M. PAUL DE CASSAGNAC. — Allons donc!

MM. DE GUILLOUTET, BRIERRE *et d'autres membres de la droite* se lèvent et adressent de vives interpellations à M. le président.

M. ROBERT MITCHELL. — Ce n'est plus de la présidence, c'est de la complicité. (*Vives rumeurs et bruit.*)

M. LE PRÉSIDENT. — Gardez le silence.

M. PAUL DE CASSAGNAC. — Nous voulons être protégés.

M. LE PRÉSIDENT. — Vous me forcerez à vous rappeler à l'ordre.

M. ROBERT MITCHELL. — Vous n'êtes pas président de la Chambre, vous êtes un homme de parti !

M. LE PRÉSIDENT. — Je vous rappelle à l'ordre !

M. ROBERT MITCHELL. — Je l'accepte, votre rappel à l'ordre.

MM. DE GUILLOUTET, BRIERRE *et quelques autres membres à droite.* — Rappelez-nous tous à l'ordre, tous !

M. ROBERT MITCHELL. — Je demande la parole sur le rappel à l'ordre.

M. LE PRÉSIDENT. — J'associerai au rappel à l'ordre tous ceux qui interrompront violemment.

Quelques membres à droite. — Tous ! tous !

M. ROBERT MITCHELL. — Je demande la parole pour un rappel au règlement !

M. LE PRÉSIDENT. — Veuillez me laisser parler. (*Interruptions bruyantes à droite.*)

Je n'ai qu'un regret... (*Bruit à droite*), c'est que le règlement me laisse désarmé et ne me permette pas de pousser plus loin la répression.

M. ROBERT MITCHELL. — Faites venir les gendarmes !

M. LE PRÉSIDENT. — Ces violences ne peuvent pas m'empêcher de dire... (*Nouvelles interruptions à droite.*)

M. LE PROVOST DE LAUNAY. — Vous nous laissez insulter par le complice de Ferrand ! (*Bruit.*)

M. ROBERT MITCHELL. — Je demande la parole sur mon rappel à l'ordre. Vous ne pouvez pas me la refuser, Monsieur le président !

M. LE PRÉSIDENT. — Je vous la refuse positivement.

M. ROBERT MITCHELL. — Vous violez le règlement.

M. LE PRÉSIDENT. — Vous n'aurez la parole sur le rappel à l'ordre qu'à la fin de la séance. C'est le règlement. (*Interruptions et bruit à droite.*)

M. DRÉOLLE. — Nous attendrons la fin ; elle viendra.

M. LE PRÉSIDENT. — Vous aurez la parole à vos risques et périls.

M. PAUL DE CASSAGNAC. — En attendant, nous demandons le rappel à l'ordre de M. Gambetta.

M. DRÉOLLE. — Il y a aussi une fin qui viendra : c'est la fin de ce qui est !

M. LE PRÉSIDENT. — Ces violences et ces clameurs ne m'empêcheront pas de dire à la Chambre ce que j'avais commencé à lui dire.

M. PAUL DE CASSAGNAC. — Ce n'est pas nous qui vous en empêchons.

M. LE PRÉSIDENT. — C'est vous qui proférez ces clameurs.

Je disais à la Chambre que la façon dont M. Gambetta avait été accueilli à la tribune...

A droite. — Allons donc !

Quelques membres. — Vous n'avez pas le droit de juger.

M. PAUL DE CASSAGNAC. — C'est un roi alors, que Monsieur Gambetta ? C'est un dictateur !

M. LE PRÉSIDENT. — ... ne justifiait pas l'expression dont il s'est servi à l'égard de ses collègues, expression que je blâme énergiquement.

M. PAUL DE CASSAGNAC. — Qu'il la retire ! qu'il la retire !

A gauche et au centre. — Non ! non !

Un membre à gauche. — Allez donc faire vos deux mois de prison !

M. LE PRÉSIDENT, *s'adressant à M. de Cassagnac.* — Est-ce que vous pouvez retirer vos interruptions ? (*Bruit.*)

M. PAUL DE CASSAGNAC prononce quelques mots au milieu du bruit.

M. LE PRÉSIDENT. — J'ai fait la justice pour tous.

M. PAUL DE CASSAGNAC. — Que Monsieur Gambetta retire son mot.

M. LE PRÉSIDENT. — Quand vous aurez retiré vos interruptions, je le sommerai de retirer son expression.

M. DRÉOLLE. — Quand Monsieur Gambetta viendra à la tribune, il ne pourra plus parler, alors !

M. LE PRÉSIDENT. — J'ai dit que vous aviez provoqué Monsieur Gambetta, et que ces provocations ne justifiaient pas son expression. (*Exclamations en sens divers.*)

MM. DUGUÉ DE LA FAUCONNERIE, BRIERRE *et d'autres membres de droite* interpellent vivement M. le président.

M. PAUL DE CASSAGNAC. — Il faudra qu'on lève la séance !

M. BRIERRE. — Retournez donc à Belleville, Monsieur Gambetta !

M. LE PRÉSIDENT. — Monsieur Brierre, je vous rappelle à l'ordre.

Quelques membres à gauche. — L'ordre du jour !

M. DE GUILLOUTET. — Que M. Gambetta retire son mot ou qu'il rende l'argent.

(Plusieurs membres siégeant à droite persistent à faire des interruptions.)

M. LE PRÉSIDENT. — Vous n'avez pas le droit d'empêcher la délibération de la Chambre.

M. PAUL DE CASSAGNAC. — Nous avons le droit de nous protéger.

M. LE PRÉSIDENT. — Je vous rappelle à l'ordre.

M. PAUL DE CASSAGNAC. — Que Monsieur Gambetta retire le mot.

Quelques membres à droite. — Qu'on le rappelle à l'ordre !

M. ROBERT MITCHELL. — Le pays vous jugera.

M. LE DUC DE FELTRE. — Êtes-vous ici le président ?

M. LE PRÉSIDENT. — Vous êtes de ce côté à l'état d'insurrection ! (*Vives interruptions à droite.*) Vous donnez un spectacle déplorable. (*Rumeurs à droite.*)

M. PAUL DE CASSAGNAC. — Et vous, vous êtes le complice de l'insulte ! (*Bruit prolongé.*)

M. LE PRÉSIDENT. — Il a été déposé à la dernière séance une demande d'interpellation ainsi conçue :

« Les soussignés,

« Considérant que le ministère annoncé ce matin

(le 18 mai) par le *Journal officiel* est composé des hommes dont la France a déjà condamné la politique;

« Que leur présence au pouvoir compromet la paix intérieure et extérieure;

« Demandent à interpeller le gouvernement sur la composition du cabinet.

« Signé : de Marcère, Devoucoux, de Rémusat, Lepère, Floquet, Leblond, Camille Sée, Franck Chauveau, Drumel, Brisson, Madier de Montjau, Lefèvre, Dréo, Lockroy, Spuller, Louis Blanc, Bernard Lavergne, Danelle-Bernardin, Laussedat, Tirard, Marcellin Pellet, Albert Grévy, Journault, Robert de Massy, Faye, de Mahy. »

M. LE MINISTRE DE L'INTÉRIEUR. — J'ai l'honneur de demander la discussion immédiate de l'interpellation.

M. LE PRÉSIDENT. — M. le ministre de l'intérieur demande que l'interpellation ait lieu immédiatement.

Il n'y a pas d'opposition?... (*Non! non!*)

La parole est à M. Bethmont pour le développement de l'interpellation.

M. Bethmont développe l'interpellation des gauches. Le ministère du 17 mai n'est pas un ministère reconnu par la Chambre. Le pays l'a déjà vu au 24 mai, c'est le même qui, après la chute de M. Thiers, a tenté de supprimer la République et de restaurer la monarchie. Ce sont les trois partis monarchistes qui sont assis sur les bancs des ministres, avec les bonapartistes, les orléanistes qu'on aurait bien voulu écarter et les légitimistes qui ont courbé la tête. Certes, le ministère est profondément divisé au point de vue politique, mais il est uni dans la haine de la République, il est d'accord avec le cléricalisme et cela suffit.

M. PAUL BETHMONT. — Je dis que la raison même de l'acte du 16 mai, la situation qui l'a provoqué peut se définir ainsi : une république qui allait chaque jour grandissant dans l'estime de l'Europe et dans la confiance du pays... (*Interruptions à droite.*)

M. GUSEO D'ORNANO. — Avec vos membres de l'Internationale dans le Gouvernement!

VII.   7

M. PAUL BETHMONT. — ... la crainte qui se manifestait de la part de tous les partis monarchiques de se voir définitivement abandonnés, définitivement perdus dans la confiance et dans l'estime du pays. Et, de là, est venue cette nécessité absolue de faire non pas un coup d'État, mais un coup d'autorité, qui s'est accompli le 16 mai pour tâcher d'enrayer ce mouvement admirable de la France et de réaliser des espérances qui n'aboutiront et ne peuvent aboutir, pour ceux qui les partagent, qu'à des désillusions. (*Très bien ! très bien ! au centre.*)

Voilà quel a été le motif vrai de l'acte du 16 mai.

En voulez-vous la preuve? Cherchez donc par qui cet acte a pu être accompli. Cherchez par qui il a pu être approuvé.

Voyez quelle est la composition du ministère actuel. Si ce qu'on vient de nous lire au commencement de cette séance — ce qui n'est pas un message, mais une déclaration, — si ce qu'on vient de nous lire était l'expression exacte de la situation... (*Oui! oui! à droite*), est-ce que vous n'auriez pas aujourd'hui ce que vous aviez, lorsque M. Buffet était à la tête du ministère? A côté de lui, vous aviez deux représentants du parti républicain, deux garants : M. Dufaure et M. Léon Say... Cherchez! où sont-ils aujourd'hui?

Ils sont parmi les vaincus, parmi les proscrits, parmi ceux contre lesquels on lutte, parmi ceux que l'on veut vaincre parce qu'ils ont eu confiance dans la République, qu'ils ont cru qu'elle seule peut relever la grandeur de la France et refaire sa prospérité. (*Applaudissements à gauche et au centre.*)

M. LE MINISTRE DE L'INTÉRIEUR. — Messieurs, je ne répondrai que peu de mots au discours que vous venez d'entendre. Il me semble qu'un long débat devant vous, à l'heure présente, serait superflu. Le désaccord qui existe entre la majorité de cette Assemblée et M. le président de la République est tellement profond, tellement absolu, qu'il ne peut sortir de nos délibérations rien qui modifie, soit ici, soit au dehors, une situation politique nette, précise, dévolue désormais au seul jugement de la nation. (*Approbation à droite.*)

Nous n'avons pas votre confiance, vous n'avez pas la nôtre. (*Nouveaux applaudissements à droite.*)

Un membre à gauche. — Nous avons le pays!

M. LE MINISTRE. — Voilà le fond des choses tout entier, et

notre dissentiment est d'une telle clarté qu'aucune discussion n'aurait le pouvoir ni d'en diminuer ni d'en augmenter l'évidence. (*Marques d'approbation à droite.*)

Cependant, il ne saurait me convenir de refuser une réponse à l'interpellation. Cette réponse, je la ferai aussi nettement que le commandent à ma parole les devoirs du Gouvernement envers le pays.

Le discours que vous venez d'entendre, quel est-il après tout, sinon la reproduction à cette tribune de toutes les protestations que vous avez déjà élevées contre l'acte du 16 mai par vos manifestes, par vos circulaires, par vos discours? La thèse a pu changer de forme, au fond elle est la même; elle ne fait que reporter du pays dans le Parlement le débat tout entier.

Pour ma part, je saisis volontiers cette occasion de vous dire avec quels sentiments le Gouvernement a assisté aux agitations que je viens de rappeler. Il a profondément regretté pour le repos du pays les fausses alarmes, les chimériques inquiétudes... (*Rumeurs à gauche. — Oui! oui! à droite.*)... que ces manifestations étaient de nature à provoquer. Il a profondément regretté, dans cet intérêt supérieur du repos public, qu'on n'eût pas écouté la voix qui nous conviait à l'apaisement, le 16 mai... (*Rires ironiques à gauche*)... et qu'on ne se fût pas efforcé de revenir ici avec le calme nécessaire pour une discussion sérieuse des affaires du pays. (*Exclamations à gauche. — Très bien! très bien! à droite.*)

Mais, j'ajoute aussitôt que M. le maréchal de Mac-Mahon n'a pas un seul instant cessé de compter sur la sagesse de la France pour faire justice des attaques dirigées contre son pouvoir et des erreurs coupables jetées dans l'esprit public pour l'égarer. (*Très bien! très bien! à droite.*)

Qu'avez-vous donc dit au pays et que lui répétez-vous à cette heure?

Un membre à gauche. — La vérité!

M. PAUL DE CASSAGNAC. — Le mensonge!

M. LE MINISTRE. — Il faut vous suivre dans ce bruyant appel que vous lui avez adressé, et dans cette situation politique que nous traversons, que vous n'avez pas redouté de fausser, d'altérer, de troubler et d'obscurcir. (*Très bien! très bien! et applaudissements à droite. — Réclamations à gauche.*)

Il faut enfin, et, — pour ma part, j'espère n'y point faillir,

— apporter la lumière qui frappe le bon sens public et saisit la conscience de la nation.

L'acte du 16 mai, avez-vous dit, est venu troubler l'accord des pouvoirs publics, le fonctionnement régulier et paisible de la Constitution ; il est venu paralyser les affaires et frapper ainsi en plein cœur le commerce et l'industrie ; il est venu enfin, dites-vous encore, comme une menace contre la paix extérieure. Voilà ce que vous avez proclamé d'un bout de la France à l'autre...

M. GAMBETTA. — Ce n'est pas tout !

M. LE MINISTRE. — ... sans souci de la justice, sans souci de la vérité et, permettez-moi de vous le dire, faisant au pays l'injure de penser qu'il pourrait vous croire. (*Applaudissements à droite.*)

J'espère, messieurs, qu'il ne restera pas grand'chose de ces protestations.

Au lendemain des élections du 20 février 1876, nous avons assisté à un spectacle qui s'est produit immédiatement et qui est le point de départ des événements qui se déroulent aujourd'hui.

Dans le jeu des lois constitutionnelles, il s'est établi sur-le-champ une lutte profonde entre ce que j'appellerai les tendances conservatrices et les tendances radicales. (*Murmures à gauche. — Très bien ! très bien ! à droite.*)

Au nom des premières, M. le maréchal de Mac-Mahon a confié le pouvoir à un homme éminent, à l'un des plus illustres orateurs de la tribune française, à un homme d'État qui était à la fois vraiment conservateur et vraiment républicain... (*Rires d'adhésion à droite*), à M. Dufaure qui s'était le plus associé, dans la dernière Assemblée, à l'œuvre constitutionnelle d'où la République actuelle est sortie. M. le maréchal de Mac-Mahon marquait ainsi les deux caractères essentiels de son gouvernement, le respect absolu de la Constitution républicaine, la sauvegarde et la protection de tous les intérêts conservateurs du pays. Mais, en face de lui et contre lui, se dressaient les tendances radicales... (*Rires et exclamations à gauche. — Oui ! oui ! à droite*) ; en face de lui et contre lui, la fraction avancée de cette majorité poursuivait un but incompatible avec tout gouvernement. Ne tenant compte ni des sentiments du Sénat, ni des sentiments du président de la République, elle tendait visiblement à abaisser devant la Chambre des députés les deux autres grands pouvoirs de l'État.

A droite. — C'est vrai! c'est vrai!

M. LE MINISTRE. — Et notamment elle tendait, jusque dans les plus minces détails de l'administration, à absorber le pouvoir exécutif et à fonder sur son impuissance la domination absolue et irresponsable d'une sorte de Convention nouvelle. (*Approbation à droite.*)

Un membre à droite. — Et l'anarchie, par conséquent.

M. LE MINISTRE. — Je n'hésite point à le reconnaître, cela n'était pas la pensée des hommes modérés qui avaient adhéré au régime nouveau, et qui étaient entrés dans cette enceinte avec la loyale intention de le pratiquer, en sauvegardant les intérêts traditionnels du pays; mais ils ont été bien vite entraînés dans le mouvement des influences parlementaires, et cette lutte qui s'était établie entre la République radicale et ce qu'on était convenu d'appeler la République conservatrice n'a pas tardé à aboutir, soit au renversement, soit à l'abdication des ministères.

Sans doute, l'opportunisme s'est quelquefois efforcé de tempérer l'intensité de ces conflits. Mais l'opportunisme, Messieurs, tout le monde sait ce que c'est. Ce n'est point — qu'on ne se fasse pas illusion, — ce n'est point le radicalisme corrigé, adouci, transigeant; non! c'est le radicalisme patient, c'est le radicalisme caché qui se ménage le moyen et nourrit l'espérance de surprendre le pays après l'avoir endormi. (*Rumeurs à gauche.* — *Vifs applaudissements à droite.*)

M. CUNEO D'ORNANO. — C'est le radicalisme par étapes!

M. PAUL DE CASSAGNAC. — C'est le radicalisme masqué comme le bourreau!

M. LE MINISTRE. — Cette définition de l'opportunisme, je compte bien que l'honorable M. Gambetta ne me la reprochera pas, car je l'emprunte à l'histoire de sa propre évolution politique.

En 1869, lorsque M. Gambetta était candidat au Corps législatif, il s'est trouvé en présence de ce qu'il a appelé le « Cahier de mes électeurs ». Permettez-moi de vous faire connaître ce cahier :

« Citoyens, au nom du suffrage universel, base de toute organisation politique et sociale, donnons mandat à notre député d'affirmer les principes de la démocratie radicale,

et de revendiquer énergiquement l'application la plus radicale du suffrage universel, tant pour l'élection des maires
et conseillers municipaux sans distinction de localité, que
pour l'élection des députés... » (*Exclamations à droite.*)

M. GAMBETTA. — C'est la loi de 1871 que M. de Broglie a
votée ! (*Applaudissements à gauche.*)

M. LE MINISTRE. — «... La répartition des circonscriptions
effectuée sur le nombre réel des électeurs de droit, et non
sur le nombre des électeurs inscrits... »

M. GAMBETTA. — C'était pour réparer les fuites que M. Hauss-
mann pratiquait à Paris!

M. LE MINISTRE. — « Les délits politiques de tout ordre déférés au jury;

« La liberté de la presse dans toute sa plénitude, débarrassée du timbre et du cautionnement;

« La suppression des brevets d'imprimerie et de librairie ;

« La liberté de réunion sans entraves et sans pièges, avec
la faculté de discuter toute matière religieuse, philosophique,
politique et sociale;

« L'abrogation de l'article 291 du code pénal;

« La liberté d'association pleine et entière ;

« La suppression du budget des cultes et la séparation des
Églises et de l'État ;

« L'instruction primaire laïque, gratuite et obligatoire,
avec concours entre les intelligences d'élite pour l'admission
aux cours supérieurs également gratuits. » (*Exclamations ironiques à droite. — Applaudissements à gauche.*)

« La nomination de tous les fonctionnaires publics à l'élection.

A gauche. — Très bien! très bien!

M. LE MINISTRE.—Et enfin, —ce qui se comprend peu pour
un ancien partisan de la guerre à outrance, — « la suppression
des armées permanentes, causes de ruines pour les finances
et les affaires de la nation...»(*Exclamations et rires à droite.*)

Voix à gauche. — Lisez tout! — N'escamotez pas !

M. LE MINISTRE. — Voilà, Messieurs...

M. GAMBETTA. — Vous n'avez pas lu la dernière phrase
sur l'armée, je la lirai!

M. LE MINISTRE.—Si vous aviez écouté, vous auriez entendu.

A gauche. — Non! non! vous ne l'avez pas lue.

M. LE MINISTRE. — « ... la suppression des armées permanentes, causes de ruine pour les finances et les affaires
de la nation. »

M. GAMBETTA. — Et leur remplacement par les armées
nationales !

M. PAUL DE CASSAGNAC. — Par la garde nationale !

M. LE MINISTRE. — Cela n'y est pas, mais cela pourrait y
être.

Et voici maintenant la réponse de M. Gambetta aux électeurs ; voici comment M. Gambetta acceptait le programme
sous forme de mandat contractuel.

M. GAMBETTA. — Oui, lisez cela !

M. LE MINISTRE. — Voici :

> « Citoyens électeurs,

> « Ce mandat, je l'accepte.

> « A ces conditions, je serai particulièrement fier de vous
> représenter, parce que cette élection se sera faite confor-
> mément aux véritables principes du suffrage universel.

> « Les électeurs auront librement choisi leur candidat.

> « Les électeurs auront déterminé le programme politique
> de leur mandataire.

> « Nous voilà donc réciproquement d'accord ; notre con-
> trat est complet ; je suis à la fois votre mandataire et votre
> dépositaire.

> « Je fais plus que consentir. Voici mon serment : Je jure
> obéissance au présent contrat et fidélité au peuple souve-
> rain.

> « LÉON GAMBETTA,

> « Candidat radical. »

Depuis, le 23 mai 1875, M. Gambetta...

Voix à gauche. — Comment ! encore ?

M. LE MINISTRE. — ... disait à Belleville : « Est-ce que le
contrat tient toujours ? Oui, le pacte est toujours là. »

Je comprends que pour l'opportunisme, il puisse être dur
quelquefois d'en traîner le fardeau ; mais on ne peut pas
s'en affranchir. Le jour où l'on viendrait au pouvoir, il faudrait supprimer les armées permanentes...

A gauche. — Oh ! oh !

M. LE MINISTRE. — ... il faudrait confier à l'élection la nomination de tous les fonctionnaires; il faudrait, en un mot, et pour se conformer encore à un programme financier dont je parlerai tout à l'heure, désorganiser son pays ou manquer à ses engagements. Voilà l'alternative! (*Rumeurs à gauche. — Applaudissements à droite.*)

J'avais donc le droit de le dire lorsque nous avons vu, dans de récents débats parlementaires, M. Gambetta modérer les mouvements, trop ardents, à son gré, d'une majorité qu'il contient si difficilement et si provisoirement... (*Applaudissements et rires à droite*), ce n'était point là l'indice d'un changement quelconque dans les aspirations et dans les espérances de son parti; c'était simplement une stratégie politique destinée à dissimuler au pays le but vers lequel on voulait le conduire.

A droite. — C'est cela! — Très bien!

M. LE MINISTRE. — La vérité est donc ce que j'affirme : à savoir que, sur le terrain des lois constitutionnelles, un combat s'est livré dès le premier jour entre l'esprit conservateur et l'esprit révolutionnaire; un combat dans lequel l'esprit conservateur a toujours été vaincu et duquel nous avons vu sortir, manifestement encouragées par la faveur des fractions avancées de la majorité, manifestement subies par les fractions modérées, jusqu'à des propositions qui amnistiaient la Commune de Paris... (*Applaudissements à droite. — Réclamations sur divers bancs à gauche et au centre gauche.*)

Et de ce combat entre l'esprit conservateur et l'esprit révolutionnaire, nous avons vu, tantôt sur notre régime financier, tantôt sur l'organisation du service militaire, tantôt sur le jury, tantôt sur la presse, tantôt sur le droit de réunion et d'association, et jusque sur la constitution même de la famille, nous avons vu sortir des propositions qui formaient, par leur ensemble, un vaste plan d'attaque lent, continu, progressif, contre tout ce qui est une force sociale et une garantie conservatrice. (*Applaudissements à droite.*)

Je vous dénonçais tout à l'heure, Messieurs, la majorité marchant à l'absorption des deux autres grands pouvoirs de l'État. Je puis ajouter maintenant qu'elle y marchait le drapeau de la désorganisation sociale à la main. (*Rires à gauche. — Applaudissements à droite.*)

C'est alors qu'est intervenu l'acte réparateur du 16 mai. (*Exclamations ironiques à gauche. — Marques d'assentiment à droite.*)

Il est intervenu pour arrêter le mouvement, au terme duquel se serait rencontré l'abaissement irrémédiable de la nation française. (*Exclamations au centre et à gauche.*)

M. BARODET. — C'est vous qui l'abaissez!

M. LE MINISTRE. — Vous le savez bien, quoique vous affirmiez le contraire... (*Nouvelles exclamations.*)

M. GIRAUD (*Ain*). — Vous ruinez la France; voilà ce que nous disons!

M. LE MINISTRE. — ... M. le maréchal de Mac-Mahon n'est pas venu porter la main sur une loi quelconque de son pays. Non! non! s'enveloppant, au contraire, dans son droit constitutionnel, invoquant les prérogatives dont ce droit l'a pourvu, il est venu rétablir l'équilibre nécessaire entre les pouvoirs publics, en sauvegardant contre vos empiétements l'indépendance du Sénat et sa propre indépendance. (*Très bien! sur quelques bancs à droite. — Rumeurs à gauche.*)

En vous empêchant ainsi de devenir une Convention... (*Applaudissements à droite. — Exclamations ironiques à gauche*), savez-vous ce qu'il a fait? au lieu de troubler, comme on l'en accuse, le fonctionnement régulier et paisible de la Constitution, il l'a sauvée de vos mains... (*Applaudissements à droite. — Exclamations à gauche et au centre*): il l'a sauvée de vos mains en même temps qu'il barrait le passage au radicalisme montant peu à peu, d'étape en étape, par des cheminements couverts, à l'assaut de la société. (*Très bien! à droite.*)

Vous voulez, je le sais bien, déplacer le débat; vous voulez soutenir qu'au contraire nous avons fait un acte d'hostilité à la Constitution, au nom de je ne sais quelles espérances monarchiques, au nom de je ne sais quelles influences cléricales.

Quelques membres au centre. — Oui! oui!

Autres membres du même côté. — Écoutez! Écoutez!

M. LE MINISTRE. — Mais vous savez bien que ce n'est pas la vérité... (*Dénégations à gauche*), et que vous agitez vainement un fantôme qui n'existe pas. (*Très bien! à droite.*)

Vous savez que nous sommes, nous aussi, les amis de la France de 89. (*Bruyantes exclamations et applaudissements ironiques au centre et à gauche.* — MM. *Granier de Cassagnac, Cuneo d'Ornano et quelques autres membres à droite applaudissent.* — *Exclamations ironiques à gauche.*)

M. LE MINISTRE. — Et pour dire en un mot toute ma pensée... (*Exclamations ironiques.*)

M. PAUL DE CASSAGNAC. — C'est la France de 93 qui proteste en ce moment contre vous !

M. LE PRÉSIDENT. — Messieurs, veuillez écouter et ne pas interrompre l'orateur par ces exclamations.

M. LE MINISTRE DE L'INTÉRIEUR. — Pour dire en un mot toute ma pensée..... (*Exclamations sur quelques bancs au centre.*)

M. LE PRÉSIDENT. — Ces interruptions sont inconvenantes.

M. LE MINISTRE. — Nous sommes la France de 89 se dressant contre la France de 93! (*Applaudissements à droite, auxquels répondent des applaudissements ironiques à gauche et au centre.*)

Vous le savez bien, et vous ne parviendrez jamais à tromper le pays! Vous savez bien que, si nous sommes profondément respectueux de la religion, nous ne le sommes pas moins de la liberté des croyances, vous savez bien que nous sommes sincèrement attachés à l'indépendance de la société civile et que nous ne permettrons jamais dans son domaine des ingérences étrangères. (*Applaudissements sur plusieurs bancs à droite.* — *Bruyantes exclamations à gauche et au centre.*)

Voilà ce que nous sommes! Vainement vous tentez de donner le change au pays: vous ne parviendrez pas à dénaturer l'acte du 16 mai.

Vous dites que le pays l'a condamné. Moi, je réponds : Le pays le comprend, le pays l'approuve, le pays l'applaudit! (*Dénégations à gauche et au centre.*)

M. LATRADE. — Vive la République, alors! (*Applaudissements à droite.*)

M. LE MINISTRE. — J'ajoute que la France ne redoute pas davantage, malgré vos suggestions, les conséquences du 16 mai pour ses affaires.

M. LEPÈRE. — Les conséquences se sont produites.

M. LE MINISTRE. — Mais, puisque vous lui parlez tant de ses affaires, permettez-moi de vous demander au nom de quelle majorité, au nom de qui, au nom de quels services vous affectez aujourd'hui une telle sollicitude! (*Exclamations ironiques à gauche.* — *Très bien! à droite.*)

Vous êtes élus depuis quinze mois, vous étiez prêts sans doute sur toutes les questions financières, industrielles, commerciales, sur toutes les questions économiques. (*Approbation à droite.*)

M. PAUL DE CASSAGNAC. — Ils étaient prêts pour les invalidations!

M. LE MINISTRE. — Les programmes abondaient dans vos circulaires électorales. A vous entendre alors, il semblait, vraiment, que vous alliez faire une France toute nouvelle, calme, forte, travaillant dans un repos définitif, en dehors de toute agitation politique... (*Mouvements divers.*)

M. GAMBETTA. — Nous avions compté sans vous, Monsieur!

M. LE MINISTRE. — ... remaniant sans secousse ses institutions, imprimant par des réformes vigoureuses un essor nouveau à la puissante fécondité du travail national. (*Interruptions au centre.*)

Voilà vos promesses : où sont vos œuvres? (*Applaudissements à droite.*)

Un membre à droite. — Les invalidations!

M. LE MINISTRE. — Je vois à vos ordres du jour bien des débats politiques stériles, bien des invalidations de pouvoirs... (*Rires approbatifs à droite.* — *Interruptions au centre.*)

M. ÉDOUARD LOCKROY. — Vous en verrez encore.

M. LE MINISTRE. — ... bien des interpellations, bien des questions, bien des discussions vaines; mais une œuvre législative ayant eu pour objet direct et précis le développement des affaires publiques, je ne la vois pas. (*Exclamations au centre.* — *Très bien! à droite.*)

M. LATRADE. — Allez la chercher au Sénat!

M. LE MINISTRE. — Je crains bien que le pays ne la cherche et ne la trouve pas plus que moi. (*Rires approbatifs à droite.*)

Cependant, vous aviez déposé en 1876, en arrivant, — c'était la conséquence des circulaires électorales, — 67 propositions de lois se rattachant aux finances, à l'industrie, au commerce du pays; 47 ne sont même pas rapportées. (*Nouveaux rires approbatifs à droite.*)

M. HORACE DE CHOISEUL. — Eh bien?

M. LE MINISTRE. — Il est vrai — et je lui rends justice, — que l'honorable M. Gambetta, lui, n'est pas resté inactif. Il a déposé un rapport qui remaniait tout notre système financier...

M. GAMBETTA. — Vous ne l'avez donc pas lu, que vous en parlez ainsi? Demandez à M. le ministre des finances ce qu'il en pense.

M. LE MINISTRE. — ... tout notre système d'impôts... (*Rires approbatifs à droite. — Interruptions à gauche.*)

Un membre à droite. — C'est gênant pour M. Gambetta !

M. GAMBETTA. — Vous n'en savez pas le premier mot !

M. LE MINISTRE. — C'est l'impôt sur le revenu substitué aux quatre contributions directes ; c'est l'impôt sur la rente, c'est-à-dire l'amoindrissement fatal du crédit public... (*Exclamations*); c'est l'impôt sur les salaires avec l'exercice, c'est-à-dire l'impôt sur le travail même du pauvre. (*Bruyantes exclamations à gauche et au centre. — Applaudissements à droite.*)

M. GAMBETTA. — C'est honteux !

M. MAURICE ROUVIER. — Vous ne l'avez jamais lu, ou vous ne savez pas lire !

M. LE MINISTRE. — Mais il est arrivé qu'un ministre que vous avez maintes fois appelé éminent et qui l'est en effet, un ministre sorti de vos rangs, l'honorable M. Léon Say...

M. GAMBETTA. — Il y est toujours, Monsieur! (*Mouvements divers.*)

M. LE MINISTRE. — ... est venu un jour dans la commission du budget et a démontré que le système financier de M. Gambetta jetterait l'alarme dans tous les intérêts.

M. GAMBETTA. — Jamais!

M. PARENT. — Ce n'est pas exact!

M. TIRARD. — C'est faux !

A droite. — A l'ordre! à l'ordre!

M. PAUL DE CASSAGNAC. — M. Tirard a prononcé le même mot que M. Mitchell.

M. ROBERT MITCHELL. — M. Tirard a dit que le ministre proférait un mensonge. (*Bruit.*)

M. LE PRÉSIDENT. — Qu'est-ce qu'a dit M. Tirard ?

Quelques membres à droite. — Il a dit que c'était absolument faux.

M. LE MINISTRE. — Je prie M. le président de ne pas se préoccuper plus que je ne m'en préoccupe moi-même des interruptions ou des outrages qui me sont adressés.

M. BARODET. — La France vous écoute et vous juge! (*Bruit.*)

M. LE PRÉSIDENT. — Laissez parler M. le ministre.

Si on a adressé à M. le ministre l'expression qu'on m'a signalée au pied de la tribune, je ne puis que la blâmer énergiquement.

Au centre. — Non! non! — Il n'a pas dit cela!

M. PAUL DE CASSAGNAC. — Il y a une nuance dans le blâme!

M. TIRARD. — M. le ministre avait énoncé un fait; je lui ai dit que ce fait était erroné, et j'avais le droit de le dire.

Quelques voix à droite. — Et le 4 septembre!

M. LE PRÉSIDENT. — M. Tirard n'a pas employé l'expression qu'on lui prête.

M. ROBERT MITCHELL. — Il a dit que c'était un mensonge. (*Non! non!*)

M. LE PRÉSIDENT. — Il a dit que c'était inexact.

A droite. — Il a dit : faux! faux! (*Dénégations.*)

M. LE PRÉSIDENT. — Veuillez ne pas interrompre. Vous voyez où cela mène!

M. LE MINISTRE. — Je le répète, on a démontré que le système financier de M. Gambetta serait la perturbation la plus profonde jetée dans les intérêts de ce pays, et depuis on n'a pas même osé lui faire voir le jour de la discussion. (*Applaudissements à droite.*)

Quant à la loi du budget, cette loi fondamentale de tous les services publics, vous ne l'avez pas même abordée dans la dernière session extraordinaire, vous l'avez reléguée aux derniers jours d'une session extraordinaire. (*Très bien! à droite. — Mouvements en sens divers.*)

M. LATRADE. — C'est la faute de la prorogation!

M. LE MINISTRE. — Sur les questions qui se rattachent au régime des transports, sur l'organisation de notre réseau de chemins de fer, sur toutes ces questions dont un grand peuple se préoccupe si vivement, trois mois de discussions n'ont abouti qu'à la constation solennelle, éclatante, décisive, de votre impuissance! (*Applaudissements à droite.*)

M. ALLAIN-TARGÉ. — Je demande la parole.

M. LATRADE. — C'est la prorogation qui a tout interrompu.

M. MAURICE ROUVIER. — Pourquoi n'êtes-vous pas intervenu comme administrateur de la compagnie d'Orléans?

M. LE MINISTRE. — Et c'est vous qui venez aujourd'hui

nous reprocher de paralyser les affaires du pays... (*Exclamations à gauche. — Très bien! à droite*), lorsque l'acte du 16 mai est venu au contraire, en leur rendant la sécurité... (*Nouvelles exclamations*), leur rendre par là même leur activité et leur puissance. (*Vives protestations au centre et à gauche. — Applaudissements à droite.*)

M. TRUELLE. — Tous les présidents des tribunaux de commerce vous ont donné un démenti formel.

M. LE MINISTRE. — Pendant que vous alliez jeter l'alarme dans les intérêts du pays... (*Interruptions et réclamations au centre et à gauche.*)

M. GEORGES PERIN. — Pourquoi n'avez-vous pas demandé la dissolution au lendemain du 20 février 1876 ?

M. LE PRÉSIDENT. — Monsieur Perin, veuillez ne pas interrompre.

M. LE MINISTRE. — ... lui, le maréchal de Mac-Mahon, il allait, sur ce théâtre de l'Exposition nationale, que les coupables passions des partis avaient voulu lui enlever... (*Interruptions nouvelles à gauche.*)

M. LE PRÉSIDENT. — Je rappellerai à l'ordre les interrupteurs!

M. LE MINISTRE. — ... il allait affirmer que la grandeur industrielle de la France serait toujours la plus vivante de ses sollicitudes.

Le lendemain encore, il allait à Compiègne... (*Rumeurs ironiques à gauche*) rassurer les populations qui se pressaient, confiantes, autour de lui. Il pacifiait pendant que vous troubliez (*Très bien! à droite*), il rassurait pendant que vous alarmiez. *Très bien! très bien!*) Il provoquait au travail les forces du pays pendant que vous en comprimiez l'essor. (*Très bien! très bien! et applaudissements à droite. — Dénégations à gauche.*)

Vous n'avez pas craint d'ajouter que l'acte du 16 mai avait été une menace pour la paix extérieure... ((*Oui! oui! à gauche*), oubliant que les hommes qui sont au Gouvernement aujourd'hui sortaient des élections de 1871, qu'ils avaient fait partie de cette Assemblée nationale dont on peut dire qu'elle a été la pacificatrice du pays et la libératrice du territoire. (*Très bien! très bien! et applaudissements à droite.*)

Plusieurs membres, désignant M. Thiers. — Le voilà, le libérateur du territoire!

(A ce moment, les membres de la gauche et du centre se lèvent et, se tournant vers M. Thiers, le saluent des plus vives acclamations et des plus chaleureux applaudissements.)

M. LE MINISTRE DE L'INTÉRIEUR. — Je n'enlève à personne... *(Les applaudissements et les acclamations recommencent.)*

M. PAUL DE CASSAGNAC. — C'est M. Thiers qui a dit que la République commençait dans le sang et finissait dans l'imbécillité !

M. LE PRÉSIDENT. — Veuillez, Messieurs, écouter l'orateur.

M. LE MINISTRE DE L'INTÉRIEUR. — Je n'enlève à personne, je n'enlève pas à l'illustre homme d'État... *(Agitation.)*

M. BARODET. — M. Thiers se passera bien de vos éloges.

M. LE MINISTRE. — Je n'enlève à personne, je n'enlève pas à l'homme d'État illustre qui est devant moi... *(Bruyantes interruptions à gauche.)*

Plusieurs membres à gauche. — Ne parlez pas de M. Thiers.

M. LE PRÉSIDENT. — Messieurs, si je ne peux obtenir le silence, je suspendrai la séance.

M. PAUL DE CASSAGNAC. — Vous ne demandez pas la censure.

M. LE PRÉSIDENT. — J'ai dit ici *(à gauche)* que si l'on continuait, je lèverais la séance comme je vous l'ai dit tout à l'heure.

M. LE MINISTRE DE L'INTÉRIEUR — Je n'enlève à personne, je n'enlève pas à l'homme d'État illustre qui est devant moi et que personne n'honore et ne respecte plus que moi... *(Exclamations ironiques à gauche)*, l'honneur et la gloire qui lui appartiennent; mais il ne voudrait pas lui-même les revendiquer pour lui seul. *(Très bien! très bien! à droite.)*

M. GAMBETTA. — Ce que lui ne peut pas faire, l'histoire le fera! Ce que vous ne deviez pas faire, vous, c'était successivement de servir M. Thiers et de le renverser! *(Murmures à droite.)*

M. DE SAINT-PAUL. — C'est votre liquidation qu'il faudrait faire!

M. LE PRÉSIDENT, *s'adressant aux députés groupés au pied de la tribune.* — Veuillez reprendre vos places de part et d'autre.

M. LE MINISTRE. — Il faut vraiment supposer que ce pays ait perdu toute mémoire pour oser associer l'idée d'un péril de guerre au nom des hommes qui ont été, contre vous-mêmes, les partisans les plus constants, les plus résolus de la politique de paix. Si un péril avait existé, je le dis avec douleur, c'est vous qui l'eussiez fait naître! (*Applaudissements à droite. — Dénégations à gauche.*)

Plusieurs membres à droite. — Oui, oui! Parfaitement!

M. HORACE DE CHOISEUL. — C'est une insulte à la Chambre!

M. LE MINISTRE. — ... oui, c'est vous qui l'eussiez fait naître en excitant les défiances des gouvernements voisins. (*Protestations à gauche. — Approbation à droite.*)

M. TIRARD. — Et les mandements de vos évêques!

M. LE PRÉSIDENT. — Monsieur Tirard, veuillez ne pas interrompre.

M. LE MINISTRE. — Mais, grâce à Dieu, ils ne pouvaient être accessibles à ces défiances. Ils savent bien que les hommes qui sont maintenant au pouvoir n'ont jamais souffert et ne souffriront jamais une attaque quelconque dirigée contre les gouvernements étrangers. Et, qu'il me soit permis de le dire, une lettre écrite aux évêques de France en 1873, et récemment reproduite, a suffisamment prouvé que, pour interdire de telles attaques, le ministre qui est à cette tribune a su faire autrement et plus que le ministre qui l'a précédé. (*Exclamations ironiques à gauche. — Très bien! très bien! à droite.*)

M. HORACE DE CHOISEUL. — Vous êtes modeste!

M. LE MINISTRE, *ironiquement.* — Ainsi, de vos manifestes et de vos discours, il ne reste rien qu'un démenti infligé à toutes vos accusations. (*Rires ironiques à gauche.*)

Un membre à gauche. — A la vérité!

M. LE MINISTRE. — Vous avez dit que nos avions menacé la Constitution : nous l'avons protégée contre vous. (*Oh! oh! à gauche.*)

Vous avez dit que nous avions paralysé les affaires : nous leur avons rendu la sécurité qui leur manquait... (*Exclamations ironiques à gauche*). Vous avez dit que nous étions une menace pour la paix : nous en sommes le gage, malgré vous! (*Très bien! très bien! à droite.*)

L'orateur qui descend de cette tribune a cherché encore à déplacer le débat, et à nous représenter comme les auxiliaires d'un parti. Eh bien, laissez-moi vous faire sur ce point une réponse facile, comme toute réponse sincère et loyale. (*Rires ironiques à gauche.*)

A droite. — Ces rires sont inconvenants!

M. PAUL DE CASSAGNAC. — Nous n'avons plus des ministres qui mentent, ne l'oubliez pas!

M. LE PRÉSIDENT. — Veuillez ne pas interrompre et ne pas interpeller vos collègues!

M. PAUL DE CASSAGNAC. — Pourquoi rit-on? On n'est pas habitué à ce langage loyal.

M. LE PRÉSIDENT. — On a tort de rire et vous avez tort d'interpeller vos collègues.

M. PAUL DE CASSAGNAC. — Protégez l'orateur!

M. LE PRÉSIDENT. — L'orateur répondra; il n'a pas besoin de vous!

M. PAUL DE CASSAGNAC. — Mais nous avons besoin de lui, nous!

M. LE MINISTRE DE L'INTÉRIEUR. — Le maréchal de Mac-Mahon appelle à lui tous les conservateurs, et précisément parce qu'il a pris au milieu d'eux ce rôle glorieux de médiateur, il ne peut être l'auxiliaire de personne.

Je vous dirai toute ma pensée... (*Ah! ah! à gauche*) : la France, Messieurs, n'appartient, croyez-le bien, à aucun parti, elle est avec tout bon gouvernement. (*Mouvements prolongés en sens divers.*)

Un membre à gauche. — Elle s'appartient à elle-même!

M. LE MINISTRE. — Elle se dégage de tous les intérêts de parti qui s'agitent dans son sein, pour rechercher et demander toujours ce qui est toujours, sous tous les régimes, le fondement même de la vitalité des peuples : l'ordre, la paix, la stabilité sociale. (*Très bien! à droite.*)

Aussi aux conservateurs réunis autour de nous, ne proposons-nous pas la politique de telles ou telles espérances, mais la politique des intérêts généraux du pays.

M. ÉDOUARD LOCKROY. — Et des grandes compagnies! (*Bruit.*)

M. LE PRÉSIDENT. — Veuillez donc ne pas stationner ainsi autour de la tribune!

M. LE MINISTRE. — Qu'on cesse donc, si l'on veut rester dans la vérité et la justice, de nous représenter comme les auxiliaires d'un parti; qu'on cesse aussi, si l'on veut rester dans la vérité et la justice, de nous représenter comme cherchant, par je ne sais quel retour au passé, à refaire un état social dont la France est désormais séparée. (*Exclamations et applaudissements ironiques à gauche.*)

VII. 8

Voix à gauche. — Lequel?

M. DE LA ROCHEFOUCAULD, DUC DE BISACCIA. — La République de 1793! (*Bruit.*)

M. LE MINISTRE. — Nous connaissons et nous aimons la France, telle que nous l'avons devant nous. Il n'y a, dans les battements de son cœur rien qui nous soit ennemi ni même étranger... (*Mouvement*) : comme elle, nous aimons et nous voulons l'égalité; comme elle, nous aimons et nous voulons les libertés légitimes... (*Interruptions au centre*); comme elle, nous acceptons cette loi du progrès qui s'impose...

M. GAMBETTA. — Il n'y a que ses mandataires que vous n'acceptiez pas!

A droite. — Silence au dictateur!

M. LE MINISTRE. — ... qui s'impose à tous les peuples, qui est une loi nécessaire, qui est une loi féconde; mais, comme elle aussi, nous savons qu'il n'y a de progrès bienfaisants et durables que ceux qui s'accomplissent sans briser l'organisation même des sociétés. (*Très bien! à droite.*)

Aussi notre politique se réduira-t-elle à des termes bien simples. Nous dirons à la France d'oublier les dissentiments stériles, les vaines discussions, les préoccupations dissolvantes de la politique, pour envoyer dans cette enceinte des hommes particulièrement attachés à favoriser le développement des forces sur lesquelles reposent l'avenir et la richesse des nations. (*Très bien! très bien! à droite.* — *Bruit à gauche.*)

Ce pays a profondément et cruellement souffert ; il est maintenant à une des heures décisives de son histoire.

S'il s'abandonne aux politiques, s'il vient avec eux désorganiser toutes ses institutions financières, administratives, militaires, il court à de proches abîmes ; si, au contraire, il conserve sa foi au soldat légal qui vient de l'appeler dans la voie du salut... (*Rires à gauche.*)

M. PAUL DE CASSAGNAC. — Ces Messieurs se moquent du Maréchal après l'avoir exploité.

M. LE MINISTRE. — S'il sait, à son appel, répudier les vieilles querelles de parti; s'il sait, dans l'union féconde à laquelle il est convié, concentrer pour le travail toutes ses forces vives, le jour est prochain, soyez-en sûrs où l'on ne saura quelle est la plus admirable : de la grandeur qui n'a jamais péri, ou de la grandeur qui s'est relevée toute vivante d'une chute passagère. (*Applaudissements prolongés à droite.*

— L'orateur, en descendant de la tribune, est entouré par un grand nombre de ses collègues dont il reçoit les félicitations.)

M. GAMBETTA monte à la tribune et attend quelques instants le rétablissement du silence.

M. LE PRÉSIDENT. — M. Gambetta a la parole.

M. GAMBETTA. — Messieurs, l'orateur qui descend de cette tribune avait débuté, dans les explications qu'il devait fournir à la Chambre, par un mot qui m'avait quelque peu inquiété. Il avait dit qu'il ne serait pas nécessaire, dans la situation où nous étions, qu'il se livrât à un long débat et qu'il lui suffirait de quelques paroles, tant la situation était nette et précise entre le pouvoir exécutif et les représentants du pays, pour justifier la série des mesures qui ont inauguré la prise de possession du pouvoir par les hommes du 16 mai. Eh bien, grâce à Dieu, M. le ministre de l'intérieur ne s'est pas tenu parole à lui-même, et il a déroulé devant vous un long discours à la partie personnelle duquel je ferai une très brève réponse.

Je ne m'attendais pas en effet que, dans cette exposition des principes et des grandes théories de péril social et de salut public qui ont inspiré la conduite du Gouvernement et des nouveaux ministres, je ne m'attendais pas que ma modeste personne dût tenir tant de place... (*Rires à droite.*)

Un membre à droite. C'est trop d'humilité !

M. GAMBETTA. — ... et qu'un des principaux motifs de la prise de possession du pouvoir, qu'une des nécessités de ne plus écouter les volontés du pays, de renvoyer ses mandataires, fût puisée dans le programme électoral que j'avais accepté en 1869. (*Rires et applaudissements à gauche.*)

Eh bien, je dois dire que vous voyez là, par un des côtés, quelles sont la misère et la pauvreté de la politique qu'on est venu défendre devant vous. (*Applaudissements à gauche.*) On avait dit, et l'on se croyait très ingénieux et très profond, qu'on opposerait la personne respectée et peut-être mieux garantie que par certains conseillers intimes... (*Très bien! très bien! à gauche*) du président de la République à la personne d'un simple député qu'on accuse et qu'on charge, il est vrai, de tous les méfaits qui remplissent la cervelle des ministres. (*Rires à gauche.*) Mais, Messieurs, il a fallu déjà abandonner cette fantasmagorie, cette espèce de fantaisie qui est aussi ambitieuse pour ma personne et que je n'accepte pas, qu'elle est, permettez-moi de le dire, peu respectueuse pour celui dont vous apportez ici les ordres et les pensées. (*Applaudissements à gauche et au centre.*)

Quant à nous, nous nous sommes empressés, dès le premier jour, de dénoncer au pays ce piège, qui serait grossier s'il n'était naïf, et de lui dire que si jamais l'heure devait venir de choisir entre un président, dégoûté de ses devoirs ou humilié dans l'exercice de sa politique par un verdict du pays, il y avait un homme dont vous faisiez tout à l'heure l'éloge et dont vous ne célébriez pas...

M. PAUL DE CASSAGNAC. — Il vous a appelé fou furieux.

M. GAMBETTA. — Vous dites, Monsieur!...

A gauche. — Ne répondez pas!

M. GAMBETTA. — Je suis résolu à ne rien entendre de ce que vous direz de ce côté... (*Exclamations à droite*); vous interpréterez mon dédain comme il vous plaira. (*Applaudissements répétés à gauche et au centre.*)

M. PAUL DE CASSAGNAC. — Votre dédain est un honneur pour nous tous! Nous vous en remercions.

M. LE PROVOST DE LAUNAY. — Vous avez l'estime de M. Ferrand!

M. GAMBETTA. — Je tiens à l'estime de ceux que j'aime; quant à ceux que je méprise, je n'en fais aucun cas.

Je connais votre système, vous avez nourri l'habile dessein de m'empêcher de parler : renoncez-y!

M. Paul de Cassagnac. — Allez! allez sur votre balcon, ne vous gênez pas! (*Exclamations à gauche. — A l'ordre!*)

M. le président. — Cette interruption est déplacée. Vous justifiez à l'instant même le reproche que l'orateur vous adresse.

M. Paul de Cassagnac. — Il ne s'est pas gêné avec nous!

M. Gambetta. — Je comprends trop bien les raisons que la minorité conservatrice peut avoir de se féliciter de la politique du ministère actuel; mais je plains le cabinet qui est sur ces bancs de n'avoir que de pareils auxiliaires. (*Applaudissements prolongés à gauche.*)

M. Cuneo d'Ornano. — Vous préférez les communards! Vous avez d'autres relations, vous!

M. Paul de Cassagnac. — Vous êtes l'ami de tous les coquins, de tous les incendiaires, de tous les assassins de la Commune.

M. le président. — Monsieur Paul de Cassagnac, les paroles insultantes ne doivent pas trouver place ici.

M. Paul de Cassagnac. — Ah! pardon, Monsieur le président!

M. le président. — Vous ne devez pas insulter ainsi vos collègues.

M. Paul de Cassagnac. — Vous avez bien laissé insulter le ministre de l'intérieur et la droite tout entière!

M. le président. — On n'a pas insulté le ministre. C'est vous qui insultez vos collègues!

M. Paul de Cassagnac. — On nous insulte, et au lieu de rester notre président, vous vous faites le complice des insulteurs!

M. le président. — Le président dédaigne souverainement l'injure qui lui est adressée par M. Paul de Cassagnac.

M. Paul de Cassagnac. — Je vous rends votre dédain, Monsieur le président.

Un membre à gauche. — Voilà les amis du ministère!

M. LE COMTE DE DOUVILLE-MAILLEFEU. — Que dit de cela le protégé de l'empire?

M. LE PRÉSIDENT. — Monsieur de Cassagnac, retirez-vous votre parole?

M. PAUL DE CASSAGNAC. — Il y a deux hommes en face, vous et moi. Vous avez parlé mépris, je vous ai répondu mépris : c'était mon droit.

M. LE PRÉSIDENT. — Vous dites qu'il y a deux hommes en face l'un de l'autre? Oui : il y a un président et un député.

M. PAUL DE CASSAGNAC. — Je suis député comme vous l'êtes vous-même, et en matière d'honneur, je vous vaux.

M. LE PRÉSIDENT. — Je devrais peut-être, Messieurs, après l'outrage sans précédent dans les assemblées délibérantes, que M. Granier de Cassagnac vient d'adresser au président de cette Chambre...

M. PAUL DE CASSAGNAC. — Après le vôtre! (*Exclamation à gauche.*)

M. LE PRÉSIDENT. — Monsieur de Cassagnac, vous avez commencé par adresser au président des paroles insultantes. Il vous a dit qu'il les dédaignait. C'est alors que vous lui avez répondu que vous lui renvoyiez son dédain. Voilà la vérité rétablie.

Je dis que cette insulte adressée au président n'a pas d'exemple dans les Chambres françaises. Je dis qu'un pareil outrage mériterait l'application de la peine la plus sévère du règlement.

M. PAUL DE CASSAGNAC. — Eh bien, je l'attends!

M. LE PRÉSIDENT. — Je me contenterai de proposer à la Chambre la censure contre M. Paul de Cassagnac.

Je consulte la Chambre sur la peine de la censure.

(La Chambre est consultée et elle prononce la censure.)

M. PAUL DE CASSAGNAC. — Vous avez laissé M. Gambetta nous insulter sans proposer aucune peine contre

lui. Du moment où il n'y a plus de justice, on a le
devoir de se faire justice soi-même.

M. LE PRÉSIDENT. — Vous usurpez ici, Monsieur,
un rôle qui n'appartient à personne, celui d'insulter
vos collègues... (C'est vrai! — Très bien! très bien! à
gauche), et, ce rôle, vous venez de l'étendre jusqu'au
président de la Chambre.

M. PAUL DE CASSAGNAC. — Vous n'êtes pas un président, vous êtes un adversaire dans ce moment-ci,
un adversaire qui n'écoute que la passion.

M. LE PRÉSIDENT. — Je suis votre président.

M. PAUL DE CASSAGNAC. — Je vous le répète, vous
n'obéissez qu'à la passion!

M. CUNEO D'ORNANO. — Ce n'est pas M. de Cassagnac
qui a commencé.

M. LE PRÉSIDENT. — La censure a été prononcée
contre M. Paul de Cassagnac. Je prie l'orateur de
continuer son discours.

M. GAMBETTA. — Je disais, Messieurs, qu'il fallait
faire tout d'abord justice de cette manœuvre ridicule
qui consistait à opposer un député au chef de l'État,
et j'ajoutais que le pays avait parfaitement compris
que sous cette stratégie ministérielle se cachait la
crainte vive, aiguë, qui possède encore les ministres,
à savoir que l'homme illustre qu'ils ont renversé du
pouvoir après avoir été obligés d'en suivre et d'en
pratiquer, au moins en apparence, la politique, se
trouvera désigné au pays au jour du scrutin décisif
puisque vous voulez consulter le pays, pour reprendre
l'accomplissement et le développement de cette République pacifique, légale, éclairée et progressive.
(Applaudissements à gauche.)

M. LE BARON DE SEPTENVILLE. — C'est une attaque
au maréchal.

M. GAMBETTA. — Je n'attaque personne. J'attaque
la politique de ces conseillers qui, à la première
heure, ont menacé le pays de la démission du maré-

chal, et qui, lorsqu'ils ont vu que le pays acceptait cette démission, et que nous l'acceptions aussi sous le sceau de la légalité, ont retiré leurs menaces. (*Nouveaux applaudissements à gauche.*)

Vous avez parlé comme d'une menace et d'une pression sur l'opinion publique, de la retraite du premier magistrat de la République ; c'est vous qui avez posé la question. (*Non! non! à droite! — Si! si! et applaudissements à gauche.*)

J'affirme que ce sont vos amis : c'est le *Français* du 17 mai, c'est le *Gaulois* du 16 au matin ; consultez vos auteurs et lisez vos feuilles. (*Très bien! très bien! au centre et à gauche.*)

Eh bien, je dis que quand vous avez vu que la démission était acceptée par la conscience publique...

A droite. — Jamais!

M. GAMBETTA. — ...alors vous avez parlé de la dissolution. Et aujourd'hui que la dissolution est acceptée par le pays...

Voix à droite. — Vous la repoussez!

M. GAMBETTA. — ... encore bien qu'elle soit incorrecte, injurieuse, illégitime... (*Exclamations à droite.*) Oui, elle est illégitime je vous le prouverai... (*Applaudissements à gauche.*)

Je dis que, quand vous avez vu que la dissolution était acceptée par le pays, acceptée par la majorité de cette Assemblée... (*Murmures à droite.*)

Voix à droite. — Où est-il le pays?

M. GAMBETTA. — Le pays, il est là! Ce sont les 363 qui sont présents sur ces bancs.

Quand on a vu, disais-je, que cette dissolution n'effrayait et ne faisait reculer personne, alors ceux qui parlent de surprise, qui disent que nous voulons tromper le pays, savez-vous à quoi ils ont été réduits? Ils ont été réduits à renvoyer pour un mois les deux Assemblées, c'est-à-dire à se donner le temps de

manipuler à leur aise toutes les fonctions publiques.
(*Réclamations à droite.*)

M. PAUL DE CASSAGNAC. — Et vous, qu'avez-vous
fait? Et les conseils généraux, et les classes entières
de citoyens que vous avez voulu rendre inéligibles
par votre décret de Bordeaux? Parlez-en donc!

M. GAMBETTA. — Et pourquoi faire, Messieurs? On
l'avoue aujourd'hui avec une étrange hardiesse, — car
je ne veux prendre que des mots qui ménagent les
susceptibilités, même les plus irritables, on avoue
que c'est pour provoquer et pratiquer largement la
candidature officielle à haute pression.

M. PAUL DE CASSAGNAC. — C'est ce que vous avez
fait quand vous étiez dictateur.

M. GAMBETTA. — M. le ministre de l'intérieur se dé-
cernait tout à l'heure à lui-même, dans un langage
apologétique, un bill de confiance qu'il est seul à
ressentir. (*Sourires approbatifs à gauche.*)

Il vous a dit avec une jactance que je connais...
(*Exclamations à droite. — A l'ordre! à l'ordre!*)

M. LE PRÉSIDENT. — Messieurs, ce mot n'est pas
antiparlementaire.

M. GAMBETTA.— ... pour l'avoir entendu tour à tour...
(*Nouvelles interruptions à droite.*)

Si vous voulez, je dirai avec une assurance, mais je
maintiens le mot « jactance ».

Voix à droite. — Il est très bien dans votre bouche.

A gauche. — Oui, c'est le mot qui convient.

M. LAROCHE-JOUBERT. — On fait ce qu'on peut !

M. GAMBETTA. — Certainement, chacun fait ce qu'il
peut, et mon interrupteur est un homme qui fait
beaucoup.

Un membre à droite. — C'est heureux pour lui!

M. GAMBETTA. — Voulez-vous que je le nomme et
que cette capacité fasse frissonner d'émotion toute
l'Assemblée? (*Hilarité à gauche et au centre.*)

Je disais que le ministre de l'intérieur, célébrant

tout à l'heure son énergie — comment dirai-je ? —
épistolaire, se comparait, non sans orgueil, au ministre qui l'avait précédé et il faisait pressentir qu'il
ne prendrait pas autant de précautions que ses prédécesseurs pour réprimer soit la liberté de la presse,
soit la liberté de colportage, soit la liberté de réunion,
et qu'il était décidé à sauver la société en intimidant
les colporteurs, les cabaretiers et autres menues petites gens. (*Rires approbatifs à gauche.*)

Faut-il le dire? au fond, je crois qu'il y a deux
courants politiques dans la nouvelle association de
M. le duc de Broglie et de M. de Fourtou ; il y a ceux
qui sont leurs maîtres, et puis il y a M. de Fourtou qui
semble, d'après les déclarations qu'il a faites, n'avoir
pris le pouvoir que pour protéger la Constitution
contre les républicains. (*Sourires ironiques à gauche.*)

Messieurs, je vous assure qu'il n'y a personne dans
cette Assemblée aussi convaincu que moi de la sincérité, de la fidélité, des convictions et de l'élévation
de caractère de M. de Fourtou. (*Rires et applaudissements à gauche.*) Quand il dit à cette tribune, en prenant la France à témoin, que le 16 mai est une œuvre
républicaine, une œuvre qui a pour but d'assurer la
stabilité des institutions du 25 février 1875, lesquelles
couraient un immense péril entre les mains de ministres républicains et d'une majorité républicaine, à
coup sûr il m'inspire une entière confiance, et je
pense que le pays la partage.

Ce que je ne pense pas, c'est que tous ses collègues
la partagent. (*Rires à gauche.*)

Ainsi, par exemple, à qui ferez-vous croire que
M. le duc de Broglie ait été si subitement épris des
institutions républicaines, qu'il soit venu au secours
de ces institutions, ou parce que M. Dufaure, ou parce
que M. Jules Simon, ou M. Waddington, ou les autres
ministres dont je ne cite pas les noms, mais qui
étaient aussi dévoués et sincères, les mettaient en

péril, sauf peut-être M. le duc Decazes qui pense, sans doute, au point de vue des électeurs parisiens, être un républicain très ferme. (*Applaudissements et rires ironiques à gauche et au centre.*)

Mais, Messieurs, il est difficile de penser que l'honorable M. Brunet, ancien magistrat, à qui on a confié l'instruction publique, pendant que M. le duc de Broglie prenait les sceaux... (*Sourires à gauche*), soit, lui aussi, bien d'accord avec le M. le ministre de l'intérieur. A qui ferez-vous croire que M. Brunet, qui s'est présenté aux électeurs de la Corrèze en affirmant ses convictions bonapartistes, à qui ferez-vous croire que ce ministre, à qui l'on confie la direction de l'éducation dans ce pays-ci et qui, dit-on, s'apprête à faire des instituteurs une hécatombe analogue à celle qui a passé sous le couteau de M. de Fourtou...

M. PAUL DE CASSAGNAC. — C'est ce que vous avez fait vous-même! Un préfet, nommé par vos amis, il y a deux mois à peine, a changé plus de soixante instituteurs dans le Gers.

M. GAMBETTA. — Ce que j'ai fait, je l'ai fait en temps de révolution... (*Oh! oh! à droite*), et je suis prêt à le refaire; mais je vous demande si, oui ou non, la Constitution a fermé l'ère des révolutions. Messieurs, je sais bien, — et c'est là précisément le grief que je fais aux ministres, — je sais trop que tous ces dévoués serviteurs de la politique du 16 mai sont les ennemis jurés de la Constitution; seulement il y a ceux qui n'osent pas le dire et ceux qui osent le dire et le déclarent tous les jours. (*Applaudissements à gauche.*)

Comment! Messieurs, on a osé dire que nous avions trompé le pays!... Savez-vous ce que nous avons fait? Nous avons contenu l'indignation du pays. (*Applaudissements à gauche. — Exclamations ironiques à droite.*)

Si la dissolution est prononcée, si le Sénat donne un avis conforme à ce qu'on sollicite de lui, — ce qui n'est pas encore tout à fait sûr, malgré les dernières

tractations que vous avez faites avec les partis hostiles
à la Constitution, — si la dissolution, dis-je, est
prononcée, je ne vous demande qu'une chose, pour
ma part : c'est de l'obtenir le plus tôt possible, afin
que vous ne prolongiez pas l'agonie du pays... (*Applaudissements à gauche.* — *Rumeurs à droite.*)

M. PAUL DE CASSAGNAC. — Soyez tranquille, on ne
fera rien de ce que vous avez tenté de faire en 1870...
(*Bruit.* — *N'interrompez pas !*)

M. GAMBETTA. — C'est, puisque vous voulez prendre
le pays pour juge, puisque vous prétendez que le
pays n'est plus représenté par nous, c'est de ne donner
que le moins longtemps possible le spectacle de gens
qui n'ont pris le pouvoir que pour sophistiquer le
suffrage universel. (*Applaudissements à gauche.*)

Il n'y a qu'un moyen, un seul...

M. PAUL DE CASSAGNAC. — Parlez-nous donc du
décret de Bordeaux ! Parlez-nous donc des inéligibles !

M. GAMBETTA. — Quand vous aurez récité toutes
vos interruptions, je poursuivrai...

Je dis qu'il n'y a qu'un moyen de prouver que vous
ne voulez pas dénaturer le verdict du pays, que vous
ne redoutez pas la conscience publique, c'est d'aller
devant le pays le plus tôt possible, devant le pays qui
se contient parce qu'il vous juge, parce qu'il est fort,
parce qu'il saura bien un jour rentrer dans le droit
constitutionnel.

M. BRIERRE. — Faites donc l'appel au peuple !

M. GAMBETTA. — Je dis, Messieurs, qu'il n'y a qu'un
moyen d'établir la sincérité de votre politique : c'est
de consulter le pays, non pas en abusant des délais
jusqu'au dernier jour, mais en l'interrogeant loyalement avant la fin de juillet.

Et si je parle ainsi, c'est parce que vous êtes venus
à cette tribune nous parler de lois, de lois d'affaires
qu'on aurait tenues en suspens, et que vous aviez
hâte de voir voter.

Voyons, abordons ces sophismes.

Il y a une première question, c'est le budget de 1878. Votre message, — celui que vous avez lu aujourd'hui et qui n'est que la paraphrase du premier, — veut bien reconnaître que toutes les clameurs qu'a poussées une certaine presse sur le refus du budget tant que vous n'auriez pas obtenu la confiance de la Chambre, que ces clameurs étaient aussi vaines qu'intéressées.

En effet, à la fin de votre message, vous reconnaissez qu'il y aura largement le temps, avant l'expiration de l'année 1877, pour voter le budget de 1878, et, par conséquent, pour ne tenir en suspens aucun service public. Débarrassez donc la polémique de vos officieux de cette constante diatribe, car vous savez bien que l'ajournement du budget, que la défense des droits budgétaires de la Chambre, c'est la sanction de tous nos autres droits, c'est la garantie que le pays ne tombe pas en despotisme, que notre résistance est aussi légitime qu'elle peut être fructueuse et efficace, et qu'elle ne saurait à aucun degré vous autoriser à présenter cette Chambre comme une Chambre qui n'aurait cure ni souci des grands intérêts du pays. (*Applaudissements à gauche.*)

Écartons donc cette question du vote du budget de 1878, car la faute pèse déjà sur vous de l'avoir retardé d'un mois ; faites en sorte qu'un nouveau délai, résultant d'une tardive convocation des collèges électoraux, ne vienne encore aggraver votre responsabilité.

M. PAUL DE CASSAGNAC. — L'année dernière vous n'étiez pas si pressés de voter le budget ; vous avez attendu jusqu'à la dernière heure !

M. GAMBETTA. — L'année dernière, on a voté le budget en temps utile, et il importe peu de savoir si c'est à la dernière ou à l'avant-dernière heure. (*Rires à droite.*) Ce qui importe, c'est qu'il ait été voté en temps utile ; or, c'est incontestable, et vos ricanements n'y changeront rien.

Vous êtes venus également vous plaindre de ce que la Chambre n'avait discuté ni voté les lois d'affaires; vous avez dit que cette Chambre n'avait rien fait.

Vous avez oublié ce que le pays n'a pas oublié, grâce à Dieu! c'est que c'est le Sénat, — non pas le Sénat-institution, mais le Sénat-majorité, le Sénat conduit par ceux-là mêmes qui sont aujourd'hui au pouvoir, — qui avait entravé la discussion et le vote de ces lois. (*Approbation à gauche.*)

Car il faut bien s'expliquer. Nous sommes en face d'hommes qui ne sont pas ancrés dans la Constitution; nous n'avons pas devant nous des hommes qui la défendent avec des tendances particulières, mais conformes à l'esprit de la Constitution. Non! non! Si cela était, s'il y avait un parti whig et un parti tory dans la République, nous pourrions discuter, et faire de la politique parlementaire; nous pourrions croire que le Président n'obéit qu'à des tendances constitutionnelles. Mais tout le monde sait qu'il n'en est pas ainsi; tout le monde sait qu'il vous serait impossible de dire avec sincérité que, parmi vous, il y en a un seul qui n'ait pas un idéal politique différent de la forme qui nous régit aujourd'hui. (*Vive approbation à gauche.*)

Eh bien, si cela est vrai, si cela est indéniable...

M. PAUL DE CASSAGNAC. — Ce sont ceux-là qui vous ont donné la République. Vous êtes ingrat envers eux.

M. GAMBETTA. — Non, ceux qui nous ont donné la République, ils sont encore sur nos bancs ou au Sénat, sur les bancs de nos amis; ceux qui ont fondé la République, ce sont les hommes comme M. de Rémusat, M. Thiers, M. Casimir Perier, qui ont apporté l'appoint de leur patriotisme à nos aspirations démocratiques. (*Vive approbation.*) Ce sont ces hommes qui ont constitué cet immense parti qui se confond aujourd'hui avec la nation et qui a été affirmé aux dernières élections générales par sept millions sur huit millions de suffrages exprimés. (*Exclamations et réclamations à droite.*)

M. DE LA ROCHEFOUCAULD, DUC DE BISACCIA. — Vous vous trompez! Vous avez obtenu 3,500,000 suffrages; la minorité en a obtenu 3,000,000 et si l'on y joint les abstentions, c'est 7,000,000 de suffrages qu'elle a eus contre vous!

Vous comptez mal.

M. DE BAUDRY D'ASSON. — Pas fort en addition, pour un président de la commission du budget!

M. PAUL DE CASSAGNAC. — Ils ne savent pas compter, n'ayant pas l'habitude de rendre leurs comptes!

M. GAMBETTA. — Ceux qui nous ont aidé à faire la République, ce sont les hommes de ce parti composé de ce que la France avait de plus illustre et de plus expérimenté dans la politique; ce sont les citoyens les plus éminents, portant des noms qui répandaient au dehors, dans toute l'Europe, dans tout l'univers, l'illustration française. (*Bruit à droite.*) Si vous contestez, je citerai les noms! Voulez-vous me dire, depuis que ces hommes, sous la conduite du plus éminent d'entre eux, ont fondé la République dans ce pays-ci, voulez-vous me dire quel jour, à quelle heure ils ont été désavoués par le pays!

M. CUNEO D'ORNANO. — Nous le verrons!

M. GAMBETTA. — Vous dites : Nous le verrons! Mais nous l'avons vu.

M. PAUL DE CASSAGNAC. — Faites donc le plébiscite, comme vous le demandiez vous-même au Corps législatif en 1870!

M. GAMBETTA. — Messieurs, laissez-moi parler. C'est intolérable!

M. PAUL DE CASSAGNAC. — C'est vous qui êtes intolérable, et cependant nous vous tolérons depuis longtemps, depuis trop longtemps.

M. GAMBETTA. — On dit : Nous le verrons! Mais, Messieurs, nous l'avons dit. Il s'est trouvé, il y a

tantôt quinze mois, une administration qui était
composée d'hommes que nous connaissons, — je ne
parle pas de l'administration supérieure de l'État, je
parle des fonctionnaires politiques dans le pays, préfets et sous-préfets. — Eh bien, nous avons vu cette
administration tenter la candidature officielle. Et
tenez! vous reprochiez tout à l'heure à cette Chambre
d'avoir débuté par des annulations de pouvoirs! Vous
oubliez qu'elle avait alors à faire justice d'une scandaleuse pression officielle; vous oubliez qu'elle avait
reçu mandat des électeurs de rétablir la vérité électorale... (Interruptions diverses à droite.)

M. HAENTJENS. — Nous protestons et les électeurs
ont déjà protesté avant nous en réélisant ceux dont
vous avez invalidé les élections! Nous avons été assez
vengés de vos scandaleuses injures!

M. GAMBETTA. — Vous oubliez que cette Chambre
venait après un cabinet où le ministre dirigeant avait
faussé, au profit des opinions et des partis les plus
hostiles à l'établissement de la République, tous les
ressorts administratifs, à tel point que lui-même, dans
quatre collèges choisis par lui, il s'est attiré la plus
sanglante réprobation qui ait jamais frappé un ministre dans aucun pays. (Très bien! très bien! — Applaudissements à gauche.)

M. PAUL DE CASSAGNAC. — Vous parlez de M. Ricard!

Un membre à gauche. — M. Ricard n'était pas
ministre au moment des élections!

M. GAMBETTA. — Ah! vous avez oublié cette histoire!
Elle est d'hier; vous voulez la recommencer; d'accord!
ce ne sera pas... (Interruptions à droite.)

Il est donc vrai que vous ne voulez pas entendre vos
contradicteurs, Messieurs... (Exclamations à droite) et
que vous ne voulez pas laisser parler vos adversaires?

M. PAUL DE CASSAGNAC. — Dites la vérité, nous vous
écouterons; mais cela vous est difficile.

M. GAMBETTA. — La vérité! mais vous viendrez l'apporter à cette tribune, si vous l'avez...

M. PAUL DE CASSAGNAC. — Si vous voulez! Vous savez que cela ne me gêne pas!

M. GAMBETTA. — Mais laissez-moi parler.

Cette expérience est d'hier, et c'est bien parce qu'elle a détruit tous vos rêves d'espérance... (*Exclamations à droite*), toutes vos coupables convoitises... (*Quelques membres à droite imitent la voix de M. Gambetta. — Rumeurs au centre.*)

Ainsi donc, voilà où nous en sommes arrivés... (*Oui! oui!*), à des saturnales semblables [1]! (*Applaudissements à gauche et au centre.*)

Un membre à droite. — C'est votre exemple!

Un autre membre. — Votre seule présence à la tribune attire ces interruptions.

Un troisième membre. — Vous êtes un comédien!

M. GAMBETTA. — Eh bien, faites! vous êtes à peu près taillés pour ne pas dépasser ce genre d'imitation. (*Applaudissements à gauche.*)

M. PAUL DE CASSAGNAC. — Oh! vous êtes tout à fait régence, Monsieur, genre Louis XV! (*Bruit.*)

M. GAMBETTA. — Eh bien, Messieurs, je disais que c'est parce que le pays avait trouvé le moyen de faire entendre sa voix et de signifier sa volonté malgré l'oppression d'un corps administratif hostile, malgré la corruption et des oppressions de toutes sortes... (*Interruption à droite*), que c'est parce que le pays avait dit hautement ce qu'il voulait, en donnant une majorité de deux cents voix à la République, que vous avez été réduits... (*Interruptions et bruit.*)

---

1. C'est à ce moment, au milieu des clameurs inarticulées des amis de M. Paul de Cassagnac, des cris d'animaux domestiques et des hurlements poussés par eux, que M. Rouher, morne et désespéré, impuissant à contenir « le parti du boucan », s'écria d'un ton désolé : « C'est une honte pour le parti! Vous nous perdez! » Cette exclamation fut entendue par les tribunes publiques et reproduite le lendemain par les journaux.

M. BRIERRE fait une interruption qui se perd dans le bruit.

M. LE PRÉSIDENT. — Monsieur Brierre, veuillez donc garder le silence!

M. GAMBETTA. — ... que vous avez été réduits à vous dérober derrière le Maréchal et à vous cacher derrière cette épée qui constitue votre ressource de prédilection.

M. PAUL DE CASSAGNAC. — Contre vous!

Quelques membres à droite. — Nous ne nous en sommes jamais cachés!

M. DE BAUDRY-D'ASSON. — C'est une insulte au Maréchal! Nous ne la relèverons pas, car son épée c'est l'épée de la France honnête. (*Bruit! — Laissez parler!*)

M. GAMBETTA. — Vous en êtes réduits à troubler l'esprit du premier magistrat de la République, et à lui faire croire qu'il va sauver l'ordre, les affaires, la Constitution et la paix.

Ah! que vous devez rire entre vous de cette politique! (*Applaudissements à gauche et au centre.*)

M. PAUL DE CASSAGNAC. — Rire de vous, oui! (*Bruit.*)

M. GAMBETTA. — Car enfin, il y a quelque chose qui domine la situation : tous ces partis coalisés par une haine commune contre la démocratie et contre la République n'agissent pas tous...

M. PAUL DE CASSAGNAC. — Ce n'est pas la même chose!

M. GAMBETTA. — Si, Monsieur, c'est la même chose. (*Non! non! à droite.*)

M. ERNEST DRÉOLLE. — Vous êtes la démagogie!

M. PAUL DE CASSAGNAC. — Et la dictature incapable!

M. GAMBETTA. — Je dis, et je m'explique, je dis que des divers partis associés, celui qui rêve encore le retour du fils des rois de France...

M. PAUL DE CASSAGNAC. — Qui rêvent votre disparition d'abord! On verra ensuite!

M. LE PRÉSIDENT. — N'interrompez pas sans cesse, c'est intolérable!

M. GAMBETTA. — Que voulez-vous? quand on a ce génie, on ne peut le contenir, cela perce malgré soi. (*Rires approbatifs et applaudissements répétés à gauche.*)

M. PAUL DE CASSAGNAC. — Notre génie est différent, Monsieur. Moi, je n'ai pas eu le génie de la lâcheté, de la lâcheté dans la guerre étrangère et dans la guerre civile !

Quelques voix à droite. — Très bien !

M. PAUL DE CASSAGNAC. — L'homme qui s'est toujours sauvé devant les Prussiens comme devant la Commune !

M. LE PRÉSIDENT. — Je vous rappelle à l'ordre une seconde fois.

M. DRÉOLLE. — Il a eu raison de dire cela !

M. LE PRÉSIDENT. — Non, Monsieur !

M. DRÉOLLE. — Si! il a eu raison ! (*Exclamations diverses et bruit prolongé à droite.*)

M. GAMBETTA, *tirant sa montre pour regarder l'heure.* — Je dirai ce que j'ai à dire; nous avons le temps. (*Le bruit et les interruptions continuent à droite.*)

M. LE PRÉSIDENT, *se tournant vers les interrupteurs.* — Ce n'est pas là le spectacle d'une Assemblée délibérante. Je voudrais que le pays vous vît, pour qu'il pût vous juger.

A droite. — Et nous aussi, nous voudrions qu'il assistât à la séance !

M. LE PRÉSIDENT. — Vous n'avez pas la tenue de députés! (*Violentes protestations à droite.*)

M. DE GUILLOUTET. — L'orateur tient-il le langage d'un député?

M. LE PRÉSIDENT. — Vous avez pris la résolution d'empêcher l'orateur de parler.

Cette tenue est intolérable !

M. GAMBETTA. — Je dis, Messieurs, que les trois partis associés, — je devrais peut-être parler aussi, si je prenais le programme politique de M. le ministre de l'intérieur à la lettre, d'un quatrième parti poli-

tique, — je dis que ces quatre partis associés pour la
conduite de la campagne électorale qui doit suivre la
dissolution de la Chambre, ne sont pas tous guidés
par le même esprit.

En effet, il y en a qui peuvent croire dans le cabinet
que le Maréchal constitue à lui tout seul une politique, et que le Mac-Mahonisme, — puisqu'il faut
l'appeler par son nom...

M. DE BAUDRY D'ASSON. — Le Mac-Mahonisme vaut
bien le Gambettisme!

M. GAMBETTA.—... est un régime politique: personne
n'ignore en fait qu'il a été question de fonder un
régime semblable avec le Maréchal, sa vie durant et
pendant un temps d'ailleurs incertain. C'est ce que
M. de Fourtou appelait tout à l'heure la stabilité
assurée par le développement des principes constitutionnels et la foi du pays dans le Maréchal.

Je me garderai bien de discuter ce système politique; je le constate et je passe.

A côté de ceux-là, nous avons ceux qui pensent
qu'au contraire, jusqu'en 1880, le Maréchal est chargé
de garder la place du roi, et que d'ici à 1880, si on
faisait des élections avec un certain art, de telle manière que chaque circonscription électorale, — Messieurs, ce serait un miracle, mais dans ce parti on
croit aux miracles... (Sourires), — que chaque circonscription électorale pût produire un légitimiste, alors,
en 1880, le roi pourrait revenir qu'il ne s'y opposera
pas, — on a eu bien soin de faire stipuler par le
Maréchal, et il paraît qu'il s'est engagé, du moins c'est
ce que les correspondances de l'*Union* et de l'*Univers*
nous ont dit...

Un membre à droite. — Sans condition!

M. GAMBETTA. — A condition, ou sans condition,
comme vous voudrez; j'accepte votre version, si elle
vous plaît mieux. (*Rires au centre.*)

C'est ainsi, Messieurs, que l'on entre dans la période

de la dissolution avec le doux espoir de créer une majorité royaliste qui, mon Dieu! priera le Maréchal d'avancer un peu la rentrée du roi, et il n'y fera pas obstacle cette fois, puisqu'on avait déjà la promesse qu'il ne devait pas y faire obstacle non plus au mois d'octobre, en 1873, si le roi acceptait le drapeau tricolore. (*Interruptions à droite.*)

Je ne dis pas que telle soit l'opinion du Maréchal; je crois même que son opinion est contraire, et si vous voulez toute ma pensée, je crois qu'en effet il est mac-mahonnien avant tout, et qu'il vous le prouvera.

M. PAUL DE CASSAGNAC. — Pourvu qu'il vous le prouve à vous, cela nous suffira!

Un membre à droite. — Pourvu qu'il ne vous cède pas la place, c'est tout ce que nous demandons.

M. GAMBETTA. — Mais à côté de ce rêve légitime, il y a une autre conception qui se croit peut-être mieux en posture... (*Rires à droite*), qui en tout cas paraît mieux servie. (*Interruptions à droite.*)

N'ayez pas peur, j'irai lentement, mais j'irai. C'est peut-être de l'opportunisme comme on me le reproche, mais j'appliquerai ici l'opportunisme dans toute sa rigueur, au risque de vous lasser. (*Mouvements divers.*)

Il y a, dis-je, une troisième conception politique dont les hommes qui s'en sont faits les parangons ont joui longtemps dans ce pays d'un grand crédit, et qui s'attribuent volontiers une haute capacité déjà plusieurs fois éprouvée au pouvoir pour faire réussir les combinaisons qu'ils rêvent dans leurs salons, ou même dans leurs boudoirs.

On connaît cette politique qui a pour but de fonder un stathoudérat qui ne serait lui-même qu'un acheminement vers une royauté modérée, pondérée et qui, à la longue, à la suite d'un événement, d'un accident, heureux finirait par devenir aussi légitime que possible. (*Rires approbatifs au centre et à gau-che.*)

Il n'y a qu'un malheur dans ces savantes combinaisons, c'est que malgré qu'on ait le titre du pouvoir, la direction, l'autorité, l'influence, l'amitié des princes, qu'on ait tout prévu, tout agencé, on s'aperçoit toujours qu'il ne sert de rien d'avoir les fonctionnaires, d'avoir même de grands commandements militaires, si l'on n'a pas le suffrage universel, et que le stathoudérat pourrait bien n'être qu'un rêve insaisissable et irréalisable, et alors on s'est dit : Si nous tâchions d'arriver à nos fins avec le suffrage universel travaillé, non pas supprimé ; car nous avons voulu déjà le supprimer en 1872, en 1873 sans pouvoir y réussir, nous avons fait une vaine tentative pour toucher à la bête monstrueuse, à la bête populaire, à cette bête du nombre qu'on dénonce perpétuellement, qu'on soit à la Chambre, au Sénat ou à l'Académie. Mais la bête ne s'est pas laissé faire ; on n'a pas pu la dompter.

Si nous tâchions, par un moyen détourné, de lui enlever sa force, sa virilité et surtout ce détestable penchant qu'elle a pour la République !

M. GRANIER DE CASSAGNAC. — Avec le décret de Bordeaux, on déclarait les impérialistes inéligibles.

M. GAMBETTA. — Monsieur, à Bordeaux, j'ai fait mon devoir... (*Bruyantes interruptions diverses à droite.*)

M. ERNEST DRÉOLLE. — M. Jules Simon vous a mis à la porte.

M. GAMBETTA. — Il reste un autre parti... (*Bruit à droite.*) Il reste un autre parti...

M. ERNEST DRÉOLLE. — A notre tour !

M. GAMBETTA. — Celui-là, oh ! mon Dieu, il est partagé en plusieurs groupes. Il est vrai que les groupes ne sont pas nombreux, mais ils sont très divisés. (*Dénégations à droite.*) Oh ! ne dites pas non. Vous ne pourriez pas le soutenir !

M. PAUL DE CASSAGNAC. — Nous sommes moins

divisés que vous, les républicains, qui avez cinq ou six églises.

M. GAMBETTA. — Eh bien, dans ce parti, il y a un petit groupe très honnête qui prétend sauver la société. C'est bien simple : un bataillon de chasseurs à pied et l'affaire est faite.

M. PAUL DE CASSAGNAC. — Deux gendarmes suffisent pour vous! (*Bruyantes réclamations à gauche et au centre.*)

M. DE BAUDRY D'ASSON *et quelques membres à droite.* — Bravo!

M LE PRÉSIDENT. — J'ai épuisé contre M. Granier de Cassagnac les peines du règlement; il me réduit à l'impuissance pour réprimer plus longtemps ses attaques contre ses collègues. Je suis obligé de le livrer au sentiment de la Chambre et de la France entière. (*Très bien! très bien! et applaudissements à gauche et au centre.*)

Un membre à gauche. — C'est un ami du ministère!

M. GAMBETTA. — Ce parti, ou plutôt une fraction de ce parti, — car il ne faut être injuste pour personne, — une fraction de ce parti dont vous venez d'entendre l'interrupteur attitré demander deux gendarmes pour moi, oubliant qu'il n'a pas encore réglé ses comptes avec la prison!... (*Rires et applaudissements à gauche.*)

M. PAUL DE CASSAGNAC. — Et vous, avez-vous réglé vos comptes avec la France! Ma prison lui aura coûté moins cher que votre liberté!

M. GAMBETTA. — Messieurs, une fraction de ce parti se croit tellement en possession de duper les trois autres et de les pousser à toutes les aventures, de les acculer à une situation si embarrassante qu'ils écrivent et qu'ils disent tout haut que dans l'aventure du 16 mai, on ne s'est engagé d'une façon politique, que si l'on est résolu à aller jusqu'au bout, et l'on écrit que ce bout, c'est le crime!

M. Paul de Cassagnac. — Jamais!

M. Latrade. — Vous êtes coutumier du fait!

M. Paul de Cassagnac. — On n'a pas le droit de dire cela. Voilà ce que vous tolérez, Monsieur le président.

A droite. — Et le 4 septembre!

M. Gambetta. — On a écrit non pas une fois, messieurs, mais dix fois, on a écrit, dans les journaux de cette opinion, non pas une simple pensée comme celle que je viens de relater, mais des provocations effrontées à la violation par la force des lois du pays. (*Oui! oui! — C'est vrai! à gauche.*)

M. Paul de Cassagnac, *au milieu du bruit.* — Et vous, qu'avez-vous fait? Vous ne sortez que de l'émeute. Qu'est-ce donc que le 4 septembre?

M. Gambetta. — Et il se trouve que ceux qui ont pris les affaires au 16 mai, pendant qu'ils nous supprimaient la parole, faisaient libre carrière et libre pratique à cette presse de sang et de boue! (*Applaudissements à gauche et au centre.*)

M. Paul de Cassagnac. — Qu'est-ce que le 4 septembre, si ce n'est un mélange de boue et de sang! (*Allons donc! — Murmures et bruit à gauche.*)

M. Gambetta. — Et pendant que la justice était, de la part de M. le garde des sceaux, avisée d'avoir à poursuivre les fausses nouvelles et les appréciations risquées sur ce coup parlementaire du 16 mai, pendant qu'on donnait des instructions rigoureuses aux procureurs généraux, — et je ne m'en plains pas, — pendant ce temps-là, non seulement on laissait proférer des paroles criminelles, on laissait se produire une polémique qui n'était que la polémique du 2 décembre renouvelée, — mais on laissait commettre cette injure à la France, à l'armée, de pousser nos soldats à la violation des lois. (*Applaudissements prolongés à gauche et au centre.*)

Entendons-nous, Messieurs, car j'ai l'habitude de tout dire: ce n'est pas à aucun degré que je soupçonne le détenteur, le chef du pouvoir exécutif; il est le vrai chef; ce n'est pas que je le soupçonne de se prêter consciemment à de pareilles entreprises. C'est une bien autre inquiétude qui est la mienne : c'est qu'on puisse laisser croire à ce pays, qu'on abreuve d'avanies et de calomnies...

Plusieurs membres à droite. — C'est vrai!

M. PAUL DE CASSAGNAC. — C'est vrai de votre part!

M. GAMBETTA. — Oui, vous savez bien à qui je fais allusion, c'est aux infamies que vous débitez!

Ce que je crains, c'est qu'on laisse croire au pays qu'on a pu penser un instant que l'armée pouvait devenir, après Sedan, l'instrument d'un coup d'État. C'est fini, c'est terminé, on ne recommencera pas! Car, Messieurs, l'armée sait que de pareilles tentatives coûtent non seulement l'honneur du drapeau, l'honneur des régiments, mais coûtent surtout la sécurité, la grandeur militaire d'un pays... (*Très bien! très bien! à gauche et au centre.*)

M. PAUL DE CASSAGNAC. — Vous n'avez pas le droit de parler au nom de l'armée, car vous l'avez fait égorger. (*Bruit.*)

M. GAMBETTA. — ... et désormais, avec le service obligatoire qui fait passer la nation tout entière dans les rangs de l'armée, avec les cruelles leçons de l'expérience...

M. PAUL DE CASSAGNAC. — Cela n'a aucun rapport... (*N'interrompez pas!*)

M. GAMBETTA. — Je dis que si jamais pour le malheur de la patrie une pareille tentative pouvait être faite, c'en serait fait non seulement de la France... (*Allons donc! à droite.*)

Oh! Messieurs, ne dites pas : allons donc! (*Applaudissements à gauche.*) Il y a une chose à dire et que je dis, et je la dis devant ce cabinet qui n'a pas ma confiance, mais qui au moins avait à mes yeux la responsabilité d'un nom à faire respecter. (*Bruit à droite.*)

Je la dis à ceux qui écrivent ces choses et à celui qui m'interrompt si souvent et qui devrait recevoir de M. le garde des sceaux au moins l'ordre d'exécution du jugement qui a été prononcé contre lui par une cour souveraine. (*Très bien! très bien! et applaudissements à gauche et au centre.*)

Voilà la vérité. Il faut cette satisfaction à la conscience publique au moins pendant les quelques jours que nous siégerons, il faut que nous soyons délivrés de ce scandale. (*Oui! oui! — Très bien! à gauche.*)

M. PAUL DE CASSAGNAC. — Vous n'êtes qu'un pourvoyeur de prison, n'osant pas être un pourvoyeur de guillotine.

M. GAMBETTA. — Je suis ici, Monsieur, ce que j'entends être, c'est-à-dire un homme qui vous accuse de pousser criminellement à un coup de force. (*Très bien! très bien! à gauche.*)

A vrai dire, Messieurs, je parle ainsi non point parce que le coup de force est à craindre, mais parce que ces provocations font partie de ces mille manœuvres honteuses... (*Interruptions à droite. — Vive adhésion à gauche.*)

Oui, honteuses! que vous employez et sur le succès desquelles vous comptez auprès des simples et des naïfs...

M. PAUL DE CASSAGNAC. — C'est vous, vous seul qui êtes la honte de la France! (*Bruit.*)

M. GAMBETTA. — Oh! je sais bien qu'il n'y a rien là de sérieux et d'alarmant. Ah! je le sais et je le dis avec le sentiment de ma responsabilité, le châtiment et l'expiation suivraient de près les aventuriers criminels qui oseraient tenter une pareille aventure. (*Vifs applaudissements à gauche et au centre.*)

Est-ce assez? Non, ce n'est pas assez. A côté de ce parti il y a un autre parti que vous avez condamné, dont vous avez arrêté les menées, dont vous avez dénoncé les manœuvres criminelles dans l'acte mémo-

rable du 4 mai 1876. Vous avez beau dire, vous avez
beau faire, le pays, pas plus que l'Europe, ne s'y est
trompé, et ou l'a bien senti et bien vu, — et c'est ici
que je vais aborder la discussion de votre message ;
— on a bien vu et bien senti que ce n'était ni pour la
publicité des conseils municipaux ni pour un paragraphe d'une loi sur la presse qui a été votée par vous,
auxiliaires généreux... (*On rit*), ce n'est pas pour cela
que vous avez renvoyé le cabinet républicain. Toute
la France l'a dit, il n'y a pas dans ce pays une conscience droite et éclairée qui en doute ; tout le monde
l'a dit. Le cabinet républicain a été condamné parce
qu'il avait accepté l'ordre du jour contre les ultramontains et les jésuites. (*Applaudissements à gauche et
au centre. — Rumeurs et dénégations à droite.*)

Voilà la vérité. Il faut que la France sache ce qui
est résulté de ce jour mémorable du 4 mai, pendant
que M. Jules Simon était à la tribune et qu'il parlait
de cette captivité du saint père, et qu'il osait dire que
c'était là une invention, et qu'il lui donnait sa véritable
caractéristique, sa véritable épithète, en l'appelant une invention mensongère. Ah! Messieurs, deux
jours après, du fond du Vatican, on relevait le mot
du ministre républicain, et personne n'ignore que
c'est de là qu'est parti le coup qui a renversé le
cabinet. (*Nouveaux applaudissements à gauche et au
centre.*)

M. MADIER DE MONTJAU. — Il a fait tomber les uns
et nommer les autres.

M. GAMBETTA. — Personne ne s'y est trompé, et,
puisqu'il faut tout dire, un cri a traversé la France...
(*Oh! oh! — Interruptions à droite*), un cri que vous
entendrez bientôt, un cri qui reviendra, qui sera la
libération, qui sera le châtiment, le cri : C'est le gouvernement des prêtres! (*Bravos à gauche. — Dénégations à droite.*) C'est le ministère des curés, disent les
paysans! (*Bravos répétés à gauche.*)

Oh! Messieurs, ne vous y trompez pas, ils savent
ce qu'ils veulent dire, et il ne vous appartient pas,
quand vous avez une telle origine, de parler des principes de 89... (*Exclamations ironiques à gauche*) et de
nous dire que vous êtes partisans de l'égalité. Il ferait
beau voir que vous disiez ici que vous êtes partisans
de la suprématie ducale et de l'oligarchie de quelques
nobles... (*Très bien! très bien! à gauche.*)

Ah! vous êtes partisans de la Révolution française!
Eh bien, je le dis devant mon pays, vous n'avez qu'un
nom : vous vous appelez la contre-révolution. (*Très
bien! très bien! à gauche et au centre.*) Vous ne pouvez
porter que ce nom, car aujourd'hui, comme en 1830,
— je le dis devant vous qui portez un nom qui s'est
illustré à cette époque, — nous avons en face de nous
des nobles qui ne veulent pas s'accommoder de la
démocratie, et une congrégation qui veut asservir la
France. (*Bravos et applaudissements à gauche.*)

Et vous osez dire que cette combinaison que vous
avez installée aux affaires en invoquant la Constitution
et les pouvoirs du maréchal a été faite pour calmer
les esprits et rétablir l'ordre... (*Rires à gauche*), encourager les affaires et rassurer l'Europe.

A droite. Oui! oui!

M. GAMBETTA. — Oh non? j'en prends à témoin, —
écoutez, Messieurs! — j'en prends à témoin l'Europe
et je pourrais dire l'univers.

Il ne s'est pas trouvé dans le monde entier...

M. BOURGEOIS. — Dans l'Océanie!

M. GAMBETTA. — Oui, Monsieur, dans l'Océanie où
vous seriez digne d'habiter encore! (*Rire général.*)

Un membre à droite. — A l'ordre le dictateur!

M. BOURGEOIS. — Je serais plus en sécurité en Océanie qu'en France si la France était jamais gouvernée
par vous!

M. GAMBETTA. — — ... Il ne s'est pas trouvé dans le
monde entier une seule voix, une seule voix qui ait

pris la défense de votre politique. La presse de l'Europe comme celle d'Amérique vous a submergés sous les protestations de son mépris. (*Exclamations ironiques à droite.*)

M. LE PROVOST DE LAUNAY. — Vous savez bien que vous êtes d'accord avec elle; vous l'avez payée!

M. GAMBETTA. — Écoutez. Devant ce mouvement de protestation générale, unanime qui s'est produit jusqu'en Espagne, le pays des *pronunciamientos...*

M. BRIERRE. — Vous le connaissez, depuis votre voyage à Saint-Sébastien!...

M. GAMBETTA. — Mais ce que le pays ne sait pas, ce sont les efforts que vous avez faits pour changer cette opinion, et l'impuissance à laquelle vous avez été condamnés. (*Applaudissements à gauche.*)

Il faut bien qu'on lui dise que, lorsque vous vous êtes vus submergés par les tories comme par les whigs, par les libéraux comme par les conservateurs de l'Angleterre et de l'Allemagne, comme de la part des Russes, comme de la part des Autrichiens et des Hongrois, quand vous vous êtes vus submergés sous la réprobation de l'Europe, oh! alors, vous n'avez plus raillé; vous avez essayé si vous ne pourriez pas obtenir par commisération, au dehors, une petite appréciation favorable. (*Rires à gauche.*) Vous, si dédaigneux du jugement de l'Europe... (*Vives protestations à droite.*)

Plusieurs membres à droite. — C'est honteux!

M. GAMBETTA. — ... vous avez fabriqué une correspondance pour le *Times,* et, dans votre joie, vous l'avez malheureusement publiée avant qu'elle fût acceptée par le journal de la Cité. (*Rires et applaudissements à gauche et au centre.*) Cette parfaite indifférence qu'on professait au début pour le jugement de l'Europe, vous voyez qu'on n'y a pas persévéré. Mais ce n'est pas tout.

Il y avait eu un débat au parlement italien sur ces

événements. (*Bruit à droite.*) Si vous vouliez me
laisser achever...

M. DE LA ROCHEFOUCAULD, DUC DE BISACCIA. — C'est
un scandale! Vous n'êtes pas Français.

M. DE LA BILIAIS. — Au lieu de faire appel à l'étranger, parlez-nous de votre programme.

M. GAMBETTA. — Vous le connaîtrez tout à l'heure,
mon programme.

Je ne puis pas tout dire à la fois.

M. DE LA ROCHETTE. — Ce n'est pas français ce que
vous dites-là! Si vous avez besoin d'être applaudi par
l'étranger...

M. LE PRÉSIDENT. — N'interrompez pas, Monsieur
de la Rochette.

M. DE LA ROCHETTE. — Je dis, Monsieur le président, que si M. Gambetta éprouve le besoin d'être
applaudi par l'étranger, c'est qu'il n'est pas patriote!

M. LE PRÉSIDENT. — Vous n'avez pas le droit d'interrompre.

M. DE LA ROCHETTE. — Mais le patriotisme se révolte!

M. ROBERT MITCHELL. — M. Gambetta en appelle à
l'Italie contre la France!

M. SARLANDE. — C'est un scandale! C'est une manœuvre électorale!

M. GAMBETTA. — Laissez-moi parler; vous me répondrez, si vous voulez!

M. LE COMTE DE MUN. — Nous protestons contre vos
paroles, parce qu'elles sont indignes du sentiment
national.

M. le PRÉSIDENT. — Veuillez garder le silence!

M. GAMBETTA. — Je comprends que M. de La Rochette et M. le comte de Mun m'interrompent quand
je veux parler d'un débat qui a eu lieu au parlement
italien. (*Très bien! au centre et à gauche.*)

Ce que je comprends moins, c'est qu'ils viennent
vous dire : Ne faites pas intervenir l'étranger dans

nos débats intérieurs! Mais, Messieurs, si nous sommes amenés... (*Interruptions nombreuses à droite.*)

M. DE LA ROCHETTE. — Ce n'est pas cela. J'ai dit que, si vous recherchiez les applaudissements de l'étranger, vous n'étiez pas patriote.

M. GAMBETTA. — M. de la Rochette dit qu'il n'est pas patriote de parler des débats du parlement italien...

M. DE LA ROCHETTE. — Encore une fois, ce n'est pas cela que j'ai dit. Je répète qu'il n'est pas d'un patriote de rechercher les applaudissements de l'étranger.

M. GAMBETTA. — Si vous voulez que je vous réponde, laissez-moi parler.

Cette interruption est étrange... (*Non! non! à droite.*) Je m'engage à vous le démontrer, Messieurs, mais laissez-moi parler.

A droite. — Assez! assez!

M. GAMBETTA. — Oh! vous ne perdrez rien pour attendre. (*Nouvelles interruptions à droite.*)

M. LE PRÉSIDENT *s'adressant aux interrupteurs.* — L'orateur exprime son opinion et non pas la vôtre, Messieurs. Veuillez ne pas l'interrompre. Vous êtes d'une intolérance inouïe, sans exemple. (*Réclamations à droite.*)

M. GAMBETTA. — Ah! c'est que ces Messieurs sentent qu'il s'agit de leur réélection. (*Nouvelles réclamations.*) Et voilà pourquoi ils réclament tant. Je comprends cela! (*Exclamations et dénégations à droite. — Vive approbation à gauche et au centre.*)

M. ROBERT MITCHELL. — Nous verrons si ce sont vos amis ou les nôtres qui voteront la dissolution, au Sénat.

M. GAMBETTA. — Nous verrons, oui, c'est entendu, mais ne m'interrompez pas !

M. PAUL DE CASSAGNAC. — Il n'y aura plus de décret d'inéligibilité !

M. GAMBETTA. — Je disais, Messieurs, que je comprenais l'embarras d'un certain côté de cette Chambre, quand on parle de nos relations avec l'Italie, et que ces messieurs sont très prompts à dire qu'il ne faut pas parler de l'étranger.

Mais permettez-moi de répondre que nous avons, non seulement le droit, mais le devoir de parler de l'étranger à la tribune française. Nous avons le droit et le devoir de faire savoir au delà des Alpes que, si par un accident parfaitement passager, le gouvernement de la France peut tomber entre des mains suspectes...

M. DE BAUDRY D'ASSON. — Dans les vôtres par exemple !

M. GAMBETTA. — ... la nation les désavoue. (*Applaudissements à gauche. — Réclamations et cris : A l'ordre ! à droite.*)

M. PARIS, *ministre des travaux publics, s'approchant de la tribune.* — Monsieur Gambetta, voulez-vous me permettre ?... (*Bruyantes réclamations à gauche.*)

M. GAMBETTA. — Non, laissez-moi achever.

(*Un grand nombre de membres de la gauche descendent dans l'hémicycle et interpellent vivement M. le ministre des travaux publics. — Des membres de la droite s'approchent de la tribune et adressent à M. Gambetta des paroles qui se perdent dans le bruit. — Cris : A l'ordre ! à l'ordre ! — Agitation.*)

M. LE PRÉSIDENT. — J'invite les membres qui sont auprès de la tribune à reprendre leurs places.

M. LE DUC DECAZES, *ministre des affaires étrangères.* — Je demande la parole.

M. GAMBETTA. — Je comprends que lorsqu'on organise les pèlerinages... (*Exclamations à droite. — A l'ordre ! à l'ordre !*)

M. LE COMTE DE MAILLÉ. — Je demande le rappel à l'ordre de l'orateur.

M. GAMBETTA. — ... lorsqu'on parle de sauver Rome, lorsqu'on appartient au parti qui organise les pèlerinages à Rome, qui organise les processions où on chante : « Sauvons Rome et la France, au nom du Sacré Cœur ! » qui parle tous les jours de la captivité du pape et des droits temporels du Saint-Siège, je comprends que lorsqu'on appartient à ce parti et qu'on sent que le pays va juger cette politique et cette agitation cléricale, on préfère le silence à la discussion. (*Interruptions.*)

M. DE BAUDRY D'ASSON. — Ne dites pas de mal des pèlerinages, Monsieur Gambetta ! Vous leur devrez peut-être un jour votre conversion.

M. GAMBETTA. — Ah ! je comprends à ce point...

M. LE COMTE ALBERT DE MUN. — Le parti dont vous parlez ne craint pas la discussion ; mais il proteste au nom du sentiment national, parce que vous appelez l'étranger au secours de vos haines et de vos passions politiques.

M. GAMBETTA. — ... à ce point qu'il se trouvera très probablement, même sur la terre classique de Pontivy, 300 voix de majorité pour rendre à la vie privée le plus fin champion du cléricalisme.

M. DE BAUDRY D'ASSON. — Grâce à vos efforts !

M. GAMBETTA. — Je comprends ces choses ; mais il ne faut pas qu'elles soient prises au sérieux ; il ne faut pas qu'on puisse penser...

M. DE BAUDRY D'ASSON. — Allez-y à Pontivy prononcer des discours ! Je vous y engage !

M. GAMBETTA. — ... il ne faut pas qu'au dehors on puisse s'y tromper ; et si, dans la situation où nous sommes, il y a, au point de vue de l'Europe, quelque chose qui est rassurant pour la France, c'est précisément l'unanimité de jugement qu'ont porté les peuples ou les parlements étrangers sur la crise que nous traversons en ce moment. Tout le monde a bien vu que, quelle que fût l'audace et la hardiesse du parti clérical en France, la France le répudiait. C'est si vrai, que nous pouvons parler ici en toute sécurité de l'origine et des hommes de ce pouvoir, parce que l'Europe sait bien, — pour me servir de la formule

qu'on a oublié d'insérer dans le *Journal officiel*, — que
« les cabinets passent et que les nations restent ».

C'est le mot que vous avez oublié et qu'il fallait
rappeler.

N'affectez pas ici d'avoir le privilège de la pudi-
cité patriotique. Vous savez très bien que lorsque
nous invoquons le jugement de l'Europe, nous l'invoquons pour la patrie, pour la paix et contre vous.
(*Bravos et applaudissements à gauche et au centre.*)

Voix à droite. — Voilà votre patriotisme.

M. PARIS, *ministre des travaux publics.* — Je demande
la parole.

M. GAMBETTA. — Le patriotisme, Messieurs, il consiste à dire la vérité à son pays; le patriotisme, il
consiste à ne pas s'engager dans une politique d'a-
venture; il consiste à tenir la France à l'abri des expéditions de Rome; car c'est par des expéditions de
Rome qu'on perd plus tard, à vingt ans de distance,
l'Alsace et la Lorraine. (*Nouvelle et vive approbation à
gauche et au centre.*)

Ainsi donc, voilà la politique et voilà le jugement
de cette politique par la France et le pays.

Vous dites que les hommes d'affaires, que les gens
de négoce, de travail et d'épargne avaient besoin
d'être rassurés par vous.

Oh! Messieurs, je ne crois pas que jamais on ait
apporté à la tribune ni inséré dans un document public une assurance aussi audacieuse. (*Applaudissements
à gauche et au centre.*) Je vous mets au défi de faire
entendre la voix autorisée d'un négociant ou d'un capitaliste qui dise que vous l'avez servi. (*Rumeurs à droite.*)

La vérité est que vous avez fait manquer une
campagne à ce pays; la vérité, c'est que les affaires
se sont ralenties partout; la vérité, c'est que notre
encaisse de la Banque le démontre; la vérité, c'est
que nombre de chambres de commerce ont protesté.

Voix à droite. — Et la Bourse!

M. Gambetta. — La Bourse! vous voulez que j'en parle?

Eh bien, la vérité, c'est qu'à Rennes, à Saint-Omer, à Bar-le-Duc, dans le Pas-de-Calais, dans le Nord comme dans le Midi, comme dans l'Est...

Voix à gauche. — A Troyes! à Rouen!

M. Gambetta. — ... les hommes de commerce et d'industrie qui ont parlé ont déclaré que vous aviez porté un coup fatal aux affaires. Et ceux qui se sont tus, combien ne sont-ils pas nombreux? Est-ce qu'ils ont parlé pour vous? Est-ce qu'ils vous ont fait leurs confidences? Est-ce que vous pourriez apporter ici un témoignage pour vous couvrir? aucun. Vous êtes condamnés à faire des documents dans l'*Officiel* ou à prescrire à vos procureurs généraux d'empêcher les conversations qui contredisent vos affirmations. (*Applaudissements au centre et à gauche.*)

Ah! je sais bien que M. de Broglie, président du conseil et ministre de la justice, a élevé la prétention de rétablir la prospérité commerciale par autorité judiciaire. (*Rires à gauche.*) Je sais que, probablement, il sera fait quelque procès de presse à cet égard; mais il en sera de ces mesures coercitives comme de toutes celles du passé qui ont eu pour but d'empêcher l'histoire de rétablir la vérité.

M. le garde des sceaux sera réduit à lancer quelques circulaires qui seront peut-être des mercuriales de commerce qu'on verra figurer à côté des mercuriales judiciaires de d'Aguesseau, mais qui ne changeront rien à l'ordre des choses. (*Nouveaux rires et applaudissements à gauche.*)

Il est vrai que vous nous avez dit que, depuis le 16 mai, on avait donné une impulsion vraiment prestigieuse au commerce et à l'industrie. Postérieurement, le maréchal de Mac-Mahon a visité les travaux de l'Exposition, et, dans cette visite, affirmé que l'Exposition aurait lieu, et qu'elle serait magnifique.

Il a eu raison, et il ne fallait pas moins, en effet,
que l'affirmation du chef de l'État, alors qu'au Sénat
on avait entendu quelqu'un qui est assis aujourd'hui
au banc des ministres, railler M. Christophle et lui
demander : l'Exposition, est-ce que ça se fera? (*Très
bien! très bien! à gauche et au centre.*)

Oh! je comprends votre embarras. Je comprends
les difficultés de votre situation. Vous prenez les
affaires et alors, comme on vous connaît, comme on
vous suspecte, que faites-vous?

Vous faites ce que l'on fait en pareille circonstance :
vous protestez, vous vous excusez, parce que vous
sentez que, légitimement, on vous accuse. Et alors
vous dites : Ah! les menées ultramontaines, cela nous
regarde, nous allons les réprimer! Les menées ultramontaines! Attendez M. de Fourtou : il est prêt à
rendre au pouvoir civil toutes ses garanties et toutes
ses attributions. (*Rires à gauche.*) Et pourriez-vous en
avoir douté? Comment! vous avez pu croire qu'on
avait renversé un cabinet républicain parce qu'il avait
promis de réprimer les menées ultramontaines. Mais
rappelez-vous donc que l'on a, pendant la crise, affiché
ici, dans une salle voisine, une certaine dépêche télégraphique sur laquelle vous ne vous êtes pas expli-
qués; car enfin la pièce était bonne : mais vous n'en
avez pas fait connaître l'auteur. (*Rires et applaudissements à gauche.*)

Ah! je comprends. On dit : Nous sommes un gouvernement de ducs, mais nous sommes pour l'égalité!
Nous sommes un gouvernement qui a été tenu sur
les fonts baptismaux par les évêques et les jésuites,
mais nous sommes des anticléricaux! On nous suspecte d'être pour la guerre dans un certain but, mais
nous sommes pour la paix! On nous accuse de cons-
pirer contre la République, mais nous voulons sauver
la Constitution républicaine!

Voilà le langage que vous tenez. Voilà votre politique, et cette politique, nous la connaissons, c'est l'équivoque. (*Applaudissements prolongés à gauche et au centre.*)

Ah! vous pensez que, dans ce pays, dans ce pays de France, dans ce pays de franchise et de rire, de fermeté et de clarté d'esprit, vous êtes gens à tromper la France, les paysans, les ouvriers, les bourgeois! Vous ne tromperez personne, personne!

Car, Messieurs, après tout, nous avons le droit pour nous.

Au 20 février, la France avait voulu, en nommant cette majorité dont je défendrai tout à l'heure le caractère...

M. PAUL DE CASSAGNAC. — Elle en a besoin!

M. GAMBETTA. — ... elle avait voulu en finir avec les complots dynastiques; elle avait voulu en finir avec les agitations, avec les querelles, avec les discordes des partis, et elle avait envoyé ici une majorité incontestable et incontestée. Et qu'a fait cette majorité? Messieurs, on est obligé d'inventer et de mettre à sa charge, tantôt ce qu'elle a fait et tantôt ce qu'elle n'a pas fait; on est obligé de lui prêter tour à tour les rôles et les programmes les plus divers; on est obligé d'inventer, et s'il y a quelque chose qui surprend, ce n'est pas la hardiesse des orateurs officiels, c'est certainement leur inexactitude.

A droite. — Oh! oh!

M. GAMBETTA. — Comment? Tenez! je vais passer en revue chacun des griefs et nous verrons.

Qu'est-ce qu'on a dit de cette Chambre? On a dit qu'elle avait amnistié la Commune.

Vous avez donc bien besoin de remettre à neuf le spectre rouge?

M. PAUL DE CASSAGNAC. — Nous avons la réalité rouge!

Un membre à gauche. — Vous, vous êtes la guerre civile et le 2 décembre?

M. GAMBETTA. — Vous avez donc bien besoin d'évoquer le péril social, dont vous nous avez fait grâce cependant depuis que vous êtes aux affaires. Il est vrai que vous avez remplacé cette périphrase par une autre : « La conservation sociale. » Eh bien, quelle que soit votre indigence politique, il faut renoncer à dire à ce pays que la majorité républicaine a amnistié la Commune. Il faut remettre les choses en état. Cette majorité, non seulement n'a pas amnistié la Commune, elle l'a flétrie!

Sur plusieurs bancs à gauche et au centre. — Oui! oui! — Très bien!

M. GAMBETTA. — Non seulement, elle n'a pas présenté la réhabilitation de la Commune, mais elle a borné et limité ses vœux de clémence et de concorde à un projet de loi qui a été voté ici...

Sur les mêmes bancs. — Oui! oui!

M. GAMBETTA. — ...et porté au Sénat par un homme dont vous évoquez aujourd'hui l'autorité avec je ne sais quelle... — le mot m'échappe, voulez-vous m'aider?... — hypocrisie si vous voulez. Vous avez compris que je veux parler de M. Dufaure.

Et c'est cette Chambre qu'on veut représenter comme une Convention. On croit donc parler à des enfants! On croit donc que le suffrage universel est mineur! Mais s'il y avait ici une Convention, elle se composerait de ceux qui voudraient faire de cette Chambre une Chambre introuvable pour satisfaire leurs désirs et leurs convoitises politiques. (*Applaudissements et bravos à gauche.*) La Convention n'est pas ici en cause, pas plus que 1789 et 1793, pas plus que la réprobation ou l'amnistie de la Commune. La vérité vraie, c'est que, après avoir été votée ici, une loi a été portée au Sénat par un homme dont vous vantez à tout propos les sentiments conservateurs, et que, cependant, vous avez renversé du pouvoir. (*Applaudissements à gauche.*)

Quelques membres à droite. — C'est vous qui l'avez renversé !

M. GAMBETTA. — Vous l'avez renversé non pas sur un principe d'organisation sociale, non pas à l'occasion d'un projet de loi téméraire, mais parce qu'il estimait, dans sa conscience d'homme d'État, de bon citoyen, que le moment était venu de faire luire un éclair de clémence sur la tête des vaincus. Le cabinet dont faisait partie M. Dufaure a été jeté à bas par la majorité du Sénat et au contentement de la minorité de cette Chambre, pour donner satisfaction à des aspirations oligarchiques.

Cette Chambre, qu'avait-elle voulu encore? Elle avait voulu montrer à la France, à l'Europe que le triomphe du cléricalisme dans la précédente Assemblée, n'était que passager; elle avait voulu restituer à l'État ses attributions nécessaires, et, pour atteindre le but qu'elle s'était proposé, elle avait voté un projet de loi qui avait été défendu par M. Waddington et signé par le Maréchal, à qui vous faites signer indifféremment bien des choses... (*Rires à gauche.*)

A droite. — C'est une insulte au Président de la République. — A l'ordre! à l'ordre!

M. GAMBETTA. — Ce projet de loi voté par cette Chambre...

M. DE BAUDRY D'ASSON. — Ne laissez pas insulter le Maréchal! Rappelez l'orateur à l'ordre, Monsieur le président!

M. LE PRÉSIDENT. — Laissez au président le soin de présider la Chambre!

M. DE BAUDRY-D'ASSON. — Je vous plains de tout mon cœur, Monsieur le président, si vous ne rappelez pas l'orateur à l'ordre!

A gauche. — Laissez donc parler l'orateur! N'interrompez pas!

M. GAMBETTA.—Le projet de loi voté par cette Chambre est porté au Sénat. Là, qu'a-t-on fait? On l'a repoussé.

Vous demandez ce que nous avons fait!

Nous avons doublé le contingent militaire; nous avons augmenté la solde de tous les officiers de notre armée, en attendant que nous ayons les moyens de l'unifier; nous avons demandé une loi sur les cadres; nous avons demandé que cette loi fût une préparation à la diminution de la durée du service militaire, et cela, non pas pour compromettre l'organisation des forces armées du pays, mais pour faire passer sous les drapeaux le plus grand nombre possible de jeunes citoyens, ainsi que le veut le texte et l'esprit de la loi.

A gauche. — Très bien! — Voilà la vérité!

M. GAMBETTA. — Vous nous demandez ce que nous avons fait? Messieurs, nous avons cherché dans le domaine économique à soustraire la viabilité ferrée aux étreintes du monopole; nous avons cherché, non pas avec les lumières d'un ministre administrateur de grandes compagnies... (*Rires et bravos à gauche*) mais avec la conscience désintéressée de gens qui n'ont pas d'intérêt à défendre une thèse plutôt qu'une autre, qui ne cherchent, comme mon ami Allain-Targé que le bien public, comme M. Le Cesne que le développement industriel et commercial de la France.

Voilà ce que nous avons fait. (*Approbation à gauche.*)

Et je ne veux pas oublier que, sur les bancs de cette Chambre, siège l'honorable M. Christophle qui avait pris en mains ces intérêts, et qui, j'imagine, était de taille, aussi bien que ses successeurs, à les conduire à bien, peut-être moins dans le sens du monopole et plus dans le sens de la liberté. (*Nouvelle approbation à gauche.*)

Est-ce tout? Non, ce n'est pas tout. Nous avons voulu développer l'instruction primaire, l'instruction secondaire... (*Applaudissements à gauche et au centre*), et nous avons rencontré pour cette tâche un esprit ferme et sûr, un savant de premier ordre, une volonté froide et tenace, un honnête homme et un républicain modéré, mais sincère... (*Nouveaux applaudissements à gauche et au centre*) nous lui avons confié avec générosité — vous avez dit quelquefois avec prodigalité, mais le pays ne nous en fera pas un crime — les millions nécessaires à nous faire des maîtres, des élèves et des écoles. (*Bravos et applaudissements à gauche.*)

Est-ce tout? Non, Messieurs. Nous avons introduit, dans nos budgets, la règle, l'ordre et le contrôle. (*Applaudissements à gauche. — Dénégations à droite.*)

Vous contestez? Eh bien, puisque vous contestez, j'invoque le témoignage de l'honorable général Berthaut, qui peut bien figurer dans le cabinet, mais qui, pour nous, est avant tout un homme spécial, en dehors des querelles et des défiances de la politique... (*Bravos et applaudissements à gauche.*)

M. Robert Mitchell. — Vous avez beau faire, vous ne parviendrez pas à le compromettre.

M. Gambetta. — Demandez-lui s'il n'est pas vrai que nous avons amélioré ses services, s'il n'est pas vrai que nous avons donné au delà du nécessaire pour ce qui est le nécessaire, et s'il n'est pas vrai que, grâce à nous, des abus ont disparu et que, grâce à lui, justice a été rendue?

Allons donc! dites la vérité : ce n'est pas parce que la Chambre est radicale, exaltée, que vous voulez vous en débarrasser, c'est parce qu'elle est sage, prudente; c'est parce qu'elle ne vous a pas donné la satisfaction de votes subversifs, de propositions désordonnées; c'est parce qu'elle était pour l'esprit public comme une garantie de paix et de progrès; c'est parce que le pays s'était associé à son œuvre, en voyant les différents groupes de sa majorité marcher d'accord, depuis les confins du centre droit jusqu'à l'extrême gauche; c'est parce que vous aperceviez que sa cohésion gagnait toute la France que vous êtes accourus auprès du Maréchal et que vous l'avez précipité dans les aventures. Et pourquoi? Pour conserver les espérances de chacun des partis auxquels vous appartenez. (*Vive approbation à gauche.*)

Le pays sait toutes ces choses; le pays nous jugera vous et nous.

M. BRIERRE. — Et il vous jugera sévèrement!

M. GAMBETTA. — J'ai eu la témérité, il y a quinze mois et davantage, — mais vous allez voir si c'était une témérité...

M. PAUL DE CASSAGNAC. — Vous en avez eu plusieurs!

M. GAMBETTA. — ... et si les conservateurs, s'il en reste encore quelques-uns, égarés sur ces bancs, n'auraient pas mieux fait de m'écouter, — j'ai eu la témérité, à l'ancienne Assemblée nationale, de soutenir contre M. Buffet et contre M. Dufaure le scrutin de liste. Je disais que ce scrutin était réellement politique, que j'en désirais l'application, bien que je fusse assuré d'avance que nous aurions peut-être plus de triomphes électoraux par le scrutin d'arrondissement que par le scrutin de liste. J'avais beau accumuler ce que j'avais de raisons dans mon esprit, je me heurtais contre le parti pris de la défiance, et c'est en vain que je m'avançai jusqu'à prédire que l'état-major seul du parti conservateur se sauverait peut-être aux élections par la candidature officielle dans certains arrondissements, mais que tout le reste serait à peu près submergé. Ma prédiction s'est accomplie, et au delà. Le chef même du cabinet d'alors est resté quatre fois sur le carreau.

Eh bien, retenez bien ceci : nous allons aux élections, et j'ose affirmer que, de même que, en 1830, on était parti 221, on est revenu 270, de même en 1877, nous partons 363, nous reviendrons 400! (*Applaudissements au centre et à gauche.*)

M. PAUL DE CASSAGNAC. — Vous avez besoin d'encourager vos amis!

M. Gambetta. — Pas le moins du monde : je suis bien tranquille! M. Buffet me disait cela, lui aussi, et l'évènement a prouvé qui avait tort ou raison.

Je dis que le Gouvernement est sur une pente fatale; car, en effet, il s'imagine — et ses actes depuis le 16 mai le démontrent, — qu'il peut changer les résultats du verdict de la nation par des manœuvres administratives. (*Bruit à droite.*) Il le croit et il le dit.

Un membre au centre. — Il le fait!

M. Gambetta. — Il le fait, dites-vous, je le veux bien. Quant à moi, je ne désire qu'une chose, c'est qu'il persévère dans cette erreur. (*Rires approbatifs à gauche.*) Eh bien, nous verrons dans trois mois. Je vous ajourne; tenez, j'ajourne M. de Bourgoing qui rit. (*Rires sur plusieurs bancs.*)

M. Ernest Dréolle. — Est-ce parce que vous avez encore une pièce Girerd? Vous changez la Chambre en brasserie! Et moi, me renvoyez-vous?

M. de Bourgoing, *du pied de la tribune où il est venu se placer.* — Pourquoi me prenez-vous à partie? je n'ai rien dit.

A gauche. — A l'ordre!

M. Gambetta. — Je ne vous ai pas pris à partie.

M. de Bourgoing. — Mais si!

M. Gambetta. — Vous avez ri! D'ailleurs, je retire ce que je vous ai dit, si cela vous déplaît : je n'ai nullement l'intention de vous blesser. (*Exclamations à droite.*) Vous ne me laissez pas m'expliquer!

M. Haentjens. — Tous ceux qui ont été invalidés sont revenus.

M. Gambetta. — Je vous ajourne vous surtout, Monsieur Haentjens.

M. de Guilloutet et **M. de Saint-Paul** prononcent des interruptions qui se perdent dans le bruit.

M. de Baudry d'Asson. — Nous attendons votre revanche d'Avignon!

M. LE PRÉSIDENT. — Vous rendez, par ces interruptions, toute discussion impossible.

M. GAMBETTA. — Je dis, Messieurs, que pour assurer ce triomphe de sa volonté, le pays n'a que deux choses à se mettre devant les yeux.

La première, c'est la coalition qui a pris les affaires.

Un membre à droite. — Le pays est avec la France honnête!

M. GAMBETTA. — La seconde, c'est l'avenir qui lui serait fait si l'un quelconque de ces partis venait à triompher. Il ne pourrait lui donner que la guerre civile le lendemain de son triomphe. (*Exclamations et dénégations à droite.*)

Le pays sait très bien qu'il ne peut y avoir, entre légitimistes et bonapartistes, entre bonapartistes et orléanistes que la discorde et, finalement, la guerre civile. (*Nouvelles dénégations à droite. — Oui! oui! Très bien! à gauche.*)

Le pays a bonne mémoire. Il sait à ravir ce que lui réserverait le triomphe de la monarchie de droit divin. (*Interruptions.*) Il sait à ravir ce que lui réserverait le retour de la monarchie constitutionnelle.

M. PAUL DE CASSAGNAC. — Il sait ce qu'il a à attendre de vous : c'est votre fuite à l'heure du péril! Oh! nous le savons, vous n'avez rien à craindre de la guerre civile que vous fomentez! (*Bruit.*)

M. GAMBETTA. — Il sait fort bien ce qui lui reviendrait de honte et d'asservissement si l'empire pouvait revenir. (*Applaudissements à gauche.*)

Il sait très bien aussi que le suffrage universel est aujourd'hui majeur, qu'il ne connaît pas d'autre forme de souveraineté que la République gouvernée par les élus de la France. (*Exclamations à droite.*)

Il n'oubliera pas surtout, puisqu'on a voulu donner à la prochaine consultation du pays une tournure plébiscitaire, il n'oubliera ni le plébiscite ni les désastres qui l'ont suivi. (*Interruptions à droite.*)

M. PAUL DE CASSAGNAC. — Vous l'avez voulu le plébiscite, à une époque, quand vous ne saviez pas qu'il
était contre vous!

M. GAMBETTA. — Il se rappellera qu'on lui disait
aussi de vivre d'affaires et de négliger la politique; il
se souviendra qu'on lui disait qu'il fallait se contenter
d'un pouvoir personnel.

M. PAUL DE CASSAGNAC. — Il se souviendra surtout
que vous avez ruiné le pays! (*Bruit.*)

M. GAMBETTA. — Il se souviendra surtout qu'on lui
promettait la paix et qu'on lui a donné la guerre.
(*Bravos et applaudissements prolongés à gauche et au centre. — L'orateur retourne à sa place et reçoit les félicitations d'un grand nombre de ses collègues.*)

La suite de la discussion est renvoyée à la séance de
lundi, 18 juin.

Séance du 18 juin. — M. Decazes, ministre des affaires
étrangères, et M. Paris, ministre des travaux publics, défendent la politique du gouvernement. M. Decazes s'attache à
répondre à l'affirmation de M. Gambetta que le cabinet du
17 mai a rencontré chez les peuples étrangers une défaveur
unanime; il produit des attestations officielles constatant
qu'un excellent accueil a été fait par toutes les puissances à
cette déclaration que l'acte du 16 mai ne changerait en
rien la politique extérieure de la France. M. Paris soutient
la thèse que l'acte du 16 mai est parfaitement constitutionnel et que le Maréchal était dans son droit en demandant
à tous les conservateurs de s'unir pour arrêter l'invasion
latente du radicalisme.

M. Jules Ferry répond au duc Decazes et à M. Paris. Il
dit que l'histoire jugera la Constitution de février 1875 et
qu'elle dira sans doute que cette Constitution est compli-
quée, qu'elle a des obscurités, des pièges plus ou moins
savamment ménagés, des dangers ou des ténèbres; mais
qu'elle dira aussi que, même avec cette Constitution, tout
était facile si on l'eût pratiquée loyalement des deux côtés.
« Nous reviendrons ici, s'écrie M. Ferry en terminant, et
nous ne nous contenterons pas, cette fois, d'annuler des

élections frelatées par la candidature officielle la plus
éhontée. Nous saurons montrer aux fonctionnaires de tout
ordre et de tout rang, et si haut placés qu'ils soient, qu'il y
a des juges en France. Nous vous donnons à tous, préfets,
juges de paix, agents de tout ordre, cet avertissement solennel : c'est qu'il y a non seulement pour le pouvoir législatif
le droit naturel de se purger lui-même en annulant les
élections vicieuses, mais qu'il y a aussi des responsabilités
civiles et même correctionnelles écrites dans nos lois, et
que ces responsabilités, nous saurons les appliquer sans
faiblesse. »

M. Jules Ferry est vivement applaudi par les gauches. La
droite l'avait interrompu par des clameurs telles que le président Grévy, après avoir épuisé contre M. Paul de Cassagnac toutes les sévérités du règlement, dut déclarer tristement « qu'impuissant et désarmé, il ne pouvait qu'en appeler
à la justice de la France ».

Séance du 19 juin. — M. Antonin Proust répond au discours de M. Decazes et démontre que les déclarations du ministre sont insuffisantes et erronées. Il voit avec inquiétude
que la direction des affaires extérieures du pays restera pendant plusieurs mois, aux mains d'un homme dont la politique consiste à se mettre au service de toutes les politiques.

M. Louis Blanc s'attache à répondre au discours de
M. Paris. « L'ordre véritable est celui qui n'a pas besoin
d'être tant et si souvent défendu. Mais je me trompe, l'art
de masquer les choses par l'abus des mots, il est certain
qu'il ne vous manque pas. Définissez donc, une fois pour
toutes, ces mots si souvent employés. Si par « révolutionnaires » on entend ce qui compromet l'ordre et la paix et
par « conservateur » ce qui les défend et les maintient, il
n'y a rien de plus révolutionnaire que la tyrannie et rien
de plus conservateur que la liberté. »

M. Léon Renault prend la parole au nom du centre
gauche. Il s'associe, dans un admirable discours, aux protestations de M. Gambetta et aux déclarations de MM. Jules
Ferry et Louis Blanc. Il réfute, au nom des intérêts conservateurs, les accusations que MM. de Broglie et de Fourtou
ont prodiguées à la Chambre. Le cabinet du 17 mai ne peut
apporter avec lui que la désorganisation politique, que le
trouble administratif et qu'une grande inquiétude morale.

M. Léon Renault développe dans une apostrophe énergique
cette phrase de M. de Girardin dans *la France* du 9 juin.
« Prince de Polignac, on te compare quelquefois le duc de
Broglie ! on te diffame ! »

« On a prétendu, dit l'orateur du centre gauche, que le
cabinet actuel ressemblait au ministère Polignac. Il y a du
vrai, il y a du faux dans cette comparaison.

« Il y a du vrai, parce que le ministère Polignac a été un
cabinet funeste pour le roi Charles X, comme le cabinet actuel
est un cabinet funeste pour le maréchal de Mac-Mahon.

« Il y a du vrai encore parce que, lorsque ce cabinet s'est
constitué, vous avez vu d'un bout de la France à l'autre se
former les mêmes courants d'opinions bourgeoises et populaires qui se sont établis quand le cabinet Polignac a été
formé, parce que, aujourd'hui comme alors, tous les intérêts qui ont leurs racines dans la Révolution de 1789, se
sentant également menacés, se sont donné la main.

« Mais là s'arrête la ressemblance ! Pour renverser le cabinet Polignac il a fallu que le sang français coulât, et grâce
à Dieu ! le suffrage universel suffira pour le cabinet actuel.

« Et puis, Messieurs, c'est être dur pour le cabinet de
M. le prince de Polignac, que de le comparer au cabinet
actuel. M. le prince de Polignac avait un prétexte, une foi
et un but : Un prétexte, l'article 14 de la Charte. Tout plein
des idées du droit divin, il pouvait se tromper sur la signification de cet article.

« Il avait une foi particulière, la foi dans la royauté antérieure, supérieure au droit populaire.

« Il avait un but précis, positif, qu'il affirmait devant la
Chambre des pairs qui allait le juger, comme dans les conseils du roi Charles X au moment où il présentait les ordonnances à sa signature ; c'était la restauration de la monarchie d'avant 1789. Vous, vous n'avez ni un but, ni une foi,
ni un prétexte ! »

La gauche éclate en applaudissements. « A la tribune,
Messieurs les ministres ! » s'écrie M. Gambetta. Les ministres restent à leurs bancs.

La clôture de la discussion est mise aux voix et prononcée.
M. Horace de Choiseul monte à la tribune et dépose l'ordre
du jour suivant, signé par les présidents des groupes de la
gauche :

« La Chambre des députés,

« Considérant que le ministère formé le 17 mai par le Président de la République et dont M. le duc de Broglie est le chef, a été appelé aux affaires contrairement à la loi des majorités, qui est le principe du gouvernement parlementaire... » (*Très bien! au centre.*)

A droite. — Et le Sénat? et le Sénat?

M. HORACE DE CHOISEUL. — « Qu'il s'est dérobé le jour même de sa formation à toutes explications devant les représentants du pays... »

Un membre à droite. — Mais non! Il a répondu!

M. ERNEST DRÉOLLE. — Laissez donc lire! C'est un chef-d'œuvre! (*Rires à droite.*)

M. HORACE DE CHOISEUL. — « Qu'il a bouleversé toute l'administration intérieure afin de peser sur les décisions du suffrage universel par tous les moyens dont il pourra disposer;

« Qu'à raison de son origine et de sa composition, il ne représente que la coalition des partis hostiles à la République, coalition conduite par les inspirateurs des manifestations cléricales déjà condamnées par la Chambre; » (*Applaudissements à gauche et au centre. — Allons donc! à droite.*)

« Que c'est ainsi que, depuis le 17 mai, il a laissé impunies les attaques dirigées contre la représentation nationale et les provocations directes à la violation des lois ;

« Qu'à tous ces titres il est un danger pour l'ordre et pour la paix, en même temps qu'une cause de trouble pour les affaires et pour les intérêts ; »

A droite. — Pour vous! pour vous!

M. HORACE DE CHOISEUL. — « Déclare que le ministère n'a pas la confiance des représentants de la nation, et passe à l'ordre du jour. » (*Applaudissements répétés au centre et à gauche.*)

A droite. — L'auteur? l'auteur?

M. HORACE DE CHOISEUL. — « *Signé :* Horace de Choiseul, Devoucoux, Louis Blanc, de Marcère, Laussedat. »

M. PARIS, *ministre des travaux publics,* monte à la tribune. (*Vifs applaudissements à droite.*)

M. CUNEO D'ORNANO. — Parlez! parlez! — La France est avec nous contre la démagogie!

M. LE BARON TRISTAN LAMBERT. — Le pays jugera!

M. LE PRÉSIDENT. — Veuillez faire silence, Messieurs. La parole est à M. le ministre.

M. PARIS, *ministre des travaux publics*. — Messieurs, l'ordre du jour dont M. le comte de Choiseul vient de donner lecture, quelque injuste qu'il nous paraisse, n'a rien qui nous étonne, ni rien qui nous blesse. (*Applaudissements à droite.*)

Les discours que nous avons entendus, depuis celui de M. Louis Blanc jusqu'à celui de l'ancien préfet de police du 24 mai... (*Applaudissements à droite*) ne nous permettaient pas de nous tromper sur les termes dans lesquels il serait conçu.

Vous allez prononcer, Messieurs, et demain le Sénat parlera à son tour... (*Ah! ah! à gauche et au centre.*)

M. GAMBETTA. — Je demande la parole.

M. LE MINISTRE DES TRAVAUX PUBLICS. — ... et quand le Sénat aura parlé, s'il donne son approbation à la politique qui a été, pendant trois jours, attaquée dans cette enceinte, le pays, à son tour, dira qui a raison ou bien de la coalition de toutes les gauches, ou bien de l'union de tous les conservateurs. (*Applaudissements à droite, auxquels répondent des applaudissements ironiques sur divers bancs à gauche.*)

M. LE PRÉSIDENT. — La parole est à M. Gambetta.

M. GAMBETTA monte à la tribune.

M. CUNEO D'ORNANO. — Ah! ah! Rabagas! Le dictateur! (*Rumeurs et bruit.*)

M. LE PRÉSIDENT. — Monsieur Cuneo d'Ornano, voulez-vous laisser la tribune libre?...

M. CUNEO D'ORNANO. - - Je suis bien aise que tous mes électeurs sachent comment je l'accueille!

M. LE PRÉSIDENT. — Mais c'est intolérable! Je vous rappelle à l'ordre.

M. GAMBETTA. — Messieurs, les paroles par lesquelles l'honorable organe du Gouvernement a cru devoir qualifier l'ordre du jour présenté par la majorité de cette Chambre me paraissent devoir être relevées au moins au point de vue du jugement politique qu'elles contiennent. (*Rumeurs à droite.*)

Messieurs, je vous préviens que je ne pourrais lutter contre vos interruptions.

A droite. — On n'interrompt point.

M. GAMBETTA. — L'honorable M. Paris a exprimé l'étonnement que ne manquerait pas de ressentir le pays en voyant associé, dans la défense de la Constitution et de la République, le parti républicain depuis l'honorable M. Louis Blanc, disait-il, jusqu'à l'admirable orateur que vous applaudissiez tout à l'heure... (*Exclamations ironiques à droite.* — *Très bien! très bien! à gauche et au centre.*)

Voix à droite. — Le voilà châtié!

M. LE PRÉSIDENT. — Vous n'êtes ni justes, ni polis pour votre collègue.

M. GAMBETTA. — ... l'honorable M. Léon Renault, auquel l'infaillible et l'inflexible ministre des travaux publics jetait, sans doute, comme une sorte de reproche, le titre de préfet de police du 24 mai.

Eh bien, Messieurs, si quelque chose peut établir, contrairement à la prétention de l'honorable membre du Gouvernement, la gravité, le danger de la politique inaugurée le 16 mai, c'est à coup sûr de voir accourir au secours de la Constitution faite après le 24 mai ceux-là mêmes qui comptaient à cette date parmi vos auxiliaires et qui n'étaient ni les moins sincères, ni les moins éminents, ni les moins dévoués. (*Applaudissements à gauche et au centre.*) Cela démontre, Messieurs, qu'il n'y a qu'un parti républicain...

Voix à droite. — Depuis quand?

M. GAMBETTA. — Depuis le 25 février 1875!... Et que c'est de ce côté (*l'orateur montre la droite*) que se trouve une coalition de partis absolument ennemis, car ils ne pourront s'entendre pour partager le pouvoir que par l'exclusion de leurs ambitions légitimes, réciproques, veux-je dire...

A droite. — Légitimes! légitimes!

M. GAMBETTA. — ... Quand je dis légitimes, et que je fais un *lapsus*, j'ai presque une excuse en pensant

que chacun de ces partis trouve ses convoitises particulières légitimes.

M. CUNEO D'ORNANO. — Vous ne les trouvez donc
pas légitimes?

M. GAMBETTA. — Non, Monsieur, je ne les trouve
pas légitimes; je les trouve coupables et factieuses.
(*Très bien! très bien! à gauche.*)

Je dis que nous acceptons la question dans les termes mêmes où le cabinet la posait tout à l'heure en
disant : Le pays choisira entre la coalition des gauches
et l'unité des conservateurs. (*Rires ironiques à gauche
et au centre.*)

Je pense que cette assertion, quand elle sera répétée dans le pays, — et elle le sera demain, — rencontrera, permettez-moi de vous le dire, le même éclat
de rire que rencontrent vos assertions plus mensongères les unes que les autres... (*Approbation à gauche.*)

A droite. — A l'ordre! à l'ordre!

M. DE BAUDRY D'ASSON. — C'est vous, Monsieur
Gambetta, qui êtes un calomniateur et un factieux!

M. LE PRÉSIDENT. — Veuillez faire silence!

M. DE BAUDRY D'ASSON. — Vous n'avez jamais rendu
vos comptes au pays; on vous les a demandés ces
jours-ci, et vous ne les avez pas produits!

M. LE PRÉSIDENT. — L'orateur va s'expliquer, laissez
le parler!

M. DE BAUDRY D'ASSON, *continuant.* — Le pays vous
jugera! il vous a vu à l'œuvre, dictateur de l'incapacité!

M. LE PRÉSIDENT. — Gardez donc le silence, Monsieur
de Baudry d'Asson.

M. GAMBETTA. — Messieurs, je vous fais juges du
mot que j'ai prononcé; il n'est pas douteux que ce
mot est peu parlementaire.

M. LE BARON TRISTAN LAMBERT. — Ah! oui!

M. LE PRÉSIDENT. — C'est intolérable : laissez donc
l'orateur continuer.

M. LE BARON TRISTAN LAMBERT. — Qui a parlé d'assertions mensongères?

M. LE PRÉSIDENT. — Vous avez dit hier un mot grave et dont le souvenir devrait vous porter à ne pas interrompre si souvent.

M. DE BAUDRY D'ASSON. — C'est moi qui l'ai dit, Monsieur le président. (*Exclamations et rires sur divers bancs.*)

M. LE PRÉSIDENT. — Écoutez les conseils de vos amis; abstenez-vous de ces interruptions incessantes.

M. GAMBETTA. — Je disais que le mot que j'avais employé pour traduire ma pensée n'était pas parlementaire; j'en trouve l'excuse dans les difficultés que je rencontre dans la pensée que j'ai à formuler. (*Nouvelles interruptions à droite.*)

Vous le voyez!

Il est d'autant plus regrettable que je me sois servi de cette expression que je pouvais en employer une autre qui aurait rendu exactement et correctement ma pensée.

Je dis donc que les assertions par lesquelles se distingue et se caractérise la politique du cabinet, ces assertions, — je retire mon premier mot, — sont absolument contraires à la réalité et à la vérité.

Je dis que, lorsque vous venez parler devant la France, pour la dernière fois avant la dissolution, des divisions des gauches et de l'union du parti conservateur, je dis que j'admire votre foi et votre sincérité.

Vous croyez ce que vous apportez...

M. DE BAUDRY D'ASSON. — Qu'en savez-vous?

M. GAMBETTA. — Ce que j'en sais! J'en sais vos opinions, vos convictions, vos doctrines, vos espérances, voilà ce que j'en sais. (*Interruptions à droite.*)

Enfin, puisque vous ne voulez pas m'entendre, trêve de discours. Nous sommes à la veille de comparaître les uns et les autres devant le pays. (*Très bien! à droite. — C'est cela!*)

M. LE PRÉSIDENT. — Vous interrompez sans cesse, ce n'est pas digne de vous. (*Si! si! à gauche.*)

Enfin, il y a quelques membres, pas nombreux, de ce côté (*la droite*) qui rendent la discussion tout à fait impossible. Je vous en rends juges: est-ce convenable pour nous? est-ce convenable pour la Chambre? (*Rumeurs à droite.*)

M. CUNEO D'ORNANO. — Mais c'est l'orateur...

M. LE PRÉSIDENT. — Comment! Vous allez encore recommencer...

Parlez, Monsieur Gambetta.

M. GAMBETTA. — Je dis, Messieurs, que bien que le Sénat n'ait pas encore rendu la décision conforme que le cabinet sollicite de lui, nous pouvons considérer comme imminente la comparution devant le pays des deux politiques qui se sont rencontrées dans cette enceinte. Pour ma part, n'ayant aucune espèce d'inquiétude sur l'opinion du pays, je n'éprouve qu'un besoin, c'est d'engager les électeurs à garder pleine confiance, surtout de les avertir bien haut d'avoir bien soin, dans la lutte qui va s'engager, de ne sortir ni du calme, ni de la légalité.

L'ordre du jour que vous allez voter, quoi qu'en puisse dire l'honorable ministre des travaux publics, n'est rien autre chose que l'affirmation de l'union des véritables conservateurs républicains et patriotes. Cette union, le pays nous en a donné l'ordre e' l'exemple. (*Applaudissements à gauche et au centre.*)

Nous allons retourner devant lui. Alors il ne s'agira ni de violences, ni d'interruptions, ni d'outrages: il faudra que tout le monde, je l'ai déjà dit et je le répète, tout le monde sans exception courbe la tête devant la décision de notre maître à tous : le suffrage universel. (*Applaudissements à gauche et au centre.*)

L'ordre du jour motivé présenté par les présidents des groupes de gauche est mis aux voix.

Il est adopté par 303 voix contre 158[1].

1. Scrutin sur l'ordre du jour motivé présenté par MM. Horace de Choiseul, de Marcère, Devoucoux, Laussedat, Louis Blanc.

Nombre des votants 521
Majorité absolue. 261

    Pour l'adoption. 303
    Contre 158

La Chambre des députés a adopté.

ONT VOTÉ POUR :

MM. Alicot. Allain-Targé. Allègre. Allemand. Andrieux. Anthoard. Armez. Arnoult.

Bamberger. Bardoux. Barni. Barodet. Barthe (Marcel). Bartoli. Bastid (Raymond). Baury. Beaussire. Bel (François). Belle. Benoist. Berlet. Bernier. Bert (Paul). Bertholon. Bertrand-Milcent. Bethmont. Bienvenu. Billy. Bizot de Fonteny. Blanc (Pierre) (Savoie). Blanc (Louis) (Seine). Blandin. Bonaparte (prince Jérôme-Napoléon). Bonnel. Borriglione. Bottard. Bouchet. Boulard (Cher). Bouquet. Bourrillon (Xavier). Bousquet. Bouteille. Bouthier de Rochefort. Boysset. Bravet. Brelay. Bresson. Breton (Paul). Brice (René). Brisson (Henri). Brossard. Bruneau. Buyat.

Cantagrel. Carnot (Sadi). Carré-Kérisouët. Carrey (Emile). Casimir-Perier. Casse (Germain). Castelnau. Cavalié. Caze. Chabrié. Chaix (Cyprien). Chalamet. Chaley. Chanal (général de). Chantemille. Charpentier. Chauveau (Franck). Chavassieu. Cherpin. Chevandier. Chiris. Choiseul (Horace de). Christophle (Albert). Christophle (Isidore) (Drôme). Clémenceau. Cochery. Codet. Colin. Constans. Corentin Guyho. Cornil. Cosson. Costes. Cotte. Couturier. Crozet-Fourneyron.

Danelle-Bernardin. Daron. Daumas. Dautresme. Defoulenay. Denfert-Rochereau (colonel). Descamps. Deschanel. Desmoutiers. Desseaux. Destremx. Dethou. Deusy. Devade. Devaux. Devès. Devoucoux. Douville-Maillefeu (comte de). Dréo. Dreux. Drumel. Dubois (Côte-d'Or). Ducamp. Duchasseint. Duclaud. Ducroz. Dufay. Duffo. Duportal. Dupouy. Durand (Ille-et-Vilaine). Durand (Rhône). Durieu. Duvaux. Duvergier de Hauranne.

Escanyé. Escarguel. Even.

Fallières. Farcy. Faye. Ferrary. Ferry (Jules). Floquet. Florent-Lefebvre. Folliet. Fouquet. Fourot. Frébault. Fréminet.

Gagneur. Gailly. Galpin. Gambetta. Garrigat. Gassier. Gasté (de). Gastu. Gatineau. Gaudy. Gent. Germain (Henri). Gévelot. Gilliot. Giraud (Henri). Girault (Cher). Girerd. Girot-Pouzol. Gleizal. Godin (Jules). Godissart. Grandpierre. Greppo. Grévy (Albert). Grollier. Grosgurin. Gudin. Guichard. Guillemin. Guinot. Guyot. Guyot-Montpayroux.

Hémon. Hérault. Horteur. Houyvet. Hugot. Huon.

Jacques. Jametel. Jeanmaire. Jenty. Joigneaux. Joly (Albert). Joubert. Journault.

Labadié. Labitte. La Caze (Louis). Lacretelle (Henri de). Laffitte de Lajonnneuque. Laisant. Lalanne. Lamy (Etienne). Lanel. Langlois. Lasserre. Latrade. Laumond. Laussedat (Louis). Lavergne (Bernard). Laviguère. Lebaudy. Leblond. Le Cesne. Lecherbonnier. Lecomte (Mayenne). Leconte (Indre). Lefèvre (Henri). Lefranc (Victor). Legrand (Louis) (Valenciennes, Nord). Legrand (Pierre) (Nord). Lelièvre. Le Monnier. Lepère. Lépouzé. Leroux (Aimé). Lesguillon. Le Vavasseur. Levêque. Liouville. Lisbonne. Lockroy. Logerotte. Loubet. Loustalot. Lur-Saluces (le comte H.de)

Madier de Montjau. Magniez, Mahy (de). Maigne (Jules). Maille. Maitret. Malézieux. Mallet. Marcère (de). Marcou. Margaine. Margue. Marion. Marmottan. Martin-Feuillée. Marty. Mas. Massiet du Biest. Massot. Masure (Gustave). Maunoury. Mayet. Médal. Méline. Menier. Mention. Mercier. Merlin. Mestreau. Mie. Millaud (Edouard). Mir. Mollien. Montagut (Marc). Moreau. Morel.

Nadaud (Martin). Nalèche (de). Naquet (Alfred). Nédellec. Neveux. Ninard. Noël-Parfait. Noirot.

Ordinaire. Osmoy (comte d'). Oudoul.

Papon. Parent. Parry. Pascal Duprat. Patissier. Pellet (Marcellin). Perin (Georges). Perras. Petitbien. Philippe (Jules). Philippoteaux. Picard (Arthur) Basses-Alpes), Picard (Arsène) (Calvados). Picart (Alphonse) (Marne). Pilet des Jardins. Pinault. Plessier. Pompery (de). Ponlevoy (Frogier de). Poujade. Proust (Antonin).

Rameau. Raspail (père) (Bouches-du-Rhône). Raspail (Benjamin) (Seine). Ratier. Rémusat (Paul de). Renault (Léon). Renault-Morlière. Reymond (Ferdinand) (Isère). Reymond (Francisque) (Loire). Richarme. Riondel. Riotteau. Robert de Massy. Roger-Marvaise. Rollet. Roudier. Rougé. Roussel (Théophile). Rousseure. Rouvier. Rouvre. Roux (Honoré). Rubillard.

Saint-Martin (Vaucluse). Sallard. Salomon. Sarrien. Savary. Scrépel. Sée (Camille). Seignobos. Silva. Simiot. Simon (Fidèle). Sonnier (de). Souchu-Servinière. Soye. Spuller. Swiney.

Talandier. Tallon (Alfred). Tardieu. Tassin. Teilhard. Tézenas. Thiers. Thiessé. Thomas. Thomson. Thourel. Tiersot. Tillancourt (de). Tirard. Tondu. Truelle. Trystram. Turigny. Turquet.

Vacher. Varambon. Vernhes. Versiguy. Viette. Vignancour. Vignes. Villain. Vissaguet.

Waddington (Richard). Wilson.

ONT VOTÉ CONTRE :

MM. Aclocque. Adam (Achille). Allard (général). Ancel. Anisson-Duperron. Ariste (d'). Aulan (comte d'). Ayguesvives (comte d'). Azémar.

Barascud. Baudry-d'Asson (de). Beauchamp (de). Bélizal (vicomte de). Berger. Bianchi. Bilinis (de la). Blachère. Blin de Bourdon (vicomte). Bordet (Henri). Bosredon (Alexandre de). Boulart (Landes). Bourgeois. Bourgoing (baron de). Boyer (Ferdinand). Brame, (Georges). Brierre.

Casabianca (comte de). Castellane (marquis de). Cazeaux. Cesbron. Chambrun (vicomte de). Chancel. Chevreau (Léon). Cibiel. Clauzel. Colbert-Laplace (comte de). Combes.

Dahinas (de). Darnaudat. David (baron Jérôme). Delacour. Desloye. Deviolaine. Dréolle (Ernest). Du Bodan. Dubois (Seine-Inférieure). Du Douët. Dufour (Paul) (Indre). Dufour (baron) (Lot). Dugué de la Fauconnerie. Durfort de Civrac (comte de). Dussaussoy. Dutilleul

Eschasseriaux (baron). Eschasseriaux (René). Estignard.

Fauré. Feltre (duc de). Flandin. Fourcade. Fournier.

Ganivet. Garnier. Gaslonde. Gaudin. Gautier. Gavini. Giroux de Fermon (comte). Gonidec de Traissan (comte le). Granier de Cassagnac (père). Granier de Cassagnac (Paul). Guilloutet (de).

Haentjens. Hamille (Victor). Harcourt (duc d'). Harispe. Hermary. Huon de Penanster.

Joos.

Janvier de la Motte (Louis) (Maine-et-Loire). Jolibois. Juigné (comte de).

Keller. Kerjégu (Louis de). Kermenguy (vicomte de). Klopstein (baron de).

La Bassetière (de). Labat. Laborde (de). La Chambre. Ladoucette (baron de) (Ardennes). Ladoucette (de) (Meurthe-et-Moselle). Lambert (baron Tristan). Largentaye (de). La Rochefoucauld, duc de Bisaccia. La Rochejacquelein (marquis de). Laroche-Joubert. La Rochette (de). Laurier (Clément). Lebourgeois. Legrand (Arthur) (Manche). Le Marois (comte). Lenglé. Léon (prince de). Le Peletier d'Aunay (comte). Le Provost de Launay. Leurent. Lorois.

Mackau (baron de). Maillé (comte de). Malartre. Martenot. Mathieu. Mitchell (Robert). Mouchy (duc de). Mun (comte Albert de). Murat (comte Joachim).

Ornano (Cunéo d').

Padoue (duc de). Partz (marquis de). Passy (Louis). Perrien (comte de). Perrochel (comte de). Petiet. Peyrusse. Piot. Plichon. Ponsard. Prax-Paris.

Rauline. Raynaud. Renard (Léon). Rendu. Ricot. Roissard de Bellet (baron). Roques. Rotours (des). Rouher. Roy de Loulay (Louis).

Saint-Martin (de) (Indre). Saint-Paul (baron de). Sarlande. Sarrette. Savoye. Septenville (baron de). Serph (Gusman). Soland (de). Soubeyran (baron de).

Taillefer. Thirion-Montauban. Thoinnet de la Turmelière. Tocqueville (vicomte de). Tron.

Valady (de). Valfons (marquis de). Valon (de). Villiers. Vitalis.

N'ONT PAS PRIS PART AU VOTE :

MM. Decazes (duc). Fourtou (de). Grévy (Jules). Janvier de la Motte (père). Lacascade. Levert. Mathieu-Bodet. Pagès (Léon). Raoul-Duval. Reille (baron).

DISCOURS

SUR

LE PROJET DE LOI RELATIF AUX CONTRIBUTIONS DIRECTES
A PERCEVOIR DANS L'EXERCICE 1878

Prononcé le 21 juin 1877

A LA CHAMBRE DES DÉPUTÉS

— — ·· — —

Le jour même où la Chambre adoptait l'ordre du jour
des gauches, le Sénat nommait dans ses bureaux la commission chargée d'examiner le projet de dissolution présenté
par le duc de Broglie. La gauche ne fit passer que trois
candidats : MM. Jules Favre, Le Royer et Bérenger. Les
six commissaires de droite, MM. Daru, Grivart, Depeyre, de
Kerdrel, de Ventavon et Clément étaient favorables, sans
restriction, à la dissolution de la Chambre des députés..
M. Depeyre fut chargé de rédiger le rapport tendant à l'adoption du projet de M. de Broglie.

La discussion du rapport de M. Depeyre commença le
21 juin et dura deux séances. La demande de dissolution
de la Chambre fut défendue par le duc de Broglie, M. Brunel
et M. de Franclieu. Elle fut combattue par Victor Hugo et
par MM. Jules Simon, Bérenger, Bertauld, Martel et Laboulaye. La bataille, pour le parti républicain, était perdue
d'avance : le maréchal de Mac-Mahon avait déclaré dès les
5 juin qu'il se retirerait, en cas où la dissolution serait refusée.

Le projet de résolution présenté par le duc de Broglie fut
adopté dans la séance du 22 juin, par 149 voix contre 130.
La minorité comprenait les trois groupes de gauche, la majorité se composait de toutes les fractions monarchiques et

du petit groupe constitutionnel, à l'exception de MM. d'Audiffret-Pasquier, d'Andlau, Wallon et Raoul Duval qui
s'abstinrent. Le colonel d'Andlau assura que ses amis du
centre droit ne s'étaient résignés à la dissolution que « le
désespoir dans l'âme[1] ».

La résolution du Sénat était ainsi conçue :

Article unique. — Vu le message de M. le président de la
République, en date du 16 juin, par lequel il fait connaître
au Sénat son intention de dissoudre la Chambre des députés et lui demande l'avis prescrit par l'article 5 de la loi
sur les pouvoirs publics,

Le Sénat émet un avis conforme à la proposition du président de la République.

Délibéré en séance publique, à Versailles, le 22 juin 1877.

Le président,
Duc D'AUDIFFRET-PASQUIER.

Les secrétaires,

RAINNEVILLE, A. DE COLOMBET.

La Chambre des députés tint encore deux séances. Dans
la première, la veille du vote du Sénat, elle vota, sur la
demande du ministre de la guerre et sur la proposition conforme de M. Gambetta, les 205 millions du compte de liquidation pour 1877. Elle rejeta au contraire la demande faite
par le gouvernement d'un vote immédiat des contributions
directes (21 juin).

Nous reproduisons le compte rendu de la discussion relative au projet de loi présenté par M. Caillaux, ministre des
finances, dans la séance du 18 juin.

M. COCHERY. — J'ai l'honneur de déposer sur le bureau de
la Chambre, au nom de la commission du budget pour
l'exercice 1878, un rapport sur le projet de loi relatif aux
contributions directes à percevoir dans cet exercice.

Voix nombreuses à gauche et au centre. — Lisez-le!
lisez-le!

M. COCHERY, *lisant.* — Messieurs, par un projet de loi,
distribué le 18 juin, le gouvernement nous demande de
détacher de l'ensemble du budget des recettes la loi rela-

1. *Temps* du 30 juin.

tive aux contributions directes à percevoir en 1878, et à la voter immédiatement.

Votre commission est d'avis de repousser cette proposition. (*Très bien! à gauche et au centre.*)

M. le ministre des finances a motivé son projet sur la nécessité de voter les contributions directes avant la session des conseils généraux qui doit avoir lieu, aux termes de la loi départementale, le premier lundi qui suit le 15 août de chaque année, session dans laquelle les budgets départementaux doivent être votés, et les contingents répartis entre les arrondissements. M. le ministre invoque en outre ce qui a été fait pour les contributions directes de 1877.

Il est facile d'établir que l'analogie n'existe pas.

C'est le 3 août 1876, après le dépôt du rapport sur l'ensemble du budget, au cours même de la discussion de ce budget, et alors que quatorze jours nous séparaient seulement de la session des conseils généraux, que, sur les propositions de votre commission, vous avez voté séparément la loi des contributions directes.

Aujourd'hui, sommes-nous également pressés par le temps? La session des conseils généraux n'ouvre que le 20 août, c'est-à-dire dans deux mois. Il n'y a donc pas nécessité de voter immédiatement la loi des contributions directes.

Même en admettant que la dissolution de la Chambre des députés soit prononcée, sur l'avis conforme du Sénat, il restera au gouvernement tout le temps nécessaire pour convoquer les collèges électoraux, faire procéder aux élections et réunir la nouvelle Chambre. (*Applaudissements au centre et à gauche.*) Ce serait cette Chambre qui, saisie de l'ensemble du budget, aurait toute compétence pour voter les contributions directes.

Voter immédiatement les contributions directes, ce serait fournir au ministère le moyen de retarder les élections; ce serait ainsi accroître les anxiétés du pays, prolonger les souffrances malheureusement incontestables de notre commerce et de notre industrie. (*Très bien! très bien! au centre et à gauche.*) La nation entière réclame une prompte solution à la crise actuelle, vous ne sauriez autoriser par votre vote à différer cette solution. (*Bravos et applaudissements à gauche et au centre.*)

M. LE PRÉSIDENT. — Le rapport sera imprimé et distribué.

M. CAILLAUX, *ministre des finances*. — Messieurs, je vous demande la permission de protester en quelques mots contre les conclusions du rapport que vous venez d'entendre...

Voix à gauche. — La discussion n'est pas ouverte. — A demain! à demain! — Vous ne pouvez pas prendre maintenant la parole.

M. LE PRÉSIDENT. — Le projet de loi n'est pas en discussion maintenant.

M. LE MINISTRE DES FINANCES. — Eh bien, j'ai l'honneur de vous proposer de déclarer l'urgence de la discussion du projet de loi.

M. COCHERY. — On ne déclare pas l'urgence sur les lois de finances.

M. GAMBETTA. — Il n'y a pas de déclaration d'urgence sur le budget.

M. LE PRÉSIDENT. — Si M. le ministre veut vous demander que le projet de loi soit mis immédiatement en discussion, il faut qu'il y ait déclaration d'urgence. La Chambre statuera. Je donne la parole à M. le ministre.

M. LE MINISTRE. — Je demande, Messieurs, que la Chambre veuille bien consentir à mettre immédiatement en discussion le projet de loi dont le rapport vient d'être lu et déposé sur le bureau.

M. VIETTE. — Immédiatement, cela veut dire demain !

M. LE MINISTRE. — Et je vous prie d'entendre, à l'appui de cette proposition, quelques courtes observations.

J'affirme qu'il est d'un grand intérêt public, de l'intérêt de nos départements et de nos communes, que la loi des contributions directes soit votée avant la séparation de la Chambre des députés. (*Bruit à gauche.*)

M. LATRADE. — Il ne fallait pas la dissoudre !

M. LE MINISTRE. — Dans la situation actuelle, cette séparation peut avoir lieu très prochainement. (*Ah! ah! à gauche.*)

M. NAQUET. — Cela dépendait de vous, vous n'aviez qu'à ne pas en faire la proposition.

M. LE MINISTRE. — Cela dépend du vote du Sénat, et je n'en veux rien préjuger ; mais il est au moins permis d'agir comme il convient de le faire en prévision d'un vote conforme à la demande de dissolution. (*Interruptions à gauche.*)

M. Naquet. — Le vote du Sénat, s'il est conforme à vos désirs, ne vous obligera pas à dissoudre immédiatement; vous pourrez attendre.

M. le ministre. — C'est en prévision de cette séparation prochaine que je considère comme indispensable le vote de la loi des contributions directes.

Vous savez que si le vote n'a pas lieu, il est impossible que les conseils généraux qui, aux termes de la loi, doivent se réunir le premier lundi qui suivra le 15 août pour préparer les budgets départementaux et répartir les contingents, puissent accomplir le devoir qui leur appartient.

M. Naquet. — Vous ferez les élections plus tôt !

M. le ministre. — Si le maximum des centimes départementaux et communaux n'est pas fixé par la loi, les services des communes subiront des entraves comme les services des départements.

Un membre à gauche. — Faites tout de suite les élections !

M. le ministre. — On donne comme motif du refus qu'il dépendra du gouvernement d'éviter ces embarras en fixant les élections vers la fin de juillet, si elles doivent avoir lieu. Dans ce cas, la Chambre pourrait être réunie, dit-on, vers le commencement d'août, et, par conséquent, voter la loi sur les contributions directes avant la réunion des conseils généraux. C'est bien là l'objection que j'ai entendue? (*Oui! oui!*)

Je nie d'abord que, même dans cette hypothèse, le temps absorbé par les élections et par la nécessité de procéder à un second tour de scrutin dans la quinzaine qui les suivra permette matériellement la réunion de la Chambre des députés et sa constitution en temps utile pour voter la loi sur les contributions directes avant le 15 août.

Je déclare que cela n'est pas possible; mais cela fût-il possible, que je repousse absolument cet argument par une raison tirée des lois constitutionnelles elles-mêmes... (*Exclamations à gauche et au centre. — Approbation à droite*), des lois constitutionnelles que nous entendons respecter les premiers... (*Nouvelles exclamations à gauche*), mais que nous ferons respecter aussi par vous. (*Très bien! à droite.*)

M. Alfred Naquet. — Les lois constitutionnelles nous ont investis du droit de voter le budget ou de le refuser!

M. LE PRÉSIDENT. — Veuillez ne pas interrompre, M. Naquet!

M. LE MINISTRE. — Aux termes des lois constitutionnelles, le président de la République a un délai de trois mois pour faire la convocation des électeurs, et il ne peut dépendre de cette Chambre, en refusant la loi que je vous demande de voter, de chercher à diminuer ce délai... (*Réclamations à gauche*), et à restreindre les droits que la Constitution a réservés au président de la République. (*Applaudissements à droite. — Applaudissements ironiques sur plusieurs bancs au centre et à gauche.*)

Un membre au centre. — Sous sa responsabilité!

M. LEPÈRE. — Est-ce que vous ne saviez pas tout cela, le 16 mai?

M. LE MINISTRE. — Il serait d'autant plus juste de ne pas les contester, que nous n'avons pas usé de tous les délais. (*Exclamations ironiques au centre et à gauche.*)

M. le président de la République aurait pu proroger une seconde fois pendant un mois la Chambre des députés, et il ne l'a pas fait. (*Nouvelles exclamations à gauche et au centre. — Très bien! à droite.*) Je ne dis rien que de très légitime. (*Bruit prolongé.*)

Si nous n'avons pas usé jusqu'à présent de tous les délais que la Constitution autorise, nous entendons au moins garder pour l'avenir le droit d'en user dans la mesure que nous jugerons convenable. (*Applaudissements à droite.*)

Je repousse donc absolument le motif qui vous est donné et qui ne s'explique que par le dessein d'exercer en quelque sorte une pression sur le gouvernement. (*Bruyantes exclamations à gauche et au centre.*)

Un membre à droite, désignant la gauche. — Ils savent ce que c'est que la pression.

M. LE MINISTRE. — Et si, dans le pays tout entier, les services financiers des départements et des communes sont en souffrance, c'est à vous seuls qu'en incombera la responsabilité. (*Applaudissements à droite. — Nouvelles exclamations sur un grand nombre de bancs à gauche et au centre.*)

Sur divers bancs. — Mais non! A vous! à vous!

M. GAMBETTA. — L'honorable M. Caillaux a rappelé, à l'appui de sa demande de discussion immédiate, une objection du rapporteur général du budget et une objection tirée de la Constitution. Je demande à répondre en quelques mots à l'argumentation de M. le ministre des finances.

Sur le premier point, l'argument présenté par l'honorable M. Cochery, qui rappelait que le gouvernement se trouve dans une situation difficile au point de vue des délais, soit que ces délais s'appliquent à l'exercice du droit de dissolution, soit qu'ils s'appliquent à la convocation prochaine des conseils départementaux, il me semble que cela met une fois de plus en évidence la précipitation, l'absence de maturité, avec lesquelles le gouvernement a agi. (*Très bien! très bien! au centre et à gauche. — Rires à droite.*)

M. HUON DE PENANSTER. — Depuis le mois de janvier, vous auriez pu faire le budget.

M. LANGLOIS. — Comment! au mois de janvier, il n'était pas présenté! C'est incroyable!

M. HUON DE PENANSTER. — Vous aviez tout le temps de le voter depuis le 22 janvier, jour où il a été déposé. Le pays appréciera.

M. GAMBETTA. — Nous savons bien qu'il appréciera.

M. HUON DE PENANSTER. — Parfaitement!

M. GAMBETTA. — Je vous assure que je n'ai rien à dire qui puisse exciter vos susceptibilités. C'est une question de droit financier, de prérogative parlementaire. Permettez-moi de l'expliquer en quelques mots. Vous me rectifierez si je commets une hérésie. (*Parlez! parlez! — Interruptions à droite.*)

Je dis que l'organe du gouvernement vient aujourd'hui de mettre en lumière cette vérité que la première prorogation qu'il aurait pu, disait-il, faire suivre d'une seconde, a été une mesure fausse, hâtive, compromettante, qui fait qu'aujourd'hui il vient vous demander de détacher du budget général la loi sur les quatre contributions directes (*Très bien!*) et, puisqu'on parle de responsabilité, il faut bien établir devant le pays que cette mesure brusque, inattendue, qui n'a servi à rien, vous pouvez aujourd'hui le constater... (*Rumeurs à droite.*) — Permettez; vous ne savez pas encore ce que je veux dire — que cette mesure qui était un coup d'autorité sur les deux Assemblées, est la seule cause de la gêne où se trouve aujourd'hui le gouvernement par rapport au vote des quatre contributions directes et de la précipitation qu'il y voudrait mettre. (*Très bien! très bien!*)

M. LE VICOMTE DE BÉLIZAL. — C'est à cause des retards de la commission.

M. GAMBETTA. — Comment osez-vous parler de retards de la commission, lorsque vous connaissez à cet égard la pensée de l'honorable et regretté M. Léon Say, avec qui nous étions d'accord, vous le savez ; et c'est parce que vous le savez peut-être trop, que vous applaudissez aujourd'hui le ministre qui l'a remplacé? (*Rires et applaudissements au centre et à gauche.*) Comment pouvez-vous soutenir que la commission est fautive en quoi que ce soit puisqu'à la date du 16 mai, nous allions entamer la discussion des rapports sur les budgets des différents ministères, rapports qui étaient tous prêts, sauf celui du ministère des affaires étrangères, qui était rédigé, mais dont il avait paru plus convenable d'ajourner la discussion. (*Interruptions à droite.*)

Permettez! Du 16 mai au 17 juin, pour le calendrier il y a un mois, mais pour nous il n'y a que deux jours, puisque vous nous avez mis à la porte pendant trente jours! (*Rires approbatifs et applaudissements à gauche.*)

Je dis que nous étions prêts à discuter et à voter le budget que le gouvernement nous avait présenté, et que nous avions étudié de manière à répondre à l'attente légitime des pouvoirs publics et du pays.

Si l'on vous refuse aujourd'hui le budget, ce n'est

pas pour arrêter le fonctionnement des services publics; vous avez reconnu vous-mêmes, dans un de vos nombreux messages, que c'était un sophisme contre le Parlement, et que les services ne pouvaient pas se trouver tenus en suspens pour 1878 alors que l'exercice courant était parfaitement pourvu.

Donc, la question qui se pose est uniquement de savoir si, dans l'état de conflit qui est ouvert et qui fait que, comme vous le disiez avant même — je tiens à vous le rappeler — d'avoir demandé à cette Chambre de voter le budget général, qui fait, dites-vous, que nous n'avons pas votre confiance et que vous n'avez pas la nôtre, la question est de savoir si la mesure qui reste à prendre, pour rester dans les termes de la légalité et de la loyauté réciproques, n'est pas de mettre immédiatement à profit les délais qui vont s'écouler pour faire que l'état de conflit soit le plus promptement résolu par l'intervention du suffrage universel même. (*Applaudissements.*)

Il est bien constant qu'à l'heure où je parle vous pouvez parfaitement procéder à deux choses: aux élections législatives et à la convocation des conseils généraux également dans le temps fixé par la loi départementale.

Un membre à droite. — Ce n'est pas matériellement possible.

M. GAMBETTA. — Ne dites pas, — car vous avez commis une erreur sur notre droit public, — ne dites pas que les budgets des communes seront tenus en suspens jusque-là; ils sont réglés dans toute la France, sauf pour Paris, depuis la session de mai, et les budgets des communes n'ont rien à voir ici. (*Mouvements divers.*) Il ne reste que le budget départemental. Il est bien certain que si vous ne voulez pas faire du délai qui vous sera imparti par la dissolution une période de pression et de haute action administrative, afin de tâcher de dénaturer, de falsifier la volonté natio-

nalo... (*Interruptions à droite*); si vous vous targuez
véritablement d'être les représentants du pays; si
vous croyez que cette Chambre a cessé d'être en communion parfaite et intime avec lui, vous avez un
moyen de l'établir, c'est de rapprocher la date des
élections. (*Très bien!*) Les élections étant faites au
mois de juillet, vous aurez un grand mois devant vous
pour faire voter par cette Chambre, dans laquelle,
dites-vous, nous ne figurerons plus et où figureront
vos amis à l'état de majorité, la loi sur les quatre
contributions. (*Très bien! très bien!*)

Ce qui est certain, c'est que lorsque vous invoquez
l'intérêt des conseils départementaux et l'intérêt des
communes, je puis répondre que pour ces dernières
il n'y a pas lieu de le faire, et pour les autres, j'ai la
confiance que j'exprime le sentiment de ces conseils
eux-mêmes quand je dis à chacun, à quelque parti
qu'il appartienne, quelque politique qu'on défende:
Consultez promptement la France, elle fera ses affaires
elle-même et fera rentrer chacun à la place dont il
n'aurait jamais dû sortir. (*Très bien! très bien! — Applaudissements à gauche.*)

M. le ministre des finances monte à la tribune.

M. CUNEO D'ORNANO. — On consultera la France plus vite
que M. Gambetta ne l'a fait en 1870.

M. LE PRÉSIDENT. — Ne mêlez pas à la discussion, par voie
d'interruption, des choses qui y sont étrangères. Laissez
M. le ministre s'expliquer.

M. LE MINISTRE. — Messieurs, l'honorable président de la
commission du budget a grande hâte, cette fois-ci, que le pays
soit prochainement et complètement consulté. (*Applaudissements à droite.*) Nous n'avons pas moins de hâte que lui.
(*Très bien! très bien! à gauche et au centre.*)

Voix à gauche. — Prouvez-le!

M. LE MINISTRE. — Et nous comptons bien que le pays
consulté approuvera cette politique que vous attaquez depuis trois jours...

M. GAMBETTA. — Et qui n'a pas trouvé un défenseur dans cette Chambre.

M. LE MINISTRE. — ... au moyen des suppositions qui sont à la fois contraires à la vérité et à la justice. (*Exclamations à gauche. — Assentiment sur quelques bancs à droite.*) Nous sommes aujourd'hui en présence d'une question plus simple que celle qui s'est agitée jusqu'à présent. Le nouveau ministère n'a pas besoin, pour vivre et pour faire les élections, du vote de la loi.

M. GAMBETTA. — Il a besoin du délai! Je n'ai pas dit du vote.

M. LE MINISTRE. — Il n'a pas besoin que cette loi soit votée. Ce n'est pas pour lui qu'il le demande, ce n'est pas pour l'influence qu'il peut exercer.

Un membre à gauche. — Ce n'est pas la question.

Un membre au centre. — Ne déplacez pas la question !

M. LE MINISTRE. — Il le demande uniquement pour permettre la préparation des budgets départementaux et communaux; je le répète, car c'est dans la session du mois d'août que la répartition des contributions se fait, que se trouvent fixés les contingents des arrondissements et des communes. (*Très bien! à droite. — Mouvements divers.*)

Ce ne sont pas des crédits supplémentaires ou extraordinaires que nous vous demandons pour le budget de 1877 et dont nous pourrions disposer, il s'agit uniquement de ressources à créer en vue seulement du budget de 1878 et des dépenses de cet exercice.

Si vous étiez si sûrs, dans les prochaines élections, du succès que vous poursuivez et que vous annoncez avec trop de fracas pour que votre assurance soit bien sincère et pour qu'on ne voie pas qu'elle dissimule avec peine un calcul intéressé... (*Exclamations au centre et à gauche. — Très bien! à droite*) vous n'auriez pas à craindre que la loi des contributions directes pût jamais nous servir, et vous n'hésiteriez pas à la voter dans l'intérêt seul du pays. (*Réclamations à gauche. — Applaudissements à droite.*)

. M. RAOUL DUVAL. — Messieurs, je suis, pour mon compte, disposé à voter le projet de loi et l'urgence demandée par M. le ministre; mais il me paraît qu'il y a une question essentiellement préjudicielle, qui doit être auparavant éclaircie.

La Chambre n'a pas à se préoccuper des budgets communaux, attendu qu'ils ont été votés au commencement du mois de mars... (*Très bien! au centre*); mais il est exact de dire que les conseils généraux ont besoin du vote des contributions directes pour pouvoir fixer le chiffre des centimes additionnels nécessaires à l'établissement des budgets départementaux et à la détermination des secours à allouer aux communes.

Il y a, par ailleurs, un point qui, pour mon compte, me frappe; j'ai lu les comptes rendus — je ne sais s'ils sont officiels — publiés par les journaux, des séances de la commission du Sénat, chargée d'examiner l'avis à donner sur l'intention manifestée par M. le président de la République de prononcer la dissolution de cette Chambre.

M. le ministre de l'intérieur et aussi, je crois, M. le président du conseil, ont déclaré à la commission sénatoriale n'être pas encore fixés sur un point qui, pour mon compte, ne me paraît comporter aucune hésitation; ils ont dit qu'ils entendaient bien que la session ordinaire des conseils généraux aurait lieu le premier lundi qui suivra le 15 août. Je le comprends très bien, car pour l'éviter il faudrait une loi; un décret émanant du pouvoir exécutif ne saurait le faire, car un décret ne saurait dispenser d'obéir à la loi.

La session des conseils généraux aura donc lieu le premier lundi qui suivra le 15 août; mais les membres du gouvernement ne paraissent pas fixés sur le point de savoir si les pouvoirs des membres des conseils généraux sortant cette année... (*Interruptions à droite.*)

Au centre et à gauche. — Laissez parler!

M. RAOUL DUVAL. — ... expirent avant la session du mois d'août. Cette incertitude des membres du gouvernement tient à ceci : la première session ordinaire à laquelle ont participé MM. les conseillers généraux dont les pouvoirs sont expirés, au lieu d'avoir lieu au mois d'août, n'a eu lieu qu'au mois d'octobre, en vertu d'une loi spéciale votée par l'Assemblée nationale.

La loi organique départementale dispose que les conseillers généraux sont nommés pour six ans et renouvelables par moitié; à mon sens, du moins, l'interprétation qui lui serait donnée serait par trop judaïque si on comptait les années de jour à jour, et non par session d'exercice. (*Très* bien ! à gauche.) C'est cependant ce qui ferait question pour le gouvernement.

Si, d'ici au premier lundi qui suivra le 15 août, le gouvernement entend convoquer les électeurs pour procéder aux élections pour les conseils généraux, il me paraît absolument impossible que, dans le même espace de temps, il fasse tenir à la fois les élections législatives et les élections départementales ; et en faisant disparaître toute équivoque, le ministère pourrait rallier des voix au projet de loi.

Je désire donc que le gouvernement veuille bien nous fixer sur ce point, car il a eu le temps d'y réfléchir. (*Très bien ! très bien ! à gauche et au centre.*)

M. LE MINISTRE DES FINANCES. — J'ai eu l'honneur de monter à cette tribune pour demander l'urgence de la discussion du projet de loi qui a fait l'objet du rapport déposé par M. Cochery, au nom de la commission du budget, et non pour répondre à la question spéciale posée par l'honorable M. Raoul Duval... (*Ah ! ah ! à gauche*), qui ne m'en avait pas prévenu... (*Exclamations à gauche.*)

M. RAOUL DUVAL. — Ma question est née de la discussion qui s'est produite.

M. LE MINISTRE. — Je ne m'en plains pas ; mais je rappelle que, suivant les usages suivis à la Chambre des députés, comme au Sénat, les ministres sont prévenus des questions qui doivent être posées, et restent, dans tous les cas, libres de n'y pas répondre.

Je n'éprouve aucun embarras à dire que le gouvernement n'a pris aucune résolution à ce sujet. (*Exclamations à gauche.*)

J'ajoute qu'il ne pouvait pas en prendre et qu'il ne devait pas en prendre.

Avant de statuer sur la date des élections, avant de fixer l'époque à laquelle il convoquera les électeurs, soit pour la Chambre des députés, soit pour les conseils généraux, il est de son devoir, il est de la première convenance d'attendre le résultat du vote du Sénat sur la question qui lui est posée par M. le président de la République.

M. NAQUET. — Cela n'a rien à voir avec la question des conseils généraux.

M. LE MINISTRE. — Je persiste à demander que l'urgence de la discussion de la loi sur les contributions directes soit mise aux voix.

Cette demande n'a aucun rapport avec la question que vient de soulever l'honorable M. Raoul Duval.

Voix au centre. — C'est trop commode!

M. LE MINISTRE. — Il pourra y être répondu s'il insiste. Mais je ne crois pas que personne puisse lui donner plus de satisfaction que je n'ai pu lui en donner moi-même.

M. RAOUL DUVAL. — J'insiste sur la question que j'ai posée.

M. Gambetta monte à la tribune.

Un membre à droite. — Vous ne pouvez pas prendre la parole; il s'agit d'une question!

M. LE PRÉSIDENT. — Mais non, Monsieur! Ce qui est en discussion, c'est la demande d'urgence faite par M. le ministre. Il a convenu à M. Raoul Duval, intervenant dans cette discussion, de poser une question au ministre. Mais je ne lui avais pas donné la parole pour une question, et le fond du débat c'est toujours la déclaration d'urgence.

M. Gambetta a la parole.

M. GAMBETTA. — Il faut cependant s'entendre. Le Gouvernement nous dit tantôt: Si je vous demande de détacher les quatre contributions directes du budget général, c'est que la dissolution est considérée comme faite; si je prends cette précaution, c'est parce que la décision du Sénat est inévitable.

M. LE MINISTRE DES FINANCES. — Je n'ai pas dit cela.

M. GAMBETTA. — Vous l'avez dit dans votre premier discours.

M. LE MINISTRE. — Je n'ai pas employé ces termes-là.

M. GAMBETTA. — Vous avez dit : « très probable ».

M. LE MINISTRE. — Oui ! J'admets ce terme-là.

M. GAMBETTA. — Je dis que votre argumentation a procédé de la conviction où vous étiez, vous et vos collègues, que la dissolution serait prononcée. Dans cette hypothèse, vous demandiez à la Chambre de détacher du budget et de voter les quatre contributions directes; et puis, lorsqu'on vous demande quel projet vous avez arrêté relativement aux élections départementales, vous dites que vous vous seriez bien gardés

de fixer un délai, que vous auriez manqué aux premières convenances, et violé le droit et le devoir si
vous aviez statué sur la fixation d'un pareil terme !

Il y a une réponse bien simple qui mettrait d'accord le gouvernement qui demande le vote des quatre
contributions directes et ceux qui le lui refusent. Ce
serait que le gouvernement veuille bien prendre une
résolution sur le moment où il entend faire procéder
aux élections départementales : c'est cette réponse
que nous attendrons pour lui faire connaître notre
résolution. (*Applaudissements à gauche et au centre.*)

M. Raoul Duval. — J'ai dit que j'étais d'accord avec le
gouvernement sur la question d'urgence, et je suis, je le
répète, disposé à voter le projet de loi; mais, en vérité, la
question qui est soulevée en ce moment est très simple.

Il ne me paraît pas possible que le gouvernement ne
puisse pas avoir pris son parti d'ici à demain sur ce point
relatif aux élections, et j'espère que l'expression de son sentiment vaudra de nouveaux adhérents au projet de loi.

S'il ne dit rien, j'en tirerai, avec la sagesse des nations,
cette conclusion : qu'il partage mon sentiment, qu'il faut
faire les élections départementales avant le 15 août et, dans
le cas où la dissolution serait prononcée, il n'est pas possible, je le répète, de faire tenir, dans un même délai, les
élections législatives et les élections départementales, dans
un aussi bref délai. Si, au contraire, par extraordinaire, le
gouvernement estimait qu'il n'y aura pas à procéder aux
élections départementales, je comprendrais que bon nombre
de nos collègues se crussent autorisés à laisser à la Chambre
qui nous remplacera le droit de voter les contributions directes. (*Mouvements divers.*)

M. le baron Reille, *sous-secrétaire d'État de l'intérieur.* —
Messieurs, devant les termes de l'ordre du jour qui a été
voté par 303 de nos collègues à la dernière séance, et qui
met en suspicion la loyauté et la sincérité du cabinet, je
suis chargé par le ministre de l'intérieur de déclarer qu'il
ne répondra pas à la question qui lui est posée. (*Exclamations et applaudissements ironiques à gauche et au centre. —
Vives marques d'assentiment à droite.*)

M. GAMBETTA. — Les paroles qui viennent d'être prononcées par M. le sous-secrétaire d'État de l'intérieur sont certainement, quoiqu'il ne l'ait pas voulu, la plus sûre justification de la défiance du pays et de cette Chambre contre le ministère. (*Vifs applaudissements à gauche et au centre.*)

La déclaration d'urgence, demandée par le gouvernement, est rejetée par 358 voix contre 162.

Le décret de dissolution fut signé le 25 juin. Il était ainsi conçu :

Le Président de la République,

Vu l'article 5 de la loi du 25 février 1875;
Vu l'avis conforme du Sénat en date du 22 juin 1877 ;

Décrète :

ARTICLE PREMIER. — La Chambre des députés est dissoute.
ART. 2. — Les collèges électoraux seront convoqués pour de nouvelles élections dans le délai de trois mois.
ART. 3. — Le président du conseil, garde des sceaux, ministre de la justice, et le ministre de l'intérieur sont chargés, chacun en ce qui le concerne, de l'exécution du présent décret.
Fait à Versailles, le 25 juin 1877.

Maréchal DE MAC-MAHON,

DUC DE MAGENTA.

Par le Président de la République :

Le président du conseil,
garde des sceaux, ministre de la justice,

BROGLIE.

† *Le ministre de l'intérieur,*

DE FOURTOU.

M. Grévy, avant d'en donner connaissance à la Chambre, prononça l'allocution suivante (séance du 25 juin) :

« Messieurs, avant de donner connaissance de la communication que j'ai reçue du ministre de l'intérieur, je veux remercier une dernière fois la Chambre du grand honneur qu'elle m'a fait et de la bienveillance qu'elle m'a témoignée.

« Le pays, devant lequel elle va retourner, lui dira bientôt que, dans sa trop courte carrière, elle n'a pas cessé un seul jour de bien mériter de la France et de la République. (*Bravos et applaudissements prolongés à gauche et au centre.*) »

La République française du 26 juin publia l'article suivant :

« La Chambre des députés qui était sortie du grand mouvement populaire et républicain du 20 février 1876 a été dissoute hier par un décret de M. le maréchal de Mac-Mahon rendu sur un avis conforme. Lecture de ce décret a été faite par M. le président Grévy, et l'Assemblée s'est séparée immédiatement aux cris de : Vive la République et de : Vive la paix ! Ces cris résument à merveille tous les sentiments de la Chambre qui vient de succomber sous les coups de ses adversaires. La Chambre était passionnément dévouée à la France et à la République. En criant : Vive la paix ! les députés ont voulu témoigner leur attachement aux destinées de la patrie, à peine convalescente et pour qui des aventures nouvelles seraient comme une rechute qui pourrait être mortelle. Quant aux cris de : Vive la République! poussés par la majorité que l'on renvoie, c'est surtout un cri d'espoir et de confiance dans l'avenir.

« Les députés qui ont pris congé hier les uns des autres, étaient venus des différents points de la France avec le mandat de tout subordonner dans leurs actes et dans leurs discours à l'intérêt supérieur de la République à fonder. En se quittant ils se rendent cette justice que rien dans leur conduite n'a porté atteinte aux institutions aujourd'hui menacées. Ils avaient reçu la République des mains du pays ; ils peuvent la lui remettre en même temps que le mandat qu'on leur enlève : le mandat a été bien rempli, et la République est plus forte que jamais du concours de tous les bons citoyens. La nation saura bien reconnaître ceux qui l'ont si bien servie. Depuis l'acte du 16 mai, la Chambre du 20 février a été, on peut le dire, la préoccupation principale de la France. Dans la guerre qui lui a été déclarée, la France a pris parti pour elle. Les députés républicains sont rentrés maintenant dans la foule et sont confondus avec les autres

citoyens : mais que l'heure des élections vienne à sonner, et
le suffrage universel saura les retrouver pour leur rendre
avec sa confiance toute l'autorité dont ils viennent d'être
dépouillés.

« Il est bien tôt pour porter un jugement tout à fait im-
partial sur la Chambre du 20 février. On peut cependant
marquer, dès maintenant, les traits dominants de son caractère historique. Cette Chambre était profondément honnête,
peu ambitieuse, nullement disposée aux empiétements, à la
turbulence, étrangère à toute idée de domination exclusive.
Au contraire, elle était plutôt timide, et ses premiers pas
dans la carrière ont paru embarrassés. Une idée pour ainsi
dire unique l'a possédée : elle voulait asseoir la République
dans ce pays, et, pour accomplir cette tâche, aucun sacrifice, si grand qu'il fût, ne lui eût coûté. Elle a cru que, pour
mettre en mouvement et pour faire marcher le mécanisme
nouveau des lois constitutionnelles elle avait pour devoir
de ne contrarier personne, ni le pouvoir exécutif, ni les
divers cabinets qui se sont succédé et qui ont tous eu successivement sa confiance et son appui, ni les groupes qui se
sont formés dans la majorité républicaine, ni les indivi-
dualités éminentes de ces divers groupes qui n'ont peut-
être pas assez imité le désintéressement de la Chambre.

« La majorité du 20 février a été jugée peu habile parce
qu'elle craignait d'abuser de sa force numérique. Il est certain aujourd'hui qu'en plusieurs occasions, cette majorité
aurait bien fait de peser plus fortement sur des résolutions
qu'elle pouvait déterminer dans un sens plus net et plus
accusé. Elle s'est gardée de cette intervention qui aurait été
si utile et qui ne lui semblait à elle qu'une sorte d'usurpation.
Elle ne demandait rien de mieux que de s'accommoder avec
les hommes, que de se prêter aux situations. Elle comptait
avec raison, pour conserver une popularité qui ne lui a
jamais fait défaut, sur la sincérité de ses intentions républicaines, sur son dévouement aux grands intérêts de la
démocratie française, la restauration progressive de nos
forces nationales, la diffusion de l'instruction publique, la
résistance aux empiétements du cléricalisme. La Chambre
du 20 février était patriote autant que républicaine. Elle
avait l'instinct des périls que peut courir la République, la
passion du progrès et l'aversion des partis qui tiennent en

écheo la volonté nationale. Elle a été presque toujours gênée dans tout ce qu'elle a voulu faire. Il n'est pas une loi sortie de ses délibérations qui n'ait été corrigée par le Sénat dans le sens rétrograde, et souvent elle a vu rejeter des lois qui lui semblaient d'autant meilleures qu'elle les avait votées sur la proposition du gouvernement. Incessamment contrariée, paralysée, elle n'a jamais perdu patience. Enfin ses ennemis, las sans doute de n'être pas provoqués, l'ont attaquée ouvertement et l'ont vaincue, sous les yeux de la France douloureusement attristée, et de l'Europe encore sous le coup de la surprise.

« La Chambre du 20 février est comme ces jeunes hommes qui meurent soudainement dans la fleur de leur plus bel âge et dont les anciens disaient qu'ils sont aimés des dieux. Elle a fourni une carrière suffisante pour demeurer dans la mémoire reconnaissante de la nation qui s'était attachée à elle, d'autant plus vivement, qu'elle la sentait faite à son image et qu'elle était plus menacée. Sans doute, il eût mieux valu pour le pays tout entier que la crise actuelle nous fût épargnée; mais, puisque nous devions passer par cette épreuve, la Chambre du 20 février n'a pas à se plaindre de la destinée qu'on lui a faite. Elle disparaît, aujourd'hui, pour revenir bientôt sur la scène politique avec plus de force et de vigueur, une expérience plus complète des hommes et des choses. Nous ne dirons plus rien de son dévouement à la France et à la République. Le président Grévy n'a-t-il pas, avant qu'elle retournât devant le pays, dit avec autant de vérité que de noblesse qu'elle a succombé comme un soldat mort au champ d'honneur, et dont le plus bel éloge est qu'il a bien mérité de la patrie? »

Le jour même de la dissolution de la Chambre, les groupes républicains du Sénat se réunirent et adoptèrent à l'unanimité des voix la déclaration suivante :

« Les sénateurs soussignés, représentant les trois groupes de la gauche du Sénat, expriment l'avis :

« Que la réélection des 363 députés qui ont voté l'ordre du jour du 19 juin contre le ministère présidé par M. le duc de Broglie est un devoir civique, et s'impose au pays comme s'est imposée en 1830 la réélection des 221 ;

« Que cette réélection sera l'affirmation la plus solennelle

que la France puisse donner de sa volonté de maintenir et
de consolider les institutions républicaines, seules capables
d'assurer l'ordre à l'intérieur et la paix au dehors;

« Faisant appel au patriotisme de tous, ils comptent qu'aucune candidature républicaine ne sera opposée à celles
des 363 députés qui ont voté l'ordre du jour de défiance.

« Ont signé les membres des bureaux des gauches :

POUR LE CENTRE GAUCHE :

MM. Bertauld, président; Calmon, Gilbert-Boucher, vice-présidents; comte Rampon, Bernard, comte Foucher de
Careil, Dauphinot, membres du bureau;

POUR LA GAUCHE RÉPUBLICAINE :

MM. Emmanuel Arago, président; Le Royer, vice-président; Duclerc, Hérold, Lucet, Malens, Mazeau, Salneuve,
membres du bureau;

POUR L'UNION RÉPUBLICAINE :

MM. Peyrat, président; Crémieux, Victor Hugo, Scheurer-Kestner, membres du bureau.

DISCOURS

Prononcé

AU BANQUET COMMÉMORATIF DE LA NAISSANCE DU GÉNÉRAL HOCHE

Le 24 juin 1877

A VERSAILLES

La veille de la dissolution de la Chambre des députés, le banquet commémoratif de la naissance de Hoche réunissait à Versailles une centaine de citoyens républicains, les sénateurs et députés de Seine-et-Oise, les conseillers municipaux de Versailles, plusieurs députés républicains de Paris, de Lyon et de Marseille, etc. M. de Montfleury, membre et doyen du conseil municipal de Versailles, présidait le banquet.

M. Gambetta prononça le discours suivant :

Mes chers concitoyens, ne croyez pas que j'hésite à répondre à vos pensées les plus intimes. Dans les circonstances que nous traversons, ne serait-il pas tout à fait contraire à nos devoirs envers nous-mêmes comme envers nos concitoyens de ne pas dire un mot de la crise qui est ouverte devant nous, de ne pas parler des moyens victorieux que nous avons d'en sortir à la satisfaction du pays? (*Marques d'approbation.*)

Mais avant de parler, aussi brièvement que je le pourrai, du sujet qui nous préoccupe, permettez-moi de remercier celui d'entre vous qui a bien voulu me provoquer à prendre la parole.

Messieurs, je suis venu aujourd'hui à Versailles pour me joindre à vous, comme j'ai l'habitude de le faire depuis dix ans. Je n'ai pas voulu manquer à ce rendez-vous du patriotisme, à cette fête commémorative de la Révolution française, à l'anniversaire de Hoche.

Je savais bien qu'à la suite de la rentrée en scène des hommes du gouvernement de combat, notre fête n'aurait pas le caractère que nous avions aimé à rêver pour elle l'année dernière. Mais j'ai cru qu'il était plus nécessaire encore que l'année dernière de me joindre à vous et de profiter de l'occasion pour vous dire, — et pour dire à ceux qui, demain, voudront bien s'intéresser à notre réunion, — où nous en sommes, et ce qui se prépare dans nos affaires intérieures.

Où nous en sommes, Messieurs? Nous en sommes à ce point que la volonté formelle du pays, proclamée il y a quinze mois à peine, est aujourd'hui méconnue. (*C'est vrai! — Très bien! — Bravos!*) Nous en sommes à ce point qu'on a trouvé, grâce à la crise actuelle, grâce à l'éloquence qu'on a déployée, — car nous pouvons rendre hommage à l'admirable talent de nos adversaires (*Hilarité*), — on a trouvé des partis, une Assemblée, et, dans cette Assemblée, une majorité de 19 voix, je me trompe, de 20 voix, — car il ne faut leur enlever aucun de leurs avantages (*Rires*), pour dire au suffrage universel, à la nation française : Tu avais fait des choix, tu avais donné un mandat à des hommes qui avaient ta confiance; eh bien! tout cela est caduc, vain et fragile, et, comme tu nous as dédaignés, comme tu affectes de ne pas vouloir de nous, de notre direction, de nos conseils et de nos talents, nous demandons à recommencer la partie. Nous allons revenir de nouveau dans l'arène électorale; mais, au préalable, nous allons employer tous les moyens en notre pouvoir pour empêcher la vérité d'éclater et de se répandre; nulle part il n'y aura de liberté de réunion, nulle part il n'y aura de liberté d'écrire, nulle part de liberté de propagande, nulle part de liberté d'association. Point de liberté de controverse et point de discussion. Soumise au régime que nous allons lui faire, nous espérons que la France voudra bien consentir, pour le plus grand profit de nos personnes et de nos préjugés, à se démentir à ses propres yeux comme aux yeux de l'Europe. (*Applaudissements prolongés.*)

Messieurs, si c'est là toute la politique de nos adversaires, je peux dire, sans prétendre à être prophète, que cette politique sera emportée comme la paille par le vent. Ils ignorent que le suffrage universel, depuis les rudes épreuves qu'il a subies, s'est instruit, qu'il s'est assagi, qu'il a su devenir son propre maître et son propre guide. Au début, il a pu se montrer docile, mobile, aveugle, facile à troubler, à consterner, prompt à se laisser entraîner; mais ces temps sont loin de nous (*Oui! oui! c'est vrai!*). Depuis les débuts du suffrage universel, Messieurs, il y a eu l'invasion, la mutilation de la patrie, et, maintenant, il n'est pas un citoyen qui n'ait le secret instinct que la République est le gouvernement nécessaire à la France; il n'en est pas un qui ne sache que la République ne se fait qu'avec les républicains. (*Salve d'applaudissements. — Bravos prolongés.*)

Messieurs, il est si vrai que la République, en France, ne se fondera, ne s'établira, ne portera ses fruits qu'avec des républicains, que la France, consultée le 20 février 1876, avait nommé des républicains sincères et loyaux, et que ces républicains sont, — chose heureuse et admirable entre toutes, — plus unis après quinze mois qu'au jour même du scrutin national. (*Très bien! très bien! — Applaudissements.*)

Car, dites-le moi, mes chers concitoyens, n'est-il pas vrai que j'ai le droit d'affirmer et de dire à mon pays qu'en dehors des 363 dans la Chambre des

députés et des 130 dans le Sénat, il n'y a pas d'autre
républicain dans les Assemblées de la France? (*Oui!*
oui! C'est vrai! — *Acclamations et applaudissements.*)

Messieurs, c'est là ce qu'il faut ne point se lasser de
répéter. Quiconque ne figure pas sur cette liste solennelle et désormais historique, quiconque ne s'est pas
trouvé à ce rendez-vous de l'honneur et de la loyauté,
du patriotisme et de la sincérité, ne nous appartient
pas; il n'est pas des nôtres, il appartient à nos adversaires. Nos adversaires ne s'en doutent pas peut-être,
mais la France le sait bien. (*Oui! oui!* — *Vifs applaudissements.*)

Oui, Messieurs, quand la France relira cette liste
glorieuse, — et soyez sûrs qu'elle la relira pendant
les semaines de silence qui vont s'écouler, — quand
elle relira ces noms et quand elle verra qu'ils vont
depuis MM. Thiers et Léon Renault jusqu'à M. Louis
Blanc, depuis M. Dufaure jusqu'à M. Victor Hugo,
quand elle rencontrera le nom d'un homme que vous
connaissez bien à Versailles et qu'on ferait difficilement passer pour un démagogue et pour un agité,
M. Laboulaye, votre ancien représentant; quand elle
verra réunis tous ces esprits sages, élevés, modérés
et prudents, elle comprendra de quel côté se trouvent
l'intelligence et la sincérité; elle comprendra aussi,
j'ose le dire, de quel côté se trouvent la clairvoyance
et le patriotisme. (*Explosion d'applaudissements.* —
Acclamations.)

Et croyez-vous que la France ne réfléchira pas et
ne se dira point à elle-même : Puisque tous les républicains, ceux d'hier et ceux d'aujourd'hui, les plus
récents comme les plus anciens, ceux qui ont tout
sacrifié pendant une longue existence, comme ceux
qui, éclairés par l'expérience et le malheur, ont compris enfin la nécessité de fonder parmi nous un gouvernement stable et accepté de la majorité des Français, c'est que décidément la vérité est là! — Pensez-

vous qu'il y ait hésitation dans cet admirable peuple de France? Messieurs, notre nation n'obéit, croyez-le bien, qu'à la vérité, qu'à la justice. Elle sait fort bien distinguer l'intrigant qui la trompe ou qui essaie de la surprendre, qui cherche à troubler son esprit, à agiter sa conscience; elle ne le confondra jamais avec l'honnête homme qui tranquillement, simplement, lui dit : Je me suis attaché, dans mes votes, à remplir fidèlement le mandat que tu m'avais confié; je ne me suis jamais considéré que comme le dépositaire de ta souveraineté et, le jour où il faudra te la remettre, je te la remettrai intacte. (*Applaudissements prolongés.*)

Messieurs, on pourra recourir à la candidature officielle, à toutes les intimidations, à toutes les menaces; on pourra employer toutes les ressources d'une légalité fausse et oppressive, n'ayez aucune inquiétude : nous opposerons à toutes ces pratiques coupables une résistance vraiment légale, claire et nette : à la ruse nous répondrons par la droiture, à l'intimidation par la fermeté, et nous nous rappellerons, nous rappellerons à nos adversaires qu'il y a des juges et des lois. (*Double salve d'applaudissements. — Bravos et acclamations.*)

Ce qui est certain maintenant, mes chers concitoyens, c'est qu'on s'est engagé dans un défilé d'où, peut-être, on voudrait bien sortir. (*Vive sensation.*)

Mais que les destins s'accomplissent (*Mouvement*), et que ceux qui n'ont pas su ou qui n'ont pas voulu s'accommoder de la démocratie républicaine, des nouvelles volontés de la France moderne; que ceux qui n'ont pas su se dérober à temps aux étreintes du parti clérical, que ceux qui ont rêvé encore une restauration monarchique; que ceux qui n'ont pas perdu la scélérate et criminelle pensée de ramener un Bonaparte en France, que tous ceux-là descendent dans la lutte : nous les y attendons. C'est le destin qui se chargera de régler leurs convoitises et leurs espérances. Quant

à nous, sûrs de n'avoir été que les scrupuleux serviteurs de la patrie, que les interprètes consciencieux
et désintéressés du suffrage universel; sûrs, par nos
actes, nos convictions et notre union, de l'approbation
du pays comme de l'Europe, nous irons au scrutin au
jour choisi, à travers tous les obstacles, écartant toutes
les difficultés administratives, et, ce jour-là, de l'urne
de chacune des 36,000 communes de France il sortira
un vote universel qui signifiera Patrie et République !
(*Salve d'applaudissements. — Bravos répétés.*)

Non ! on ne trompera pas la France. Non ! on ne
pourra pas troubler la clairvoyance de ce noble pays.
Ah ! on croit que, par l'emploi de ces moyens misérables qui consistent à poursuivre des journalistes et
des colporteurs ; on croit, parce qu'on fera des procès
de presse, parce qu'on fera fermer des cercles, parce
qu'on poursuivra les paroles imprudentes et téméraires, — on a toujours tort d'en dire de semblables
(*Oui ! oui !*) — on croit pouvoir empêcher ce peuple
de plaisanter, de railler, de rire et de se moquer de
ce qu'il trouve ridicule et même grotesque. Non ! non !
on pourra vexer les Gaulois, mais on ne supprimera
jamais la Gaule. (*Vives acclamations et applaudissements
répétés.*)

Mes chers concitoyens, soyez fermes, soyez con-
fiants. Toutes les circonscriptions, tous les départements sont semblables les uns aux autres et, quand
j'ai dit à la Chambre que nous partions 363 et que
nous reviendrions 400, je n'ai pas dit une parole en
l'air. Je ne l'ai dit qu'avec preuves, après enquête,
après renseignements détaillés et minutieux. Et j'en
appelle à la France pour ratifier ce que j'ai dit. Oui !
la France prononcera entre une coalition de partis
prêts à s'entre-déchirer, entre des partis qui, chose
impie ! s'ils pouvaient triompher, ne pourraient régner
que sur des ruines dont ils se disputeraient la possession pendant de longues années de discorde et de

guerre civile ; elle prononcera entre cet inconnu plein
de sang et de ténèbres et la République fondée sur
la volonté nationale, la République pacifique, la
République progressive et lumineuse. La France dira
surtout qu'elle veut la paix assurée au dedans comme
au dehors, la paix mise à l'abri de tous les périls et
de toutes les compromissions. Car, Messieurs, s'il y
en a qui ont besoin de dire qu'ils ne veulent pas la
guerre, nous, républicains, nous n'avons pas besoin
de le dire : tout le monde le sait. (*Explosion d'applaudissements. — Bravos prolongés.*)

Oui, tout le monde le sait, et c'est parce que tout
le monde le sait et que tout le monde est de notre
opinion que vous voyez nos adversaires si troublés,
si incertains, si agités; c'est pour cela aussi qu'ils ont
quitté leurs grands airs des premiers jours, quand ils
disaient : L'Europe, qu'est-ce que c'est? La presse
européenne? mais ne sait-on pas qu'elle est à la solde
des partis?

Grand merci, Monsieur le duc! mais votre fortune
ni la nôtre n'y suffiraient pas. (*Rire général.*)

Messieurs, trêve d'équivoques et de sophismes!
Débarrassons le terrain de toutes ces diatribes, de
toutes ces inexactitudes, de toutes ces contre-vérités.
— Je ne prononce pas de mot répréhensible. (*Hilarité.*)
Allons au fond des choses. Qu'y a-t-il?

Il y a, Messieurs, quoi qu'on dise, qu'un dernier
assaut est livré à la République par tous ses ennemis;
mais sous le drapeau de la République, réunis, associés et prêts à la lutte, se trouvent tous ses amis, tous
ses adeptes, tous ses auxiliaires, et, présents au drapeau pendant la lutte, ils se retrouveront à la victoire et à l'honneur! (*Applaudissements unanimes.*)

Aussi, permettez-moi, Messieurs, de finir par le
toast qui convient en cette circonstance.

Je bois au retour de cette majorité sûre d'elle-même
et dont la conduite a été ratifiée par l'opinion; je bois

aux nouvelles recrues qui pénétreront avec les 363
dans l'enceinte de la Chambre des députés. Au jour
du retour, il nous restera à faire prévaloir les volontés
de la France. Messieurs, l'ordre du jour que nous
avons voté et qui est devenu notre programme, cet
ordre du jour sur lequel nous allons nous séparer, la
France va le voter à son tour, et, quand elle l'aura
voté, il faudra bien qu'on obéisse. (*Adhésion unanime.*
— Longues acclamations et bravos prolongés. — Cris de:
Vive la République! Vive Gambetta!)

DISCOURS

EN RÉPONSE A L'ADRESSE DES ALSACIENS-LORRAINS DE BIENNE *

Prononcé le 7 juillet 1877

A PARIS

Le 22 juin, quand le président du Sénat eut proclamé le résultat du scrutin qui accordait au maréchal de Mac-Mahon la dissolution de la Chambre, un sénateur républicain s'était écrié : « C'est trois mois de dictature que vous avez votés! »

Le duc de Broglie et M. de Fourtou l'entendaient bien ainsi. Pendant trois mois, le duc de Broglie n'eut d'autre souci, suivant l'énergique expression de M. Léon Renault, que d'aspirer « à hausser sa politique aux habitudes de la politique de M. de Persigny ». M. de Fourtou, dès le 17 mai, avait choisi pour modèle M. de Maupas.

Faire les élections, fut l'unique objet du cabinet du 17 mai, et pour les faire, il ne recula devant rien. Après les préfets et les sous-préfets suspects de quelque attachement à la constitution républicaine, M. de Fourtou s'attaqua aux maires, aux instituteurs, aux employés des chemins de fer, aux gardes champêtres, destituant sur la première dénonciation tous ceux que ses circulaires ne réussissaient pas à intimider. Des sénateurs et des députés du centre gauche qui étaient, depuis nombre d'années, maires de leurs communes furent révoqués comme « radicaux et intransigeants » (le comte Rampon, M. Feray d'Essonnes, M. Fourcand, M. Rameau, M. Savary). Le colportage fut arrêté dans presque toute la France. La vente des journaux républicains fut arrêtée dans les gares et sur la plupart des voies publiques. On ferma des librairies dont les titulaires étaient coupables d'avoir vendu le *Journal des Débats*, le *Temps*, la *France*, la *République Française*. Les parquets dirigés par M. de Broglie ordonnèrent 3,271 poursuites de presse, et 2,709 condamnations furent prononcées[1]. La corruption et la diffamation furent élevées à la hauteur d'institutions gouvernementales. Le lendemain de la revue annuelle de Longchamps, le *Bulletin des communes* publia les lignes suivantes :

« Les partisans de la Commune, les complices des incendiaires et des scélérats de 1871, que le Maréchal a vaincus et écrasés dans les rues de Paris n'étaient pas à cette grande fête militaire (la revue).

« On n'y voyait pas non plus aucun des 363 anciens députés radicaux qui ont pour programme de désorganiser et de supprimer l'armée, comme ils voudraient désorganiser et détruire tout le reste, tout ce qui fait encore notre prospérité et notre grandeur. Ils s'étaient abstenus de prendre part à cette émouvante journée du patriotisme; ils avaient refusé de s'associer à cette démonstration nationale. »

M. de Fourtou révoqua les maires qui refusèrent d'afficher cet article du *Bulletin*, et les scribes du ministère de l'intérieur poursuivirent leur campagne de calomnie et d'outrage.

Nous ne pouvons citer, dans ces commentaires, que quelques faits isolés. C'est dans le rapport de la commission d'enquête parlementaire auquel nous avons déjà renvoyé, qu'on trouvera un tableau complet des actes du gouvernement du 16 mai, de ses abus de pouvoir et de ses prévarications, de sa campagne de diffamation contre tout le parti républicain, de ses procédés arbitraires et illégaux. Depuis la dissolution de la Chambre jusqu'au scrutin libérateur du 14 octobre, ce fut littéralement, suivant une expression énor-

---

1. Le *Phare du littoral de Nice* fut condamné à 15 jours de prison et à 1,000 francs d'amende pour la reproduction d'une lettre de M. Naquet, député. Le *Réveil du Dauphiné* fut poursuivi pour avoir publié le texte d'une pétition au maréchal dans laquelle des négociants de Vienne signalaient le triste état des affaires. Le *Journal des Alpes* fut condamné pour avoir fait allusion au « jusqu'au bout » des discours du maréchal, etc., etc. — M. Joseph Reinach fut poursuivi pour avoir commenté dans une brochure intitulée : *la République ou le gâchis*, cette phrase de M. Thiers dans son message du 13 novembre : « La République existe, elle est le gouvernement légal du pays; vouloir autre chose serait une nouvelle révolution et la plus redoutable de toutes. »

gique, « la prise d'assaut du pays ». C'était le parti clérical qui avait préparé le coup d'État parlementaire du 16 mai : les campagnes n'appelaient le cabinet présidé par M. de Broglie que le *gouvernement des curés*, mais ce fut le parti bonapartiste qui profita de la dissolution et qui « mena véritablement l'affaire ». Le vrai chef du ministère, ce fut M. de Fourtou, et derrière M. de Fourtou, il y avait M. Rouher, tout l'ancien comité de la rue du Colysée. Dans la répartition des candidatures officielles entre les différents partis alliés, ce fut le parti bonapartiste à qui le ministre de l'Intérieur octroya la plus grosse part, comme il l'avait déjà fait dans la répartition des préfectures et sous-préfectures.

La Chambre des députés avait été dissoute le 25 juin. A quelle date le cabinet dissolutionniste devait-il appeler les électeurs à nommer une nouvelle Chambre? L'article 5 de la loi constitutionnelle du 25 février 1875 semblait formel à cet égard : il portait qu'en cas de dissolution de la Chambre, « les collèges électoraux sont convoqués pour de nouvelles élections dans le délai de trois mois ». C'était donc le 25 septembre au plus tard que le suffrage universel devait prononcer. Les travaux préparatoires de la commission des Trente étaient décisifs sur ce point. « Toute extension de ce délai, disaient les signataires de la consultation du 11 juillet [1], serait une violation de la loi constitutionnelle dans une de ses dispositions les plus importantes. »

Ce fut pourtant à cette violation flagrante de la Constitution que le cabinet du 17 mai se décida dans les premiers jours de juillet. Il fit annoncer par ses journaux officieux que par ce mot « convocation des collèges », la loi entendait non pas le vote effectif, mais bien la fixation de la date du scrutin, que par conséquent la période électorale de vingt jours devait s'ajouter aux trois mois de délai précisés dans l'article 5.

Ce moyen illégal de *gagner* quelques semaines coûta cher au cabinet du 17 mai. Il faillit entraîner sa mise en accusation, et s'il permit aux préfets de M. de Fourtou de perfec-

---

1. MM. Senard, Allou, Jules Favre, anciens bâtonniers de l'ordre des avocats de Paris, Crémieux, Léon Renault, Hérold, Lebloud, Durier, Minerel, Emmanuel Arago, Beaupré, Ribot, Cléry, Lesage, Chambareaud.

tionner l'outillage de la candidature officielle, il devait donner
le temps aux dissidences des coalisés d'éclater au grand jour.
La première pensée de M. de Broglie avait été de présenter
ses candidats comme purement *conservateurs*, en les obli-
geant de garder en poche leurs drapeaux respectifs. « Un
seul drapeau, pas de guidon, » avait dit le *Moniteur*, et cette
idée qui était judicieuse eût pu être appliquée avec quelques
chances de succès au mois de juillet. Mais il est dans la
nature des trêves de ne pouvoir être observées qu'à condition d'être très courtes. Prolonger la trêve des partis
coalisés jusqu'au mois d'octobre, c'était la dénoncer. En
violant l'article 5 de la loi constitutionnelle du 25 février,
M. de Fourtou dénonça, au plus grand profit du parti républicain, la trêve savamment imaginée par M. de Broglie.

En effet, dès que le gouvernement eût fait connaître son
intention de retarder jusqu'à l'automne les élections législatives, les coalisés du 16 mai se divisèrent. Ce fut le parti
bonapartiste, le plus remuant et le plus actif, qui commença.
M. Rouher fit déclarer dans l'*Ordre* que ses amis se refusaient à aller au scrutin « comme des Pénitents Blancs allant
à la procession, tous revêtus du même froc et du même
capuchon, tous constitutionnels ». M. Tristan Lambert se
déclara le candidat de l'empire autoritaire de 1852. Bientôt,
toute la presse bonapartiste, à l'exception du *Pays*, annonça
en chœur que, « si jusqu'alors le gouvernement avait pu
compter sur les bonapartistes, il devait à l'avenir compter
avec eux, » et les polémiques les plus violentes éclatèrent
entre le *Français* et l'*Ordre*, le *Moniteur* et le *Combat*, la
Défense et la *Souveraineté du Peuple*. « Les bonapartistes,
dit le *journal du Mans*, ne sont pas tolérés dans l'union conservatrice : leur passé les en rend indignes. » M. de Franclieu
écrivit à l'*Écho de Province* : « Je regarde comme le devoir
le plus impérieux pour tout catholique et pour tout royaliste
de combattre les bonapartistes à outrance. » M. Lalauze,
candidat royaliste à Mauriac : « Les royalistes ne doivent
pas s'associer au parti de l'Empire qui ne peut mériter d'autre concours que celui des misérables ou des poltrons. »
La *Défense* et les journaux de province de M. Dupanloup :
« L'opinion monarchique plane au-dessus de l'Empire de
toute la hauteur qui sépare la gloire du crime et l'honneur
de la honte. »

Pendant que la discorde sévissait ainsi au camp des coalisés, le parti républicain restait uni avec ce seul mot d'ordre : la réélection des 363. Les 363 signataires du manifeste du 18 mai, M. Jérôme-Napoléon Bonaparte comme M. Raspail, se représentaient dans leur circonscription, sans aucune compétition républicaine. Il n'y eut pas une seule dissidence. La discipline républicaine déjoua toutes les embûches comme elle déjoua toutes les violences. Les résolutions du comité des gauches sénatoriales et celles du comité de résistance organisé par M. Gambetta ne rencontrèrent aucune opposition. La consigne donnée fut observée partout.

Nous empruntons à la *République Française* le compte rendu d'une des conversations que M. Gambetta avait journellement avec les délégations qui venaient le trouver de tous les points du territoire :

« Hier 1er juillet, à deux heures, M. Gambetta a reçu une députation qui lui était adressée par les Français établis à Bienne (Suisse). Cette colonie, presque entièrement composée d'Alsaciens-Lorrains ayant opté pour la nationalité française, avait chargé l'un des siens, M. L.-M. Wormser, de porter à M. Gambetta ses encouragements et de lui offrir une fort belle montre, produit de l'industrie du pays. Une centaine d'Alsaciens-Lorrains, habitants de Paris, s'étaient joints à la délégation de Bienne.

« M. Wormser, président de la délégation, s'est exprimé en ces termes :

« Il y a bientôt quatre ans que la colonie française de Bienne a pris l'initiative d'inviter tous les compatriotes habitant le territoire suisse à rendre une visite à l'illustre M. Thiers qui était pour quelque temps en villégiature à Lucerne. Nos compatriotes établis en Suisse ont saisi cette occasion avec empressement, et ils se sont rendus à Lucerne en grand nombre pour témoigner de leurs sympathies et de leur gratitude au grand citoyen.

« Les mêmes sentiments qui inspiraient alors la colonie française de Bienne nous dictent la démarche que nous faisons auprès de notre cher concitoyen Gambetta.

« Je viens donc, au nom de cette colonie, avec une simplicité toute républicaine, présenter à Gambetta les vœux et les sentiments qui animent les membres de la colonie française de Bienne. Ils m'ont chargé de vous transmettre

ces vœux dans une adresse qu'ils m'ont donné l'ordre de
vous remettre avec un petit souvenir.

« Voici les principaux passages de cette adresse :

« *La colonie française de Bienne et environs au citoyen
Léon Gambetta.*

Bienne, le 25 juin 1877.

« Cher compatriote,

« En France comme à l'étranger, partout où bat un cœur
sincèrement français, il a tressailli à la nouvelle de l'acte du
16 mai dirigé contre la République.

« Cette secousse, aussi violente qu'inattendue, jeta la France
tout entière dans une profonde perturbation, qui aurait pu
lui devenir fatale si, par son attitude digne et résolue, la
Chambre républicaine, sous la direction sage et ferme de
son éminent président, n'avait ranimé toutes les espérances.

« La colonie française de Bienne et environs, soucieuse
des destinées de son pays, animée des plus profonds sentiments patriotiques et républicains, vient s'associer avec
bonheur à cette manifestation pacifique, en témoignant de
sa vénération et de son admiration pour cette valeureuse et
intrépide pléiade de républicains dont vous êtes, illustre
concitoyen, un des plus sincères et des plus dévoués.

« Elle nous a délégués auprès de vous pour vous présenter
les hommages dus au patriote sincère, à ses vertus républicaines, au lutteur infatigable, au brillant orateur dont la
parole autorisée vient de flageller du haut de la tribune,
devant le monde entier, dans un discours qui fait époque,
les intrigues montées contre la République qui, seule, peut
faire notre bonheur et notre prospérité à l'intérieur, notre
gloire et notre honneur à l'extérieur !

« Cette République que vous avez rendue à la France et
qu'elle a accueillie — avec amour et enthousiasme — comme
une suprême consolation au milieu des terribles malheurs
qui l'accablaient; cette République que nous aimons d'un
amour d'autant plus ardent qu'elle a été enfantée dans la
douleur; cette République qui avait à sa tête l'illustre libérateur de la patrie; cette République proclamée par le suffrage universel, sanctionnée par le verdict souverain du

20 février 1876; cette République ne peut plus nous être ravie!!!

« Cher concitoyen,

« Merci à vous des efforts que vous n'avez cessé de prodiguer et que vous prodiguerez encore pour la défense de la sainte cause républicaine !

« Merci aussi à cette phalange d'élite de vos éminents auxiliaires! Soyez auprès d'elle notre organe pour lui dire que notre reconnaissance et notre admiration lui sont à jamais acquises; qu'elle a bien mérité de la République.

« En vous, en Gambetta, nous estimons honorer tout ce large parti républicain, si riche de talent, de patriotisme et de bon sens.

« Recevez donc de nos mains, comme marque de notre haute estime, de notre profonde gratitude, de la grande confiance que nous mettons en vous, — avec cette adresse que vous dédie la colonie française de Bienne, — ce modeste souvenir qui l'accompagne.

« Vive la République !

« Vive Gambetta !

« Vivent les 363!

« Ont signé :

« MM. L.-M. Wormser, président de la colonie française de Bienne (délégué); Marc Goschler, vice-président; A. Dreyfus, caissier; J. Heusslin, secrétaire; A. Friess, adjoint; M. Quéloz, adjoint.

« Membres : MM. Charles Marconnet, Georges Dormoy, A. Douard, B. Schvob aîné, A. Weill, Samuel Levy, Léopold Levy, M. Singer, Pierre Thermoz, Cousin de Recouvillier, Ferdinand Lançon, M. Perrenoud, Henri Ferciot, Colin, P. Wanzenried, Auguste Chavanne, Jouve, Schvob-Rueff, Victor Chavanne, P. Gros-Canel, B.-F. Beucler, D. Picard, Bornéque-Pfarrer, François Buessard, D. Wormser, Albrecht, Leblanc Cyrille, Pierre Ewrard, Aeby, Landry, J. Detot de Neuchâtel.

« M. Gambetta a répondu :

Messieurs,

Je n'essaierai pas de vous exprimer, comme je la

ressens, l'émotion que me cause votre démarche.
Comme vous le dites très bien, c'est le parti tout entier
que vous voulez honorer dans ma personne et, heureusement, c'est plus qu'un parti aujourd'hui, c'est
l'immense majorité du suffrage universel que nos
adversaires politiques ont la témérité de défier une
dernière fois.

Je comprends votre indignation de la première
heure, vos angoisses, vous qui êtes des Français volontairement établis au delà de la frontière; mais vous
pouvez vous rassurer sur le sort de la cause qui vous
est chère. Votre voyage parmi nous n'aura pas été
inutile : vous aurez pu constater par vous-mêmes,
pour en reporter le témoignage à vos frères et à nos
compatriotes, qu'on peut bien, dans ce pays-ci, menacer en paroles la République, qu'on peut bien tracasser ses partisans, qu'on peut bien les dévouer à
l'injure et à l'outrage d'une presse sans pudeur; mais,
quant à consommer par la force la destruction de la
République, vous pouvez dire que cela est impossible,
et vous pourrez en donner pour gage la confiance,
l'union, la résolution, la modération inébranlable de
tous les républicains, c'est-à-dire, aujourd'hui, de la
France entière. (*Vive approbation.*)

Vous pouvez, Messieurs, retourner dans cette colonie
du travail, de l'épargne et du patriotisme que vous
représentez si bien dans la Suisse, libre et laborieuse.
Vous êtes là comme un exemple de ce que valent les
Français quand ils sont libres, et vous nous apportez,
à nous, l'espérance, mieux que l'espérance, la preuve
que le jour où la démocratie sera complètement débarrassée des résistances des gens d'ancien régime
qui, sans titre, sans droit, sans autorité, veulent s'imposer à elle, nous aussi nous serons un peuple tranquille, pacifique avec ses voisins, heureux chez lui,
uniquement préoccupé d'augmenter tous les jours,
avec son bien-être, le domaine de la civilisation, et

de réaliser le règne de la justice parmi les hommes. (*Marques d'assentiment.*)

Voilà notre but, et notre génération se doit de l'atteindre. Aujourd'hui nous avons une tâche immédiate : c'est de vaincre pacifiquement, à coups de bulletins, la dernière entreprise de trois ou quatre partis condamnés déjà si souvent par la France, mais qui ne veulent pas se résigner à cette condamnation.

Ce qui se passe était inévitable, et, après l'avoir reconnu, il faut se féliciter d'être mis à même d'en finir promptement. Ils ont pris le pouvoir, ils vont l'exercer pendant trois mois; eh bien, ces trois mois nous feront gagner trois ans; ils auront touché par eux-mêmes le fond de leur impuissance. Ils veulent, disent-ils, connaître encore une fois l'opinion de la France moderne. D'ici quelques semaines, la France mettra tout ce monde à la raison. Car, quand elle aura parlé, qui donc se sentira de taille à résister à la France? (*Sensation.*)

Vous pouvez être absolument rassurés à cet égard. Il n'y a, dans ce pays-ci, aucune espèce d'inquiétude sur l'issue de la lutte; aucune espèce de trouble n'est à craindre, aucun entraînement illégal à redouter; on est tellement sûr de soi, tellement confiant dans l'avenir qu'on ne donnera à personne l'occasion de faire de la violence. (*Vive adhésion.*) Mais aussi, quand nous aurons donné ces preuves d'autorité et de puissance, et que le verdict sera sorti des urnes, quoi qu'on dise et quoi qu'on fasse encore, tout sera remis pacifiquement en sa place naturelle et légitime.

Voilà, Messieurs, ce que vous pouvez redire à vos concitoyens, à nos amis. Et, puisque vous avez rappelé le nom de M. Thiers, de l'homme qui a rendu et rend tant et de si éminents services à son pays, vous pourrez dire que sa santé, que ne compromettent que les bruits de journaux intéressés, n'a jamais été plus solide ni plus brillante; que son esprit n'a jamais

été plus lucide, plus alerte, et qu'il est véritablement
surprenant de force, de grâce et de clairvoyance.
Vous êtes allés visiter M. Thiers à Lucerne; je me
permets de vous donner de ses nouvelles pour que
vous puissiez les reporter à ceux qui vous accompagnaient dans cette visite. Ce que je vous dis là, la
France le sait, et c'est ce qui met nos adversaires de
méchante humeur.

Vous pouvez dire, quant à moi, que je n'ai nullement, dans la lutte qui est ouverte, la prétention de
figurer dans ce qu'on appelle une alternative plébiscitaire. J'ai ma place de combat dans les rangs de la
démocratie; je la sers comme j'entends la servir,
c'est-à-dire avec désintéressement et sans arrière-
pensée. La France n'a pas besoin d'élever des hommes
plus haut que les autres. Elle a le droit de réclamer
que chacun de ses enfants soit un serviteur passionné
de sa gloire et de sa prospérité. (*Vive sensation.* —
Assentiment unanime.)

Donc, si j'accepte votre témoignage, il faut que
vous lui conserviez bien le caractère que dans un
sentiment républicain et démocratique vous avez
voulu lui donner : c'est un témoignage de fraternité
républicaine et française. Je vous remercie, Messieurs.
(*Approbation générale et bravos.*)

DISCOURS

Prononcé le 15 août 1877

A LILLE

Nous avons raconté dans la notice précédente comment le retard apporté par M. de Fourtou aux élections législatives avait eu pour conséquence immédiate la division des partis coalisés du 16 mai. Aller à l'assaut de la République était bien toujours le but commun. « Mais les uns voulaient y aller avec le coq, les autres avec l'aigle et les troisièmes avec le lys. » M. de Broglie comprit qu'un assaut ainsi mené conduirait fatalement, malgré tous les efforts de la candidature officielle, à une défaite complète et qu'il fallait s'efforcer, à tout prix, de refaire l'union.

M. de Broglie était toujours l'homme du *septennat personnel* : il résolut de renouer l'alliance conservatrice sur le nom seul du maréchal. Puisqu'il était impossible d'opposer à la République, soit la Royauté, soit l'Empire, on décida d'opposer à la nation le maréchal. Les candidats officiels ne s'appelleraient ni *conservateurs* ni *constitutionnels*. Ils s'appelleraient simplement *candidats du gouvernement du maréchal*. M. de Mac-Mahon ne pouvait-il plaire également à tous les partis coalisés? Il appartenait par sa famille à la légitimité et par son passé militaire à l'Empire. S'il avait plutôt des goûts et des habitudes orléanistes, les bonapartistes avaient découvert sur son visage « un rayon du soleil de Brumaire ». Il était bon catholique, s'il n'était pas bon clérical. Il jouissait d'une réputation générale de probité et de courage. C'était bien le maréchal qu'il fallait mettre en avant contre les 363, contre M. Thiers et M. Gambetta.

Le duc de Broglie fit accepter ses vues par M. de Fourtou et M. Decazes. Il fut décidé que le maréchal entreprendrait

dans le sud-ouest et dans le centre une série de voyages
électoraux. (Juillet-avril 1877.)

Ces voyages furent pour le président de la République
une série, presque ininterrompue, de déceptions souvent
amères. La consigne était de crier : « Vive le maréchal ! »
sur le parcours du président. La foule, presque partout, ne
poussa qu'un seul cri : « Vive la République ! » Les conseils
municipaux des villes les plus importantes, Bourges, An-
goulême, Tours, refusèrent de voter les fonds destinés aux
frais de la réception. Les maires de Bordeaux et de Tours,
l'adjoint d'Évreux tinrent au maréchal un langage triste et
sévère. Le maréchal ne sut pas cacher son mécontentement.
Il se sentit impopulaire. Il ne put fermer les yeux aux conséquences désastreuses de la crise qu'il avait provoquée. Il
comprit qu'il avait devant lui autre chose que le radicalisme
et l'intransigeance. Les discours contradictoires qu'on lui
faisait tenir à Nérac et à Tulle, à Bordeaux et à Tours, à
Évreux et à Bourges, le blessèrent dans sa dignité : à Évreux,
un discours autoritaire, à Bordeaux, un discours conciliant,
à Bourges, un discours contre l'ultramontanisme, à Tours,
des menaces contre les adversaires de sa *politique*. En résumé,
le but que s'était proposé le duc de Broglie ne fut pas atteint.
La tournée électorale du président de la République n'avait
démontré que la force et la cohésion du parti républicain.

Pendant que le maréchal parcourait encore les départements du sud-ouest et du centre, M. Gambetta se rendit à
Lille. Nous empruntons à la *République française* le compte
rendu de cette excursion :

« Pendant que les journaux de la réaction faisaient voyager
M. Gambetta à Vichy, à Dieppe, M. Gambetta se rendait à
Lille pour visiter son ami le sénateur Testelin.

« L'excursion n'avait rien de prémédité. L'ex-député de
Paris est arrivé le 14, à onze heures du soir; on avait à la
hâte averti quelques amis : les députés du département n'é-
taient même pas prévenus. C'est aux courses de Roubaix que
M. Scrépel avait appris la présence de M. Gambetta à Lille.

« Le 15, à six heures du soir, 103 convives de Lille, de
Roubaix, d'Armentières, prenaient part au banquet offert
par M. Testelin à M. Gambetta.

« A côté du président Testelin se trouvaient MM. Mazure,

Pierre Legrand, Scrépel, députés; MM. Soins et Dutilleul,
conseillers généraux; M. Géry-Legrand, président du conseil d'arrondissement; ses collègues, MM. Flipo et Bény;
M. Famechon, maire révoqué de Roubaix; MM. Léon Allart
et Doudet, adjoints, également révoqués; un grand nombre
de conseillers municipaux de Lille, Roubaix, Tourcoing;
des maires et des conseillers des communes voisines.

« Au dessert, M. Testelin se lève; on ferme porte et fenê-
tres, et M. Testelin prend la parole :

« Messieurs et chers concitoyens, je vous demande la permission de porter un toast au maintien de l'union de tous
les vrais patriotes sur le terrain solide de la République,
seule forme de gouvernement qui puisse permettre à la
France de reprendre le rang qu'elle a perdu en Europe.
Puisse le concours unanime de tous les bons citoyens faire
sortir triomphants des urnes électorales les noms des 363
dont le président de la Chambre a pu dire justement que,
pendant leur trop courte carrière, ils n'avaient pas cessé, un
seul instant, de bien mériter de la République et de la patrie! (*Très bien! très bien!* — *Applaudissements prolongés.*)

« A ces dignes représentants qui, fidèles interprètes du
pays, ont voté les salutaires et courageux ordres du jour
des 4 mai et 19 juin! (*Nouvelles marques d'approbation.*)

« Au grand patriote, au politique habile, à l'orateur éminent qui, aussi puissamment et aussi opportunément, permettez-moi de le dire, a contribué à réunir en un seul fais-
ceau tous les amis du progrès et de la liberté! (*Explosion
d'applaudissements.* — *Tous les assistants se lèvent ensemble,
se tournent vers M. Gambetta et le saluent d'enthousiastes acclamations.*)

« A l'ancien député de Lille, à notre cher et illustre Léon
Gambetta! (*Nouvelles acclamations*).

« M. Gambetta se lève, très ému, et prononce le discours
suivant :

Messieurs et chers concitoyens,

Je lutte contre une émotion bien naturelle et je ne
suis pas encore parvenu à dominer l'impression profonde que m'a produite subitement, non pas, il faut

vii.   14

bien que je le dise, cette parole loyale et vibrante à laquelle je suis habitué, mais cet élan qui vient de vous emporter vous-mêmes et qui fait que j'ai senti que c'est bien dans ces étreintes qu'on trouve la récompense des efforts qu'on a faits. (*Salve d'applaudissements.*)

Je ne pouvais, en effet, choisir un meilleur asile, une ville et un pays où je fusse plus sûr de rencontrer la sympathie, l'esprit de résistance légale, le courage qui sait ne jamais se départir d'une prudente fermeté, qu'en venant à Lille (*Mouvement*), à Lille, où je reviens plus souvent qu'ailleurs, vous pouvez le remarquer, Messieurs, et où je reviens parce que je sais qu'on y trouve, et depuis longtemps, des cœurs généreux, des courages fidèles, des pensées politiques de prudence, de sagesse, d'union surtout entre toutes les classes de la société. (*Marques d'approbation.*)

Et, profitant d'un jour de repos autrefois consacré, vous savez à quelle fête, à la fête du crime couronné (*Oui! oui!*), j'ai pensé que je ne pouvais pas mieux, à mon tour, chômer le 15 août qu'en venant au milieu d'amis pour m'entretenir avec eux de la crise que nous traversons, pour leur dire où nous en sommes et où nous allons.

En effet, la France, depuis tantôt deux mois qu'on a pu, sur deux pouvoirs législatifs, dissoudre l'un et paralyser l'autre, la France est en proie, je ne dirai pas à des angoisses mortelles, mais à des anxiétés profondes, à la fois généreuses et patriotiques, qui font que dans chaque département, dans chaque arrondissement, dans chaque canton on se demande quel jour finira ce duel, ce conflit entre le pouvoir d'un côté et la nation de l'autre.

Et, comme tout le monde est partout prêt à faire son devoir, il est peut-être bon de dire à ceux qui travaillent sur un point donné, sur une des cases de cet échiquier national, ce qui se passe dans les autres cases, afin qu'on puisse saisir le mouvement d'ensemble qui emporte le pays et savoir avec exactitude ce que l'opinion publique pense, ce qu'elle prépare, et quelles sont les espérances légitimes que les bons citoyens sont en droit de nourrir.

Eh bien, examinons et tâchons de voir, comme je le disais au début, où nous allons.

Messieurs, il se passe à l'heure actuelle, en France, un phénomène politique tout à fait rassurant et heureux.

On vous le disait d'un mot tout à l'heure; on vous parlait de cette union du parti républicain dans toutes ses nuances, ne distinguant plus, ne cherchant plus les thèses, les programmes, les antagonismes, les querelles personnelles et ayant fait cesser tout à coup des débats mesquins et misérables pour ne s'occuper que du salut de la patrie, qu'on ne sépare pas du salut de la République. (*Très bien! très bien! — Applaudissements.*)

C'est ainsi qu'en face et au lendemain de cette dissolution qui a été prononcée sans prétexte, sans motifs, sans raison, — car on a déjà renoncé à rappeler les raisons inscrites dans la lettre présidentielle du 15 mai, — il n'est plus question, aujourd'hui, de dire à la France qu'on a renvoyé le cabinet républicain, parce que la majorité républicaine l'avait mis en minorité, car le pays, qui est au courant de la situation, dirait que c'est une contre-vérité; — on ne dit plus qu'on a renvoyé la Chambre et le ministère républicain parce qu'on avait rendu publiques les séances des Conseils municipaux, car le pays répondrait que c'est là un prétexte sans valeur; on ne dit plus que c'est parce que la Chambre était prête à voter une loi sur la presse qui rendait la compétence au jury en matière de délits et de crimes commis par la voie de la presse, et pourquoi ne le dit-on plus? C'est parce qu'il n'y a plus moyen d'argumenter de cette façon, alors que le jury, qui fonctionne dans tous les pays libres, à fonctionné en France pendant un demi-siècle en matière de presse.

Pourquoi donc a-t-on dissous la Chambre? Messieurs nul ne le sait et nul ne peut le dire. On se réserve sans doute de l'expliquer dans les professions de foi qui viendront plus tard et dans une lettre écrite par le chef du pouvoir exécutif, lettre dont on prépare les bandes d'envoi, dit-on, dans diverses administrations, en requérant la milice sacrée et ordinaire. (*Rires.*) On nous menace d'une mer d'encre qui va couler sur le pays, de brochures dont le *Moniteur des Communes*, — dont on a altéré quelque peu, vous le savez, le nom avec justesse (*Hilarité.— Bravos*), —peut nous donner un avant-goût. Oui, Messieurs, on a stipendié une certaine presse, toujours prête à vomir l'injure et qui se nourrit exclusivement de mensonges et de calomnies; on n'a réussi qu'à attrister la conscience du pays et de l'Europe par les infamies qu'on a laissées s'étaler au grand jour dans les papiers des auxiliaires les plus intimes du gouvernement, qui se disent conservateurs et qui n'emploient d'autres armes contre leurs adversaires politiques que l'injure, l'outrage et la calomnie. (*Oui! — Très bien! — Bravos répétés.*)

Ce mal est-il sans remède? Oh! non, mes chers concitoyens. Car l'on peut opposer à cette levée de plumes vénales et corrompues le dédain et le mépris qui surgissent dans ce pays de France contre ceux qui n'ont pas d'autres ressources pour vivre ou pour durer; on peut s'en fier au bon sens français, à la rectitude de l'honneur national pour faire justice de ces tentatives qui ne sont déshonorantes que pour ceux qui les emploient ou pour ceux qui en profitent. Ce n'est pas là, Messieurs, ce qui inquiète le pays, et il peut laisser passer sous ses pieds ce ruisseau chargé de bave et d'ordures. (*Oui! oui! — Très bien! très bien!*)

Mais ce qu'on ne peut supporter, ce qui est un

spectacle outrageant pour l'idée de justice et de droit,
c'est qu'on soit allé bien au delà de l'injure, et qu'on
soit entré dans un système de provocations criminelles
contre la loi, et qu'on tolère tous les jours dans des
journaux, — que dis-je? qu'on tolère? — qu'on encourage, qu'on subventionne, dans des feuilles dont
on garantit la circulation et la distribution, des appels
à la force contre la Constitution et contre le droit,
des suggestions criminelles et persistantes à l'adresse
de ceux qui détiennent le pouvoir, sans que la justice
se soit émue; sans que les ministres en aient senti
leur responsabilité atteinte ou éveillée; sans qu'il y
ait eu, de la part d'aucun de ceux qui ont charge et
mandat, dans ce pays, de protéger la loi sans laquelle
ils n'existeraient pas, aucun avertissement ou aucune
répression contre ceux qui poussent au renversement
des institutions voulues par la nation. Et, dans ce
duel mémorable, que voit-on? On voit les feuilles
dévouées à la loi, les organes modérés, les journaux
les plus conservateurs, ceux dont les traditions libérales dans ce pays remontent à l'aurore même de la
Révolution, — on voit ces journaux exclus des gares,
empêchés de circuler, devenant la cause d'un délit
quand ils sont colportés, de telle sorte qu'en ce moment la protection est pour les diffamateurs et les
rebelles, et l'oppression, l'arbitraire, la chasse à la
vérité, sont entièrement réservés à ceux qui ne se
réclament que de la justice et de la loi. (*Salve d'applaudissements. — Bravos répétés.*)

Ce n'est pas seulement le spectacle auquel nous
assistons du côté de la presse officieuse qui est de
nature à exciter notre indignation et celle du pays. Il
faut aller plus loin et se demander quelle est l'association d'hommes qui a entrepris, contre la volonté
éclatante, manifeste, presque unanime du pays, de le
faire changer d'avis et de lui arracher, à travers toutes
les ruses et toutes les violences de l'arbitraire, une

sorte de *mea culpa* des élections du 20 février 1876.
Quels sont ces hommes? car connaître leurs pensées,
leurs opinions, c'est deviner leur but, c'est juger leur
politique et c'est éclairer le pays.

Ces hommes, ce sont ceux-là mêmes qui, le 24 Mai,
ont renversé M. Thiers du pouvoir, non pas seulement
pour lui donner un successeur chargé de défendre les
institutions existantes, mais parce que M. Thiers,
obéissant aux lois de la politique et ayant la connaissance profonde des intérêts de son pays, s'était hautement prononcé contre la monarchie, contre toutes
les monarchies. Et ce sont ces hommes qui, aussitôt
qu'ils eurent pris le pouvoir, s'ingénièrent de toutes
les façons à ramener dans ce pays la monarchie :
les uns, la monarchie de droit divin avec le cortège
des bienfaits du bon vieux temps que vous savez
(*Rires.*), et que nos paysans n'ont jamais oublié ni n'ou-
blieront jamais (*Assentiment unanime.*); les autres,
la monarchie contractuelle avec ce côté d'oligarchie,
de convoitises, de corruption qui fut le propre du
règne de la monarchie de Juillet. Quant aux autres,
je n'ai pas besoin de les nommer. Vous les connaissez : toujours à l'affût des places à reprendre, de leurs
appétits à satisfaire, promettant tout ce que l'on
veut : aux ouvriers, l'extinction du paupérisme; aux
bourgeois, l'ordre sans trouble et sans émotion par la
suppression de la tribune, de la liberté et du contrôle;
à l'Église, tous les bienfaits, toutes les prébendes,
toutes les autorisations et toutes les suppressions
dont elle a besoin, commençant d'abord par s'entendre avec elle pour la trahir et l'abandonner ensuite le
jour où certaines combinaisons dynastiques lui en
feraient une nécessité.

Mais laissons de côté le passé de ces trois dynasties.
Est-il vrai, oui ou non, que ce sont leurs chefs qui
ont fait le 24 Mai, que le 24 Mai a fait assister le pays
à une coalition d'efforts pour renverser la République?

Mais il n'est pas moins vrai que le pays a vaincu une première fois cette coalition et que sa victoire s'est appelée la Constitution républicaine du 25 février 1875? (*Oui! oui! — Très bien! très bien! — Applaudissements prolongés.*)

Et ce jour-là, que s'est-il passé! Il s'est passé un acte en vertu duquel il était bien entendu que ceux qui allaient présider au fonctionnement de cette Constitution républicaine seraient des républicains de raison, sinon de naissance. C'est ce qu'avait voulu la France et, quelques mois plus tard, lorsqu'elle a prononcé à son tour sur cette Constitution en choisissant des mandataires chargés de la maintenir et de la défendre, à quels hommes, à quels élus confiait-elle ses pouvoirs, remettait-elle sa confiance pour faire prévaloir ses volontés? A une majorité incontestablement républicaine qui signalait son passage par des actes répétés de prudence, de sagesse et de travail. (*Salve d'applaudissements.*)

Et c'est parce que cette majorité n'est tombée dans aucun des pièges qui lui étaient tendus de plusieurs côtés; c'est parce que la confiance qu'elle inspirait au pays allait grandissant; c'est parce qu'elle excellait à déjouer les trames et les calculs de ceux qui ne s'étaient pas accommodés de la République; c'est parce qu'elle fondait tous les jours plus profondément dans le sol les assises de l'édifice républicain; c'est alors que, sans autre motif que d'arrêter brusquement la propagande qui conduisait le parti républicain à la conquête du cœur de la nation, on l'a congédiée en l'accusant de quoi? D'un vice secret, de radicalisme latent. Dans ce pays de clarté et de franchise, on n'a trouvé que ce mot obscur, que cette ambiguité, disons le mot, que ce mensonge pour se débarrasser de cette majorité. (*C'est cela! — Très bien! — Vives et unanimes acclamations.*)

Et alors on a vu revenir au pouvoir, qui? Les coali-

sés du 24 Mai. Ah! on peut dire, écrire et répéter
qu'on a fait le 16 Mai pour consolider la République
(*Hilarité générale*), pour affermir les institutions républicaines, pour arracher la République aux républicains qui l'aimaient d'un amour trop ardent et qui
l'embrassaient dans leurs bras comme un autel consacré; on peut écrire ces choses, mais, quand le pays
regarde ceux qui parlent, ceux qui administrent et
ceux qui gouvernent, quand le pays regarde, — j'allais prononcer un mot que j'arrête sur mes lèvres, —
j'allais dire ceux qui conspirent, mais je dis quand le
pays regarde ceux qui poursuivent un autre but que
le but républicain, que voit-il? M. le duc de Broglie,
qui avait mis son honneur à combattre la Constitution républicaine du 25 février 1875; M. de Fourtou,
qui n'a pas voté pour cette Constitution et qui est
un bonapartiste; M. Brunet, qui se réclamait, lors
des élections sénatoriales dans son département,
de l'appel au peuple, c'est-à-dire de la doctrine du
césarisme par excellence... Je m'arrête, non pas que
les opinions des autres ministres n'aient pas leur
importance, mais ils sont connus et il n'y en a pas un,
parmi eux, qui soit républicain, je ne dis pas républicain de naissance, mais républicain d'opinion, de
raison.

Et, en face de ces hommes, que voyons-nous aujourd'hui? Nous voyons s'éloigner d'eux ceux qui,
ayant appartenu autrefois à des opinions opposées à
la République, y sont venus avec confiance, sans
arrière-pensée; ce sont ceux-là qui tous les jours
s'écartent du ministère du 16 Mai comme d'un ministère néfaste, comme d'un ministère divisé contre lui-
même, comme d'un ministère de coalition contre les
institutions existantes, et qui fondent, — car c'est
avec ces hommes qu'on a pu la fonder, — l'union de
notre grand parti pour la défense de la loi, de la
République et de la paix, comme vient de le dire

M. Feray, d'Essonnes. (*Longs applaudissements et bravos unanimes.*)

Aussi, Messieurs, il n'y a de républicains que dans nos rangs. Oui, tous les républicains sont de notre côté. Par conséquent, ne dites pas que c'est pour consolider la République qu'a été fait l'acte du 16 Mai, car vous ne pouvez avoir raison contre ceux qui veulent et qui ont toujours voulu, depuis nos désastres, fonder le gouvernement par excellence d'une démocratie qui veut rester libre.

Vous êtes jugés par votre passé, par vos agents. Et, en effet, aussitôt après votre installation, qu'avez-vous fait? Vous vous êtes fait apporter la liste des fonctionnaires, et vous, à qui on ne pouvait que si difficilement arracher une signature pour changer un seul fonctionnaire; vous qui criez sans cesse contre les hécatombes faites par les ministres républicains, on vous a vus, en moins de huit jours, presque en une nuit, bouleverser tout le personnel administratif, chassant tous ceux qui vous déplaisaient avec la dernière violence, sans tenir compte des ruines qui sont la conséquence de ces expulsions, sans tenir compte des droits acquis ni des légitimes exigences des populations. Sans tenir compte des intérêts du pays, vous avez chassé quiconque était soupçonné par vous d'être encore libéral, patriote ou républicain. (*Oui! oui! — C'est vrai! — Applaudissements unanimes.*)

Et vous voulez que la France s'y trompe! Vous voulez que le pays ne comprenne pas votre politique! Mais vos actes sont là, et ce n'est pas du radicalisme latent, cela: c'est de la désorganisation flagrante, patente, à contre-sens; c'est la pire des perturbations sociales. (*Nouveaux applaudissements.*)

Messieurs, qu'a fait le pays? Il a été admirable; il l'est encore, et il le restera devant ce désordre. (*Oui! oui! — Assentiment général.*) Car il y a désordre, car il y a impuissance à s'entendre entre les coalisés, car déjà la rupture est dans leurs rangs. L'appétit du pouvoir pouvait bien les réunir contre la République, mais, après avoir obtenu le pouvoir, ils devaient se diviser sur la question du sort à faire à la France, au moment du partage de ses dépouilles.

On s'est donc divisé. La rupture s'est produite et, aujourd'hui, on parle de faire rentrer le Centre gauche, comme une brebis égarée, dans le bercail du gouvernement. Vous savez quelle réponse a été faite à ces avances par ce groupe politique qui a pris une si grande part des sympathies de l'opinion. Il a répondu : Je ne vous connais pas, ou plutôt je ne vous connais plus. Et aussitôt il a eu à essuyer les outrages de la presse à gages.

Le pays est resté calme en face de toutes les provocations. On lui a enlevé toutes les commodités de l'existence politique. On a fermé les cercles, interdit les réunions, empêché la circulation des journaux dans les lieux où on avait l'habitude de les rencontrer. On a épuisé contre l'opinion tous les moyens qui pouvaient faire espérer de la réduire ou de l'étouffer. Je n'énumérerai pas devant vous cette longue liste d'excès de pouvoir, d'abus d'autorité qui ont été déférés aux tribunaux et qui attendent la fortune diverse de la justice ordinaire ou de la justice administrative. Non, ce serait là un exposé fastidieux ; mais je tiens à prendre acte de ces nombreux procès, de ces résistances judiciaires et légales, opposées sur tous les points de la France à la politique à outrance du 24 Mai. Non pas qu'il soit très bon, très encourageant pour l'avenir, de voir l'autorité discutée dans les prétoires du pays : mais la nécessité est la loi de la politique et, lorsque, dans une grande démocratie où les émotions légitimes peuvent se transformer si aisément en mouvements populaires désordonnés, où l'on est si prompt à ne pas s'en rapporter aux lois et à la raison ; où l'on a peut-être trop sacrifié, dans le passé, à un besoin de générosité et de courage à tout propos contre les vexations du pouvoir, — je dis qu'il est notable, qu'il est bon, qu'il est heureux de voir que, sous le coup des provocations qui se sont produites dans ces derniers temps, la démocratie française ait pris définitivement pour méthode la résistance légale et juridique aux empiétements du pouvoir personnel.

Cette manière de se couvrir et de se défendre en couvrant et en défendant les libertés publiques, cette vie publique qui est si heureusement acclimatée à nos portes, en Suisse et en Angleterre, où elle est certainement la raison dernière des progrès faciles et incessants qu'y accomplit toujours l'esprit de liberté, — cette méthode nous était, il faut bien le dire, assez inconnue; nous l'avons toujours laissée un peu à l'écart, ou nous ne nous y étions pas tenus avec assez de persévérance; mais, dans la crise qui vient d'éclater, grâce à cette union parfaite des 363, on a vu tout de suite que l'esprit de légalité allait dominer et conduire cet immense mouvement de la nation tout entière. Des hommes qui sont l'honneur de leur profession et les lumières du barreau français n'ont pas hésité à se réunir et à devenir comme les préteurs des libertés publiques. (*Très bien! très bien! — Vifs applaudissements.*)

Ils croyaient peut-être ne faire là qu'une œuvre de jurisprudents et de bons citoyens, ils ont fait plus et mieux : ils se sont placés au premier rang des éducateurs politiques de la démocratie française. (*Salve d'applaudissements.*)

Ils ont, avec la connaissance du droit qu'ils possèdent si bien, réveillé dans ce pays le sentiment du devoir et aussi le sentiment de l'autorité de la justice.

C'est par là qu'il est devenu clair que, quelles que fussent les ruses et les subtilités d'une procédure politique qui voulait entraver et vexer tous les citoyens de ce pays, on saurait les déjouer par la science du droit et d'une procédure bien supérieure, et par les motifs et par les raisons qui l'inspiraient, à celle des procureurs du gouvernement du 16 Mai, — c'est par là qu'il est devenu aisé de prédire que les populations ne se laisseraient pas éloigner de la large voie de la protestation et de la résistance légales pour se jeter, à côté, dans des émotions que plusieurs peut-être avaient souhaitées, et que l'on ne donnerait aux écrivains, aux bandits de plume qui espèrent des coups d'État, aucune occasion de jouer avec la force et de sauver la société derrière les baïonnettes. (*C'est cela ! — Très bien ! très bien ! — Applaudissements prolongés.*)

Car, Messieurs, je veux le dire ici, à la honte de ceux qui en sont réduits à ces expédients et qui ont assez peu de respect d'eux-mêmes et de respect de la patrie pour faire à l'armée cette injure de croire que jamais elle pourrait se mettre au service de l'illégalité contre le droit. (*Longs applaudissements.*)

Messieurs, pour ma part, je prononce cette parole dans la conviction la plus absolue de ma conscience : S'il y a en France une collection, un groupe d'hommes où le sentiment, où le besoin de l'honneur, où le respect de la loi soient le plus nécessaires et où on les retrouve au plus haut degré, et où l'on sente avec le plus d'énergie qu'il n'y aurait plus de France si une tentative contre la loi pouvait encore se produire, — cette fraction, cette image du pays, Messieurs, c'est l'armée. (*Oui ! oui ! — Applaudissements enthousiastes. — Cris répétés de : Vive l'armée !*)

Les réflexions que suggèrent l'animosité et l'arbitraire qui respirent dans les actes de l'administration publique, seraient bien tristes et bien décourageantes si nous n'avions au fond du cœur la certitude de l'impuissance de nos adversaires.

En effet, y a-t-il rien de plus affligeant que de voir la loi torturée, dénaturée par les dépositaires mêmes du pouvoir, les populations habituées à devenir indifférentes, soit à la majesté de la loi, soit à l'autorité du gouvernement établi ; que de voir énerver comme à plaisir la force légitime de l'autorité publique ; que de voir des fonctionnaires d'ordre divers se transformer en agents électoraux, répudier tout esprit d'impartialité et d'égalité, et devenir, au sein de la nation, les agents des partis, au lieu d'être les interprètes et les gardiens des lois et des libertés publiques ?

On l'a dit avec raison, c'est surtout dans les démocraties laborieuses et populeuses que la loi doit être l'objet d'un respect et d'un culte vraiment religieux. (*Applaudissements.*) Rien n'est plus dangereux, plus corrupteur que de voir la loi devenir l'instrument banal des passions et des convoitises des partis, quand, sous le couvert de la Constitution mal interprétée et défigurée, on sème les haines et les rancunes, on suscite ce qu'il y a de plus mauvais dans la politique, l'esprit de colère et de représailles. Alors, au lendemain de la lutte, on se trouve en face d'irréconciliables emportements de passions que l'injustice a rendues aveugles, et on vous demande, avec quelque apparence de raison, des actes de justice qui ressemblent à des actes de vengeance. Cela est mauvais, Messieurs, mauvais pour tout le monde. Il faut bannir ce mot de représailles de la langue politique, et y substituer celui de clémence et de justice. (*Vifs applaudissements.*)

Mais, on ne saurait trop le répéter, c'est à nos maîtres d'un jour à mesurer dans quelle proportions ils veulent s'exposer à de si redoutables responsabilités. Quant à nous, qui serons toujours du côté de la modération, sans exclure la fermeté et la clairvoyance, nous tenions à dire, avant l'événement, à tous ceux qui ont engagé contre la nation cette lutte insensée, que leur propre conduite sera jugée et qu'elle dictera la modération de leurs vainqueurs. (*Très bien ! très bien ! — Applaudissements.*)

Réjouissons-nous donc de cette disposition de l'opinion à rester toujours sur le terrain de la légalité; laissons nos adversaires manœuvrer avec les subtilités de la procédure, mais surveillons-les pour voir s'ils sortiront jamais, eux, de la légalité, ce que je ne pense pas. (*Mouvement.*) Dans tous les cas, ce n'est pas une hypothèse à traiter ici. Elle serait prématurée, car nous ne faisons à personne l'injure de croire qu'on veuille sortir de la légalité. (*Nouveau mouvement.*)

Mais si je me contentais de mettre, comme dans un contraste, d'un côté les défaillances, les défections, les excès de pouvoir, les provocations, l'agitation et, finalement, l'impuissance de nos adversaires et, d'un autre côté, en regard, notre esprit d'ordre, notre union, notre concorde, notre tranquillité d'esprit, la certitude de l'avenir qui anime le parti républicain, je n'aurais pas fait assez; je n'aurais pas surtout attiré l'attention de vos esprits sur ce qui, pour moi, constitue le caractère le plus élevé de l'agitation politique que nous traversons.

En effet, le suffrage universel, qui va être consulté, — mettons qu'on ne dépassera pas la légalité, — dans six semaines, ce suffrage universel va se trouver en présence de la majorité républicaine qu'il avait nommée et choisie et dont le mandat a été brisé par les combinaisons politiques dont je vous parlais tout à l'heure. Si le suffrage universel se bornait purement et simplement à décerner aux 363 le mandat qu'il leur avait confié il y a seize mois, sans aller au delà, répétant simplement son verdict de 1876, le résultat serait très considérable, très décisif, mais permettez-moi de dire qu'il ne serait pas suffisant.

Il ne serait pas suffisant à plusieurs points de vue : d'abord, parce qu'il ne constituerait pas une réponse et une protestation assez énergiques contre l'acte du 16 Mai; ensuite, parce qu'il ne donnerait pas aux nouveaux élus une autorité complète pour en finir avec cette politique d'oscillations et de subterfuges. (*C'est cela!* — *Très bien! très bien!* — *Applaudissements.*)

Aussi est-il permis de dire aujourd'hui, 15 août 1877, que c'est là une vérité que le suffrage universel a admirablement comprise : et les renseignements que nous possédons, qui sont absolument certains et circonstanciés sur les 533 circonscriptions du territoire de la République, nous permettent d'affirmer que le suffrage universel ne s'en tiendra pas à la réélection des 363, mais qu'il augmentera, dans une proportion considérable, le nombre des élus républicains du 20 février 1876. J'ai parlé du chiffre de 400, et on a cru que j'enflais mes espérances, que je grossissais mes prévisions. Non. Quand j'ai annoncé ce chiffre, je parlais avec la même conviction qu'au mois de février 1876, lorsque, à Belleville, j'annonçais quel serait le résultat probable des élections qui devaient avoir lieu un mois après. Je disais alors que tout nous permettait de compter sur une majorité républicaine de 100 à 120 voix. On pensait que je grossissais le chiffre : la majorité a été de 200 voix. (*Salve d'applaudissements.* — *Bravos répétés.*)

Aujourd'hui j'estime, avec ce que l'on sait du suffrage universel, que, en disant 400 républicains élus, je suis resté au-dessous de la vérité. Qu'est-ce qui peut faire croire qu'il en est ainsi? Deux faits extrêmement importants et décisifs. C'est que partout où il y a un député à réélire appartenant aux 363, on a vu se rallier à lui des influences qui l'avaient combattu au mois de février 1876 : l'influence des libéraux qui n'étaient que des libéraux est venue soutenir le candidat faisant partie des 363. Les rivalités personnelles se sont effacées en présence d'un grand intérêt public, et il est à peu près établi aujourd'hui que ceux des 363 qui ont été combattus en 1876 se présenteront, dans leurs circonscriptions, libres de toutes compéti-

tions et entourés d'adhésions plus nombreuses, recru-
tées pour la plupart dans les rangs de leurs anciens
adversaires. Et il paraît évident que le nombre des
voix pour chacun de ces députés dans sa circonscription croîtra en comparaison de celles qu'il a recueillies
dans des conditions pareilles à celles où il se trouvait
le 20 février 1876.

Cette étude faite sur tous les points de la France,
et comme pour marquer les progrès accomplis, démontre que c'est dans l'ouest, le centre et le nord-
ouest que les résultats à obtenir seront les plus favorables. De telle sorte que c'est cette partie de la France,
considérée comme la plus inerte, la plus indifférente,
la moins mêlée au mouvement, qui s'ébranle; c'est là
que l'on commence à parler de liberté et de République; ce mouvement ne s'arrêtera plus.

Voilà un premier phénomène que je devais vous
signaler. Il y en a un autre qui n'est pas moins remarquable dans la nature des caractères des candidats.

Il y a 158 circonscriptions qui restent à conquérir
par parties. Ces 158 collèges se trouvent répartis
plutôt dans les régions du sud-ouest et du nord. Ce
qui fait qu'on n'avait pas encore gagné un nombre suffisant de sièges dans ces collèges, ce qui fait qu'il n'y
avait pas, pour nous, une assiette assez forte, c'est que
certaines préventions existaient dans l'esprit des populations industrielles ou agricoles de ces pays, préventions qui séparaient ce qu'on appelait autrefois le
parti libéral du parti républicain, la haute bourgeoisie
de la bourgeoisie plus moyenne, de cette classe que
j'ai appelée moi-même les nouvelles couches sociales.
Il y avait là antagonisme, répulsion, critiques, tout
un monde de préjugés que je n'ai pas à expliquer ni à
analyser ici. Mais retenez bien ceci. Un des caractères
démonstratifs du prochain scrutin, l'œuvre à laquelle
nous assistons, celle que je ne saurais trop saluer et
proclamer, c'est que là où il y avait antagonisme,

l'antagonisme a cessé; c'est que les défiances ont disparu et que la fusion s'est faite entre la bourgeoisie et les ouvriers, entre le capital et le travail, qui se fécondent l'un par l'autre (*Vive approbation*) : c'est que ceux qui, dans la haute bourgeoisie, s'étaient tenus à l'écart, craignant et redoutant la République, ont été gagnés par la sagesse, par la prudence, par l'union du parti républicain, et ils sont revenus aux véritables traditions de la bourgeoisie de 89 et de 1830. Et aujourd'hui, après le 16 Mai comme après 1830, nous assistons à une véritable fusion du peuple et de la bourgeoisie. (*Bravos et applaudissements prolongés.*)

Les élections prochaines proclameront cette fusion, cette alliance; et, si je ne craignais pas de blesser leur modestie, je pourrais citer des noms, depuis les bords de l'Océan jusqu'au milieu des départements du centre et jusqu'à la frontière des Vosges, des noms de grands industriels, de propriétaires, de grands entrepreneurs, de constructeurs, d'hommes, enfin, qui tiennent le premier rang dans la banque, le commerce, l'industrie ou les assurances maritimes; depuis Cherbourg jusqu'à Dunkerque, je pourrais citer des hommes qui sont venus loyalement au parti républicain, sentant le péril de la situation et ne voulant pas compromettre l'existence de la nation. Ils sont venus à la République, afin qu'il soit bien évident, pour la France et pour l'Europe, qu'il n'y a plus de divisions dans notre pays, que la République est faite et qu'elle est scellée du sceau de l'alliance de la bourgeoisie et du prolétariat. (*Explosion d'applaudissements et acclamations.*)

J'affirme, Messieurs, que cette fusion, que cette alliance nous garantissent la victoire. (*Nouvelle adhésion.*) Vous comprenez maintenant, Messieurs, pourquoi je peux dire, non plus d'une façon générale, mais d'une façon analytique, et arrondissement par arrondissement, que la victoire du parti républicain

est au-dessus des entreprises, des ruses et des vexations d'une administration aux abois. Oui, la victoire
viendra de là, elle sortira de là. Et, chose inévitable
aussi, à mesure que les scrutins populaires se succèdent, ils réduisent à l'impuissance et font rentrer dans
le néant les souteneurs de dynasties déjà condamnés
le 20 février ; — ils nous ont débarrassés, à ces élections mémorables, de la compétition bourbonnienne,
de quelque nom ou de quelque branche qu'elle se
réclame. — A mesure, dis-je, que ces scrutins se succèdent, ils nous donnent des résultats ; or, le résultat
du prochain scrutin sera de nous débarrasser du cléricalisme et du bonapartisme. Oui, ce sont ces bonapartistes qui ont eu la haute main dans le ministère
du 16 Mai, et avec lesquels il a fallu que les ducs
comptassent ; ce sont ces bonapartistes qui soldent
les journaux qui poussent au crime ; ce sont ces bonapartistes si bruyants, et qui allient la ruse au cynisme,
ce sont eux qui seront à leur tour les vaincus du prochain scrutin. Oui, leur nombre décroîtra, et non-
seulement leur nombre, mais on pourra mesurer à
quel degré ils auront été refoulés par le suffrage universel, par la qualité même des vaincus qu'il couchera
sur le sol : vous le verrez, Messieurs. (*Applaudissements
et bravos.*)

Je disais que la situation présentait ce double caractère : la fusion des classes sous le drapeau de la
République, et le refoulement des bonapartistes. Ces
deux idées sont inséparables. L'empire ne pouvait
vivre que par la division du pays. Il se présentait
comme un despotisme appuyé sur l'antagonisme de
deux classes dans la société. Et c'est pour sauver la
France non pas seulement de cette honteuse et impossible restauration, mais de la mort définitive de la
patrie, que l'union dont je viens de parler s'est faite,
et que le suffrage universel la ratifiera. C'est pour cela
que si, parmi les rédacteurs officiels, quelqu'un parle

d'une politique d'abaissement, ce n'est pas de la politique républicaine qu'il peut parler : le parti de l'abaissement et de la disparition de la France, c'est le parti qui est tombé à Sedan, c'est le parti qui s'appelle Brumaire et Décembre, c'est le parti qui ne connaît que ses convoitises et ses appétits; c'est le parti que l'étranger voudrait voir revenir, parce que ce parti n'a qu'un nom dans notre histoire : c'est le parti de l'invasion! (*Sensation prolongée.*)

Messieurs, l'Europe entière assiste avec une sympathique anxiété qui nous honore à cette suprême épreuve de la démocratie républicaine et libérale pour établir en France un gouvernement pacifique au dehors et progressif au dedans; un gouvernement qui, tout en respectant les droits légitimes des citoyens et des corporations établies, se dégage de plus en plus des étreintes de l'esprit théocratique et ultramontain; qui façonne l'administration et l'éducation nationales selon les principes de la raison moderne et fasse de l'État un agent exclusivement civil de réformes et de stabilité. (*Applaudissements.*)

Dès l'origine du conflit, l'Europe, sans distinction de convictions politiques, monarchiques ou républicaines, s'est prononcée contre le coup de réaction du 16 Mai. Elle y a vu, comme nous, une audacieuse tentative de l'esprit clérical contre l'Europe entière. Elle a déploré de voir le crédit, l'influence que la France reprenait peu à peu dans les conseils du monde remis soudainement en question et sa voix faire défaut dans le concert européen. Elle suit attentivement, et jour par jour, les divers incidents de la lutte passionnée que le ministère du 16 Mai a entreprise contre la nation. Les graves problèmes soulevés par la question d'Orient ne l'absorbent pas au point de la distraire de nos efforts quotidiens dans la campagne électorale ouverte depuis deux mois. Les organes les plus influents et les plus autorisés de l'opinion européenne

soutiennent notre démocratie de leurs encouragements et de leurs conseils.

Les peuples, comme les gouvernements, attendent
avec impatience l'issue de la lutte, espérant que le
dernier mot restera à la souveraineté nationale, à
l'esprit de 89. Comme le disait le ministre président
du conseil d'Italie : les gouvernements passent et les
nations restent. La France, qui a promulgué le droit
moderne, ne voudra pas donner à l'Évangile de 89 un
démenti dont profiteraient seuls le *Syllabus* et le
jésuitisme. (*Non! non! — Vifs applaudissements.*)

L'Europe a fait comme la bourgeoisie; elle a porté
ses sympathies de droite à gauche; et c'est là, pour
nous, républicains et patriotes, un élément de plus
de la victoire et de la stabilité qui attendent la République quand elle sera sortie des misérables difficultés
que lui crée, contre tout patriotisme, la coalition des
anciens partis. Les espérances du monde ne seront pas
trompées. La République sortira triomphante de cette
dernière épreuve, et le plus clair bénéfice du 16 Mai
sera, pour l'histoire, d'avoir abrégé de trois ans, de
dix ans, la période d'incertitude et de tâtonnements
à laquelle nous condamnaient les dernières combinaisons de l'Assemblée nationale élue dans un jour de
malheur. (*Marques d'assentiment et applaudissements.*)

Messieurs, telle est la situation. Et j'ose dire que
les espérances du parti républicain sont sûres; j'ose
dire que votre fermeté, votre union, que votre activité
sont les garants de ce triomphe. Pourquoi ne le dirais-
je pas, au milieu de ces admirables populations du
département du Nord, qui, à elles seules, payent le
huitième des contributions de la France, dans ce
département qui tient une des plus grandes places
dans notre industrie nationale, aussi bien au point
de vue mécanique qu'agricole? N'est-il pas vrai que,
dans ce pays, vous avez commencé aussi à faire justice des factions qui s'opposaient à l'établissement de

la République et que vous n'attendez que l'heure du
scrutin pour que tous vos élus forment une députation unanime? (*Oui! oui! — Applaudissements.*)

Vous le pouvez si vous le voulez, et vous savez bien
ce qui vous manque : ce ne sont pas les populations
disposées à voter pour des candidats républicains ; ce
sont des candidats qui consentent à sortir définitivement d'une résistance dictée par des intérêts privés
et comprennent qu'il s'agit aujourd'hui d'un service
public et d'élections d'où dépendent les destinées de
la France. Il faut que ces hommes fassent violence à
leurs intérêts domestiques pour aborder la plate-forme
électorale. (*Marques unanimes d'adhésion.*)

A ce point de vue, des adhésions significatives ont
déjà été obtenues et vous avez su trouver des candidats qui vous mèneront à la victoire. Je devais plus
particulièrement le dire ici, dans ce département qui,
parmi les autres, tient la tête dans les questions d'affaires et de politique. Je devais le dire ici pour vous
mettre en garde contre certains bruits qui ont été
répandus et dont on alimente la basse presse, à savoir
que si le suffrage universel dans sa souveraineté, je
ne dirai pas dans la liberté de ses votes, puisqu'on
fera tout pour restreindre cette liberté, mais dans sa
volonté plénière, renomme une majorité républicaine,
on n'en tiendra aucun compte. Ah! tenez, Messieurs,
on a beau dire ces choses ou plutôt les donner à entendre, avec l'espoir de ranimer par là le courage
défaillant de ses auxiliaires et de remporter ainsi la
victoire : ce sont là de ces choses qu'on ne dit que
lorsqu'on va à la bataille ; mais, quand on en revient
et que le destin a prononcé, c'est différent! Que dis-
je, le destin? Quand la seule autorité devant laquelle
il faut que tous s'inclinent aura prononcé, ne croyez
pas que personne soit de taille à lui tenir tête. Ne
croyez pas que quand ces millions de Français,
paysans, ouvriers, bourgeois, électeurs de la libre

terre française, auront fait leur choix, et précisément
dans les termes où la question est posée ; ne croyez
pas que quand ils auront indiqué leur préférence et
fait connaître leur volonté, ne croyez pas que lorsque
tant de millions de Français auront parlé, il y ait
personne, à quelque degré de l'échelle politique ou
administrative qu'il soit placé, qui puisse résister.
(*Vive approbation.*)

Quand la France aura fait entendre sa voix souveraine, croyez-le bien, Messieurs, il faudra se soumettre ou se démettre. (*Double salve d'applaudissements. — Bravos et cris répétés de : Vive la République !
Vive Gambetta !*)

Après ce discours, M. Serpel, ancien député de Roubaix,
a pris la parole en ces termes :

« Au nom du parti républicain de la ville de Roubaix, je
porte une santé à notre illustre collègue Gambetta.

« Nous traversons une crise dont les grandes agglomóra-
tions ouvrières qui ne vivent que de leur travail, ressentent
particulièrement les cruels effets.

« Comme l'éminent défenseur du travail national, M. Feray,
d'Essonnes, dont la France entière a lu l'émouvante protestation contre l'arbitraire et les mensonges officiels, mes
concitoyens inscriront sur leur drapeau ces trois mots, qui
resteront la devise des populations honnêtes et laborieuses :

« La Loi, la République et la Paix.

« Je bois à l'infatigable champion du droit et de la liberté,
à Gambetta. » (*Applaudissements.*)

Le discours de Lille eut un retentissement immense. La
formule incisive qui le terminait et qui résumait si heureusement le caractère constitutionnel et légal de la résistance
du parti républicain, la courageuse confiance qui animait
tout ce discours, la puissance communicative de cette confiance, toutes les qualités et toutes les circonstances qui faisaient, des paroles prononcées à Lille par M. Gambetta, l'acte
décisif de la lutte des 363 contre le 16 mai, c'était là des
griefs que le cabinet présidé par M. de Broglie et mené par
M. de Fourtou ne pouvait pardonner. Le conseil des mi-

nistres décida, dans sa réunion du 25 août, que des poursuites seraient dirigées contre M. Gambetta et contre les
journaux qui avaient publié le discours de Lille.

Le 29 août, un double mandat de comparution devant
M. Ragon, juge d'instruction, fut adressé à M. Gambetta,
ancien député, et M. Murat, administrateur-gérant de la *République française*. M. Murat était poursuivi comme ayant
publié un article offensant et outrageant pour le président
de la République et les ministres. M. Gambetta était poursuivi comme complice de M. Murat.

La *République française* publia le compte rendu suivant
de la comparution de M. Gambetta :

« M. Gambetta a comparu le 31 août, à deux heures, au
Palais de Justice, devant le juge d'instruction, M. Ragon.
Dès une heure et demie, il y avait foule aux abords du Palais,
et quand l'auteur du discours de Lille est arrivé en voiture,
à deux heures moins cinq minutes, on s'est précipité pour
le saluer des cris de : *Vive Gambetta! Vive la République!*

« M. Gambetta a été introduit dans le cabinet du juge
d'instruction à deux heures. Cette entrevue, comme l'ont dit
dès hier les journaux du soir, a eu un caractère particulier
de courtoisie. Lecture a été faite de certains passages du
discours de Lille. Il semble résulter du choix de ces passages et des questions adressées à l'auteur du discours qu'on
prétendrait y voir les délits d'offense au président de la République et d'outrage aux ministres.

« Le juge ayant demandé à M. Gambetta s'il aurait réellement participé à la publication de son discours dans la *République française*, celui-ci a déclaré qu'il était allé le 15 août
prononcer, à Lille, ce discours dont la situation actuelle lui
avait indiqué la nécessité; que ce discours, tenu dans une
réunion privée, a été recueilli par la sténographie, imprimé
et publié par ses ordres dans le journal dont il est le rédacteur politique, qu'il en assumait toute la responsabilité,
mais qu'il protestait hautement contre toute prévention des
délits d'offense envers le chef de l'État et d'outrage envers
ses ministres, se réservant, au cas où le tribunal correctionnel serait saisi, d'établir qu'il n'a dépassé ni les limites de
la légalité ni celles des convenances.

« —Ainsi, c'est bien vous qui avez remis au gérant Murat
le discours pour être publié? a demandé de nouveau le juge

« — C'est parfaitement moi qui ai remis le discours à M. Murat pour être publié, a répondu M. Gambetta, et si je fais cette déclaration, c'est principalement pour éviter les difficultés juridiques qui seraient soulevées quant à la détermination de la responsabilité relative à la publicité donnée au discours de Lille.

« Cet interrogatoire a duré une demi-heure à peine, et M. Gambetta est sorti du cabinet du juge d'instruction; on lui a fait quitter le Palais par l'ancienne porte de la préfecture de police, rue de la Sainte-Chapelle, pour éviter qu'il ne retrouvât la foule sur son passage. Mais les personnes qui avaient attendu sa sortie se sont doutées de la mesure prise pour soustraire M. Gambetta aux ovations du public. Elles se sont précipitées dès qu'elles ont reconnu la voiture qui l'emmenait, et les cris de : *Vive Gambetta! Vive la République!* ont de nouveau retenti. Puis cette foule considérable s'est dispersée avec calme, pendant que M. Gambetta s'éloignait, regagnant son domicile. »

Le procès intenté à M. Gambetta fut l'une des fautes capitales du cabinet du 47 mai. Le journal des princes d'Orléans, le *Soleil*, le blâma avec énergie : « On a eu tout le désavantage de ce discours, disait M. Hervé, on aura tout le désavantage du retentissement du procès. » M. Hervé voyait juste : le procès intenté par M. de Broglie ne servit pas moins la cause républicaine que le discours de Lille lui-même. Il produisit un mouvement d'opinion immense. Des milliers d'adresses furent remises à M. Gambetta et la péroraison de son discours devint la formule même de la bataille électorale.

Il faut noter la sévérité avec laquelle la presse étrangère jugea ce procès. « Dans les plus mauvais jours de l'histoire d'Angleterre, disait le *Times*, il aurait été impossible d'obtenir la condamnation de paroles telles que celles qui ont été prononcées à Lille par M. Gambetta. » « Des hommes qui ont pu faire ce procès, disait la *Saturday Review*, doivent être regardés comme capables de tout. La folie qui est arrivée à faire croire qu'on peut gagner quelque chose à la poursuite exercée contre M. Gambetta, cette folie pourrait parfaitement présenter quelque autre acte réservé comme une mesure prudente de politique. »

Le 5 septembre, M. Gambetta et M. Murat recevaient l'assignation suivante :

Tribunal de première instance de la Seine

(10e CHAMBRE)

Police correctionnelle

ASSIGNATION A PRÉVENU

L'an mil huit-cent-soixante-dix-sept le cinq septembre à la requête de M. le Procureur de la République près le Tribunal de première instance du département de la Seine, séant à Paris, qui fait élection de domicile en son parquet, au Palais de Justice, à Paris;

J'ai, Charles Marécat, huissier-audiencier audit tribunal, demeurant à Paris, au Palais de Justice, soussigné, donné assignation :

Au sieur Gambetta (Léon-Michel), ancien député, demeurant à Paris, rue de la Chaussée-d'Antin, 53, en son domicile, parlant à un homme à son service, ainsi déclaré,

Et par copie séparée au sieur Murat, en son domicile, parlant ainsi qu'il est dit en l'original,

A comparaître en personne, le mardi onze septembre mil huit-cent-soixante-dix-sept, à onze heures du matin, à l'audience du Tribunal de première instance du département de la Seine, 10e chambre, jugeant en police correctionnelle, séant à Paris, au Palais de Justice,

Pour répondre et procéder sur et aux fins d'une procédure de laquelle il résulte qu'ils sont prévenus : Murat (Louis-François-Casimir), gérant du journal la *République française*, 53, rue de la Chaussée-d'Antin; Gambetta (Léon-Michel), ancien député, 53, rue de la Chaussée d'Antin; attendu qu'il en résulte charges suffisantes contre :

Murat, d'avoir, en 1877, à Paris, en publiant dans le numéro portant la date du 18 août 1877, du journal la *République française*, dont il est le gérant, et qu'il a signé en cette qualité, ledit numéro vendu et distribué, un article intitulé : *Discours de Gambetta*, commençant par ces mots : « Pendant que les journaux de la réaction..... », finissant par ceux-ci : «... la situation générale de la France »; premièrement, commis le délit d'offenses envers la personne du président de la République, notamment : 1° dans le passage commençant par : « C'est ainsi qu'en face et au lendemain, » et finissant par : « un demi-siècle en matière de presse »; 2° dans le passage commençant par : « Vous êtes juges par votre passé », et finissant par : « patriote ou républicain »; 3° dans le passage commençant par : « Quand la France aura fait entendre », et finis-

sant par : « se soumettre ou se démettre »; deuxièmement, outragé
publiquement, à raison de leurs fonctions ou de leurs qualités, les
membres du ministère, notamment : 1° dans le passage commençant par : « « Oui, on a stipendié » et finissant par : « l'outrage
et la calomnie »; 2° dans le passage commençant par : « Car l'on
peut opposer »; et finissant par : « ce ruisseau chargé de bave
et d'ordure »; 3° dans le passage commençant par : « C'est qu'on
soit allé bien au delà », et finissant par : « leur responsabilité
atteinte ou éveillée »; 4° dans le passage commençant par :
« Toutes les ruses », et finissant par : « des élections du 20 février 1876 »; 5° dans le passage commençant par : « Que ce mensonge »; et finissant par : « a pour se débarrasser de cette majorité »; 6° dans le passage commençant par : « J'allais dire », et
finissant par : « qui conspirent ».

Contre Gambetta (Léon-Michel), de s'être rendu complice des
délits ci-dessus spécifiés à la charge de Murat en l'aidant et assistant avec connaissance dans les faits qui les ont préparés, facilités et consommés, et en lui fournissant avec connaissance les
moyens de les commettre, délits prévus par les articles 1 et 2 du
décret du 11 août 1848, 1er de la loi du 27 juillet 1849, 6 de la loi
du 25 mars 1822, 1er de la loi du 17 mai 1819, 5 (nos 1 et 2,) 6 de
la loi du 29 décembre 1875, 59 et 60 du Code pénal,

Et en outre répondre aux conclusions qui seront prises contre
eux par M. le Procureur de la République, d'après l'instruction
à l'audience, et j'ai aux susnommés, en parlant comme dessus,
laissé cette copie.

MARÉCAT.

Nous reproduisons pour l'intelligence de l'assignation qui
précède, le texte des passages du discours qui y sont visés:

Pour ce qui concerne l'offense au président de la République,

1. — C'est ainsi qu'en face et au lendemain de cette dissolution qui a été prononcée sans prétexte, sans motifs, sans raison;
car on a déjà renoncé à rappeler les raisons inscrites dans la
lettre présidentielle du 15 mai, — il n'est plus question, aujour-
d'hui, de dire à la France qu'on a renvoyé le cabinet républicain,
parce que la majorité républicaine l'avait mis en minorité, car le
pays, qui est au courant de la situation, dirait que c'est une contre-
vérité; — on ne dit plus qu'on a renvoyé la Chambre et le ministère républicain, parce qu'on avait rendu publiques les séances
des Conseils municipaux, car le pays répondrait que c'est là un
prétexte sans valeur; on ne dit plus que c'est parce que la Chambre était prête à voter une loi sur la presse qui rendait la compétence au jury en matière de délits et de crimes commis par la
voie de la presse, et pourquoi ne le dit-on plus ? C'est parce qu'il

n'y a plus moyen d'argumenter de cette façon, alors que le jury, qui fonctionne dans tous les pays libres, a fonctionné en France pendant un demi-siècle en matière de presse.

2. — Vous êtes jugés par votre passé, par vos agents. Et, en effet, aussitôt après votre installation, qu'avez-vous fait? Vous vous êtes fait apporter la liste des fonctionnaires, et vous à qui on ne pouvait que si difficilement arracher une signature pour changer un seul fonctionnaire; vous qui criez sans cesse contre les hécatombes faites par les ministres républicains, on vous a vus, en moins de huit jours, presque en une nuit, bouleverser tout le personnel administratif, chassant tous ceux qui vous déplaisaient avec la dernière violence, sans tenir compte des ruines qui sont la conséquence de ces expulsions, sans tenir compte des droits acquis, ni des légitimes exigences des populations. Sans tenir compte des intérêts du pays, vous avez chassé quiconque était soupçonné par vous d'être encore libéral, patriote ou républicain.

3. — Quand la France aura fait entendre sa voix souveraine, croyez-le bien, messieurs, il faudra se soumettre ou se démettre.

Pour ce qui concerne l'outrage aux ministres,

1. — Oui, Messieurs, on a stipendié une certaine presse, toujours prête à vomir l'injure et qui se nourrit exclusivement de mensonges et de calomnies; on n'a réussi qu'à attrister la conscience du pays et de l'Europe par les infamies qu'on a laissées s'étaler au grand jour dans les papiers des auxiliaires les plus intimes du gouvernement, qui se disent conservateurs et qui n'emploient d'autres armes contre leurs adversaires politiques que l'injure, l'outrage et la calomnie.

2. — Car l'on peut opposer à cette levée de plumes vénales et corrompues le dédain et le mépris qui surgissent dans ce pays de France contre ceux qui n'ont pas d'autre ressource pour vivre ou pour durer : on peut s'en fier au bon sens français, à la rectitude de l'honneur national pour faire justice de ces tentatives qui ne sont déshonorantes que pour ceux qui les emploient ou pour ceux qui en profitent. Ce n'est pas là, Messieurs, ce qui inquiète le pays, et il peut laisser passer sous ses pieds ce ruisseau chargé de bave et d'ordures.

3. — C'est qu'on soit allé bien au delà de l'injure, et qu'on soit entré dans un système de provocations criminelles contre la loi, et qu'on tolère tous les jours dans les journaux — que dis-je? qu'on tolère? — qu'on encourage, qu'on subventionne, dans des feuilles dont on garantit la circulation et la distribution, des appels à la force contre la Constitution et contre le droit, des suggestions criminelles et persistantes à l'adresse de ceux qui détiennent le pouvoir, sans que la justice se soit émue, sans que les

ministres en aient senti leur responsabilité atteinte ou éveillée.

4. — Toutes les ruses et toutes les violences de l'arbitraire, une sorte de *mea culpa* des élections du 20 février 1876.

5. — ... Que ce mensonge pour se débarrasser de cette majorité.

6. — ... J'allais dire ceux qui conspirent.

Le 11 septembre, M. Gambetta fit défaut devant le tribunal à la suite d'incidents dont nous reproduisons le récit d'après la *République française* du lendemain :

« C'était hier, 11 septembre, que M. Gambetta et M. Murat, gérant de la *République française*, étaient cités à comparaître devant la dixième chambre du tribunal civil de la Seine, jugeant au correctionnel, pour répondre à la double inculpation d'offense au président de la République et d'outrages envers les ministres, relevée par M. le juge d'instruction Ragon dans le discours prononcé à Lille le 15 août dernier.

« M. Gambetta, qui est inscrit au tableau de l'ordre des avocats près la Cour d'appel de Paris, au reçu de l'assignation, s'est adressé immédiatement, pour se faire assister, au bâtonnier de l'ordre en exercice, M. Bétolaud. C'est un usage traditionnel au barreau que les avocats cités en justice soient assistés du chef de l'ordre, premier défenseur de ses confrères, et M. Gambetta, dans les circonstances actuelles, a tenu à faire respecter cette règle constamment suivie au Palais.

« M. Bétolaud se trouve en ce moment absent de Paris, hors de France. Il est à Beringhen, en Belgique, loin de son cabinet, pour soigner sa santé ébranlée par les travaux de l'année judiciaire. A l'appel de M. Gambetta, il répondit par une lettre qui commence ainsi :

Beringhen, 3 septembre, 1877.

Mon cher confrère et ami,

Vous faites appel au bâtonnier et à l'ami.

Je suis tout à vous, sauf une seule réserve que je suis malheureusement obligé de faire et qui est relative à l'état de ma santé...

« Après cette acceptation, sous la réserve indiquée, M. Gambetta s'est mis à composer le dossier de son affaire, pour le faire parvenir à M. Bétolaud. C'est alors qu'il reçut de lui une seconde lettre où se trouve le passage suivant :

Beringhen, 7 septembre, 1877.

Je reçois votre lettre, mais point les journaux annoncés.

« Je partirai demain soir pour Paris, où je serai dimanche matin à votre disposition » .....

« M. Gambetta était donc en droit de compter sur l'assistance du bâtonnier de son ordre et sur une entrevue avec lui avant le jour de l'audience, lorsque, dans la matinée du 9 septembre, arriva à Paris une troisième lettre de M. Bétolaud, où il était dit :

..... Je suis navré, mon ami, de me sentir paralysé.....

BÉTOLAUD.

« Dans la matinée du 9 septembre, M. Gambetta, ne pouvant plus compter sur la présence à la barre de M. Bétolaud, écrivit à Me Allou, ancien bâtonnier et membre du conseil de l'ordre, pour le prier de remplacer le bâtonnier empêché. Me Allou se trouvait en ce moment à Arques (Seine-Inférieure). Il répondit sur-le-champ à l'invitation de M. Gambetta par la lettre suivante :

Mon cher ami,

Je suis à votre disposition. Je ne reçois votre lettre que ce soir lundi.

Je ne sais si vous aurez une réponse avant l'audience. Vous pouvez annoncer que je serai prêt à la huitaine.

L'affaire une fois remise, envoyez-moi ce que vous aurez, discours et notes. Je suis sans papiers et sans livres. J'irai à Paris lundi, de façon à vous voir avant le dîner.

Tout à vous,

E. ALLOU.

A Arques (Seine-Inférieure).

« On voit par les termes de cette lettre, que M. Gambetta, pris au dépourvu et tout à fait à la dernière heure, avait songé à faire demander au tribunal une remise à huitaine au nom de l'avocat qu'il avait choisi, afin de lui donner le temps de préparer sa plaidoirie.

« Hier, à l'audience de la dixième chambre, cette remise a été demandée pour Me Allou, par Me Sandrique et Me Richard.

« Cette remise a été refusée, et dès lors M. Gambetta ne pouvait que faire défaut.

« Le tribunal a retenu l'affaire, prononcé défaut contre M. Gambetta et contre M. Murat, gérant de la *République française*, et rendu un jugement dont on trouvera le texte plus loin.

« Opposition sera formée contre ce jugement dans les délais fixés par la procédure, et M. Gambetta se présentera devant le tribunal, assisté de Mᵉ Allou, qui a fait connaître à M. Gambetta son sentiment sur le procès dans une lettre qu'il nous reste à placer sous les yeux de nos lecteurs :

Arques, 10 septembre 1877.

Mon cher confrère,

Vous pouvez compter sur moi. Vous savez bien les sentiments que j'apporterai dans le débat si imprudemment soulevé par les hommes auxquels nous devons l'acte légal mais violent du 16 mai. Il faut qu'ils sachent bien qu'ils ont en face d'eux, au premier rang, les conservateurs, les modérés, les libéraux : Je suis de ceux-là.

Depuis sept ans, le pays demande à se constituer sous un gouvernement définitif, et depuis sept ans les coteries dont l'appel reste sans écho lui disputent ses destinées. Il n'est pas possible de prolonger encore cette incertitude où les forces et la dignité d'une nation s'épuisent. La République seule est aujourd'hui possible. Faisons-la sage, modérée, loyalement républicaine, sans sacrifier aucun des grands intérêts conservateurs, en dehors desquels rien ne peut vivre.

Les prochaines élections seront de véritables élections plébiscitaires. La question est bien posée : Monarchie ou République, gouvernement personnel ou gouvernement parlementaire; il faut que le pays affirme une fois de plus sa volonté. Il faut pour la sécurité du travail, pour la paix publique, une solution nette, précise, à laquelle nul ne puisse se soustraire : c'est ce que vous avez dit avec fermeté et modération à Lille. Il n'y a pas, par ce côté fondamental, de dissentiment possible entre les différentes nuances du parti républicain, et je veux que ma présence à la barre atteste une fois de plus cette union résolue, que la perte cruelle que nous venons de faire ne brisera point. Quand le chef glorieux tombe au milieu des combats, c'est parfois la défaite mais c'est souvent aussi l'élan et la victoire!

A vous.

E. ALLOU.

Le tribunal rendit, par défaut, le jugement suivant :

« Le tribunal, après en avoir délibéré conformément à la loi,

« Donne défaut contre les prévenus non comparants, quoique régulièrement cités,

« Et pour le profit :

« Attendu que Murat, gérant du journal la *République française*, a publié dans le numéro de ce journal du 18 août 1877, qu'il a signé en cette qualité ledit numéro vendu et distribué, un article intitulé : *Discours de M. Gambetta*, contenant notamment la reproduction *in extenso* d'un discours prononcé par ce dernier à Lille, ledit article commençant par ces mots : « Pendant que les journaux », et finissant par ceux-ci : « la situation générale de la France »;

« Attendu qu'il résulte des débats et des déclarations faites par les prévenus dans l'information, que la reproduction complète de ce discours recueilli par des sténographes en vue d'une publication ultérieure qui a été en effet réalisée, a été adressée par Gambetta, en sa qualité de directeur politique du journal la *République française*, à Murat, gérant de ce journal, avec ordre de la publier;

« Attendu que, par suite de cette publication, ledit article et le discours dont s'agit sont déférés au tribunal comme contenant le double délit d'offense envers la personne du président de la République et d'outrage aux ministres;

« Sur le premier chef de la prévention :

« Attendu que la personne du président de la République est protégée par les lois visées dans l'ordonnance de renvoi contre toute offense, c'est-à-dire non seulement contre l'outrage, la diffamation, l'injure ou l'invective, mais encore contre les attaques malveillantes et passionnées qui, dépassant le droit légitime de critique et de libre discussion, sont de nature à appeler la déconsidération sur la personne comme sur les intentions du premier magistrat de la République;

« Attendu que ledit discours, rendu public par la voie de la presse et que le tribunal n'a à apprécier qu'au point de vue de la loi pénale, considéré dans son ensemble et dans ses différentes parties, contient formellement le délit ci-dessus caractérisé, et ce, notamment, dans les passages retenus par l'ordonnance de renvoi et visés en la citation:

« Attendu que dans le premier de ces passages commençant par ces mots : « C'est ainsi », et finissant par ceux-ci : « en matière de presse », il est dit que la dissolution de la Chambre a été prononcée sans prétexte, sans motif, sans raison ; que les raisons alléguées pour justifier cet acte dans la lettre présidentielle du 15 mai n'étaient que des contre-vérités, c'est-à-dire des mensonges ou des prétextes sans valeur qu'on a renoncé plus tard à invoquer ;

« Attendu qu'apprécier ainsi un acte émanant de l'initiative du président de la République, agissant dans les limites de ses attributions, avec l'assentiment du Sénat, dans les formes de la plus stricte légalité, c'est violer la loi du respect dû au chef de l'État ;

« Attendu que, dans le deuxième des paragraphes visés dans la citation, commençant par ces mots : « Vous êtes jugés », et finissant par ceux-ci : « patriote ou républicain », le président de la République est pris directement à partie dans les termes les plus offensants à propos d'actes accomplis par lui dans la plénitude de son pouvoir présidentiel ;

« Attendu que, au-dessus de la personne des ministres de son gouvernement, il est lui-même personnellement désigné dans ce passage ;

« Attendu qu'imputer au président de la République, auquel appartient la nomination aux emplois publics, d'user de cette prérogative sans tenir compte des droits acquis ni des légitimes exigences des populations, sans tenir compte des intérêts du pays et en procédant avec la dernière violence au bouleversement de tout le personnel administratif, c'est encore s'efforcer d'attirer sur sa personne comme sur ses intentions la déconsidération et par conséquent l'offenser ;

« Attendu enfin que dans le troisième passage visé dans la citation, commençant par ces mots : « Quand la France », et finissant par ceux-ci : « se démettre », l'offense atteint le plus haut degré de gravité ;

« Attendu que, après avoir analysé à son point de vue la situation politique actuelle et exposé une sorte de programme de propagande électorale, l'auteur du discours de Lille a conclu en affirmant devant les auditeurs que le triomphe de son parti était prochain et assuré, qu'ils n'avaient à redouter aucune résistance à la volonté plénière du corps électoral librement exprimée, et qu'il a terminé par ces

mots : « Ne croyez pas que lorsque tant de millions de Français auront parlé, il y ait personne, à quelque degré de l'é-
chelle politique ou administrative qu'il soit placé, qui puisse
résister..... »;

« Attendu que le passage ci-dessus analysé ne touche à
aucune loi pénale ou d'ordre public, mais attendu que l'auteur du discours déféré au tribunal, en ce moment simple
citoyen, sans mandat électif ou autre, n'étant même pas
protégé par les immunités de la période électorale, n'a pas
craint d'ajouter, sous la forme d'une hautaine injonction :
« Quand la France aura fait entendre sa voix souveraine, il
faudra se soumettre ou se démettre... »

« Attendu que cette phrase contient une menace, que la
menace est une offense et que cette offense vise et atteint la
loyauté, l'honneur, la dignité et par conséquent la personne
du président de la République;

« Sur le deuxième chef de la prévention :

« Vu la plainte en date du 29 août dernier portée par le
ministre de la justice, tant en son nom personnel qu'au
nom de ses collègues, laquelle est jointe aux pièces;

« Attendu que le droit qui appartient à tous de discuter et
même de critiquer les actes des ministres a des limites nécessaires dans la convenance de la discussion et des termes
employés, d'où il suit que le délit d'outrage aux ministres
est consommé quand il est fait usage publiquement d'une
manière quelconque d'expressions outrageantes, de termes
injurieux, de nature à les atteindre, à raison de leurs fonctions ou de leur qualité, dans leur honneur et dans la considération qui leur est due;

« Attendu que ce discours déféré au tribunal contient le
délit ainsi défini dans son ensemble, notamment dans les
passages retenus par l'ordonnance de renvoi et visés dans
la citation;

« Attendu que dans le premier de ces passages commençant par ces mots : « Oui, Messieurs », et finissant par ceux-
ci : « la calomnie », on impute aux membres du ministère
de stipendier une certaine presse toujours prête à vomir
l'injure et qui se nourrit exclusivement de mensonges et de
calomnie; de laisser s'étaler des infamies au grand jour
dans les papiers des auxiliaires les plus intimes du gouvernement, qui se disent conservateurs et n'emploient contre

leurs adversaires politiques que l'injure, l'outrage et la
calomnie;

« Attendu que dans le deuxième de ces passages commençant par ces mots : « car l'on peut », et finissant par
ceux-ci : « le ruisseau chargé de bave et d'ordures », l'auteur du discours incriminé, insistant dans le même ordre
d'idées, impute encore aux ministres, qui, suivant lui, n'auraient pas d'autre ressource pour vivre et pour durer que
cette levée de plumes vénales et corrompues, de s'être ainsi
livrés à des tentatives qui ne sont déshonorantes que pour
ceux qui les emploient ou pour ceux qui en profitent, et
d'avoir fait passer sous les pieds du pays ce ruisseau chargé
de bave et d'ordures;

« Attendu que dans le troisième de ces passages commençant par ces mots : « c'est qu'on soit allé », et finissant par
ceux-ci : « atteinte ou éveillée », les ministres sont encore
accusés d'être entrés dans un système de provocations criminelles contre la loi, d'avoir encouragé et subventionné,
dans des feuilles dont ils garantissent et facilitent la circulation, des appels à la force contre la Constitution et le
droit, des suggestions criminelles et persistantes à l'adresse
de ceux qui détiennent le pouvoir;

« Attendu que dans le passage suivant commençant par
ces mots : « Il faut aller plus loin », et finissant par ceux-ci :
« Les élections du 20 février 1876 », les ministres sont représentés comme formant une association d'hommes ayant
entrepris d'arracher au pays à travers toutes les ruses et
toutes les violences de l'arbitraire une sorte de *mea culpa*
des élections du 20 février 1876;

« Attendu que dans le passage commençant par ces mots :
« dans ce pays de clarté », et finissant par ceux-ci : « cette
majorité », les ministres sont accusés d'avoir eu recours à un
mensonge pour se débarrasser de la majorité;

« Attendu enfin que dans le passage commençant par ces
mots : « J'allais dire », et finissant par ceux-ci : « qui conspirent », l'auteur du discours prenant plus particulièrement
à partie trois des ministres en exercice; qu'il nomme et
désigne d'une façon injurieuse, les accuse d'être des conspirateurs;

« Attendu qu'il ne saurait être sérieusement contesté que
dans leur ensemble et dans leurs termes ces qualifications

outrageantes sont dirigées tant contre les membres du ministère en général que contre chacun d'eux en particulier, et qu'elles sont aussi blessantes pour leur caractère comme hommes publics que pour leur dignité personnelle ;

« Attendu en conséquence que, en publiant ledit article le 18 août à Paris, Murat a commis le double délit d'offense envers la personne du président de la République et d'outrages aux ministres ;

« Attendu que Gambetta s'est rendu complice desdits délits en aidant ou en assistant avec connaissance l'auteur de ces délits dans les faits qui les ont préparés, facilités et consommés, et en lui fournissant avec connaissance les moyens de les commettre ;

« Attendu que les faits ainsi caractérisés sont prévus par les articles 1 et 2 du décret du 11 août 1848, 1er de la loi du 27 juillet 1849, 6 de la loi du 25 mars 1822, 1er de la loi du 17 mai 1819, 5 (n° 2) et 6 de la loi du 29 décembre 1875, 59 et 60 du Code pénal ;

« Vu l'article 13 de la loi du 11 mai 1808 ;

« Vu l'article 365 du code d'instruction criminelle et l'article 2 du décret du 11 août 1848 ;

« Condamne chacun des prévenus en trois mois d'emprisonnement et 2,000 fr. d'amende, les condamne aux dépens, prononce la solidarité pour l'amende et les dépens ;

Fixe la durée de la contrainte par corps dans les termes de la loi ;

« Ordonne l'exécution provisoire du présent jugement nonobstant opposition ou appel. »

M. Gambetta et M. Murat firent immédiatement opposition au jugement de la 10e chambre du tribunal correctionnel. Ils furent assignés à comparaître devant la même chambre le 22 septembre.

TRIBUNAL CORRECTIONNEL DE LA SEINE

(10e CHAMBRE)

Audience du 22 septembre.

PRÉSIDENCE DE M. GRATTERY, ASSISTÉ DE MM. VANNIER ET BRUNEAU

Procès de M. Gambetta

(Compte rendu de la *République française* du 23 septembre)

Hier est venue devant la 10e chambre du tribunal correctionnel de la Seine l'opposition formée par M. Gambetta et le gérant de la *République française*, au jugement du 11 septembre dernier qui les a condamnés chacun à 3 mois de prison et 2,000 francs d'amende, pour outrages aux ministres et offense envers M. le président de la République.

Dès neuf heures du matin, le boulevard du Palais présentait un aspect inaccoutumé. Des agents faisaient circuler la foule qui attendait l'ouverture de l'audience. L'entrée du Palais était interdite au public. Les gardiens ne laissaient pénétrer dans la Sainte-Chapelle que les avocats, les journalistes et les personnes munies de cartes.

A dix heures du matin la salle d'audience était déjà pleine.

A son entrée dans la salle, M. Gambetta a été salué par ses confrères du barreau de Paris.

L'audience a été ouverte à onze heures moins un quart. Il est bien entendu que nous n'allons publier que ce que la loi nous autorise à donner du compte rendu.

M. Gastambide, substitut de M. le procureur de la République, occupait le siège du ministère public.

Me Allou était au banc de la défense.

M. le président a appelé les prévenus et décliné leurs noms, prénoms et qualités : M. Murat (Casimir), gérant de la *République française* ; M. Gambetta (Léon) 39 ans, ancien député, directeur politique du journal *la République française*.

— Et avocat à la Cour d'appel de Paris, a ajouté M. Gambetta.

— C'est juste, a dit M. le président.

Sur une question posée par M. le président, M. Murat a déclaré accepter la responsabilité de la publication de l'article incriminé.

M. LE PRÉSIDENT. — Avez-vous quelque observation à faire, monsieur Gambetta.

M. GAMBETTA. — J'ai une simple observation ou plutôt une remarque à présenter au tribunal.

« Dans l'affaire qui vous est soumise, Messieurs, j'assume la responsabilité entière et complète du discours que j'ai prononcé à Lille; seulement, comme j'estime que la poursuite qui est dirigée contre moi par les membres du gouvernement du 16 Mai est une poursuite qui a un caractère essentiellement politique, je pense que, aussi bien dans l'intérêt du droit que de la vérité, il convient d'attendre le jugement de l'opinion du pays convoqué dans ses comices.

« Que si le gouvernement estime, dans la passion qu'il déploie contre un homme dont il a voulu faire son antagoniste, — bien que je décline, je ne dis pas cet honneur, mais cette charge, — qu'il y a des délits qui doivent être soumis à la répression judiciaire, le jugement devrait en être porté devant un tribunal représentant l'opinion, c'est-à-dire devant le jury.

« Mon éminent confrère, mon ancien bâtonnier et maître, se chargera d'établir ces principes devant vous. »

Me Allou dépose les conclusions suivantes :

« A Messieurs les président et juges composant le tribunal de police correctionnelle de la Seine.

« Conclusions :
« Pour défendre M. Léon Gambetta,
« Défendeur;
« Contre le ministère public.
« Plaise au tribunal :
« Attendu que suivant jugement de la dixième chambre du Tribunal civil de la Seine, en date du onze septembre 1877, M. Léon Gambetta a été condamné à trois mois de prison et deux mille francs d'amende pour s'être rendu com-

plice du délit : 1° d'offense envers le président de la République ; 2° d'outrage public envers les membres du ministère,
à raison de leurs fonctions ou de leur qualité, délits prévus
par les articles 1 et 2 du décret du 11 août 1848, 1er de la
loi du 27 juillet 1849, 6 de la loi du 25 mars 1822, 1er de la
loi du 17 mai 1819, nos 1 et 2, article 5 de la loi du 29 décembre 1875, 59 et 60 du Code pénal ;

« Mais attendu que par exploit de Blanche, huissier à
Paris, en date du 17 septembre 1877, M. Gambetta a, dans
les délais, formé opposition au dit jugement, que, dès lors,
il est recevable à opposer les moyens et fins d'incompétence
dont il va être parlé ;

« Attendu, en effet, que le défendeur, tout en se réservant
de démontrer ultérieurement qu'aucun fait repréhensible
ne lui est imputable, et qu'il n'a, dans aucun des passages
de son discours de Lille, excédé les droits d'examen et de
critique légitime des actes du gouvernement, droits qui sont
de l'essence du régime parlementaire, — croit devoir, dès
à présent, appeler l'attention du tribunal sur l'inexacte qualification des faits incriminés, qualification qui aurait pour
effet, si elle était maintenue, de le soustraire à la juridiction normale et de droit commun en matière de presse ;

« Attendu, en effet, qu'aux termes de la loi du 29 décembre 1875, les attaques dirigées contre le gouvernement par
la voie de la presse sont demeurées, en principe, de la compétence des cours d'assises et que, par exception, la connaissance des délits d'offense envers le président de la République
et d'outrages envers les ministres a été attribué aux tribunaux correctionnels ;

« Attendu que les faits relevés dans les assignations en
date des 5 et 18 septembre 1877, ne constituent aucunement
les délits d'offense et d'outrages que prévoient les articles
de la loi visés par la poursuite et qui rendraient le défendeur
justiciable des tribunaux correctionnels ; qu'il suffit de par-
courir les divers passages incriminés par le ministère public
pour se convaincre que l'accusation n'a été amenée que
par une interprétation inexacte de leur texte et de leur
esprit à des conséquences juridiques inadmissibles ;

« Sur le premier chef relatif à l'offense envers le président de la République :

« Attendu qu'il apparaît à la seule lecture des passages

incriminés que le chef du gouvernement n'a été désigné ni dans sa personne, ni dans ses titres et qualité, ni dans ses fonctions, ni dans son autorité constitutionnelle :

« Que, d'ailleurs, aux termes de la Constitution du 25 février 1875, le président de la République ayant été déclaré irresponsable, hormis le cas de haute trahison, la censure des actes du gouvernement ne saurait l'atteindre sous quelque forme qu'elle se produise ;

« Sur le second chef relatif à l'outrage aux ministres :

« Attendu, sur ce chef, qu'il n'y a pas lieu d'examiner séparément chacun des paragraphes incriminés, lesquels font corps avec l'ensemble du discours ;

« Attendu que l'article 1 (*in fine*) de la loi du 5 août 1848 a reconnu solennellement le droit de discussion et de censure des actes du pouvoir exécutif et des ministres ;

« Que l'auteur du discours de Lille n'a fait qu'user de ce droit de discussion et de censure avec une sage modération et sous la forme la plus stricte du langage parlementaire ;

« Qu'il appartient à tout citoyen de faire connaître par la voie de la presse son opinion sur les actes du gouvernement officiellement accomplis, et qu'il n'est pas nécessaire, pour user de ce droit, d'être garanti par les immunités parlementaires ;

« Attendu que l'outrage est, aux termes de la loi, toute parole injurieuse, invective, pouvant porter atteinte à l'honneur et à la considération d'une personne ;

« Or, attendu que les passages incriminés par le ministère public, ne contiennent aucune injure, invective ou parole outrageante adressées à tel ou tel ministre en particulier ;

« Que, tout au contraire, l'orateur a affecté de considérer le ministère dans la collectivité constitutionnelle qu'il représente ;

» Qu'il s'est livré à une critique générale de l'ensemble des actes et du programme politique des hommes du 16 Mai, considérés dans leur ensemble sans désignation individuelle au point de vue de leur responsabilité collective et solidaire ;

« Qu'ainsi donc, il résulte de ce qui précède que, sur le second chef d'accusation comme sur le premier, il manque l'élément constitutif du délit ressortissant aux tribunaux de police correctionnelle ;

« En droit,

« Sur le premier chef;

« Attendu que la loi du 27 juillet 1849 a soigneusement distingué, dans son article 1er, chap. III, les attaques contre les droits et l'autorité que le président tient de la Constitution et les offenses à la personne du président, que, néanmoins, la même loi a déféré l'un et l'autre délit à la cour d'assises et à la décision du jury;

« Attendu, au contraire, que la loi du 29 décembre 1875, a dans son article 5, n° 2, formellement réservé aux tribunaux correctionnels la connaissance des délits d'offense à la personne du président;

« Que par là même elle a clairement indiqué l'intention de maintenir l'ancienne juridiction en ce qui concerne les attaques contre les droits et l'autorité que le président tient de la Constitution;

« Attendu, en conséquence, dans l'espèce :

« Qu'en supposant que les passages du discours visés par l'accusation fussent réellement délictueux, la cour d'assises serait seule compétente dans le cas où lesdits passages contiendraient des attaques contre les droits et l'autorité que le président tient de la Constitution;

« Que les tribunaux correctionnels ne pourraient utilement être saisis de la plainte que si l'on était en présence du délit d'offense envers la personne même du président de la République.

« Mais attendu qu'il est impossible d'établir que dans l'un quelconque des passages du discours de Lille, le chef de l'État a été désigné nommément, ni pris à partie directement ou indirectement par l'orateur;

« Qu'en conséquence le délit d'offense à la personne du président ne saurait être retenu par les poursuites;

« Sur le second chef :

« Attendu que les motifs ci-dessus déduits pour l'offense envers la personne du président s'appliquent également à l'outrage aux ministres;

« Attendu, d'ailleurs, que l'article 6 de la loi du 25 mars 1822, invoqué par la citation, ne vise que les membres de l'une et l'autre Chambre; qu'en conséquence cet article est inapplicable à l'espèce;

« Attendu encore que les attaques dirigées contre les ministres du gouvernement de la République, ainsi qu'il a été démontré, dans leur ensemble et collectivement, ne peuvent tomber que sous l'application de l'article 4 du décret du 11 août 1848;

« Que cet article est la reproduction de l'article 4 du 25 mars 1822 et que, sous l'empire de la Charte, on considérait que cette loi, en punissant l'excitation à la haine et au mépris du (gouvernement), voulait désigner par cette expression les ministres pris collectivement, parce qu'ils administrent sous leur responsabilité personnelle, comme cela a lieu sous la Constitution actuelle de la France (Paris, 1er avril 1830, *aff. Bert.* — 27 mars 1830, *aff. Coulert*);

« Que cette assimilation ressort du rapport de M. Portalis, des débats législatifs, qu'elle résulte en outre des expressions mêmes de la loi;

« Que l'on ne comprendrait pas, en effet, si, dans le paragraphe 1er où il est parlé de l'excitation à la haine et au mépris du gouvernement, le mot gouvernement n'était pas pris dans l'acception que comporte le mot ministère, que le second paragraphe eût ajouté que cette disposition ne portait pas obstacle à la censure des actes des ministres;

« Attendu, en conséquence, qu'il est vrai de dire que, si la plainte dirigée contre M. Gambetta est fondée, c'est le gouvernement lui-même, plutôt que les personnes qui le composent, qui a été attaqué dans le discours de Lille;

« Que, du reste et en fait, d'une part la citation ne relève pas la désignation du fonctionnaire qui aurait été atteint; d'autre part, que la plainte ayant été formée au nom de tous les ministres, aucun d'eux ne peut se dire personnellement outragé;

« Attendu, dès lors, que c'est l'article 4 de la loi du 25 mars 1822 qui est applicable, et non l'article 6 de la même loi;

« Attendu, par suite, que l'article 5 de la loi du 29 décembre 1875 ne peut être invoqué, et que la juridiction des tribunaux correctionnels doit se déclarer incompétente;

« Par ces motifs,

« Recevoir M. Léon Gambetta, opposant au jugement rendu par défaut par la dixième chambre du tribunal civil de la Seine, jugeant correctionnellement, en date du 11 septembre 1877;

« Et statuant par jugement nouveau, renvoyer purement

et simplement la cause devant les juges qui doivent en connaître. »

Me Allou a développé ces conclusions.

M. Gastambide les a repoussées.

M. LE PRÉSIDENT à Me Allou. — Vous n'avez rien à répli-
quer?

Me ALLOU. — Absolument rien, Monsieur le président.

A deux heures le tribunal s'est retiré pour délibérer.

Au bout d'une heure, il est rentré en séance et M. le président a donné lecture du jugement suivant :

« Le tribunal, après en avoir délibéré conformément à
la loi,

« Statuant sur l'exception d'incompétence proposée :

« Attendu que les délits d'offense envers la personne du
président de la République et d'outrages aux ministres, et
le délit d'excitation à la haine et au mépris du gouvernement, prévus par les articles 6 de la loi du 25 mars 1822,
1, 2 et 4 de la loi du 11 août 1848, 1er de la loi du 27 juillet 1849 sont des délits absolument distincts les uns des autres et punis de peines différentes;

« Attendu que ces délits peuvent résulter des termes d'un
seul et même article ou écrit rendu public; mais qu'il ne
s'ensuit pas nécessairement dans ce cas que le délit d'excitation à la haine et au mépris du gouvernement absorbe et
fasse disparaître les délits d'offense ou d'outrages;

« Attendu que l'exercice de l'action publique n'appartient
qu'aux magistrats du ministère public;

« Que le tribunal saisi par l'ordonnance de renvoi de la
connaissance des délits d'offense envers la personne du président de la République et d'outrages aux ministres, pour
l'appréciation desquels il est compétent, a pour premier
devoir de les juger dès qu'il a reconnu que les passages
retenus dans l'ordonnance ont été régulièrement qualifiés;

« Attendu en fait que l'article publié dans le numéro du
journal la République française paraît contenir les éléments
constitutifs des deux délits visés dans la citation :

« Que, cette constatation faite, le tribunal n'a pas à rechercher si les prévenus ont eu en outre l'intention d'exciter à
la haine et au mépris du gouvernement de la République;

« Par ces motifs, rejette comme mal fondées les conclusions prises à fin d'incompétence, se déclare compétent et

ordonne qu'il sera passé outre aux débats, condamne les prévenus Murat et Gambetta solidairement aux dépens de l'incident. »

M. le président a donné la parole à M⁰ Allou.

M⁰ Allou a déclaré qu'il ne plaiderait par sur le fond.

Sur cette déclaration, le président a prononcé le jugement suivant :

« Le tribunal,

« Attendu que les prévenus ne se présentent pas pour soutenir l'opposition qu'ils ont formée au jugement en date du 11 septembre;

« Vu l'article 188 du code d'instruction criminelle;

« Déclare l'opposition nulle et non avenue, ordonne que le jugement sera exécuté dans ses forme et teneur, et condamne les prévenus aux dépens. »

L'audience a été levée à trois heures.

A sa sortie du Palais M. Gambetta a été acclamé par une foule sympathique qui a suivi sa voiture jusqu'à la place du Châtelet, le saluant des cris de : « Vive Gambetta! Vive la République! »

La République française publia le lendemain de l'audience l'article suivant :

« Le procès intenté à M. Gambetta et au gérant de *la République française* à l'occasion du discours de Lille est revenu hier sur opposition devant la dixième chambre.

« Les prévenus se sont présentés, assistés de leurs avocats.

« On sait que M⁰ Allou avait promis à M. Gambetta le concours de son admirable talent.

« Des conclusions d'incompétence ont été déposées à la barre dès le début du procès. Ne rendant point compte à cette place du débat qui s'est engagé devant le tribunal, nous ne pouvons dire avec quelle chaleur, quelle puissance de dialectique et quelle émotion M⁰ Allou a développé les arguments de droit dont les conclusions qu'il avait rédigées sont le résumé.

« Sur le déclinatoire d'incompétence le ministère public a eu la parole pour le repousser. M⁰ Allou s'était gardé d'aborder le fond du procès. M. l'avocat de la République a pris plus de liberté. Voulait-il que l'incident fût lié au fond?

« Le tribunal a rendu deux jugements.

« Par un premier jugement, statuant sur les conclusions déposées, le tribunal s'est déclaré compétent.

« Les défenseurs ont été invités à plaider le fond. M° Allou n'y a pas consenti.

« Par un second jugement, rendu séance tenante, la condamnation prononcée par défaut contre M. Gambetta et contre M. Murat, *gérant de la République française*, a été maintenue.

« Appel de ces deux décisions sera interjeté dans les délais fixés par la procédure.

« On aperçoit du premier regard les raisons qui ont décidé les prévenus et leurs défenseurs à adopter la marche qu'ils ont suivie.

« Le procès intenté à M. Gambetta est une cause majeure, un procès d'une importance exceptionnelle. On peut dire que, dans cette affaire, les plus graves intérêts sont en jeu. Il n'était permis à l'orateur de Lille de négliger aucun des côtés de cette instance qui tient la France et l'Europe attentives.

« Deux délits ont été relevés à la charge de M. Gambetta, l'outrage aux ministres et l'offense au président de la République. On pourra voir, en lisant les conclusions déposées, que ces deux délits, pour qu'ils existent et puissent être incriminés, doivent avoir été commis dans de certaines conditions prévues par les lois. Il a paru que ces conditions faisaient complètement défaut dans la cause actuelle.

« Si des délits ont été commis, ce ne sont pas ceux qui ont été relevés par la prévention, mais d'autres qui entraînent un changement dans la juridiction appelée à en connaître.

« Telle est la thèse des conclusions d'incompétence.

« Il n'y avait pas à hésiter. Avant d'aborder le fond, il fallait vider cette première question, qui n'intéresse pas seulement M. Gambetta et le journal qui a publié son discours, mais qui touche au droit même de libre discussion des actes du gouvernement, dont tous les Français peuvent se considérer comme investis, sous le régime constitutionnel qui est aujourd'hui le nôtre.

« Si donc on avait délibérément changé la qualification des délits reprochés pour changer arbitrairement la juridiction qui doit statuer aux termes de la loi, n'était-ce pas là

un point qu'il convenait d'examiner avant tous les autres,
afin de rester dans le droit et dans la vérité? Il faut bien
comprendre que les lois de procédure ne sont pas faites
seulement pour organiser des formes et pour fixer des délais;
il importe de les prendre dans leur acception la plus élevée;
les lois de procédure sont surtout des lois protectrices du
droit, et c'est à ce point de vue supérieur que se sont placés
les prévenus et leurs défenseurs. Il y avait à voir si, dans
cette étrange poursuite, tout n'a pas été bouleversé dans
l'interprétation des textes législatifs en ces matières délicates
de l'outrage, de l'offense, de l'excitation à la haine et au
mépris du gouvernement. Le procès qui est fait à M. Gambetta n'est pas le premier qui soit fait à un citoyen français
sous la même prévention; et déjà l'on a vu des tribunaux
se déclarer incompétents, réservant à d'autres juges la tâche
de statuer sur les poursuites qui leur avaient été déférées.
Nous ne citerons qu'un exemple, mais il est décisif : l'exemple du tribunal de la Rochelle qui a rendu récemment une
sentence dont tous les esprits libéraux et versés dans la connaissance du droit ont été si vivement frappés.

« Le déclinatoire d'incompétence proposé par M. Gambetta
avait ainsi à ses yeux une importance telle, qu'elle lui im-
posait l'obligation de n'aborder le fond du procès qu'après
jugement.

« Ce jugement a été rendu. Il n'a point paru motivé, et il
sera porté devant les magistrats d'appel.

« M. Gambetta, d'ailleurs, avait d'autres raisons de ne
point plaider le fond dans l'audience d'hier. Il estime que
le procès qui lui est fait est un procès politique. D'un tel
procès, il y a un juge souverain devant lequel, tous, nous
devons en France nous incliner : la nation, le suffrage universel; mais puisqu'il y a qualification juridique d'un fait
considéré comme délictueux, il n'y a qu'un juge qui puisse
en connaître, le juge des crimes et délits politiques, l'opinion
publique siégeant à la cour d'assises en jury sans appel. Ce
juge, M. Gambetta n'a pas cessé de l'avoir en vue, dans les
conclusions qu'il a déposées à la barre du tribunal. La
question de juridiction et de compétence ayant été tranchée
contre ces conclusions, M. Gambetta s'est vu dans la nécessité d'ajourner la discussion au fond des paroles qui sont
incriminées dans son discours, jusqu'à ce qu'il puisse pro-

duire cette discussion devant le seul juge qu'il considère comme compétent.

« La solution de cette instance, à laquelle l'opinion européenne a pris un si vif intérêt, se trouve ainsi retardée; mais M. Gambetta n'a pas pensé qu'il pût s'affranchir des obligations que lui imposent l'intérêt de tous les citoyens et le respect du droit de libre discussion si manifestement méconnu dans sa personne. »

M. Gambetta fit appel du jugement de la 10ᵉ chambre et fit de nouveau défaut sur le fond. Le cabinet du 14 décembre abandonna la poursuite.

DISCOURS

Prononcé le 9 octobre 1877

AU CIRQUE DU CHATEAU-D'EAU

(PARIS)

Une grande épreuve était réservée au parti républicain. Le 3 septembre, M. Thiers mourut subitement à Saint-Germain [1]. A toute époque, la mort d'un homme comme M. Thiers eût été pour le parti libéral une perte cruelle. A la veille des élections générales d'octobre, alors que M. Thiers était, dans la pensée de tous, le candidat désigné pour remplacer à la présidence de la République le maréchal de Mac-Mahon vaincu par le suffrage universel, il sembla d'abord que cette mort serait une catastrophe pour la République. Elle paraissait destinée à ramener à la réaction les voix des conservateurs les plus récemment convertis à la République. Elle pouvait susciter dans le camp des 363 des compétitions dangereuses. Elle rendait au gouvernement du 16 mai le courage qui commençait à lui manquer.

C'est dans la grave situation créée par la mort de M. Thiers

---

1. M. Thiers avait passé la soirée du 2 septembre, en compagnie de M. Barthélemy Saint-Hilaire et de M. Joseph Reinach. Il était fort gai et sa santé paraissait excellente. Il avait chargé M. Barthélemy Saint-Hilaire de donner rendez-vous à M. Gambetta pour le lendemain, chez lui, à quatre heures de l'après-midi, à l'hôtel de la place Saint-Georges.

On ne sait pas assez que M. Thiers, qui ne doutait pas de la victoire des 363, et se croyait assuré de remplacer, à la présidence de la République, le maréchal de Mac-Mahon démissionnaire, avait réglé jusque dans les moindres détails les conditions de sa future rentrée aux affaires. On trouvera dans notre dixième volume un exposé général du plan qui appelait M. Gambetta à la présidence du conseil et au ministère des affaires étrangères.

que le parti républicain montra vraiment qu'il était le seul
digne de gouverner la France. S'il fut effrayé par la disparition
soudaine de son chef le plus illustre, il ne le fut qu'un jour.
Dès le lendemain, à la voix de M. Gambetta, il se rallia et
continua sans une hésitation la lutte entreprise si courageusement contre le Seize mai[1]. Il paya à M. Thiers le tribut
d'hommages et de respects que méritait la grande mémoire

[1]. La *République française* du 4 septembre avait publié l'article
suivant :

« Un grand malheur vient de frapper la France.

« M. Thiers est mort hier soir, à six heures et demie, à Saint-
Germain-en-Laye.

« Il a succombé à un refroidissement subit, que rien ne faisait
prévoir; la crise qui l'a emporté n'a duré qu'une demi-heure.

« Notre douleur est égale à la perte immense que le pays vient
de faire, et le 3 septembre 1877 sera, pour tous les Français, un
jour de deuil national.

« M. Thiers était aux yeux de l'Europe le plus éminent représentant de la France.

« Sa longue carrière avait été consacrée à la défense des idées
et des principes de notre grande Révolution, dont il n'a jamais
abandonné la cause et qui a trouvé en lui un serviteur aussi fidèle
que résolu.

« Il a toujours voulu pour son pays le libre gouvernement de
la nation par elle-même. Il avait cru trouver ce gouvernement
dans la monarchie constitutionnelle. Quand il a jugé la monarchie impossible, il s'est prononcé pour la République. C'est la
cause de la République qui a eu sa dernière pensée comme ses
plus nobles efforts.

« Il avait contribué à la fonder parmi nous. Il en a été le premier magistrat. Il l'a gouvernée avec prudence, avec habileté, avec
dévouement. Il n'a quitté le premier poste de l'État, où l'avaient
appelé ses talents et ses services, que pour n'avoir pas à couvrir
des intrigues qui menaçaient de tenir en échec la volonté souveraine du pays.

« L'opinion publique, dans nos épreuves actuelles, se tournait
volontiers vers lui comme un chef éprouvé. On peut dire que la
carrière de cet illustre citoyen est brusquement interrompue. La
France avait encore besoin de lui : elle était sûre de le trouver,
et c'était pour elle la source d'une grande et légitime confiance
dans le succès de la cause républicaine que M. Thiers avait em-
brassée.

« Mais il n'est pas temps encore de payer à M. Thiers le tribut
de la reconnaissance nationale. Tout en déplorant cette fin soudaine, nous avons à nous inspirer des leçons et des exemples de
ce grand homme d'État. M. Thiers avait jugé avec son expérience consommée que la République est désormais le seul gouvernement qui convienne à notre démocratie. C'est à la République
que nous devons nous attacher; c'est la République qu'il faut

du premier président de la République et du libérateur du
territoire. Il lui fit les plus magnifiques funérailles que jamais peuple libre ait accordées à un grand citoyen. Et il se
remit à l'œuvre, pour la défense de la République et des
conquêtes de 1789, montrant ainsi que les sages et fortes
leçons de M. Thiers n'avaient pas été perdues pour lui.

Ce fut M. Gambetta qui conduisit ce second mouvement,
comme il avait dirigé déjà, d'accord avec M. Thiers, celui du
17 mai, et ce fut par un acte de grande sagesse et de désintéressement qu'il commença cette seconde direction. Comme
la réaction cherchait à exploiter la mort de M. Thiers pour
poser la question électorale entre M. Gambetta et le maré-

protéger contre ces adversaires implacables qui ne respectaient
en M. Thiers ni l'intelligence supérieure, ni la passion du bien
public, ni ces actes mémorables qui ont gardé Belfort à la France
et libéré le territoire avec une rapidité, une habileté qui étaient
autant de miracles.

« La France, dans quelques semaines, tiendra ses destinées entre ses mains. Elle aura la parole, elle fera connaître sa volonté.
Elle votera comme si M. Thiers était toujours là. L'esprit d'un
tel homme ne saurait mourir avec lui. Cet esprit inspirera ceux
qui auront à continuer l'œuvre qu'il a commencée. Les hommes
ne manquent jamais à une grande nation qui veut être libre et qui
a tous les moyens de faire respecter sa volonté. »

Le comité des gauches du Sénat rédigea l'appel suivant :

« Chers concitoyens,

« La France connaît la grande perte qu'elle vient de faire.

« M. Thiers n'est plus.

« Dans cette cruelle épreuve, nous, représentants républicains
du seul grand corps politique encore debout, nous considérons
comme un devoir civique de protester une fois de plus de notre
dévouement à la République et à la politique ferme et prudente
dont l'illustre citoyen que nous pleurons a donné l'exemple au
pays.

« M. Thiers s'était rattaché à la République par raison et patriotisme. Il la regardait comme le seul gouvernement possible,
comme le seul capable de donner satisfaction à la fois à l'ordre
et à la liberté, de mettre fin aux entreprises de la réaction qui
ont besoin pour réussir du pouvoir personnel d'un homme.

« Toute sa vie, il a défendu le principe de la souveraineté nationale. Il est mort, on peut le dire, en réclamant le gouvernement du pays par le pays. Il a mis ces doctrines en pratique
pendant tout le temps qu'il a été au pouvoir, aux diverses époques
de sa longue et glorieuse carrière.

« M. Thiers n'a pas seulement gouverné la France avec une
habileté supérieure, qui lui a mérité la reconnaissance nationale,

chal, M. Gambetta n'hésita pas : Chef reconnu de la résistance
républicaine, maître d'une popularité immense que le procès
intenté contre lui pour le discours de Lille avait encore décu-
plée, M. Gambetta pouvait aspirer, dans le cas probable de la
victoire des 363, à la succession de M. de Mac-Mahon. Il s'effaça
devant M. Jules Grévy. Il fut le premier à prononcer le nom
de l'ex-président de la Chambre des députés comme celui du
candidat éventuel du parti républicain à la présidence de la
République. « M. Grévy! s'écriait le journal du duc de
Broglie [1]. Mais il ne compte pas en Europe! il n'est pas connu
dans nos villages! » Ce fut M. Gambetta qui dit dans son
discours du 9 octobre, quel était M. Grévy, et quels étaient
alors ses titres à la confiance du parti républicain.

Le 19 septembre, le *Journal officiel* publia le manifeste

le respect de l'étranger, et qui lui vaudra l'admiration de la pos-
térité; il a montré, par son exemple, que dans un pays éclairé
et libre, la sécurité, le travail, la prospérité renaissent comme par
enchantement quand la première magistrature de l'État est confiée aux mains d'un citoyen qui met son honneur à respecter la
Constitution et la volonté nationale.

« C'est là le plus beau titre de gloire de ce grand homme d'État.

« Chers concitoyens, les hommes de mérite et de vertu civique
ne manquent pas en France, qui sont prêts à continuer les traditions de M. Thiers, et à se dévouer comme lui à la fondation d'une
République libérale et conservatrice, protectrice de tous les intérêts légitimes, ouverte à toutes les améliorations et à tous les
progrès.

« Dans la crise que nous traversons, notre tâche reste la même.

« La France va être interrogée. Qu'elle manifeste sa volonté souveraine avec union et fermeté aux élections prochaines.

« Les hommes disparaissent, mais les principes demeurent.

« M. Thiers nous laisse les leçons d'une expérience consommée,
les exemples du plus pur patriotisme. Aux uns comme aux autres,
tous les républicains voudront demeurer fidèles, et ce sera le
plus digne hommage que nous pourrons rendre au Français illustre qui vient de nous être enlevé.

Les Membres des bureaux des Gauches du Sénat :

Pour le Centre gauche : Bertauld, président; Calmon, Gilbert-
Boucher, vice-présidents; Bernard, comte Rampon, Foucher de
Careil, Dauphinot, membres du bureau.

Pour la Gauche républicaine : Arago, président; Le Royer, vice-
président; Duclerc, Hérold, Lucet, Malens, Mazeau, Salneuve,
membres du bureau :

Pour l'Union républicaine : A. Peyrat, président; Victor Hugo,
Crémieux, Scheurer-Kestner, membres du bureau.

1. *Français* du 5 septembre.

suivant qui fut affiché dans toutes les communes et adressé individuellement à chaque électeur :

« Le maréchal de Mac-Mahon, président de la République, au peuple français :

« Français !

« Vous allez être appelés à nommer vos représentants à la Chambre des députés.

« Je ne prétends exercer aucune pression sur vos choix, mais je tiens à dissiper toutes les équivoques :

« Il faut que vous sachiez ce que j'ai fait, ce que j'entends faire, et quelles seront les conséquences de ce que vous allez faire vous-mêmes.

« Ce que j'ai fait, le voici :

« Depuis quatre ans j'ai maintenu la paix, et la confiance personnelle dont m'honorent les souverains étrangers, m'a permis de rendre de jour en jour plus cordiales nos relations avec toutes les puissances.

« A l'intérieur, l'ordre n'a pas été un instant troublé.

« Grâce à une politique de concorde qui appelait autour de moi tous les hommes dévoués avant tout au pays, la prospérité publique, un instant arrêtée par nos malheurs, a repris son essor. La richesse générale s'est accrue malgré nos lourdes charges. Le crédit national s'est affermi.

« La France, paisible et confiante, a vu, en même temps, son armée toujours digne d'elle, reconstituée sur des bases nouvelles.

« Mais ces grands résultats menaçaient d'être compromis.

« La Chambre des députés, échappant chaque jour davantage à la direction des hommes modérés, et de plus en plus dominée par les chefs avoués du radicalisme, en était venue à méconnaître la part d'autorité qui m'appartient, et que je ne saurais laisser amoindrir sans engager l'honneur de mon nom devant vous et devant l'histoire. — Contestant en même temps l'influence légitime du Sénat, elle n'allait à rien moins qu'à substituer à l'équilibre nécessaire des pouvoirs établis par la Constitution, le despotisme d'une nouvelle Convention.

« L'hésitation n'était pas permise.

« Usant de mon droit constitutionnel, j'ai, sur l'avis conforme du Sénat, dissous la Chambre des députés.

« Maintenant c'est à vous de parler. On vous dit que je veux renverser la République. Vous ne le croirez pas.

« La Constitution est confiée à ma garde. Je la ferai respecter.

« Ce que j'attends de vous, c'est l'élection d'une Chambre qui, s'élevant au-dessus des compétitions de partis, se préoccupe avant tout des affaires du pays.

« Aux dernières élections, on a abusé de mon nom. Parmi ceux qui se disaient alors mes amis, beaucoup n'ont pas cessé de me combattre. On vous parle encore aujourd'hui de dévouement à ma personne et l'on prétend n'attaquer que mes ministres.

« Vous ne serez pas dupes de cet artifice. Pour le déjouer, mon gouvernement vous désignera parmi les candidats ceux qui, seuls, pourront s'autoriser de mon nom.

« Vous pèserez mûrement la portée de vos votes.

« Des élections favorables à ma politique faciliteront la marche régulière du gouvernement existant. Elles affirmeront le principe d'autorité sapé par la démagogie ; elles assureront l'ordre et la paix.

« Des élections hostiles aggraveraient le conflit entre les pouvoirs publics, entraveraient le mouvement des affaires, entretiendraient l'agitation, et la France, au milieu de ces complications nouvelles, deviendrait pour l'Europe un objet de défiance.

« Quant à moi, mon devoir grandirait avec le péril. Je ne saurais obéir aux sommations de la démagogie. Je ne saurais ni devenir l'instrument du radicalisme, ni abandonner le poste où la Constitution m'a placé.

« Je resterai pour défendre, avec l'appui du Sénat, les intérêts conservateurs et pour protéger énergiquement les fonctionnaires fidèles qui, dans un moment difficile, ne se sont pas laissé intimider par de vaines menaces.

« Français !

« J'attends avec une entière confiance la manifestation de vos sentiments.

« Après tant d'épreuves, la France veut la stabilité, l'ordre et la paix.

« Avec l'aide de Dieu, nous lui assurerons ces biens. Vous

écouterez la parole d'un soldat qui ne sert aucun parti, aucune passion révolutionnaire ou rétrograde et qui n'est guidé que par l'amour de la patrie.

« Fait à Paris, le 19 septembre 1877.

« *Le président de la République.*

« *Maréchal de* MAC-MAHON,

duc de MAGENTA. »

La publication du manifeste de M. de Mac-Mahon provoqua, dans toute la presse républicaine, une explosion générale de tristesse et de colère. Ce document semblait la copie de la proclamation de Charles X, à la veille des élections de 1830. C'était la menace la plus folle et la plus insolente qui ait jamais été adressée par un homme à une nation libre. Chaque républicain s'y trouvait directement et violemment insulté. La presse étrangère vit dans ce document l'annonce d'un coup d'État.

Parmi les réponses indignées qui furent faites à ce manifeste par la presse républicaine, nous choisissons l'article publié par M. John Lemoinne dans le *Journal des Débats* du 20 septembre :

« Patience! notre jour viendra; il vient. Avant un mois, les Français, puisque c'est à eux qu'on parle, auront l'occasion de répondre à l'inqualifiable sommation qu'on leur adresse. En se réveillant ce matin, ils se seront demandé s'ils rêvaient encore. En quelle année sommes-nous donc? Est-ce que la Révolution française est une invention des historiens et des romanciers? Est-ce que nous sommes sous Louis XIV qui disait : « L'État, c'est moi! » ou sous Louis XV qui disait : « Après moi le déluge! » Est-ce que nous sommes retournés aux carrières? Époques immortelles de 1789, de 1830, de 1848, de 1870, protestations indestructibles de la liberté de tous contre le pouvoir d'un seul, êtes-vous donc des fables? Oui, nous croyons rêver en lisant cette proclamation, ou plutôt cette injonction adressée au peuple français. Est-ce bien à lui qu'on parle, et ceux qui lui parlent ainsi comprennent-ils bien ce qu'ils disent? À travers toutes les révolutions qui, depuis un siècle, ont plusieurs fois renouvelé la face de la France, au fond de tous les changements de gouvernements et de dynasties, il

y a eu une idée constante, persistante, invariable : la volonté
du pays de se gouverner lui-même. C'est pour conquérir et
s'assurer cette liberté qui est le patrimoine de tous les citoyens, que le peuple français a fait toutes ses révolutions;
c'est pour reprendre son bien qu'il combat depuis cent ans,
qu'il a renversé la plus ancienne et la plus illustre race
royale de l'Europe, et secoué le joug du nom le plus écla-
tant et le plus lourd de l'histoire. Et après tant de sang et
de larmes répandus sur le sol de la patrie, sur la terre
entière, après tant de générations mortes à la peine, mortes
pour nous faire libres, voici qu'on veut nous ramener à la
caserne. Non, jamais ni un Bourbon ni un Napoléon ne
nous ont tenu un pareil langage. Nous nous demandons
quelle est l'autorité antérieure et supérieure, l'autorité
théocratique qui donne à M. le président de la République
française le droit de parler sur ce ton au peuple français.
Certes, et quoi qu'en disent les délateurs éhontés qui appellent tous les jours sur nous le bras de la justice, nous pouvons dire que nous sommes toujours restés strictement sur
le terrain de la légalité. Nous n'avons jamais dit que le
pouvoir exécutif fût sorti de la Constitution; nous avons
toujours admis et reconnu qu'il usait de son droit, tout en
regrettant l'usage qu'il en faisait. Mais enfin, nous ne sup-
posons pas qu'en présence de tout ce qui se passe, en face
de cette proclamation solennelle qui est adressée au peuple
français, c'est-à-dire à nous tous, on veuille soutenir la doctrine de l'irresponsabilité du chef de l'État. Nous croirions
manquer de respect envers M. le président de la République, si nous le supposions capable de faire comme ses
ministres, et de se retrancher derrière la question d'incompétence. Non, nous lui rendons plus de justice; il se présente personnellement et directement devant le pays et lui
parle face à face. C'est lui qui demande le jugement du
peuple français.

« Mais sous quelle forme, de quelle façon, et dans quel
langage? Nous cherchons vainement un pays constitutionnel,
un pays avec des lois, où l'on parle une pareille langue. Il
est impossible de dire plus crûment à tout un peuple qu'on
lui demande son avis pour ne pas le suivre et qu'on ne lui
fait une question que pour se moquer de sa réponse. C'est
l'éternelle redite de l'éternelle formule : « Faites ce que

vous voudrez, dites ce que vous voudrez, je ne m'en irai pas. » Eh, mon Dieu! Louis XVI non plus ne voulait pas s'en aller; ni Napoléon le premier, ni Charles X, ni Louis-Philippe, ni Napoléon le dernier. Ils ne voulaient pas s'en aller, mais ils sont partis.

« Non seulement le langage de ce manifeste est dur, blessant au suprême degré, mais encore il est essentiellement maladroit. En entendant M. le maréchal de Mac-Mahon dire que la paix publique était assurée, que la prospérité nationale avait repris son essor, que la richesse générale s'était accrue, on se demande par quelle inspiration funeste il a été amené à jeter le trouble et le désordre dans ce pays qui ne demandait que le repos et ne cherchait que le travail. Ce tableau de ce qu'était la France il y a trois mois, comparé à ce qu'elle est aujourd'hui, est l'acte d'accusation le plus terrible que le gouvernement pût porter contre lui-même. Oui, le pays était tranquille; il acceptait la Constitution qui lui avait été donnée, et il respectait les fonctions et la personne du président de la République! Eh bien! c'est de ce respect même qu'on lui fait encore un crime. On est parvenu à mettre dans la tête de M. le maréchal de Mac-Mahon qu'aux dernières élections on avait abusé de son nom. Il nous avait déjà dit cela le 16 mai, et il nous le redit aujourd'hui. On a, en vérité, quelque peine à tenir son sérieux en voyant l'insistance avec laquelle M. le maréchal défend aux républicains de se placer sous l'invocation de son nom. Comme s'ils avaient besoin de cet avertissement, et comme s'ils ne savaient pas que le patronage du gouvernement est réservé aux ennemis de la République!

« Qu'on soit tranquille, ce malentendu est désormais dissipé, la fiction est en pièces. De part et d'autre on sait à quoi s'en tenir. Encore vingt jours de patience; le pays interrogé répondra, et son langage fera taire celui qu'on se permet de lui tenir.

« JOHN LEMOINNE. »

De son côté, la *République Française* publiait l'article suivant qui était présenté par M. Spuller comme la réponse des 363 aux accusations dirigées par le manifeste du président contre la Chambre du 20 février :

« Français !

« Vous allez être appelés à nommer vos représentants à la Chambre des députés.

« Grâce aux progrès de l'esprit politique dans notre pays, toutes les tentatives de pression sur vos choix demeureront vaines ; mais il importe de dissiper toutes les équivoques.

« Il faut que vous sachiez ce qui a été fait, ce que des factions, minorités incorrigibles et impuissantes, prétendent faire, et quelles seront les conséquences de ce que vous allez faire vous-mêmes.

« Ce qui a été fait, le voici :

« Au 20 février 1876, vous aviez élu une Chambre des députés dont la majorité, faite à l'image de la France, poursuivait en paix l'affermissement et le développement des institutions républicaines. C'était là le mandat qu'elle avait reçu de vous. Elle le remplissait avec un esprit de modération et de sagesse qui a vivement frappé l'Europe, et qui a valu à notre pays les cordiales sympathies de toutes les puissances.

« A l'intérieur, les passions se calmaient sous l'heureuse influence d'une politique de concorde et d'apaisement, soutenue par tous les représentants républicains de la nation.

« La Chambre des députés voulait la liberté au dedans, la paix au dehors. Elle a donné, dans toutes les occasions, des preuves de son amour éclairé des réformes, en portant son attention scrupuleuse sur toutes les parties du budget, en commençant à dégrever nos charges si lourdes par la suppression de l'impôt sur le sel, sur la petite vitesse et sur les huiles, en réduisant les taxes postales, en traitant à fond la question des chemins de fer, en prêtant son concours le plus dévoué à la réorganisation de notre armée, toujours digne de la confiance nationale, en élevant la dotation de l'instruction publique à un chiffre qu'elle n'avait encore atteint sous aucun gouvernement.

« Ces premières réformes allaient être complétées dans les sessions suivantes.

« Dans ses relations avec les grands pouvoirs de l'État, la Chambre des députés n'était jamais sortie des limites de ses droits et de ses attributions. Elle a toujours respecté la personne et la situation du président de la République; elle a souvent, par esprit de concorde, ajourné les justes réclamations motivées par le choix et la nomination des fonctionnaires, car les décrets proposés à la signature du président ont été loin de répondre aux vœux légitimes des populations et de leurs représentants. Dans ses rapports avec le Sénat, la Chambre a été constamment animée de sentiments de conciliation, et n'a jamais contesté la part d'influence qu'il doit exercer. Au contraire, dans une circonstance mémorable, la Chambre a supporté, pour maintenir la bonne harmonie entre les deux assemblées, que le Sénat s'attribuât un droit budgétaire qui n'est admis dans aucun pays de régime constitutionnel.

« Un événement inattendu et encore inexpliqué s'est produit le 16 mai.

« Usant de son droit constitutionnel, mais agissant en dehors des règles les plus certaines du gouvernement parlementaire, le président de la République a brusquement renvoyé un cabinet qui n'avait été mis en minorité dans aucune des deux Chambres, formé un ministère de minorité pris dans les rangs des partis hostiles à la République, et prorogé la Chambre pour un mois. Un autre décret, rendu sur l'avis conforme du Sénat, a prononcé la dissolution de la Chambre des députés.

« La dissolution est survenue, à la veille de la discussion du budget de 1878, au moment où de sérieux et utiles projets législatifs étaient à l'étude, où les travaux des commissions parlementaires étaient en pleine activité. C'est par ces travaux et ces projets que la Chambre élue le 20 février 1876 a justifié les significatives paroles de son président, M. Jules Grévy, quand il a dit que le pays saurait lui témoigner que, dans sa trop courte carrière, elle n'a pas cessé un seul jour de bien mériter de la France et de la République.

« Maintenant, c'est à vous de parler.

« On vous dira que l'on ne veut pas renverser la République.

« Vous ne croirez pas les candidats monarchistes qui vous tiendront ce langage, mais qui dissimulent pour quelque temps, sous le manteau de la candidature officielle, leurs préférences et leurs visées politiques, et qui tous brûlent du désir de se retrouver en majorité à Versailles pour user de ce qu'ils appellent la clause de revision, et pour porter le dernier coup aux institutions républicaines.

« Ce que l'on attend de vous, c'est l'élection d'une Chambre qui, sous le prétexte de tenir tête au péril social, de combattre et de réduire le radicalisme latent, maintienne le pouvoir entre les mains des hommes à idées rétrogrades, qui ne peuvent s'accommoder de la République, et qui comptent y substituer la monarchie à la première occasion favorable. C'est là ce qu'ils appellent réserver leurs espérances.

« Vous ne serez pas dupes de cet artifice. Pour le déjouer, il vous suffira de vous prononcer résolument contre les candidats officiels et contre la politique qu'ils représentent, en votant pour ceux qui tiendront, dans la lutte, le drapeau de la République contre les factions monarchiques, du gouvernement parlementaire contre le pouvoir personnel.

« Vous pèserez mûrement la portée de vos votes.

« Des élections favorables à la politique du 16 Mai encourageraient toutes les espérances factieuses et anarchiques, en remettant tout à coup en question les institutions que la France a adoptées et acclamées le 20 février 1876. Elles ruineraient le principe du gouvernement du pays par le pays, sapé par les hommes qui ont foulé aux pieds l'irresponsabilité présidentielle, en jetant le président de la République dans l'arène des partis pour se maintenir aux affaires. Enfin elles compromettraient l'ordre et la paix publique.

« L'élection des candidats officiels ne mettrait pas fin au conflit qui a éclaté entre les pouvoirs de l'État. Les affaires, déjà paralysées par cinq mois de crise, ne pourraient reprendre; le commerce et l'industrie continueraient de souffrir, jusqu'à ce que le dernier mot restât à la France, comme le veut le principe de la souveraineté nationale. Au milieu de ces complications nouvelles, la France deviendrait pour l'Europe un objet de défiance, car les élections telles que les demandent les hommes du 16 Mai seraient le triomphe du parti clérical, dont l'ambition insatiable et les agitations perpétuelles sont une cause d'inquiétude pour tous les peuples et tous les gouvernements.

« Quant à vous, votre devoir grandira certainement avec l'audace de ceux qui prétendent s'imposer à la France. Vous ne sauriez obéir aux sommations des représentants des partis monarchiques. Vous ne sauriez ni devenir l'instrument du cléricalisme ni abandonner les droits et les libertés que vos pères ont conquis au prix de tant d'efforts, et qu'il vous appartient de transmettre à vos enfants comme un dépôt sacré.

« Vous voudrez défendre, pacifiquement, en déposant vos libres votes dans les urnes électorales, les institutions républicaines; vous voudrez signifier, avec l'autorité qui appartient à la France, que la garde de la République doit être remise à des fonctionnaires fidèles qui, dans les moments difficiles, sauraient accomplir tous leurs devoirs.

« Français!

« Le pays attend avec une entière confiance la manifestation de vos sentiments.

« Après tant d'épreuves la France veut la stabilité par le maintien des institutions, l'ordre dans la liberté, la paix dans la République et par la République.

« Vous nous assurerez ces biens. Vous écouterez la voix de la conscience nationale, qui ne s'adresse à aucun parti, mais à tous les Français guidés par l'amour de la patrie.

Un décret du 22 septembre fixa la date des élections générales au 14 octobre, c'est-à-dire à une date postérieure de *vingt jours* à l'extrême limite légale fixée par la Constitution.

Le comité des gauches du Sénat publia aussitôt le manifeste suivant :

« Chers concitoyens,

« Vous êtes convoqués pour le 14 octobre, à l'effet d'élire vos représentants à la Chambre des députés. Nous n'avons pas à apprécier ce qu'un terme aussi tardif peut avoir d'irrégulier et d'inconstitutionnel. Aux Chambres seules, quand elles seront réunies, il appartiendra de prononcer à cet égard d'une façon souveraine.

« Notre devoir aujourd'hui, en présence des accusations dirigées contre la dernière Chambre des députés, est de venir vous affirmer de nouveau qu'elle était modérée et animée de dispositions conciliantes. Jamais elle n'a contesté l'influence légitime du Sénat, jamais elle n'a méconnu la part d'autorité qui appartient au pouvoir exécutif, et ses votes le prouvent. Mais, fidèle à la mission que vous lui aviez donnée, elle voulait consolider la République; elle voulait aussi réprimer l'agitation ultramontaine devenue un danger pour nos institutions et pour la paix publique, et ce sont là les véritables, les seuls griefs qui ont motivé sa dissolution. En votant l'ordre du jour de défiance contre le cabinet, les 363 ont donc loyalement et patriotiquement rempli leur mandat, et ce mandat, vous le renouvellerez.

« Dans les autres circonscriptions, vous soutiendrez avec la même ardeur, avec le même accord, les candidatures républicaines, et leur succès est presque partout certain. La situation est des plus graves, et les divisions, l'inertie seraient sans excuse.

« La question qui est en jeu est celle de l'avenir de la France. Vous êtes appelés à décider si son gouvernement sera désormais un pouvoir personnel dirigé par les influences cléricales et absolutistes, ou si la nation entend continuer à se régir elle-même par des mandataires de son choix.

« Dans le premier cas, ce sont les conquêtes de 1789, ce sont nos libertés les plus chères, libertés politiques, libertés civiles, liberté de conscience, qui sont en péril; c'est le suffrage universel qui est menacé; c'est le pays qui est livré aux compétitions monarchiques, c'est l'ordre qui est pour longtemps troublé à l'intérieur, c'est la paix qui est gravement compromise au dehors.

« Dans le second cas, les institutions républicaines sont définitivement fondées, les intérêts sérieux et honnêtes sont rassurés, le calme et la confiance sont rétablis et la paix affermie, la paix que, dans l'état actuel de l'Europe, la République peut seule conserver à la France.

« Le doute, l'hésitation seraient-ils permis?

« On vous parle de radicalisme et de démagogie.

« Les seuls révolutionnaires sont les hommes qui, rêvant le retour à des passés impossibles, voudraient, au risque de jeter le pays dans le trouble et la confusion, lui faire remonter le cours des événements; et, devant la folie de l'entreprise, le grand citoyen dont la France pleure la perte qualifiait naguère ces hommes de perturbateurs et d'anarchistes.

« Les vrais conservateurs, au contraire, ce sont ceux qui, ralliés à un régime amené par la force des circonstances,

consacré par une Constitution solennellement votée, accepté
par l'immense majorité de la nation, respectueux de tous
les grands principes et de tous les grands intérêts sociaux,
en veulent l'affermissement et en réclament la pratique
sincère et loyale.

« C'est aussi ce que vous voulez et ce que vous allez réclamer, chers concitoyens. La cause que vous avez à défendre
est celle que nos pères défendirent victorieusement en 1830,
et vous vous inspirerez de ce mémorable exemple. Mais il
importe que l'expression de votre volonté soit éclatante et
ne puisse être contestée. Rendez-vous donc tous au scrutin,
sans vous laisser intimider par les manœuvres de fonctionnaires d'un jour, ni influencer par de vaines menaces. Le
Sénat ne peut rien sans la Chambre des députés, et c'est lui
faire offense que de supposer qu'il donnerait son concours à
des mesures inconstitutionnelles. Dans les États libres, le
dernier mot appartient au pays, et quand vous aurez parlé,
votre parole devra être obéie.

> Paris, le 4 octobre 1877.

« Les membres des bureaux des gauches du Sénat : pour
le centre gauche : Bertauld, président : Calmon, Gilbert-
Boucher, vice-présidents; Bernard, comte Rampon, Foucher
de Careil, Dauphinot, membres du bureau.

« Pour la gauche républicaine : Arago, président; Le
Royer, vice-président; Duclerc, Hérold, Lucet, Malens,
Mazeau, Salneuve, membres du bureau.

« Pour l'union républicaine : Peyrat, président; Victor
Hugo, Crémieux, Scheurer-Kestner, membres du bureau. »

Il ne nous appartient pas d'entrer ici dans le détail de la
bataille électorale qui suivit le décret du 22 septembre. Dans
le camp républicain, l'union resta parfaite : aucun des 363
n'eut de concurrent républicain. M. Jules Grévy fut porté
dans le IXe arrondissement de Paris, en remplacement de
M. Thiers [1]. Dans les 156 collèges représentés à la Chambre
dissoute par des bonapartistes et des royalistes, il n'y avait

1. Le Comité du IXe arrondissement était présidé par M. Gambetta, avec Victor Hugo, comme président d'honneur.

également, sauf six exceptions, qu'un seul candidat républicain. — La candidature officielle fut organisée par M. de Fourtou dans 490 circonscriptions, et répartie entre 240 bonapartistes, 98 légitimistes, 27 orléanistes et 125 monarchistes sans préférences dynastiques bien connues. Les noms des candidats officiels furent affichés dans toutes les communes sur papier blanc et à titre de document administratif. Les candidats officiels étaient intitulés « candidats du gouvernement du maréchal de Mac-Mahon, président de la République ».

On trouvera à l'*Appendice*, dans le rapport de la commission chargée de faire une enquête parlementaire sur les élections du 14 octobre, le récit circonstancié des tentatives de violence et de corruption qui furent commises, pendant cette dernière période, par le personnel administratif et judiciaire du gouvernement du seize mai.

Le 4 octobre, le comité républicain du xxᵉ arrondissement de Paris, adressa à M. Gambetta la lettre suivante :

« Cher concitoyen,

« La République a eu depuis moins d'un siècle l'heureuse fortune de confondre son existence propre avec celle de la France d'une façon tellement intime que l'on ne concevait guère que l'une pût exister sans l'autre.

« En 1792, en luttant avec une énergie surhumaine contre toute l'Europe coalisée pour défendre l'indépendance du pays.

« En 1870, et jusqu'à aujourd'hui, après avoir laissé tomber son épée brisée par la défaite, en se consacrant à panser et à guérir les plaies de la patrie avec un succès tel que ses ennemis de l'intérieur, effrayés, sont venus se jeter au travers de la guérison.

« La France a si bien conscience de son identification propre avec la République qu'elle s'attache à elle comme à la dernière ancre de salut, qu'elle a voué une reconnaissance infinie et presque une affection maternelle à ceux qui, comme vous, la servent sous le drapeau républicain.

« C'est pourquoi, en face de ce déchaînement sans exemple d'illégalités, d'arbitraires et de violences par lequel les ennemis de la République ont signalé la dernière lutte qu'il leur sera donné de lui livrer, nous avons confiance, parce que l'histoire nous enseigne qu'on ne gouverne pas un grand peuple malgré lui et que la France veut la République.

« Cette volonté presque unanime, si puissante parce qu'elle est calme et en même temps pleine de résolution, vous avez plus que personne, et ce sera l'honneur de votre vie politique, contribué à la faire naître.

« Nous, vos compagnons de lutte des bons et des mauvais jours, nous venons vous en féliciter et vous demander de rester notre mandataire, de garder à Belleville cette tribune que vous avez faite si retentissante, et, vous appliquant d'une façon spéciale la parole du président Grévy, nous vous disons: *Vous avez bien mérité de la France et de la République!*

Le président,

MÉTIVIER.

M. Gambetta répondit :

Citoyens,

Après quatre longs mois de suppression de la vie parlementaire, tout entiers remplis par les excès de la pression administrative et les procédés les plus déplorables de la candidature officielle ; après quatre mois durant lesquels le peuple français, par son admirable patience et les preuves quotidiennes de sa sagesse et de sa maturité politique, a attiré sur notre jeune République l'admiration et les sympathies déclarées des gouvernements et des peuples civilisés, la France enfin a la parole.

Elle dira dans quelques jours ce qu'Elle pense des hommes du 16 Mai alliés et protecteurs des hommes du 2 Décembre, des serviteurs d'Henri V, des agents du *Syllabus* et du pape, tous couverts du patronage électoral du président de la République, sans doute pour mieux protéger les institutions républicaines.

Elle dira ce qu'Elle pense de la politique personnelle du chef de l'État, des prétentions aristocratiques et rétrogrades du cabinet présidé par M. le duc de Broglie.

Elle dira ce qu'Elle pense de la dissolution injustifiable de la majorité républicaine et libérale qu'Elle avait chargée de l'exécution de ses volontés, au 20 février 1876, par près de 5 millions de suffrages.

Elle dira ce qu'Elle pense du gouvernement de combat, des vexations dirigées contre les vendeurs et les colporteurs de journaux, les instituteurs, les buralistes, les cabaretiers, les plus modestes employés, enfin de cette misérable guerre faite aux petits.

Elle dira ce qu'Elle pense de la prétention du pouvoir de lui imposer, pendant trois ans encore, des fonctionnaires de tout ordre en hostilité flagrante avec tous ses élus.

Elle dira ce qu'Elle pense des projets et des complots de ces coalisés monarchistes qui lui préparent, au bout de trois ans de luttes et de divisions intestines, pour 1880, une crise terrible, peut-être une révolution.

Elle dira ce qu'Elle pense de cette presse immonde qui peut, sans encourir de châtiment, en appeler à la force brutale contre les élus du suffrage universel, et faire injure à notre vaillante et noble armée, aujourd'hui l'élite de la nation et le suprême espoir de la Patrie.

Elle dira ce qu'Elle pense de la politique inaugurée par la lettre du 16 Mai qui congédiait le ministère républicain, de l'ordre du jour aux troupes à la revue du 2 juillet, du message présidentiel du 19 septembre, de tout ce système de gouvernement que le chef du pouvoir exécutif revendique comme un droit antérieur à la Constitution.

La France dira aussi qu'égalitaire et démocratique, Elle veut la République comme le gouvernement nécessaire à son relèvement et à sa grandeur.

Elle dira qu'Elle entend en finir avec l'anarchie et les dictatures, achever pacifiquement la Révolution française, en développant par l'éducation nationale l'intelligence de tous ses enfants, en assurant par la paix intérieure et extérieure la prospérité et l'aisance générale, en fondant sur la liberté et la justice, non « l'ordre moral », mais l'ordre républicain.

Elle dira qu'Elle entend que l'État comme la commune, la Nation comme l'individu soient définitivement soustraits à la domination cléricale, que le prêtre soit respecté et confiné dans le temple, l'instituteur dans l'école, le magistrat dans le prétoire, et que la force publique ne soit jamais mise qu'au service de la loi.

Ma conviction profonde, appuyée sur des données certaines, me permet d'affirmer, sans témérité, à huit jours du scrutin, que la France, en dépit de toutes les manœuvres dirigées contre la liberté de ses votes, répudiera la pression administrative, flétrira la candidature officielle et ses agents, rejettera loin d'elle les royalistes, les césariens, les cléricaux, les fourbes comme les violents.

Elle condamnera la politique dictatoriale; elle ne laissera au chef du pouvoir exécutif, transformé en candidat plébiscitaire, d'autre alternative que de se soumettre ou de se démettre.

Quant à nous, sûrs de l'appui du pays, ainsi solennellement constaté, nous saurons faire prévaloir sa volonté sur les résistances d'une impuissante et incorrigible minorité.

Sans passion, sans faiblesse, sans emportement, nous ferons notre devoir.

L'union de tous les bons Français, libéraux, républicains de raison ou de naissance, ouvriers, paysans, bourgeois, monde du travail et de l'épargne, nous maintiendra sages et nous rendra invincibles pour la Patrie et la République !

LÉON GAMBETTA.

Paris, ce 5 octobre 1877.

Cette circulaire valut à M. Gambetta une nouvelle poursuite en police correctionnelle : Le candidat républicain du
20e arrondissement y avait répété la fameuse alternative du
discours de Lille « se soumettre ou se démettre ».

Nous reproduisons le compte rendu de l'audience de la
9e Chambre du Tribunal correctionnel de la Seine.

TRIBUNAL CORRECTIONNEL DE LA SEINE

(9e CHAMBRE)

Audience du 12 octobre

PRÉSIDENCE DE M. QUÉRENET

Second procès de M. Gambetta

L'audience est ouverte à onze heures et demie.

On sait que M. Gambetta est prévenu d'avoir commis le
délit d'offense envers la personne du président de la République en publiant une circulaire électorale.

M. Lefebvre, imprimeur de ladite circulaire, est prévenu
de s'être rendu complice du délit ci-dessus spécifié à la
charge de M. Gambetta en l'aidant et l'assistant avec
connaissance dans les faits qui ont préparé, facilité et consommé ledit délit et en lui fournissant avec connaissance
les moyens de le commettre.

L'huissier appelle MM. Gambetta et Lefebvre qui ne se
présentent pas.

Me Sandrique, assis au banc des avocats, se lève et
demande à exposer les raisons qui ont déterminé M. Gambetta à faire défaut.

M. le président refuse de l'entendre et donne défaut.

M. Simonnet, substitut de M. le procureur de la République, prononce le réquisitoire.

Après trois quarts d'heure de délibération le tribunal
rend le jugement suivant :

« Le tribunal, après en avoir délibéré :

« Donne défaut contre Gambetta et Lefebvre, non comparants ;

« Et attendu que Gambetta a, le 6 octobre courant, publié

et fait afficher sur la voie publique une circulaire électorale commençant par ces mots : « Citoyens, avec quatre longs mois », et finissant par ceux-ci « pour la patrie et la République » ;

« Attendu que cette circulaire, adressée aux électeurs du 20ᵉ arrondissement, renferme notamment cette phrase visée par la citation comme constituant le délit d'offense envers la personne du président de la République : « Elle (la France) condamnera la politique dictatoriale et ne laissera au chef du pouvoir exécutif, transformé en candidat plébiscitaire, d'autre alternative que de se soumettre ou de se démettre » ;

« Attendu que, si les immunités de la période électorale peuvent autoriser les candidats à la députation à discuter et à critiquer les actes du pouvoir, et si, à raison de la lutte ardente des partis, il est nécessaire, dans un pareil moment, de laisser un champ plus libre à la discussion et d'excuser, par cela même, certains écarts de pensée et de langage, ces immunités, toutefois, ne peuvent aller jusqu'à la licence et permettre à un candidat à la députation, quelle que soit la situation qu'il occupe dans son parti, d'outrager gravement le chef de l'État ;

« Que dire, en parlant du président de la République que « la France condamnera sa politique dictatoriale et ne lui laissera d'autre alternative que de se soumettre ou se démettre », c'est lui adresser une insolente injonction, c'est le menacer et l'offenser dans sa loyauté, dans son honneur et sa dignité ;

« Que ces attaques contre le chef de l'État sont d'autant plus graves de la part de Gambetta qu'elles se sont déjà produites dans des termes à peu près identiques et qu'elles ont été tout récemment appréciées et condamnées par la justice ;

« Attendu, en conséquence, qu'il y a lieu de faire application à Gambetta des articles 1ᵉʳ de la loi du 17 mai 1819, 1ᵉʳ de la loi du 27 juillet 1849 et du décret du 11 août 1848 ;

« En ce qui touche Lefebvre :

« Attendu que Lefebvre, en imprimant ladite circulaire, s'est rendu complice du délit ci-dessus spécifié à la charge de Gambetta, en l'aidant et l'assistant avec connaissance dans les faits qui ont préparé, facilité et consommé le délit et en lui fournissant sciemment les moyens de le commettre :

« Qu'il ne saurait invoquer sa bonne foi, puisqu'il ne
pouvait ignorer que les mêmes offenses adressées par Gambetta à la personne du président de la République avaient
été l'objet de poursuites récentes et réprimées par le tribunal correctionnel de la Seine;

« Qu'il y a donc lieu de lui faire application des articles
ci-dessus visés ainsi que des articles 59 et 60 du Code pénal;

« Attendu toutefois qu'il convient à l'égard des deux prévenus de proportionner la peine à l'importance du délit et
de leur tenir compte de toutes les circonstances de la cause;

« Condamne Gambetta à trois mois de prison et 4,000 francs
d'amende;

« Lefebvre à quinze jours de prison et 2,000 francs d'amende;

« Prononce la solidarité à l'égard des amendes;

« Les condamne tous deux solidairement aux dépens. »

M. Gambetta attendit au 9 octobre pour prononcer son
discours électoral. Nous empruntons à la *République française* du 10 octobre le compte rendu de la séance où M. Gambetta désigna M. Jules Grévy comme le candidat éventuel
des gauches à la présidence de la République.

« Hier soir a eu lieu dans la salle du Cirque Américain,
place du Château-d'Eau, une réunion électorale privée,
organisée par M. Métivier, conseiller municipal, président
du comité électoral du 20e arrondissement de Paris. Plus de
sept mille personnes avaient répondu à l'invitation de
M. Métivier. L'ouverture de la réunion était fixée à huit
heures. Dès sept heures l'immense salle était comble. Un
calme admirable n'a cessé de régner pendant toute la séance.

« Trois salves d'applaudissements ont salué l'entrée de M.
Gambetta. Les cris répétés de : Vive la République! Vive
Gambetta! poussés par l'assemblée unanime se sont fait
entendre.

« M. Métivier s'est levé; le silence s'est fait aussitôt, et le
président du comité du 20e arrondissement a ouvert la
séance par les paroles suivantes :

« Citoyens, la séance est ouverte.

« Le comité électoral du 20e arrondissement, à l'unanimité,

a pris la résolution de proposer à vos suffrages la candidature du citoyen Gambetta.

» Je vous demande la permission de vous exposer brièvement les raisons qui ont dicté cette résolution. Indépendamment des liens puissants que le temps et une confiance réciproque ont créés entre le candidat et le 20ᵉ arrondissement, le comité a voulu d'abord protester contre l'acte du 16 Mai, acte légal, nul ne le conteste, mais d'une légalité excessive et violente qui pourrait être le premier pas vers le retour du despotisme d'un seul, si l'opinion publique ne se jetait résolument à la traverse. (*Applaudissements.*)

« En présence de ces velléités non équivoques de gouvernement personnel, le comité a voulu encore affirmer la souveraineté de la nation et son gouvernement nécessaire : la République. (*Vifs applaudissements.*)

« Le comité a voulu enfin renouveler son adhésion à une politique dont certainement il a été facile de dire qu'elle n'avait pas fait évanouir, par une sorte de miracle, les superstitions monarchiques ou les convoitises de la faction bonapartiste, mais à qui du moins on doit rendre cette justice qu'elle a fondé, d'une façon indestructible, la République dans les cœurs comme dans les esprits. De cette politique, le promoteur le plus éminent c'est l'ancien député du 20ᵉ arrondissement, et je crois que vous ne me démentirez pas si j'ajoute : le futur député du 20ᵉ arrondissement, Léon Gambetta. (*Oui! Oui!* — *Salve d'applaudissements et bravos.*)

« Je donne la parole au citoyen Gambetta. (*Mouvement d'attention.* — *Nouvelle salve d'applaudissements.*) »

« M. Gambetta s'est alors présenté à la tribune et a prononcé le discours suivant :

Mes chers concitoyens,

En venant aujourd'hui devant vous, au milieu des émotions si vives, des préoccupations si graves, et j'ai le droit de dire si légitimement, si justement graves, de toute la France, je n'oublie pas que je parais devant mes électeurs, mais vous-mêmes, vous ne trouveriez pas que votre candidat, votre ancien député, votre

collaborateur et votre ami répondît aux nécessités de
la situation, à l'importance des questions qui sont en
jeu, aux redoutables aventures dont nous menace une
politique sans plan, sans but défini, sans but définis-
sable; vous ne trouveriez pas qu'il répondît davantage
à l'attente du pays et, j'ose le dire, à l'attente aussi
fiévreuse, presque aussi passionnée au dehors que
celle qui agite tous les cœurs vraiment français, si,
dans cette imposante réunion, il n'était question que
des intérêts d'une candidature. Non, cela ne suffirait
pas, et vous l'avez tous senti en vous rendant à cette
assemblée, que je salue comme la protestation la plus
vivante et la plus efficace que l'on puisse faire contre
les entreprises et les menées du régime personnel.
(*Applaudissements.*) Votre présence en si grand nombre
ici démontre que ce n'est pas purement et simplement
pour discuter un candidat que vous avez entendu .
l'appel de votre comité, mais que c'est surtout pour
permettre à celui qui est devant vous, et qui n'est
qu'un serviteur à son rang de la démocratie républicaine, de vous dire son sentiment sur ce qui se passe
dans le pays depuis cinq mois, de vous dire ce qu'il
peut avoir appris, ce qu'il peut prévoir dans les ténèbres où nous a plongés l'acte du 16 mai.

Je ne reviendrai pas sur les origines de la crise actuelle : elles sont connues aujourd'hui de toute la
France; elles ont été exposées par les hommes les
plus autorisés de ce pays, elles ont été développées
par tous les députés soucieux de se représenter devant
les populations qui les ont élus, et de légitimer et
leur conduite, et leurs votes, et leur résistance. Par
conséquent, je ne m'attarderai pas, devant un public
aussi au courant de la politique, à parler du 16 Mai,
de ses origines et même de ses violences : c'est un
procès jugé à l'heure où nous parlons. (*Oui! oui! —
Vive approbation.*)

Non, ce que je veux rechercher devant vous, c'est

le double caractère des élections qui auront lieu dans
cinq jours, ce qu'elles doivent signifier pour la France
et pour l'Europe ; je veux rechercher aussi quels grands
intérêts sont engagés dans cette partie décisive, afin
que la France sache quelle est la portée et quelles
doivent être les conséquences du vote du 14 octobre.

Citoyens, je le dirai tout de suite, ce qui se joue
dans la partie actuellement engagée, c'est, à la fois,
l'existence du suffrage universel et l'avenir même de
la Révolution française et des principes qu'elle a
promulgués pour le monde. (Oui! oui! — Applaudissements.)

Voilà toute la question. Elle est singulièrement
élevée, et — permettez-moi de le dire, quelles que
soient les prétentions et l'infatuation des hommes et
des ministres du 16 Mai — cette question est infiniment plus haute que leurs personnes ; elle les dépasse
et les submerge. Aussi bien ce n'est pas ici que nous
ferons des personnalités ; nous irons au fond des
choses, car ceux mêmes qui ont fait le 16 Mai, ceux
qui le dirigent et qui l'exploitent ne sont que des instruments passifs, secondaires, subalternes, dans les
mains d'un agent autrement puissant et redoutable...
(Salve d'applaudissements.)

Je dis que ce qui est en jeu dans les élections actuelles, c'est l'existence même du suffrage universel.
En effet, mes chers concitoyens, qu'adviendrait-il, je
vous le demande, quand ce suffrage s'est prononcé il
y a seize mois à peine dans la plénitude de sa puissance et de sa volonté, en choisissant, arrondissement
par arrondissement, une immense majorité de représentants républicains chargés de défendre, d'organiser,
de développer la République, qu'adviendrait-il si, à
quelques mois de distance, sous l'effort d'une pression
administrative, sous l'influence de la peur et de l'intimidation, par l'effet d'une corruption habilement
organisée, il pouvait se faire que ce suffrage se donnât

à lui-même un démenti formel? A l'instant même ses adversaires voudraient lui retirer l'existence juridique et légale; ils lui diraient : Arrière, peuple ! reviens à la servitude, puisque tu tiens à te donner des maîtres, alors que tu as la toute-puissance qui maintenant te sera enlevée à jamais. (*Salve d'applaudissements.*)

Messieurs, c'est pourtant là ce qu'on attend, ce qu'on espère. Et qui a conçu de telles espérances ? Disons-le, ce sont les hommes qui sont au pouvoir, comme ceux qui se tiennent dans l'ombre, derrière le pouvoir, pour l'inspirer et le guider. Tous ces hommes n'ont jamais abdiqué leur aversion profonde, leur haine systématique du suffrage universel; ils n'ont jamais abjuré cette détestation de l'égalité politique conférée à tous et à chacun par le droit de suffrage, base iné-branlable de la démocratie, cause efficiente et gé-nératrice, perpétuellement génératrice de la Répu-blique.

Aussi, Messieurs, ceux qui ont voué de tout temps une haine acharnée au suffrage universel au lende-main de nos désastres, quand ils ont trouvé le suffrage universel désemparé pour s'être porté à lui-même des coups terribles, ayant, en votant des plébiscites suc-cessifs, mis en question sa propre valeur et sa haute efficacité, qu'ont-ils fait? Ils ont essayé de porter la main sur cette institution fondamentale de la liberté démocratique de France. Mais ils ont reculé : la résis-tance qu'ils ont rencontrée était trop forte. Depuis vingt-neuf ans attachés à ce symbole évident de leur souveraineté légale, le paysan, l'ouvrier, le bourgeois, le prolétaire, tous étaient prêts à défendre le suffrage universel.

Ne pouvant ni l'enlever ni le restreindre, on a cher-ché à tourner l'obstacle; c'est alors que l'on a pro-posé de reculer la majorité politique, de rendre très difficile l'inscription électorale; on a cherché à expul-ser du grand corps politique du suffrage universel

deux, trois, quatre, cinq générations, dans l'espoir de
le modifier avec avantage.

On n'y est pas parvenu, mais la pensée persiste. Et,
en effet, si ce suffrage universel, qui chaque jour se
mûrit, chaque jour devient plus éclairé et plus sage,
qui chaque jour s'instruit et se développe, arrive à se
reconnaître pleinement lui-même d'un bout de la
France à l'autre, que pèseront les mesquines intrigues,
les tentatives d'une minorité dont les prétentions hautement affichées ne suffisent pas à masquer la complète impuissance? Qu'arrivera-t-il lorsque toute la
France sera d'un côté... et tous ces infatués petits-
maîtres de l'autre? (*Nouvelle approbation.*)

Aussi, Messieurs, soyez sûrs que telle était bien la
pensée des hommes du 16 Mai, lorsque cette tentative
de consultation du suffrage universel est si brusquement intervenue, a été si brusquement provoquée;
les causes secrètes de cet acte inattendu ont été heureusement expliquées, mais les prétextes apparents
étaient de nature à tromper le sentiment public, —
soyez sûrs qu'à l'heure où la dissolution a été prononcée, soyez sûrs que l'on cherchait à obtenir du
suffrage universel, non pas seulement le désaveu de
ses actes antérieurs, mais sa propre condamnation
définitive, prononcée par la plus haute autorité qu'il
y ait dans ce pays, par le suffrage universel lui-même.

Aujourd'hui, citoyens, si le suffrage universel se
déjugeait, c'en serait fait, croyez-le bien, de l'ordre
en France, car l'ordre vrai — cet ordre profond et durable que j'ai appelé l'ordre républicain — ne peut
en effet exister, être protégé, défendu, assuré, qu'au
nom de la majorité qui s'exprime par le suffrage universel. (*Très bien! très bien! — Bravo! bravo!*)

Et si l'on pouvait désorganiser ce mécanisme supérieur de l'ordre, le suffrage universel, qu'arriverait-il?
Il arriverait, Messieurs, que les minorités pèseraient
autant que les majorités; il arriverait que tel qui se

prétendrait investi d'une mission en dehors de la nation, d'une mission que l'on qualifierait de providen-
tielle, en dehors et au-dessus de la raison publique,
que celui-là irait jusqu'au bout, puisqu'on lui aurait
donné la permission de tout faire jusqu'au bout...

A cet égard, Messieurs, on ne dissimule rien. (*Explosion d'applaudissements. — Mouvement prolongé.*) C'est
ce que disent les familiers, ce que traduisent les
plumes officieuses et souvent officielles quand elles
déclarent qu'au lendemain de cette consultation, si
le suffrage universel se déjugeait sur le 20 février 1876,
la nation alors aurait voulu se donner un maître. A
ces déclarations insolentes vous répondrez, Messieurs,
le pays répondra; il sait du moins à quel abaissement
on le mène, et, puisque je parle d'abaissement et de
décadence, je dirai toute la vérité ; ce serait plus que
l'abaissement et la décadence d'une génération d'électeurs; ce serait l'abaissement et la décadence pour
toujours, ce serait la mort de la patrie! (*Bravo! bravo!
— Double salve d'applaudissements.*)

Mais, Messieurs, il n'est pas nécessaire, heureusement, de défendre le suffrage universel devant le parti
républicain qui en a fait son principe, devant cette
grande démocratie dont tous les jours l'Europe admire et constate la sagesse et la prévoyance, à laquelle,
tous les jours, de tous les points de l'univers, arrivent
les sympathies éclatantes de tout ce qu'il y a de plus
éminent dans les pays civilisés du monde. Aussi bien,
je ne présente pas la défense du suffrage universel
pour les républicains, pour les démocrates purs; je
parle pour ceux qui, parmi les conservateurs, ont
quelque souci de la stabilité, quelque souci de la légalité, quelque souci de la modération pratiquée avec
persévérance dans la vie publique. Je leur dis, à ceux-
là : Comment ne voyez-vous pas qu'avec le suffrage
universel, si on le laisse librement fonctionner, si on
respecte, quand il s'est prononcé, son indépendance

et l'autorité de ses décisions, — comment ne voyez-vous pas, dis-je, que vous avez là un moyen de terminer pacifiquement tous les conflits, de dénouer toutes les crises, et que, si le suffrage universel fonctionne dans la plénitude de sa souveraineté, il n'y a plus de révolution possible, parce qu'il n'y a plus de révolution à tenter, plus de coup d'État à redouter quand la France a parlé? (*Très bien! très bien! — Applaudissements.*)

C'est là, Messieurs, ce que les conservateurs, c'est là ce que les hommes qui, les uns de bonne foi, les autres par entraînement et par passion, préfèrent le principe d'autorité au principe de liberté, devraient se dire et se répéter tous les jours.

C'est que, pour notre société, arrachée pour toujours — entendez-le bien — au sol de l'ancien régime, pour notre société passionnément égalitaire et démocratique, pour notre société qu'on ne fera pas renoncer aux conquêtes de 1789, sanctionnées par la Révolution française, il n'y a pas véritablement, il ne peut plus y avoir de stabilité, d'ordre, de prospérité, de légalité, de pouvoir fort et respecté, de lois majestueusement établies, en dehors de ce suffrage universel dont quelques esprits timides ont l'horreur et la terreur, et, sans pouvoir y réussir, cherchent à restreindre l'efficacité souveraine et la force toute-puissante. Ceux qui raisonnent et qui agissent ainsi sont des conservateurs aveugles; mais je les adjure de réfléchir; je les adjure, à la veille de ce scrutin solennel du 14 octobre 1877, de rentrer en eux-mêmes, et je leur demande si le spectacle de ces cinq mois d'angoisses si noblement supportées, au milieu de l'interruption des affaires, de la crise économique qui sévit sur le pays par suite de l'incertitude et du trouble jetés dans les négociations par l'acte subit du 16 Mai, je leur demande si le spectacle de ce peuple, calme, tranquille, qui n'attend avec cette patience admirable que parce qu'il sait qu'il y a une échéance fixe pour l'exercice de sa souveraineté, n'est pas la preuve la plus éclatante, la démonstration la plus irréfragable que les crises, mêmes les plus violentes, peuvent se dénouer honorablement, pacifiquement, tranquillement, à la condition de maintenir la souveraineté et l'autorité du suffrage universel. (*Profond mouvement.*)

Je vous le demande, Messieurs : est-ce que les cinq mois que nous venons de passer auraient pu maintenir l'union, l'ordre, la concorde, l'espérance et la sagesse, laisser à chacun la force d'âme nécessaire pour ne pas céder à la colère, à l'indignation, aux mouvements impétueux de son cœur, si chacun n'avait pas eu la certitude que le 14 octobre il y aurait un juge, et que, lorsque ce juge se serait exprimé, il n'y aurait plus de résistance possible?...(*Vive approbation et bravos prolongés.*)

C'est grâce au fonctionnement du suffrage universel, qui permet aux plus humbles, aux plus modestes dans la famille française, de se pénétrer des questions, de s'en enquérir, de les discuter, de devenir véritablement une partie prenante, une partie solidaire dans la société moderne; c'est parce que ce suffrage fournit l'occasion, une excitation à s'occuper de politique, que tous les conservateurs de la République devraient y tenir comme à un instrument de liberté, de progrès, d'apaisement, de concorde. C'est le suffrage universel qui réunit et qui groupe les forces du peuple tout entier, sans distinction de classes ni de nuances dans les opinions.

Vous continuerez, citoyens, à témoigner ici cette unanimité de sentiments dont la presse républicaine avait déjà donné le spectacle à la France, et qui a été pour la France comme la révélation de sa pensée intime et profonde.

N'est-il pas vrai que c'est précisément par la pratique du suffrage universel que vous êtes arrivés à saisir, à apprécier, à mesurer les difficultés de la vie

politique, à connaître les questions épineuses sous
lesquelles on se débat dans un pays aussi tristement
gouverné que le nôtre depuis trois quarts de siècle?
N'est-il pas vrai que c'est au suffrage universel que
vous avez voulu rendre un hommage manifeste et pal-
pable, le jour où un homme illustre, un citoyen éminent, est mort, léguant à la France l'impérissable testament de sa pensée politique? N'est-il pas vrai que
vous avez voulu que ce jour mémorable où un peuple
entier accompagnait ce glorieux cercueil, que ce jour
de deuil public ressemblât à une auguste fête nationale, par l'attitude de ce million d'hommes rangés
sur le parcours de ce cortège funèbre; de ce million
d'hommes, sur le visage recueilli desquels on lisait
les mêmes sentiments? N'est-il pas vrai que c'était le
suffrage universel qui faisait là sa première manifestation électorale, en attendant celle du 14 octobre.
(*Vive approbation et applaudissements.*)

La France attentive ne laisse pas s'écouler un seul
jour sans y rattacher une leçon utile, un grand enseignement; la mort elle-même devait joindre à tous les
autres cette leçon et cet enseignement, le plus grand
et le plus majestueux de tous, quand l'illustre citoyen
dont je parle, disparaissant subitement à la veille de
la victoire, a été porté à sa dernière demeure, au
milieu de tous ses lieutenants et de tous ses collaborateurs, et quand ce convoi mémorable, suivi partout
Paris, a donné à la France cette consolation dans son
deuil, de se rendre ce juste témoignage que les grandes
nations comme les grandes âmes sont capables de reconnaissance envers ceux qu'elles regardent comme
leurs chefs et leurs guides, comme leurs instituteurs
et leurs maîtres. (*Nouvelle et vive approbation. — Applaudissements.*) C'est à partir de ce grand jour que l'on
a vu monter et grossir contre cet illustre mort ce tor-
rent d'injures sous lequel des écrivains, qui seraient
la honte de la littérature politique s'ils avaient rien

de commun avec la littérature, espéraient submerger sa mémoire. (*Vive approbation.*)

Dans les derniers jours de sa vie, ils le représentaient comme le jouet de la vieillesse, ils parlaient de son impuissance et de sa sénilité ; ils contestaient cette activité merveilleuse qui se prolongeait trop au gré de leurs désirs ; mais quand la mort est venue, quand il s'est éteint, quand la peur que leur inspirait cette lumineuse intelligence, cette activité étonnante, a cessé de les étreindre, ils ont essayé de le louer, de le revendiquer comme un des plus glorieux enfants de la patrie, espérant qu'un jour suffirait pour faire pardonner leurs invectives et leurs outrages. (*Nombreux applaudissements.*)

Le cœur de Paris ne s'y est pas trompé ; le cœur de la France ne s'y est pas trompé ; l'admiration de l'Europe ne s'y est pas trompée non plus, et, ce jour-là, on a vu que, dans les Républiques qui veulent être libres, les peuples savent unir la reconnaissance à l'admiration. (*Applaudissements prolongés.*)

Messieurs, autour de ce glorieux cercueil, un acte politique de la plus haute signification s'est accompli. (*Mouvement.*)

Les hommes qui accompagnaient au champ du repos cet illustre mort étaient ses anciens ministres, ses amis politiques, anciens et nouveaux ; après avoir traversé cette population émue, contenue, respectueuse, une grande pensée politique et patriotique s'est emparée de tous les cœurs sous l'impression de ce solennel silence qui était un silence plus éloquent que toutes les éloquences. (*Profonde sensation.*)

Les hommes qui se sont groupés au bord de cette tombe y ont prononcé des mots d'avenir, de graves paroles qui renferment un sérieux enseignement. Toute notre population s'est inclinée : tous ensemble, libéraux éminents, anciens parlementaires, républicains de naissance, républicains par raison, peuple et bourgeois, tous nous étions confondus dans une même pensée, sentant que ce qui venait de se passer là, c'était le salut, le salut dans l'union, dans la réconciliation et dans la concorde (*Profonde sensation*), le salut dans la République et par la République. (*Oui! oui!*)

Messieurs, c'est pour avoir proclamé cette grande et salutaire vérité qui a jeté sur le passé de sa vie comme une glorieuse auréole, c'est pour l'avoir démontrée tous les jours depuis nos malheurs, pour l'avoir répétée le jour même de sa mort, et encore après être descendu dans la tombe, que le grand citoyen dont nous nous entretenons a été salué par l'homme qui est certainement le mieux fait et le mieux préparé pour continuer cette œuvre patriotique, pour continuer cette alliance, pour affermir cette union précieuse, pour fonder enfin ce gouvernement de l'opinion par l'opinion, du pays par le pays. (*Applaudissements.*)

Messieurs, cet homme si autorisé par son caractère, si justement respecté à cause de son passé si pur, de sa conscience droite, cet homme que nous pouvons présenter aux uns comme un modèle de modération et de sagesse, aux autres comme un modèle de fidélité et d'honneur, cet homme, c'est M. Jules Grévy. (*Triple salve d'applaudissements. — Vive la République!*)

Je sais bien quelle fut la déconvenue des écrivains officieux, quand ils apprirent que la République se donnait pour chef un républicain de ce mérite. C'est alors que l'on a essayé de la raillerie contre cet homme éminent, contre cet esprit si juste, contre cette conscience si haute, contre cette réputation si intègre et si bien établie. (*Applaudissements.*)

Il paraît qu'il y a quelque part — je n'ose pas dire des plumes vénales, parce que ce mot est, dit-on, incorrect, et qu'il expose aux foudres de la justice — il paraît qu'il y a quelque part une phalange imma-

culée, prodiguant gratuitement son talent, ne l'ayant
jamais mis à prix, ayant l'horreur du casier judiciaire,
n'ayant jamais rien eu à démêler avec les tribunaux,
un groupe d'hommes que l'on peut appeler le dessus
du panier de la presse conservatrice. Aussitôt qu'un
homme s'élève, rallie les suffrages de ses concitoyens
en leur apparaissant comme une garantie d'ordre, ces
gens sûrs d'eux-mêmes, car ils ont fait leurs preuves,
se considèrent comme les chevaliers de la réaction
chargés de descendre en champ clos contre ce nouveau
venu qui les irrite et les gêne, et c'est à qui lui donnera des leçons de maintien politique, c'est à qui lui
débitera gravement un enseignement sur les lacunes
de son éducation, même sur les incorrections de son
langage et de son style, c'est à qui se plaindra de son
peu de notoriété, de ses goûts trop modestes et trop
plébéiens. Nous avons, à ce qu'il paraît, des ducs mé-
connus, des marquis incompris qui n'ont pas de talons
rouges, mais qui ont traversé bien des pays, habité
des châteaux et des forteresses pour des raisons qui
n'ont rien de politique. (*Rires.*) Ce sont ces messieurs
qui ont entrepris de dire à la France, en parlant d'un
homme comme M. Grévy, que c'est un inconnu pour
elle, que c'est un personnage absolument ordinaire,
vulgaire, oubliant, avec le sans-façon qu'ils apportent
dans l'oubli de leurs propres peccadilles, (*Nouvelle hilarité*) que ce citoyen connu depuis trente ans a été
un des premiers parmi les premiers du parti républicain ; qu'il a été, aux heures les plus troublées de notre
récente histoire, un des hommes écoutés dans l'Assemblée constituante de 1848 et que, dès la première
heure, sans discussion, par acclamation, pour rendre
hommage au seul candidat désigné par son passé, il a
été porté à la présidence de l'Assemblée nationale de
1871, non pas pendant quelque temps, mais pendant
plus de deux ans, et qu'il n'a dépendu que de lui d'y
rester plus longtemps. Dans ce poste élevé, il était le

premier des Français, le dépositaire de la souveraineté nationale que l'Assemblée revendiquait si hautement et dont elle a failli faire l'emploi singulier que
vous savez. (*Hilarité*.)

C'est ce citoyen ainsi acclamé qui est un inconnu
pour les scribes de la presse officielle.

Quand on en arrive à une pareille extrémité, encore
faudrait-il au moins mettre en ligne et en regard les
grands citoyens, les esprits éminents qui détiennent
le pouvoir, ou qui briguent de l'occuper. (*Hilarité prolongée.*)

Mais le pays ne se laisse pas prendre à ces beaux discours. Quand il a assisté à ce spectacle de l'union, de
la concorde, de la discipline ; quand il a vu avec quelle
promptitude et quelle sagesse exemplaire le parti
républicain trouvait le moyen de remplacer ses chefs,
même les plus éminents, il s'est rassuré. La France,
j'ose le dire, a déjà pris assez les mœurs des pays républicains pour savoir que le premier poste de l'État,
pour être bien occupé, ne réclame pas un génie — les
génies sont très dangereux, à ce que l'on assure, mais
cela ne veut pas dire que le contraire des génies ne
soit pas dangereux aussi. (*Applaudissements et rires.*)
Elle sait que, dans une démocratie où les préjugés
aristocratiques ont fait leur temps et ont passé de
mode, où le sentiment du devoir a remplacé le sentiment de la vanité, où la loi a pris la place de l'étiquette,
où la conscience a pris la place de l'intrigue, elle sait
que, pour remplir le premier poste de l'État, il faut
une intelligence éprouvée, une conscience droite, une
loyauté parfaite, un homme décidé à faire son devoir,
rien que son devoir, et ce n'est pas en France, sur
cette terre de l'honneur et de la loyauté, que ces
hommes manqueront jamais. (*Vive approbation.*)

Mais, Messieurs, s'il convient de ne point s'attarder
dans ces sophismes, il convient bien plus de ne pas
se laisser égarer par ces redites des courtisans du pou-

voir personnel et de ne pas prêter les mains à cette
tactique qui consiste à répéter dans les journaux,
dans les affiches, dans les professions de foi des candidats, dans les brochures dont on inonde le pays,
comme si l'on voulait noyer l'opinion sous un ouragan
de papier, que la République manquera d'hommes
pour la servir et l'illustrer; quant à moi, je ne crains
pas de dire que c'est un mensonge, dont le bon sens
national a déjà fait justice.

Et permettez-moi, mes chers concitoyens, mes électeurs, d'ouvrir ici une parenthèse; elle sera courte,
car j'ai horreur de me mettre en scène; permettez-
moi de vous dire, à vous qui êtes ma première famille
politique, à vous avec lesquels, en dépit des outrages
et des sarcasmes de gens dont je connais la valeur et
dont j'ai mesuré l'activité, à vous avec lesquels je tiens
à rester toujours en communication et en sympathie,
en relation d'estime, laissez-moi vous dire que jamais
dans les luttes quotidiennes que j'ai soutenues, aussi
bien dans le pays qu'à la tribune, je n'ai voulu et cherché
autre chose que rester le représentant de l'opinion,
n'ayant aucun souci, par conséquent, ne cherchant pas,
comme on a voulu m'en accuser, à m'élever au-dessus
des hommes qui ont, toute leur vie, donné à leur pays et
à notre parti les gages les plus multipliés d'expérience,
de dévouement et qui ont rendu des services qui, pour
n'être pas souvent des services qu'on célèbre avec
fracas, n'en sont que des services plus efficaces. (Applaudissements.)

Ce que je dis, je le dis pour vous; je sais bien qu'on
n'y aura nul égard dans les rangs de nos adversaires,
mais je n'ai jamais, quant à moi, tenu compte ni de
leurs injures ni même, permettez-moi de le dire, de
leurs caresses.

Je suis ce que je suis, un républicain, né républicain,
et j'aime à le répéter, puisque cela les offusque! mais
qui a le droit de parler des études et du travail obstiné

auxquels il se livre. (*Applaudissements.*) Je voudrais
bien voir à l'œuvre ceux qui me considèrent comme
un homme de loisir ou comme un homme de plaisirs;
je voudrais les voir quelques heures à la tâche que je
me suis imposée : on pourrait calculer ce que valent
toutes ces intelligences et toutes ces activités. (*Nouveaux applaudissements.*)

Ce que je revendique pour vous, à qui les services
rendus à notre parti paraissent sans doute, comme à
moi-même, la première et la meilleure récompense
d'un homme libre et digne de ce nom, ce que je revendique, c'est le titre de serviteur passionné de la
démocratie; quant au pouvoir, ne voulons-nous pas
tous qu'il soit décerné à celui qui l'a le mieux mérité
par ses services? Avant de l'obtenir, je demande à le
gagner, et je le recevrai de mes concitoyens si jamais
j'en suis digne. (*Applaudissements.*) Donc, Messieurs,
que l'on dise et que l'on répète bien que, dans la lutte
suprême qui est engagée, on joue l'existence du suffrage universel, on joue l'existence même de la liberté
politique et de la forme républicaine! mais que l'on
cesse de dire qu'il s'agit d'une compétition entre deux
hommes! Vous avez à défendre ce droit que la France
pratique depuis trente ans, et vous avez aussi les
hommes, entre tous un homme — pour le faire triompher. Exprimez votre droit par un fait, traduisez votre
victoire en appelant cet homme à la première magistrature... Remarquez-le bien, Messieurs, c'est ce que je
ne demande pas, ce que je ne cherche pas, mais c'est
aussi ce que les circonstances peuvent nous imposer,
s'il est vrai que, soit par témérité, soit par orgueil,
on en arrive à faire surgir des éventualités telles que
le pouvoir soit à décerner par la seule autorité qui
en ait reçu mandat, c'est-à-dire par les représentants
du pays rassemblés à Versailles. (*Applaudissements.*)

Voix nombreuses. — Reposez-vous!

M. GAMBETTA. — Et à ce sujet, permettez-moi de

dire un mot sur ces représentants du pays, sur ces
363 qui vont revenir dans quelques jours, (*Rires et approbation*) accompagnés et renforcés... (*Nouvelles marques d'approbation.*) Ils vont revenir, parce que la
France entière, dès la première heure, a unanimement
saisi et compris que la vraie réponse au 16 Mai, que
la véritable marche politique, que l'acte probant et
décisif, l'acte de justice nationale, ce serait précisément de renvoyer ces 363, et non seulement de les
renvoyer, mais de les renvoyer avec une majorité plus
écrasante et plus forte, non seulement de les renvoyer,
mais de les augmenter. Et ce que j'ai dit, je le répète,
en invoquant le souvenir du discours que je prononçais
en 1870, à Belleville, à la veille des élections; je vous
disais alors — il me plaît de vous rappeler cette parole — je vous disais : Votre majorité dépassera vos
espérances. Je vous indiquais un chiffre, 100 ou 110,
et des incrédules disaient que c'était pour réchauffer
les courages, pour enfler les espérances, pour enfiévrer la lutte électorale que je ne craignais pas de
m'avancer ainsi. Aujourd'hui, l'on m'adresse les mêmes
compliments. (*Rires.*) Eh bien, oui, Messieurs, je suis
assez téméraire, à quatre jours de distance, avec le
crédit que vous voulez bien donner à mes paroles,
avec l'autorité que vous accordez aux renseignements
que je vous apporte, je suis assez téméraire pour vous
entretenir pendant quatre jours de l'espérance que
vous aurez une majorité écrasante; mais croyez bien
que je ne m'avancerais pas si hardiment si je n'en
étais pas sûr : je n'ai pas l'habitude de me laisser aller
sans fondement à de pareilles interprétations. Je vous
le dis, je le dis au pays qui est découpé en arrondissements dans chaque partie de ce vaste échiquier
électoral qu'il occupe et qu'il habite ! Mais permettez-
moi de vous dire que, grâce à la bonne volonté, au
concours de tous, j'ai pu rassembler ces diverses cases
de l'échiquier, je m'y promène tous les jours, j'y re-

cueille tous les renseignements, je les compte sévèrement, j'écarte tous ceux qui sont douteux : eh bien, je le dis au nom de ce suffrage universel qui va parler dans quelques jours, je dis que nous retournerons à Versailles quatre cents, comme je l'ai dit il y a quelques mois. (*Double salve d'applaudissements.*)

Mes chers concitoyens, ce que je vous dis est vrai, et je vous demande de me faire crédit jusqu'au 14 octobre. Ce n'est pas bien long ! (*Rires d'approbation.*) Et si je ne me trompe pas, si nos adversaires, qui ont épuisé tous les moyens d'intimidation, toutes les ressources connues et inconnues de la candidature officielle la plus effrontée, si nos adversaires n'amènent pour tout résultat de toute cette belle politique que la réduction de leur minorité de 158 à 131, qu'est-ce que vous en penserez, Messieurs ? (*Rires et applaudissements.*)

On nous dit que nous sommes des radicaux, des gens qui poursuivons le renversement de toutes les institutions ; eh bien, moi, je dis, en empruntant une parole restée désormais célèbre : « Le pays ne le croira pas. » (*Applaudissements.*)

Mais, le pays ne l'ayant pas cru, ou plutôt sachant bien qui nous sommes, sachant bien que ce n'est pas nous qui lui donnons nos idées, mais lui qui nous impose les siennes comme il en a le droit ; le pays ayant prononcé avec cette précision sur le choix de nos adversaires, le pays s'étant prononcé avec cette intention formelle, avec cette énergie pour ainsi dire personnelle, conviendrez-vous que la France est contre vous ? conviendrez-vous que le juge que vous interrogez, le juge souverain devant lequel vous allez comparaître, vous aura condamnés ? A votre tour, le croirez-vous et lui obéirez-vous quand il aura dit : Non, ce n'est pas la politique du 16 Mai, c'est la politique du 20 Février qui est la mienne ; c'est la République avec les républicains, par des républicains, pour le développement des prin-

cipes républicains que je veux; quant à la politique
de gens qui obéissent au Vatican, je n'en veux pas et
je la repousse. (*Applaudissements prolongés.*)

Ce que je veux, vous dira le pays, c'est en finir avec
les agents de la monarchie légitime, et, pour cela, il
y a presque unanimité dans le suffrage universel,
aussi bien à la ville qu'à la campagne. Quiconque est
électeur démocrate a horreur de la légitimité, de
Henri V qui la représente, de ses partisans qui sou-
haitent son retour et du parti clérical qui fomente et
prépare ce retour. Messieurs, si l'on se présentait devant le suffrage universel, devant nos paysans, nos
cultivateurs, nos ouvriers, nos propriétaires, devant
nos classes moyennes, en disant : Nous, candidats officiels et couverts du patronage du maréchal de Mac-
Mahon, nous vous demandons de nous donner un
mandat en blanc qui nous permettra, quand les circonstances nous paraîtront avantageuses et propices,
d'en finir avec le régime républicain et d'installer la
monarchie du comte de Chambord — il est bien certain qu'une pareille profession de foi serait condamnée
à un échec, à une déroute méritée. (*Rires.*)

Aussi bien, ce n'est pas ainsi qu'on procède. Non !
On prend un légitimiste pur, — cela se passe dans la
Gironde, dans le Gard, dans le Vaucluse, dans les
Bouches-du-Rhône, mais cela ne se passe pas dans
l'Est... (*Hilarité générale et applaudissements.*) On prend,
dans les départements que je viens d'indiquer, M. Boyer,
M. de Carayon-Latour, M. le comte du Demaine ou
M. de Cadillan — je pourrais en citer beaucoup
d'autres : c'est l'état-major et la fine fleur des candidats officiels (*Rires.*) — et que dit-on aux populations?
Ceci : Ce sont là des hommes d'ordre, des hommes de
paix, des hommes qui veulent, avant tout, maintenir
la Constitution du 25 février 1875, à laquelle ils n'osent
pas donner son nom de Constitution républicaine. Ils
sont prêts à défendre la politique du maréchal, car il

a une politique depuis le 16 Mai; et voter pour ces
candidats, c'est être sûr d'avoir au moins — c'est
ici qu'éclate toute la beauté de cette politique — au
moins trois ans de repos. (*Rire général.*) Oui, voilà
trois ans de repos au bout desquels c'est le déluge,
trois ans pendant lesquels nous ne pourrons pas fermer l'œil, en prévision de cette terrible échéance,
trois ans de repos dont nous sentirons, à chaque mi-
nute, s'écouler une parcelle, dont chaque instant fera
rétrécir le cercle, de sorte que nous vivrons l'œil fixé
sur ce cercle comme je ne sais quel héros de roman
qui voyait se rétrécir cette peau de chagrin dont
la fin devait indiquer le moment de sa mort. (*Vive
adhésion.*)

Voilà ce que promet un candidat qui représente la
monarchie, ce que promet un conservateur triennal.
(*Longue hilarité.*)

Maintenant, nous avons le candidat qui dit : Je
ne suis pas pour la Constitution du 25 février, je la
trouve très mauvaise, ou plutôt je ne la trouve pas
assez bien faite; je trouve qu'il n'y a pas assez de place
pour les influences parlementaires, que le pouvoir
exécutif n'est pas assez fort, que le Sénat est trop électif encore — quoiqu'il le soit médiocrement (*Sourires*) — je trouve que les attributions de la Chambre
des députés sont exagérées, mais enfin je n'ai pas
d'idéal bien fixé. Je me contenterais très bien du régime qui existe, à la condition que, dans un avenir
plus ou moins rapproché, nous puissions transformer
cette mécanique constitutionnelle en monarchie orléaniste, soit parce que le comte de Chambord aurait
abdiqué, ce qu'il n'est pas près de faire, soit parce
qu'un autre évènement très regrettable, très malheureux, l'aurait privé de toute espèce de moyens de
poursuivre la politique héréditaire. (*Rires approbatifs.*)
Alors, avec le Sénat et le pouvoir exécutif, nous ferions
une monarchie constitutionnelle qui nous ramènerait

aux beaux jours du gouvernement d'après 1830. (*Nouveaux rires.*)

Ils sont très peu nombreux, ceux qui parlent ainsi; c'est une variété d'hommes politiques qui n'ont que des rapports assez rares avec le suffrage universel.

Ce candidat-là n'est pas très goûté, ni à la ville, ni à la campagne. Cette variété, montrée au suffrage universel qui ne l'accepte pas, est restée célèbre sous la désignation de l'un de ces personnages, qui s'appelait M. Bruas, et qui, en 1874, joua un grand rôle dans le département de Maine-et-Loire... pendant la durée de la période électorale. (*Applaudissements ironiques.*) Il est vrai qu'il n'en joua point après. (*Nouveaux rires.*)

Le candidat de cette catégorie est peut-être celui qui se rapproche le plus de la pensée première de la politique du 16 Mai. Mais, soit que le ministre qui la représente plus directement dans le cabinet ne soit pas un homme d'action, soit que, très habile pour se porter au pouvoir, il perde, une fois qu'il y est installé ses facultés, ses moyens, son influence, toujours est-il que, dans la liste des candidats officiels que l'on connaît, cette nuance est assez rare, et le chef qui la représente paraît actuellement un peu effacé. (*Sourires d'approbation.*)

Ah! il est vrai que la place que ces hommes habiles ont perdue a été occupée avec avantage par les représentants et les souteneurs de l'appel au peuple. Le bonapartisme n'a jamais, depuis nos désastres, rencontré un gouvernement plus zélé pour ses affaires, plus docile à ses inspirations, plus courtisan de ses hommes et de ses agents, plus disposé à les introduire dans les administrations, dans les fonctions publiques, à les faire figurer sur ses affiches électorales.

Le bonapartiste est, en réalité, l'agent dominateur du cabinet, et c'est ce qui vous explique que l'on peut — permettez-moi de vous le dire — annoncer sans frémir aux populations que l'on veut défendre les institutions existantes, que l'on est décidé à protéger la République... On se défend de vouloir jamais la renverser, et je le crois. Mais je ne peux pas ne pas regarder, à côté de l'affirmation, la conduite des agents, des auxiliaires, des coopérateurs du pouvoir. Eh bien, est-ce que vous pensez que la conscience nationale, pour ne s'être pas exprimée avec indignation depuis quinze jours, n'a pas profondément ressenti cette injure quand elle a vu des hommes qui ont été associés au crime du 2 Décembre, qui en ont été les bourreaux impunis, présentés aux populations comme les protecteurs, les gardiens, les candidats patentés du gouvernement de la République !

Non, Messieurs, il y a un degré d'audace, même dans les affirmations électorales, même dans l'affichage administratif, qui blesse profondément l'opinion publique, qui fait qu'on dit : Mais cachez donc vos candidats si vous voulez cacher vos desseins ! A voir vos auxiliaires, on devine ce que l'on médite contre les institutions que vous avez promis de maintenir... (*Applaudissements prolongés.*)

Comment est-il possible en France, je ne dis pas après le 2 décembre, je ne dis pas après le plébiscite de 1870, mais je dis après la mutilation du territoire, après la rançon effroyable sous laquelle nous traînons encore notre misérable vie, après la honte de Metz livré à l'ennemi, après cette saturnale de sang et de boue qui a couronné l'empire, comment est-il possible de lire sans honte sur les placards affichés à la porte de nos mairies les noms des candidats recommandés par le gouvernement au suffrage des électeurs? (*Applaudissements prolongés.*)

Voix nombreuses. — Reposez-vous! reposez-vous!

M. GAMBETTA. — Je pense, étant homme politique, que les partis, dans la lutte incessante qu'ils se livrent, peuvent se laisser aller à l'égard les uns des autres à

des accusations complétement injustes, et je crois que
dans l'ardeur des polémiques, dans la mêlée des ba-
tailles parlementaires, on peut quelquefois sortir des
gonds de la raison. Mais je croyais que l'image, qui
devrait être toujours présente, de la patrie baignée
dans son sang, je croyais que le souvenir de ce que
nous avons perdu et de ce qui nous manque suffirait
à nous épargner cette dernière injure; (*Vive sensation*)
je pensais qu'il y avait au fond de la conscience de
tous un remords qui planerait sur notre politique, et
qui nous parlerait à tous, les jours de scrutin; que ce
remords c'était l'empire et l'invasion. Je pensais qu'on
n'en viendrait pas, par un excès d'audace qui confond
la raison, jusqu'à nous présenter comme candidats
officiels des hommes pris dans les rangs du parti misérable qui a causé nos désastres et qui nous a abandonnés le jour où les troupes étrangères s'avançaient
sur Paris pour consommer la mutilation de la France,
laissant derrière elles le germe de ces violences dont
vous gémissez tous, et dont vous portez toujours les
stigmates si douloureux. (*Bravos prolongés.*)

Il faut expliquer devant le pays ce contresens national, il faut se rendre raison de cette collusion, de
cette monstrueuse alliance. On regarde, on scrute, on
se demande ce qui peut amalgamer ainsi le droit et la
violation du devoir, l'honneur et le parjure. Et, quand
on y regarde de près, on voit que la main qui les a
rapprochés, qui les tient réunis, c'est la main du cléricalisme.

Les partis politiques adversaires de la République
n'avaient ni solidité, ni union, ni audace; déchirés et
divisés, ils étaient impuissants même à entraver la
marche de la République. Il fallait un autre agent, autrement puissant, autrement riche, autrement persévérant, autrement outillé pour rallier ces bandes épar-
ses sous le même drapeau, pour leur donner un mot
d'ordre commun, pour les diriger vers le même but et

faire de ces débris du passé une armée redoutable contre le présent.

Ceux qui ont préparé cette ligue — c'est son vrai nom, citoyens, car si l'entreprise devait réussir, vous reverriez, Parisiens, les temps de la Ligue, — ceux qui ont formé cette ligue ont reçu le mot d'ordre d'une puissance qui a la prétention de planer au-dessus des puissances temporelles et laïques; vous la connaissez, elle s'appelle le jésuitisme; elle a son centre sur la colline sacrée de la vieille Rome.

Faut-il vous rappeler quelques dates pour vous faire toucher du doigt l'action puissante et rapide de ce parti ultramontain?

Le 3 mai, un ministre de la République met en doute la légende du pape gémissant sur la paille humide d'un cachot.

Le 4, la Chambre vote un ordre du jour qui réclame l'application de notre législation nationale.

Le 11 mai, une parole est prononcée qui tombe comme un arrêt du destin sur le ministre et sur la Chambre, et le 16 Mai il n'y avait plus ni ministre ni Chambre. Et maintenant, jugez et instruisez-vous, et, surtout, réfléchissez bien : on a voulu étouffer la vérité, on a voulu empêcher la discussion, la polémique, l'investigation; on n'a pas reculé devant les procès, on a mis la main sur la bouche du pays; le pays le sait, il a tout vu, il condamnera tout le 14 octobre. (*Applaudissements.*)

Messieurs, je le dis avec toute l'énergie de conviction dont je suis capable : je ne connais qu'un péril qui soit de nature à faire trembler mon pays, je ne connais qu'un danger dont il pourrait sortir l'honneur étant sauf, mais non pas sauf le territoire : c'est un danger dont je voudrais à tout prix préserver l'avenir de la France; c'est le danger de cette politique ultramontaine qui fait que, prostituant le nom de la religion, se couvrant du manteau le plus respecté, le

manteau de la religion, — des milliers d'agents, gris,
blancs, noirs, jaunes, de toutes les couleurs et de toutes
les provenances, marchent à la domination temporelle.
On les voit partir d'abord de l'humble école de village,
s'élever peu à peu grâce aux concessions d'un pouvoir
assez aveugle pour leur abandonner la meilleure por-
tion de sa force, s'élever grâce à ces compromissions
jusqu'aux écoles secondaires, puis aux écoles supé-
rieures. Ah! c'est qu'ils sentent que, s'ils peuvent
mettre la main sur le cerveau des jeunes générations,
préparer les uns à être médecins, d'autres à être avocats, d'autres à être législateurs, ceux-ci à être ingénieurs, ceux-là à être financiers, capitalistes ou hommes
de loisir, pourvu qu'on leur laisse le temps de chemi-
ner et de pétrir ces jeunes générations à leur façon,
ils sentent qu'ils peuvent attendre, qu'ils peuvent traverser mystérieusement les crises lorsqu'elles sont
trop véhémentes et relever ensuite audacieusement
la tête. (*Vive approbation.*) Messieurs, c'est ainsi que
l'on voit s'étendre le réseau dans lequel ils veulent
emprisonner ce pays, non pas seulement pour saisir
et gouverner le pays lui-même, mais pour perpétuer
cette politique inaugurée depuis des siècles, et qui
tend à la subalternisation de l'élément civil, de l'élément laïque, à l'autorité théocratique d'un chef unique
qui se prétend infaillible, de telle sorte que la campagne qu'il dirige contre l'intelligence française est
dirigée en même temps contre l'intelligence du monde
entier, contre les principes mêmes de la civilisation
moderne. (*Applaudissements.*)

Messieurs, c'est en France que les ultramontains
ont résolu de se réfugier comme dans une dernière
forteresse. Toutes les puissances européennes ont
échappé successivement à leur domination. La vieille
Autriche a secoué le joug du concordat de 1855. L'Italie
a su, sans attenter aux garanties qu'elle avait promises
au chef de la chrétienté, les mettre à la raison et se

faire respecter. L'Espagne, se retournant sur son lit
de douleur, leur a fait de cruelles blessures. L'Allemagne multiplie les efforts pour délivrer ses provinces
du sud des anciennes influences ultramontaines. La
Hollande, vieux pays de libre pensée, l'Angleterre,
avec sa vigueur saxonne, résistent aux empiétements
du cléricalisme. Et c'est quand toute l'Europe est en
garde contre cette offensive du parti clérical que ce
parti choisit la France pour théâtre de son action. La
France apparaît aux ultramontains comme un domaine qu'ils doivent conquérir. Ils choisissent notre
pays pour asseoir leur domination. De là, ils comptent
s'étendre sur l'Europe, qui les repousse. (*Profonde sensation.*)

Messieurs, c'est là ce qui m'effraie. Aussi je le dis,
avec les mêmes sentiments de sincérité passionnée qui
m'inspiraient avant le fatal plébiscite de 1870 ; je le
dis au pays, aux électeurs, au suffrage universel : c'est
encore un plébiscite qu'on veut lui demander, c'est
un vote comme celui du plébiscite qu'on va chercher
à arracher, à surprendre ou à l'ignorance des uns ou
à l'indifférence des autres, je le dis et je le répète,
comme je le disais et le répétais sans cesse avant le
mois de mai 1870, le peuple va prononcer sur ses destinées, et le châtiment ou le salut sortira de son verdict. On vous disait, en 1870, que votre oui c'était la
paix ; nous disions : C'est la guerre ; on vous disait que
c'était la liberté ; nous disions : C'est la servitude ; on
disait que c'était la stabilité ; nous disions : C'est la révolution ; on disait que c'était la grandeur de la France,
nous disions : C'est l'invasion. Et le peuple surpris, intimidé ou ignorant, excusable, puisque c'était avant les
désastres, abdiqua entre les mains d'un maître, et
vous savez ce qui a suivi ; vous savez avec quelle rapidité la Némésis qui parcourt l'histoire a châtié notre
malheureux pays qui s'était abandonné. Alors tout
s'est effondré, et nos armées, et notre gouvernement,

et nos administrations, et, chose plus douloureuse
encore, notre gloire et notre honneur! (*Profonde émotion. — Applaudissements prolongés.*)

Eh bien, aujourd'hui comme alors, le monde frémit:
l'Orient est en feu, les puissances s'observent; celles
que des sympathies ou des craintes rapprochent ou
écartent, se cherchent et se mesurent du regard.
L'Europe est troublée; elle sent vaguement que l'hori-
zon est chargé d'orages. Et cette passion qu'elle met
à suivre, jour par jour, les phases du drame qui se
joue dans notre patrie, s'il est juste de dire qu'elle
provient de la sympathie que lui inspire une nation
malheureuse qui se relevait, ne peut-elle point s'expliquer par d'autres raisons? Ce ne serait pas entendre
la politique que de ne point chercher d'autres raisons
que la sympathie pour expliquer comment il se fait que
le monde entier a les yeux fixés sur nous. Il y a aussi
l'intérêt; il y a les combinaisons de la diplomatie.
Pourquoi ne pas l'ajouter? il y a aussi l'envie, l'ambition, la crainte, la soif des grandeurs, le sentiment
de la conservation, l'instinct de la lutte pour la vie,
enfin tout ce qui fait que les peuples veulent dominer,
ce qui fait surtout qu'ils ne veulent pas périr. (*Vive
sensation.*)

Mes chers concitoyens, quand je regarde l'Europe
et que je cherche à découvrir ce qu'elle désire et ce
qu'elle redoute le plus, la pensée me vient que ce
serait une France qui tomberait aux mains politiques
des agents de l'ultramontanisme, de la théocratie et
du *Syllabus.* Quand je vois que l'Europe a cette crainte,
ah! Messieurs, laissez-moi vous révéler mes propres
appréhensions, je n'ai pas la crainte que le suffrage
universel éclairé ne fasse pas justice des tentatives
dirigées contre sa souveraineté, mais j'ai la crainte
que le suffrage universel, surpris et intimidé, ne tienne
pas partout un compte suffisant des enseignements
du passé. Mes chers concitoyens, ce qu'il faut voir

en face, c'est cette question, à savoir que, le lendemain du scrutin, le vaincu ne doit pas être seulement
tel ou tel parti politique hostile à la République, mais
le parti qui mène tous les autres, celui qui les couvre,
qui les discipline et les pousse à la lutte, celui que
nous avons considéré comme le grand ennemi. Nous
avons dit : Le cléricalisme, voilà l'ennemi; il appartient au suffrage universel de déclarer, en appelant le
monde à contempler son ouvrage : Le cléricalisme,
voilà le vaincu! (*Explosion d'applaudissements. — Acclamations et cris répétés de: Vive la République! Vive Gambetta!*)

M. MÉTIVIER. — Citoyens, devant la manifestation
si spontanée de vos sympathies, je crois qu'il est inutile de mettre aux voix la candidature du citoyen Gambetta. Dérogeant à une habitude qu'ont les réunions
d'interpeller les candidats sur la conduite qu'ils doivent tenir, je vous propose, après le discours si éloquent que vous venez d'entendre, de lever purement
et simplement la séance aux cris de: *Vive la République!
Vive Gambetta! (Acclamations prolongées : Vive la République! Vive Gambetta!*)

M. GAMBETTA. — Citoyens, la réunion que vous avez
tenue ce soir avait été redoutée par quelques-uns;
elle a été aussi, pour quelques autres, un présage de
trouble et de désordre. Votre tenue, votre conduite,
ont fait, comme d'habitude, justice de semblables calomnies.

Je vous invite donc à persévérer dans cette attitude,
et je prie chacun de vous, en ce qui le concerne, d'être
un agent d'ordre, en donnant, comme il convient à
des républicains, l'exemple du respect de la loi.

Vive la République!

La réunion se sépare à 9 heures 35 minutes, aux cris
répétés de : *Vive la République! Vive Gambetta!*
Le comité des gauches du Sénat et le maréchal de Mac-

Mahon adressèrent aux électeurs deux manifestes que nous devons reproduire :

MANIFESTE DES COMITÉS DES GAUCHES DU SÉNAT.

« Chers concitoyens,

« A la dernière heure, on va tenter un suprême effort pour peser sur vos votes au profit des candidatures officielles.

« Si l'on vous dit que les institutions républicaines ne sont pas en péril, vous demanderez pourquoi le ministère de Broglie-Fourtou n'a pour agents que des adversaires de la République ; pourquoi ce ministère laisse impunies et encourage les insolentes attaques dont elle est l'objet, tandis qu'il poursuit de toutes ses rigueurs les hommes qui la défendent ; et vous répondrez :

« Non, nous ne vous croyons pas.

« Si l'on vous dit que ce ministère n'obéit pas à des influences cléricales, vous rappellerez les indulgences et les prières mises publiquement au service des candidatures officielles et vous répondrez :

« Nous ne vous croyons pas.

« Si l'on vous dit que des élections républicaines jetteraient le pays dans le trouble et les hasards, vous montrerez les noms des candidats officiels, tous ennemis du régime républicain et ne dissimulant ni leurs visées ni leurs espérances, et vous répondrez :

« Nous ne vous croyons pas.

« Si l'on vous dit enfin que le gouvernement garantit l'ordre et la paix, vous répondrez que l'ordre le plus parfait régnait avant le 16 mai, qu'il n'a cessé de régner depuis lors, malgré tant de provocations, et vous répéterez avec M. Thiers que les seuls fauteurs de discordes sont ces hommes qu'il a qualifiés d'anarchistes et de perturbateurs.

« Électeurs,

« Vous voterez pour les 363, et vous protesterez partout contre les candidatures officielles, qui sont une injure à votre liberté, à la dignité du suffrage universel, à la souveraineté nationale.

« Paris, le 11 octobre 1877.

« *Les membres des bureaux des gauches du Sénat.* »

DEUXIÈME PROCLAMATION DU MARÉCHAL DE MAC-MAHON.

« Français !

« Vous allez voter.

« Les violences de l'opposition ont dissipé toutes les illusions. Aucune calomnie ne peut plus altérer la vérité.

« Non, la Constitution républicaine n'est pas en danger

« Non, le gouvernement, si respectueux qu'il soit envers la religion, n'obéit pas à de prétendues influences cléricales, et rien ne saurait l'entraîner à une politique compromettante pour la paix.

« Non, vous n'êtes menacés d'aucun retour vers les abus du passé.

« La lutte est entre l'ordre et le désordre.

« Vous avez déjà prononcé,

« Vous ne voulez pas, par des élections hostiles, jeter le pays dans un avenir inconnu de crises et de conflits.

« Vous voulez la tranquillité assurée au dedans comme au dehors, l'accord des pouvoirs publics, la sécurité du travail et des affaires.

« Vous voterez pour les candidats que je recommande à vos libres suffrages.

Français !

« L'heure est venue.

« Allez sans crainte au scrutin. Rendez-vous à mon appel, et moi, placé par la Constitution à un poste que le devoir m'interdit d'abandonner, je réponds de l'ordre et de la paix.

« *Le président de la République*,

« Maréchal DE MAC-MAHON,

« DUC DE MAGENTA. »

Les élections du 14 octobre donnèrent la victoire à la cause républicaine.

Le comité des gauches du Sénat résuma le résultat de ces élections dans la note suivante, qui fut communiquée aux journaux :

Des candidats officiels élus, 141 faisaient partie des anciens 158 ; 59 étaient nouvellement élus.

Des anciens 158 élus, 78 étaient bonapartistes; 29 légitimistes; 7 orléanistes; 24 monarchistes indéterminés.

Des 59 candidats officiels nouvellement élus, 21 étaient bonapartistes; 15 légitimistes; 24 monarchistes indéterminés et 4 orléanistes.

Des 17 perdus par la droite, 10 étaient bonapartistes et 7 monarchistes.

Les députés républicains qui avaient signé le manifeste des 363 et qui avaient été battus par la candidature officielle, étaient au nombre de 53 [1].

M. Gambetta avait été élu dans le XXᵉ arrondissement à Paris par 13,912 voix sur 15,720 votants et 18,580 électeurs inscrits.

La République française du 17 octobre publia l'article suivant :

« Le 18 mai dernier, M. le président de la République signait plusieurs décrets pour appeler aux affaires M. le duc de Broglie et un certain nombre d'hommes appartenant au parti clérical et aux partis monarchiques, et pour suspendre pendant un mois les travaux du Parlement. Le 16 juin, il signait un message pour demander au Sénat la dissolution de la Chambre des députés. Dans ce document, il constatait qu'un dissentiment existait entre cette Chambre et lui, et il prenait le pays pour juge. Il demandait au Sénat de prononcer « promptement la dissolution », afin qu'une Chambre

1. MM. Soye (Aisne). Arthur Picard (Basses-Alpes). C. Chaix (Hautes-Alpes). Ferrary (Hautes-Alpes). H. Lefèvre (Alpes-Maritimes). Destremx (Ardèche). Mir (Aude). Rougé (Aude). Tardieu (Bouches-du-Rhône). Houyvet (Calvados). A. Ricard (Calvados). Huon (Côtes-du-Nord). Devoucoux (Cher). Armez (Côtes-du-Nord). Even (Côtes-du-Nord). Carré-Kérisouët (Côtes-du-Nord). Montagut (Dordogne). Corentin-Guyho (Finistère). Mallet (Gard). Paul de Rémusat (Haute-Garonne). Caze (Haute-Garonne). Bottard (Indre). Victor Lefranc (Landes). Loustalot (Landes). Vissaguet (Haute-Loire). Bourillon (Lozère). Maillé (Maine-et-Loire). Riotteau (Manche). Thomas (Marne). Lecomte (Mayenne). Cosson (Meurthe-et-Moselle). Billy (Meuse). Desmoutiers (Nord). Trystram (Nord). Massiet du Biest (Nord). Bertrand Milcent (Nord). Levavasseur (Oise). Deusy (Pas-de-Calais). Florent-Lefebvre (Pas-de-Calais). Vignaucour (Basses-Pyrénées). Alicot (Hautes-Pyrénées). De Douville (Somme). Marty (Tarn). Chabrié (Tarn-et-Garonne). Saint-Martin (Vaucluse). Gent (Vaucluse). Poujade (Vaucluse). Alfred Naquet (Vaucluse). Beaussire (Vendée). Lavignière (Haute-Vienne).

nouvelle « convoquée dans les délais légaux », pût assurer
les services de l'exercice prochain.

« La dissolution fut, en effet, promptement prononcée ;
mais les électeurs ne furent pas promptement convoqués ;
ils ne furent pas même convoqués dans les délais légaux ; et
la Chambre nouvelle ne se réunira que le 7 novembre.
N'insistons pas sur ce petit détail !

« La période électorale, en réalité, a été ouverte pendant
cinq mois au profit du gouvernement, de la politique, des
amis de M. de Mac-Mahon. Pendant ces cinq mois, M. de
Mac-Mahon a trouvé chaque jour une occasion de faire savoir
à la France qu'il mettait directement son autorité, son nom,
son crédit, sa personne en avant dans la bataille. Par des
voyages, par des manifestes, par des discours, par des affiches, par des actes de toute nature, il a tenu à bien établir
qu'il protestait contre tout « malentendu », qu'il n'accepte-
rait pour collaborateurs que les hommes désignés par lui
au suffrage universel, et qu'il se regarderait comme vainqueur avec eux s'ils triomphaient, et comme vaincu et
désavoué par la France s'ils étaient vaincus et désavoués.

« Encouragés par ces déclarations de M. de Mac-Mahon,
les fonctionnaires installés à la place des préfets, sous-
préfets, magistrats, agents de toutes administrations, révoqués comme suspects sur les dénonciations des cléricaux et
des bonapartistes, ont commencé une campagne à laquelle
nous ne pouvons rien comparer dans notre histoire. On sait
maintenant quel a été le résultat de cet immense effort.

« Une trentaine de royalistes, une dizaine de bonapartistes, patronnés par M. de Mac-Mahon, siégeront, pendant
les premières séances de la nouvelle Chambre, sur les
bancs de la minorité, à côté des anciens députés de la
droite. Une majorité de 130 voix est assurée, dès aujour-
d'hui, aux républicains, aux défenseurs convaincus de la
politique des 363, aux adversaires obstinés de la politique de
M. de Mac-Mahon, à ceux qu'il a dénoncés comme les adversaires de sa personne.

« La France, prise pour juge, a rendu son arrêt. L'appel
au pays a eu sa réponse. M. de Mac-Mahon ne peut plus se
faire d'illusion. Il avait cru que son nom entraînerait les
résolutions des électeurs, et son nom ne les a pas entraînées.
Le suffrage universel, averti, sollicité, menacé pendant vingt

longues semaines, n'a cédé ni aux séductions ni aux tentatives d'intimidation. Il a pesé les conséquences de son vote ; et, avec une admirable fermeté, il a refusé de se soumettre et d'accorder confiance aux promesses et au programme et à la politique et aux intentions de M. le maréchal de Mac-Mahon.

« Ceux qui ont poussé M. de Mac-Mahon à compromettre ainsi l'autorité du chef de l'État, l'autorité de celui qui représentait la patrie devant l'Europe, et qui, à l'heure actuelle, lui donnent le conseil de résister à la volonté nationale régulièrement exprimée, et de gouverner avec la minorité, avec une minorité faite de la coalition de minorités infimes, c'est-à-dire de se poser en adversaire de la France, après un si grand échec qui lui fait perdre tant de prestige à l'intérieur et à l'extérieur ; ceux qui l'excitent à jouer ce rôle ingrat au profit de leurs ambitions et de leurs intérêts particuliers, de leurs préjugés et de leurs passions, — ceux-là peuvent être de bons serviteurs de l'Église, et le Vatican tient à leur disposition ses indulgences, mais ce sont de mauvais Français, de grands criminels.

« Nous n'avons point de raisons de prévoir à quel parti s'arrêtera M. de Mac-Mahon. Si nous avions affaire à un Thiers, à un Cavaignac, à un roi Léopold, à un Victor-Emmanuel, nous serions moins perplexes : mais tous ceux-là tenaient plus de compte d'un scrutin loyal que de l'avis d'un nonce. Cependant, nous n'hésitons pas à penser que tout le monde comprend la gravité de la crise ouverte le 16 mai, et qui ne sera point fermée avant l'heure où la France verra que sa volonté est respectée et que les factions ont cessé de la menacer. Tout le monde doit comprendre que le conflit en permanence n'est pas une solution. Il faut finir, terminer au plus tôt ce procès du suffrage universel et de l'Élysée. Il n'y a pas un patriote, un industriel, un commerçant, un travailleur, qui ne parle sur ce sujet comme les hommes d'État que l'esprit de faction n'aveugle pas.

« Il y a incompatibilité absolue entre la politique que M. de Mac-Mahon a appelée « ma politique » et la politique de la majorité des représentants du peuple qu'il s'est choisis pour adversaires. Voilà un fait. Ces deux politiques ne sauraient s'exercer côte à côte : l'une des deux doit faire place à l'autre. Si l'oisiveté de quelques habiles doctrinaires amateurs d'intrigues, parlementaires, ecclésiastiques ou laïques, peut s'accommoder du conflit à perpétuité, la France laborieuse a besoin de tranquillité : elle veut compter sur un lendemain. Elle veut être mise à l'abri de toutes les surprises, de toutes les ruses, de tous les périls que lui font courir ceux qui guettent un moment de lassitude ou de défaillance pour lui arracher ses libertés, ses droits, ses conquêtes. Dans tous les cas, la nouvelle majorité, la majorité du 14 octobre, aussi nombreuse et aussi républicaine que l'ancienne majorité du 20 février 1876, élue par des électeurs qui avaient peut-être moins d'illusions que ceux de l'année dernière, a reçu un mandat qui ne lui permet ni d'hésiter ni de retarder : et nous sommes sûrs qu'elle est bien décidée à faire son devoir tout entier et jusqu'au bout. »

Les bureaux des gauches du Sénat communiquèrent à la presse la note suivante :

« Dès le lendemain des élections générales par lesquelles la France vient de condamner solennellement la politique du 16 mai, il importe de constater exactement les résultats obtenus et d'apprécier avec netteté les conditions dans lesquelles ils se sont réalisés.

« Des 363, par suite de décès ou de circonstances diverses, 14 n'étaient plus proposés aux électeurs. Les candidats anciens députés républicains se trouvaient donc réduits à 349. Sur ce nombre, 295 au moins rentrent dans la nouvelle Chambre, et il faut joindre à ces 295, 26 candidats républicains nouveaux, remplaçant, soit les 14 anciens députés dont il vient d'être parlé, soit des députés monarchistes : ce qui porte déjà le nombre des élus républicains à 321. Dans quelques semaines, il y aura lieu d'ajouter à ces 321 députés les 4 députés des colonies, qu'il n'y a nulle témérité à compter à l'avance parmi les républicains. Résultat : 325 républicains. D'après le gouvernement, un second tour de scrutin est nécessaire dans quatorze circonscriptions. Il est vraisemblable que, dans plus de la moitié de ces circonscriptions, le résultat sera favorable à la République. En se bornant à la moitié, 7, on atteindrait le chiffre total de 332. Enfin dans 3 circonscriptions où le *Journal officiel*, avec une hâte exceptionnelle et prématurée, a annoncé l'élection des candidats officiels, il y a lieu d'espérer que, tout au contraire, les candidats républicains seront proclamés.

« Le total monterait donc à 335, et le nombre complet
des députés étant de 533, c'est à 198 que s'élèverait au
maximum le nombre des candidats officiels élus le 14 octobre. 198 contre 335. Et l'on ne veut pas prévoir encore les
modifications que la vérification des pouvoirs et ses conséquences pourront faire subir à ces chiffres; mais on doit
constater que, d'après les supputations des organes les plus
autorisés des partis adverses, sur ces 198 députés 90 appartiennent au bonapartisme, 40 semblent pouvoir être rangés
parmi les légitimistes, et environ 68 échappent, sous la
dénomination de conservateurs, à toute classification ra-
tionnelle.

« Ce dénombrement fait, il est évident que la nouvelle
Chambre est, dès maintenant, la représentation à peu près
fidèle de l'ancienne; une légère différence de chiffres, sus-
ceptible d'une prochaine modification favorable, n'altère en
rien ce fait.

« Une majorité de près de 140 voix est assurée à la République, majorité ferme, inébranlable, résolue, qui échappera à toutes les tentatives de désorganisation.

« Mais un devoir reste à remplir. Il faut montrer combien
le succès de la République se rehausse des efforts immenses
faits par le gouvernement contre les républicains. Non seulement la candidature officielle que, pour l'honneur de l'administration, on devait croire reléguée dans les souvenirs
d'un passé odieux, a été rétablie, mais les abus que cette
pratique entraîne nécessairement avec elle ont été poussés
jusqu'aux derniers excès par des agents qui sentent qu'ils
n'ont plus rien à perdre. Il appartiendra à la Chambre des
députés de statuer sur de telles élections et sur le principe
dont elles découlent. C'est sous le poids de cette pression
énorme que la nouvelle Chambre républicaine vient d'être
nommée. Il faut en faire honneur au pays dans lequel existent une force de résistance à l'arbitraire et un courant
d'idées patriotiques et libérales qui désormais le préserve-
ront des aventures.

« Il faut citer des départements entiers qui ont élu des
députations unanimement républicaines. Tels sont : l'Ain,
l'Allier, les Ardennes, l'Aube, le Cantal, la Corrèze, la Côte-
d'Or, la Creuse, l'Eure-et-Loir, l'Indre-et-Loire, l'Isère, le
Jura, le Loir-et-Cher, la Loire, le Rhône, Saône-et-Loire,

la Savoie, la Haute-Savoie, Seine-et-Marne, Seine-et-Oise, le Var, les Vosges, l'Yonne.

« La Chambre républicaine élue le 14 octobre 1877 ne trompera pas les espérances de ces généreuses populations. Sa majorité compacte et énergique se tiendra à la hauteur de toutes les éventualités, et la France peut maintenant, en toute sécurité, attendre la direction que le pouvoir législatif reconstitué saura imprimer aux événements. »

DISCOURS

Prononcé le 26 octobre 1877

A CHATEAU-CHINON

Le scrutin du 14 octobre dans l'arrondissement de Château-Chinon (Nièvre), avait donné lieu à un ballottage entre M. Gudin, candidat républicain, et M. d'Espeuilles, candidat officiel.

M. Gambetta fut invité par les députés républicains de la Nièvre, MM. Cyprien Girerd et Turigny, à visiter l'arrondissement de Château-Chinon avant le scrutin de ballottage du 28 octobre. Il prononça, le 26 octobre, à Château-Chinon, le discours suivant :

Mes chers concitoyens,

Enfin nous voilà réunis comme il me plaisait qu'eût lieu cette réunion d'hommes venus de tous les points de la circonscription, ayant quitté leur travail quotidien, pour obéir au sentiment de devoir qui les anime, pour venir ici, à la veille du scrutin complémentaire du 28 octobre, formuler une volonté libre d'entraves, et désormais en pleine possession d'elle-même.

En effet, mes chers amis, — permettez-moi de vous donner ce nom : je le suis et je le resterai... (*Vive approbation et applaudissements*), — je vous prie de ne pas m'interrompre et de ne pas m'applaudir, je suis venu ici pour causer avec vous et pour rechercher, — non pas seulement pour ceux qui m'écoutent, mais pour ceux qui peuvent relire mes paroles et, surtout, pour ceux à qui vous pouvez les reporter, — pour rechercher et faire luire un rayon de vérité sur les actes qui ont précédé le scrutin du 14 octobre, pour vous parler enfin, avec l'autorité que donnent les faits accomplis, de ce que se sont permis nos adversaires et du caractère que la victoire remportée par la République doit affecter dans le présent et dans l'avenir.

Vous êtes, je l'ai dit, des hommes de labeur, des hommes des champs, des paysans investis de ce droit légitime, — si longtemps contesté par les prétendues classes dirigeantes, — de ce droit souverain de venir, à une heure choisie, déposer, dans une urne qui devrait être débarrassée de toutes les pressions et de tous les obstacles, l'expression de votre conscience politique.

Eh bien, il est malheureusement trop vrai que, non seulement ici, mais dans presque tous les départements de la France, on a exercé sur le suffrage universel la pression, l'intimidation, la menace, la fausse nouvelle, la contrainte; on a semé la peur, on a répandu la terreur. On a eu recours, en trois jours, à plus de violence et d'arbitraire que l'empire, — l'empire exécré lui-même, — ne nous en avait fait connaître en vingt ans. (*Explosion d'applaudissements.* — *Oui! oui! C'est vrai!*)

C'est cependant à travers ces mille difficultés, à travers ces obstacles de toutes sortes, que la France, la vraie France, la France de 89, la France démocratique, la France patriotique, s'est levée et a retrouvé le chemin du scrutin libérateur. Et lorsqu'on lui présentait 533 candidats officiels, elles les repoussait et ne laissait sortir, grâce au réseau administratif dont on l'avait couverte, que 198 d'entre eux; mais, ressaisissant cette majorité qu'elle avait nommée en 1876, l'acclamant à nouveau, lui donnant à la fois un mandat pour le passé et un mandat plus énergique pour l'avenir, elle la renvoyait à peine atténuée, n'ayant fait que quelques pertes, momentanées je l'espère,

sur cette route semée d'obstacles. Elle renommait les
330 comme l'expression de sa souveraineté et de sa
volonté définitive. (*Oui! oui!* — *Longs applaudissements.*)

Aujourd'hui cette majorité se confond avec la
France elle-même. On a dit à la France qu'il lui appartenait de prononcer dans le conflit si imprudemment, si brutalement ouvert. On a entendu la voix du
pays, on a recueilli les divers verdicts, les nombreux
arrêts qui, rassemblés, forment la sentence de la
nation. Et qu'avez-vous vu depuis? S'est-on incliné?
(*Non! non!*) A-t-on obéi? Non. On s'est donné encore
quinze jours de pression officielle, quinze jours de
campagne électorale, et on avoue, sans aucune espèce
d'embarras, que, si on a fait le 16 Mai, c'était en
grande partie pour faire de la candidature officielle,
pour faire de la pression administrative et pour préparer les élections des Conseils généraux et d'arrondissement, élections qui paraissent être la dernière
planche de salut de la minorité réactionnaire du
16 Mai. (*Rires et applaudissements.*)

Eh bien, mes chers concitoyens, il importe peu que
vos adversaires puissent méconnaître, pendant quelques semaines encore, l'autorité du jugement qui a
été rendu par la France. L'heure viendra où, devant
la Chambre réunie, il faudra bien vider cette question
de savoir qui a tort, qui a raison et qui doit l'emporter,
du pays ou des résistances d'un seul. (*Très bien! très
bien!* — *Applaudissements unanimes.*)

Mais ce n'est pas de cela que je veux vous entretenir
aujourd'hui : je sortirais, je ne dis pas de mon rôle,
mais des exigences de la situation. Aujourd'hui, je
veux simplement vous dire ceci : Remontons à l'origine du conflit, remontons au point de départ, qu'on
me paraît, d'un certain côté, avoir singulièrement
oublié. (*Rires.*) Vous n'entendez plus, en effet, parler
du 16 Mai, ni des prétextes invoqués pour le faire, ni

des raisons alléguées pour le perpétrer. Non, on parle,
— aujourd'hui qu'on est vaincu — d'oubli du passé,
de négociations à entamer, comme s'il n'y avait eu là
qu'une espèce de comédie électorale réglée d'avance.
On parle comme s'il n'avait pas été question des destinées du pays et comme si on ne l'avait pas couvert,
presque partout, de ruines privées et de ruines publiques. (*C'est cela! — Très bien! très bien! — Applaudissements prolongés.*)

En effet, que s'est-il passé depuis le 16 Mai? Le
travail national a été interrompu, tout le monde en a
souffert, riches ou pauvres, ceux qui vivent du fruit
de leurs capitaux intelligemment appliqués, comme
ceux qui vivent du labeur de leurs bras, d'un travail
quotidien et acharné. Le 16 Mai a été fait, et tout le
monde a souffert. A l'instant même, un grand resser-
rement s'est produit dans la consommation et dans la
production du pays. Nos échanges avec l'étranger se
sont ralentis dans des proportions alarmantes; les
commandes faites ont été retirées; les usines ont vu
réduire le quart, le tiers ou la moitié de leurs employés et de leurs ouvriers; partout les affaires ont
été arrêtées; partout les capitaux se sont mis, je ne
dis pas en grève, mais ils sont demeurés stériles,
improductifs. Tout le monde a senti le contre-coup
de la défiance, de l'inquiétude, du soupçon qui ré-
gnaient dans le monde du travail. Comment en aurait-
il été autrement? Quelle assurance pouvait entrer
dans l'esprit de chaque négociant, industriel ou simple
capitaliste? Quelle sécurité peut présenter le drame
politique qui se joue depuis six mois?

La veille du 16 Mai, tout allait bien. Tout le monde
s'occupait de ses affaires. Tout le monde se donnait
avec joie au développement de ses forces et de ses
facultés. On se préparait à l'Exposition universelle;
tout le monde travaillait, comptait, échelonnait ses
échéances et entrevoyait un avenir paisible. On voyait

un peuple grandir tranquillement par le travail et
reconnaître que ces bienfaits étaient dus à la République. Et alors, qui est-ce qui pourrait être assez
mauvais Français pour ne pas accepter un gouvernement qui donne l'ordre et le travail au dedans en
même temps que la paix au dehors? (*Adhésion unanime. — Applaudissements.*)

Et qui donc est venu troubler cette paix? Qui donc
est venu arrêter ce développement merveilleux d'une
nation aussi éprouvée? C'est le 16 Mai, c'est la dissolution, c'est ce brusque congé donné à un ministère
républicain fort modéré à coup sûr, à une Chambre
républicaine fort modérée également, car on a été
dans l'impuissance de lui attribuer un acte ou un vote
qui fût de nature à compromettre les intérêts généraux du pays.

Mais, après cette dissolution de la Chambre, qu'a-
t-on fait? On a mis aux affaires la minorité, une minorité que j'appellerai bigarrée, car il y avait de tout
dans cette minorité, excepté des républicains. (*Rires.*)
Et, à l'image de ce gouvernement de minorité, on a
fait une administration de minorité aussi. On a choisi
tous les agents que pouvaient bien recéler les rangs
de tous les anciens partis, et on leur a donné les places, les postes qu'occupaient avant eux des républicains très modérés installés aux affaires par l'illustre
M. Thiers. Et vous croyez qu'on leur a donné le mandat d'administrer, de gérer les affaires? Point du tout.
A tous on a donné le mandat de faire de la politique
électorale. (*Oui! oui! — C'est cela!*)

Et alors on a vu la France entière livrée à l'ardeur
de la lutte électorale, et menée par un gouvernement
qui présentait comme candidats officiels les représentants de tous les partis ligués contre elle, et le
clergé excitant, échauffant les passions et les colères
de tous ces partis coalisés. (*Longs applaudissements.*)

Et que disait-on au pays? On lui disait qu'il fallait

condamner la majorité qui avait été renvoyée ; on lui
disait que cette majorité avait une politique qui conduisait à l'abaissement et à la décadence de la patrie ;
on lui disait que cette majorité était coupable envers
les électeurs et envers le pouvoir, que la France n'en
voulait plus, et on lui en proposait une autre, composée d'hommes ayant une autre politique, d'autres
idées et d'autres doctrines. Et on menaçait la France
de résister même à ses décisions, pour influer sur le
suffrage universel, pour l'intimider.

Qu'a répondu la France? Elle a dit : Ma politique,
c'est la politique de cette majorité. Les lois que je
veux, ce sont les lois faites ou proposées par cette
majorité. L'administration que je réclame, c'est celle
qui est voulue par cette majorité. Les fonctionnaires
que je demande dans tous les services publics, ce sont
les fonctionnaires réclamés toujours par cette majorité
sans avoir jamais rien pu obtenir d'une façon véritablement loyale et complète. (*Assentiment général et
applaudissements.*)

On lui a donné le choix, mais non pas le libre choix.
(*Rires.*) Ah ! si on avait laissé la France libre et véritablement indépendante ; si l'on s'était borné à lui
mettre sous les yeux tous les éléments de sa décision,
la laissant lire, entendre, réfléchir, délibérer, ce n'est
pas 330 républicains qui auraient été renommés, c'est
la presque unanimité de la Chambre qui aurait été
républicaine. (*Oui ! oui ! — Acclamations et applaudissements.*)

Oui, si on avait laissé faire des élections comme on
les fait non pas seulement dans la libre Amérique,
non pas seulement à nos portes, comme en Suisse ou
en Belgique où le suffrage est restreint, mais comme
dans la monarchique Angleterre ou comme en Italie,
il est certain que ce n'est pas 400 voix que nous aurions eues dans la Chambre, mais c'est 450, c'est la
quasi-unanimité. Car, lorsqu'on réfléchit à ce que l'on

a fait : fausses nouvelles, destitutions, vexations, tra-
casseries, suppression des journaux sur la voie publique; quand on songe au nombre de cabarets fermés,
ces cabarets, lieux de réunion naturels des populations
travailleuses des villes et des campagnes; quand on
pense au nombre de petits agents qui ont été destitués
jusque dans les plus petits hameaux; quand on pense
à ce qu'il a été proféré de menaces à l'adresse des
individus qui se permettaient d'avoir une libre allure,
— oui, quand on pense à tout cela, on comprend ce
qu'auraient été des élections faites sans entraves,
sans obstacles, sans pression.

Vous savez comment les choses se sont passées,
vous, habitants de la Nièvre, qui avez vu les agents du
bonapartisme relever la tête, qui avez entendu les
menaces qu'ils vous faisaient de vous faire expier
l'énergie de vos convictions républicaines. Oui, je
tiens à le répéter : j'avais annoncé le chiffre de 400
députés républicains; ce chiffre eût été atteint et
même dépassé, mais je n'avais pas compté avec le vol
et la fraude comme dans le Vaucluse, avec l'intimidation et la fraude comme dans le Nord et le Pas-de-
Calais et ailleurs. Sur ce point, j'ai recueilli des renseignements de la bouche d'un des hommes les plus
honorés du Sénat, renseignements qui font bondir le
cœur d'indignation.

Mais l'histoire de ces élections sera écrite, la France
l'apprendra, l'Europe la connaîtra, et on verra ce que
vaut et ce que pèse cette affirmation, de la part de
nos adversaires, d'être investis régulièrement de trente
ou quarante sièges qu'après cet assaut furibond ils
seraient arrivés à enlever à la majorité et à l'unité
de la France républicaine. (*Applaudissements prolongés.*)

Oui, nous allons écrire cette histoire. Nous en
recueillons les éléments. Nous saurons à l'aide de
quels procédés, de quelles manœuvres, de quels

moyens ils sont parvenus à enlever trente ou quarante sièges; nous verrons de quel front ceux qui
ont mené cette campagne oseront soutenir leurs agissements, et nous constaterons de quel côté se sont
trouvés, je ne dirai pas le cœur et le sentiment de la
France, on n'en saurait douter, mais la probité et
l'honneur de la France. (*Salve d'applaudissements.*)

Il est bon, puisque quelques jours nous séparent
encore du scrutin du 28 octobre, que vous vous répan-
diez au milieu de vos amis, et que vous leur disiez ce
qu'est devenu ce monceau de calomnies, ce tombereau d'outrages versés à travers le pays depuis cinq
mois; vous leur apprendrez ce que sont les fausses
nouvelles, les imputations mensongères. Vous leur
direz : Nous avons vu, nous avons entendu, nous savons ce qu'il en est de la mise en prison d'un tel;
nous connaissons la valeur des insertions empruntées
à des journaux étrangers après les protestations qui
se sont produites; nous sommes en mesure d'apprécier
les déclarations d'un ministre de l'intérieur qui, con-
duisant la campagne électorale, annonçait que les
conservateurs étaient assurés de 300 à 310 sièges.
(*Hilarité générale.*)

Voilà ce qu'il faut dire autour de vous. Et puis il
faut faire comprendre à vos amis combien il serait
humiliant que ce pays fut trompé plus longtemps,
qu'il pût s'effrayer des menaces et de la jactance des
anciens souteneurs du césarisme qui parcourent les
campagnes, et qui ne craignent pas de dire que vous
pourriez expier par la déportation et la transportation
une conduite qui est celle de bons Français. Il faut
prendre les noms de ces hommes pour les déférer à
la justice, car la justice viendra pour tous, et, ce jour-
là, il faudra bien que le compte soit fait entre ceux
qui auront respecté la loi et ceux qui lui désobéissent
(*Salve d'applaudissements. — Bravos répétés.*)

Mais n'est-il pas véritablement triste que, dans notre

pays si tourmenté et si malheureux, sept ans à peine
après Metz et Sedan, on ait à s'occuper de candidatures bonapartistes? Quant à moi, je ne veux pas discuter sur ce terrain. Vous avez vu de trop près ce que
valent les hommes de l'empire; vous les connaissez,
et, si la réapparition de leurs noms ne réveille pas
votre indignation, ce n'est pas ma parole qui vous
convertirait. Mais répétez toujours que, dans ce pays,
la République n'a apparu que pour refaire la fortune,
restaurer l'honneur national, tandis que l'empire ne
s'est imposé trois fois que pour décimer et ruiner la
France et pour la faire plus petite qu'il ne l'avait reçue.
(*Acclamations et applaudissements.* — *Cris nombreux de :
Vive la République!*)

Il y a même, dans la lutte actuelle, un autre sujet
d'étonnement profond. On se demande comment il se
peut faire que des représentants d'anciens partis monarchiques, que des gens de probité et d'honneur qui
ont lutté, à leur heure, contre les tentatives oppres-
sives du césarisme, en soient venus par passion, par
haine, par rancune, à mettre leur main dans la main
d'hommes de l'empire et, quelquefois, à cacher leur
drapeau derrière le drapeau de l'empire. Non! non! il
faut réagir contre ces entraînements sans profit et
qui ne peuvent pas être honorables. Aussi je pense
qu'à mesure que le gouvernement républicain s'as-
soiera, s'installera, s'affermira par les bienfaits mêmes
qu'il peut et doit procurer à la démocratie sans porter
atteinte à ce qu'il y a de légitime dans l'influence et
dans la tradition véritablement nationale, — je pense
que tout le monde pourra prendre, au soleil de la
République, la place de bons serviteurs de la patrie;
je crois que, lorsqu'on a des espérances irréalisables,
on ferait mieux de les garder, si on le veut, au fond
du cœur, mais de se conduire toujours en conformité
avec la vérité politique et avec la réalité des choses.
(*Marques d'assentiment.*)

Ce rapprochement se fera quand on voudra, quand la passion exaspérée par les luttes de la tribune, de la presse ou des comices se sera apaisée. Peut-être qu'ici même ce rapprochement peut commencer : j'en fais le vœu très désintéressé, et je passe à un autre ordre d'idées.

Puisque nous sommes ici dans une réunion rurale à laquelle je tiens beaucoup à reconnaître ce caractère, je voudrais que notre entretien eût une sanction, une conclusion pour vos amis des campagnes. Ce serait que vous vous fissiez tous, ici, les agents, les apôtres de cette idée que c'est par le suffrage universel des campagnes qu'on fondera, qu'on relèvera, qu'on développera la République. Vous êtes les plus nombreux, vous êtes donc les plus puissants. Aussi c'est sur vous que ceux qui rêvent le règne de l'inégalité politique, la survivance d'influences et de privilèges qui ont fait leur temps depuis quatre-vingts ans; c'est sur vous, enfin, qu'ont jeté les yeux ceux qui luttent contre la démocratie républicaine.

En vous remplissant la tête de vaines terreurs, de calomnies, de diffamations contre la République et contre les républicains, déjà en 1848 et 1849, ils étaient parvenus à produire ce phénomène monstrueux d'un peuple qui, par ses intérêts, ses nécessités, par ses traditions comme par ses aspirations, est et doit rester une démocratie, et qui tournait le dos à son histoire et devenait l'ennemi de la seule forme de gouvernement pouvant lui assurer cette satisfaction de l'éducation pour tous, de l'égalité politique, du progrès matériel et moral que l'on peut accomplir dans la commune, dans le canton pour l'émancipation du plus humble, pour donner à chacun ce moyen qui est le premier des capitaux et qui détermine véritablement dans la vie le malheur ou l'aisance, — ce moyen, dû à tous, l'instruction. Or, s'imaginer qu'on peut avoir l'éducation, qu'on peut obtenir la liberté communale

ou départementale, la liberté politique, le droit de
gérer ses propres affaires conformément aux intérêts
de la communauté, dans un gouvernement autre que
le gouvernement républicain, c'est là un contresens,
c'est véritablement se donner à soi-même un démenti
formel.

Et ce qui me fait espérer que nous touchons à une
heure décisive dans l'histoire de la France, c'est qu'en
examinant bien les divers scrutins qui se succèdent
depuis tantôt sept ans, on remarque que, tous les
jours, on gagne du terrain même dans les hameaux
les plus isolés. Certainement il y a encore beaucoup
à faire, et il restera toujours beaucoup à faire tant
qu'on n'aura pas multiplié les écoles et tant que les
enfants instruits dans ces écoles ne seront pas devenus
des hommes. Voilà le but que bien des obstacles,
bien des difficultés nous empêcheront de toucher
aussi vite que nous le voudrions, mais, avec l'assentiment grandissant du suffrage universel, nous sortirons
vainqueurs de cette lutte et nous fonderons une démocratie véritablement active, réfléchie, intelligente,
qui sera à l'abri du retour des anciens régimes, à
l'abri des influences cléricales et des restaurations
qui sont mortes à jamais. (*Longs applaudissements.* —
Cris répétés de: Vive la République! Vive Gambetta!)

C'est donc à faire comprendre à nos amis les paysans, à nos concitoyens, l'importance de ce bulletin
de vote, de ce carré de papier, que je voudrais vous
voir consacrer vos heures de repos, vos moments de
loisir, qui vous sont très parcimonieusement comptés,
je le sais, mais enfin que vous avez. Et puis vous vous
voyez dans les foires, dans les marchés, dans vos jeux
et, dans ces moments, vous pouvez aborder cette question. Vous vous faites confiance mutuellement. Vous
êtes les intermédiaires les plus naturels auprès les
uns des autres pour faire cette propagande, tandis
qu'envers ceux qui ne peuvent vous visiter que rare-

ment, vous pouvez avoir conservé un reste de ce vieil esprit de défiance du paysan français pour celui qui ne vit pas dans son commerce, dans sa famille.

Eh bien, je voudrais qu'on fît bien pénétrer dans la tête de l'électeur rural que ce bulletin de vote, que ce carré de papier, c'est sa destinée, que c'est lui, quand il écrit un nom sur son carré de papier, qui prononce souverainement sur le bien ou le mal qui doit lui arriver. L'électeur rural se plaint tous les jours, tous les jours vous entendez des amis réclamer contre la dureté de tel agent, contre les persécutions ou la partialité de tel autre agent, contre l'influence tracassière ou provocante de tel autre individu de la commune ou du canton. Ou bien vous trouvez que tel fonctionnaire, sous la République, n'est pas républicain, qu'il appartient à une faction ennemie et qu'il profite de sa situation pour tourmenter, ennuyer, vexer, tracasser, persécuter ou poursuivre devant les tribunaux des gens qui passent pour être de bons citoyens. Vous vous plaignez de pareils agissements, et vous avez raison. Je ne dis pas que vous avez toujours raison par le fait seul que vous vous plaignez, mais je dis que avez souvent raison. Et alors vous allez exposer vos griefs, vos doléances à vos amis politiques. Il arrive qu'ils peuvent vous donner satisfaction, souvent aussi ils échouent. Mais si vous vous rappeliez qu'il y a un jour, une heure où vous êtes libre d'écrire tel nom de préférence à tel autre sur votre bulletin de vote, vous vous procureriez tous ces avantages après lesquels vous soupirez, et vous feriez disparaître tous les obstacles dont vous vous plaignez.

Retenez bien que vous pouvez influer sur l'administration, sur les finances, sur les fonctionnaires, sur les lois, sur tout enfin, à l'aide de ce carré de papier, parce que le jour où vous votez vous gouvernez, parce que le jour où vous votez vous êtes les maîtres. Et que diriez-vous d'un maître qui, au lieu d'avoir souci de ses intérêts, en confierait la gestion à un mandataire dont il ne connaîtrait ni les opinions, ni les désirs, ni l'honneur, ni la probité, à un mandataire qui ne ferait les affaires à lui confiées que dans son seul intérêt et non dans l'intérêt de son maître? (*Très bien! très bien! — Vive adhésion.*)

Oui, voilà l'idée mère, voilà l'idée libératrice du suffrage universel! C'est là qu'est l'idée à l'aide de laquelle nous vaincrons, si vous voulez vaincre.

Il faut bien nous imprégner de cette idée que, le jour où le plus humble des électeurs comprendra la relation, le rapport qui existe entre ce carré de papier, entre ce bulletin de vote et tout ce qui se fait dans le domaine de l'administration publique, ce jour-là nous serons libres... (*Oui! oui! — Vives et nombreuses acclamations.*) Ce jour-là nous serons nos maîtres, et non pas par un coup de hasard, par un coup de révolution, par un coup de fortune, par une bonne inspiration qu'un jour apporte et que le lendemain remporte. Non ! nous serons nos maîtres en vertu de la raison, en vertu d'un contrat solennel signé par la majorité des Français. Nous serons nos maîtres parce que ce qui aura présidé à nos choix ce sera l'intelligence des intérêts publics, ce sera le sentiment du bien public et non pas de l'intérêt privé de chacun qui fait qu'un individu aliène son vote et le jette dans l'urne avec indifférence quand, malheureusement, ce n'est pas par suite d'une intrigue ou d'un trafic. Oui, quand chacun comprendra, sentira la valeur de son vote, il votera avec un sentiment religieux, qui est l'expression de la vraie religion, la solidarité humaine qui rapproche et relie les hommes. (*Applaudissements enthousiastes. — Cris répétés de : Vive la République! Vive Gambetta!*)

Si vous vouliez, mes amis, bien réfléchir à ceci : que la République que nous voulons, c'est une Répu-

blique d'ordre, de progrès, de réflexion, d'intérêt
général ; que nous avons horreur des agitations; que
ceux qui recherchent le trouble, le désordre, ce n'est
pas nous; que ceux qui ont jeté la France dans les
aventures, ce n'est pas nous; que ceux qui veulent
faire une politique de castes, ce n'est pas nous; que
ceux qui rêvent la domination d'un seul, ce n'est pas
nous; — si vous vouliez réfléchir à tout cela, dis-je,
vous comprendriez immédiatement que ce que nous
voulons c'est que la démocratie française soit éman-
cipée et respectée; c'est qu'elle ait le dernier mot
dans les affaires publiques ; c'est qu'elle puisse révo-
quer les mandataires quand ils n'ont pas rempli leur
mandat; qu'elle sache discerner entre celui qui a
toujours fait son devoir et l'intrigant qui n'a surpris
ses voix qu'au bénéfice de ses intérêts particuliers.

Ce sont ces avis, ces conseils que je voudrais vous
voir accueillir, car, ne l'oubliez pas, électeurs des campagnes, vous avez en mains l'avenir de la France. Je
ne veux ni vous flatter ni vous diminuer, mais, dans
un pays aussi éprouvé que le nôtre et qui, sur dix
millions d'électeurs, compte huit millions d'agricul-
teurs, il est certain que vous avez entre les mains les
destinées de la patrie, vos propres destinées. Aussi
c'est à vous qu'on s'adresse toujours, c'est vous qu'on
trompe en vous disant que je suis un homme de désordre, ou un homme de loisir qui brigue le pouvoir
pour le pouvoir. On dit encore, dans chaque commune,
que je suis l'ennemi de ceux qui gouvernent la France.
Non! non! je ne suis l'ennemi de personne. Je suis
l'ennemi des idées malsaines, je suis l'ennemi du
despotisme, sous quelque forme qu'il se présente,
sous la forme du césarisme brutal que nous avons
connu au Deux-Décembre et qui nous a conduits à
Sedan et à Metz, ou sous la forme équivoque et dou-
cereuse de l'inquisition ou du jésuitisme. (*Acclamations
unanimes. — Cris répétés de : Vive Gambetta!*)

On dit que nous avons inventé le spectre clérical. Je voudrais bien que ce ne fût qu'un fantôme. Malheureusement tout atteste sa présence, sa puissance et son activité. Ne l'avez-vous pas vu dans les élections? Ne l'avez-vous pas vu dans les églises transformer les chaires en tribunes politiques? Ne connaissez-vous pas les paroles prononcées par un orateur qui n'est pas un orateur sacré, mais un orateur électoral?

Je n'ai jamais attaqué la religion ni ses ministres quand ils se sont renfermés dans leur domaine religieux, moral et sentimental, mais j'ai combattu et je combattrai les hommes qui, à l'aide du trouble et de la confusion, veulent faire un instrument de domination et de règne de ce qui ne devrait être qu'un moyen de consolation et d'assistance. (*Vive sensation et applaudissements prolongés.*)

Vous connaissez maintenant la nature de vos droits et l'étendue de vos devoirs. Vous avez en mains l'instrument libérateur ; eh bien, répandez-vous dans les campagnes, et dites partout qu'il n'est pas possible d'imprimer plus longtemps au front de la circonscription de Château-Chinon cette tache qui consisterait à en faire le réduit et comme le repaire des derniers bonapartistes de la Nièvre. (*Adhésion unanime.*)

Et, maintenant, quoi qu'il arrive, ayez confiance. La majorité qui va retourner sur les bancs de Versailles reprend possession de ses sièges ; on lui a plutôt rendu son mandat qu'on ne lui en a décerné un nouveau ; elle rentre avec le sentiment de l'injure qu'elle a reçue, mais que le pays a suffisamment réparée ; elle rentre avec le sentiment de devoirs à remplir, mais elle est résolue à faire son devoir, tout son devoir. (*Salve d'applaudissements.*)

Je n'ai pas à faire connaître ici ses résolutions, mais ayez confiance : elle saura, sans sortir de la légalité, mais en y maintenant énergiquement tout le monde, faire prévaloir la seule autorité qui, dans ce pays, ait le droit de s'imposer aux plus hauts comme aux plus humbles, à ceux qui reconnaissent comme à ceux qui nient la souveraineté nationale : l'autorité de la France. (*Double salve d'applaudissements.* — *Acclamations répétées et cris prolongés de : Vive la République ! Vive Gambetta !*)

Le scrutin de ballottage du 28 octobre donna la majorité à quatre candidats républicains et à huit candidats officiels.

Les élections du 4 novembre pour le renouvellement partiel des conseils généraux donnèrent 119 sièges nouveaux aux candidats républicains.

Les conseillers généraux républicains se trouvèrent en majorité dans 48 départements.

Le duc de Broglie avait été battu dans le département de l'Eure par M. Corbeau, adjoint au maire d'Évreux, révoqué par M. de Fourtou lors du voyage du maréchal de Mac-Mahon en Normandie.

DISCOURS

LA PROPOSITION

TENDANT A LA NOMINATION D'UNE COMMISSION
CHARGÉE DE FAIRE UNE ENQUÊTE PARLEMENTAIRE SUR LES
ÉLECTIONS DES 14 ET 28 OCTOBRE 1877

Prononcés le 15 novembre 1877

A LA CHAMBRE DES DÉPUTÉS

Le Sénat et la Chambre des députés se réunirent le 7 novembre. Le *Journal Officiel* du 6 avait publié la note suivante :

« Sur la demande qui leur en a été faite par M. le président de la République, les ministres ont retiré les démissions qu'ils avaient eu l'honneur de déposer entre ses mains. Ils ont d'ailleurs insisté pour qu'il fût bien entendu qu'en conservant leurs fonctions, ils ne préjugeaient en rien des résolutions ultérieures du chef de l'État. »

La majorité républicaine constitua aussitôt un comité de 18 membres, chargé de préparer pour elle et au besoin de prendre en son nom les résolutions que pourraient rendre nécessaires les périls de la situation.

MM. Gambetta, Bethmont, Jules Ferry, Louis Blanc, Léon Renault, Floquet, Madier de Montjau, Clémenceau, Proust, Goblet, Albert Grévy, Lockroy, Tirard, Brisson, de Marcère, Horace de Choiseul, Germain et Lepère furent désignés comme membres de ce comité.

La Chambre se constitua en trois jours. Après avoir validé sans débat les élections des députés républicains et des quelques députés de droite qui avaient refusé l'affiche blanche, elle renomma tout l'ancien bureau, pour bien marquer qu'elle se considérait comme la continuation de la Chambre du 20 février et la lutte contre le cabinet du 17 mai commença aussitôt.

Le 12 novembre, M. Albert Grévy déposa le projet de résolution suivant qui avait été préparé par le comité des Dix-Huit :

« Considérant que les élections des 14 et 28 octobre ont été faites dans des conditions qui imposent à la Chambre des députés, protectrice du suffrage universel, dont elle est issue, un devoir exceptionnel ;

« Que la campagne, au cours de laquelle, pendant cinq mois, toutes les lois ont été violées, pour exercer sur les élections une pression illégitime, a été couronnée par le scandale de la candidature officielle, s'étalant sous une forme et se manifestant par des procédés qui ont révolté la conscience publique ;

« Que les moyens mis en œuvre pour essayer de dénaturer l'expression de la volonté nationale, indépendamment de l'effet qu'ils peuvent avoir sur la validité des élections au profit desquelles ils ont été employés, sont de nature à engager, à des titres divers et sous diverses formes, la responsabilité de leurs auteurs, quels qu'ils soient, et qu'il importe, pour que les responsabilités se dégagent et deviennent effectives, que tous les faits délictueux ou criminels soient recueillis et présentés dans un tableau d'ensemble qui permette à la Chambre de formuler avec précision les résolutions qu'elle croira devoir prendre pour en assurer la répression et en prévenir le retour ;

« Considérant que le devoir, pour la Chambre des députés, de veiller au respect et à la défense du suffrage universel est d'autant plus étroit que ceux qui ont prétendu vouloir le consulter, n'ayant pu dénaturer son verdict, affectent aujourd'hui de n'en tenir aucun compte et se mettent en état de rébellion contre la souveraineté nationale ;

« La Chambre adopte la résolution suivante :

« Projet de résolution.

« ART. premier. — Une commission de 33 membres, nommée dans les bureaux, sera chargée de faire une enquête parlementaire sur les actes qui, depuis le 16 mai, ont eu pour objet d'exercer sur les élections une pression illégale.

« Art. 2. — A cet effet, la commission, indépendamment des enquêtes particulières qu'elle croirait devoir faire dans les départements, pourra, soit sur le renvoi qui lui en serait fait par la Chambre au cours de la vérification des pouvoirs, soit d'office, se faire remettre tous les dossiers des élections des 14 et 28 octobre.

« Elle est investie, pour remplir sa mission, des pouvoirs les plus étendus qui appartiennent aux commissions d'enquêtes parlementaires.

« Art. 3. — Elle déposera le plus tôt possible un rapport dans lequel, après avoir constaté tous les faits de nature à engager, n'importe à quel titre, la responsabilité de leurs auteurs quels qu'ils soient, elle proposera à la Chambre les résolutions que ces faits lui paraîtront comporter. »

M. Albert Grévy demanda l'urgence qui fut appuyée par le duc de Broglie et votée sans discussion.

Le débat sur la proposition du comité des Dix-Huit remplit trois séances (13, 14 et 15 novembre). Ce fut le véritable procès du Seize Mai.

Nous reproduisons d'abord le rapport de M. Leblond :

Séance du 13 novembre. — M. Leblond, *rapporteur*. « Messieurs, la commission que vous avez nommée hier dans vos bureaux a examiné la proposition déposée par l'honorable M. Albert Grévy, et, à l'unanimité, elle a conclu à son adoption.

« Personne ne pouvait supposer qu'il en fût autrement.

« Depuis bientôt six mois un des grands pouvoirs de l'État a vu son action interrompue, ses résolutions ont été travesties, ses intentions calomniées.

« Avant que la dissolution fût prononcée, on le signalait comme un péril pour l'ordre, pour la société tout entière.

« La période électorale à peine ouverte, on affichait contre lui, sur les murs de toutes les communes de France, les accusations les plus audacieuses, les injures les plus imméritées.

« Pour empêcher la réélection de ses membres républicains, on suspendait l'action des lois, on menaçait les personnes, on saisissait les feuilles publiques, on fermait des établissements, on ruinait des industries, on engageait l'administration, les employés de tous grades, les agents de tous

ordres dans le combat acharné qu'on livrait aux candidatures républicaines. Ceux dont le dévouement semblait douteux étaient révoqués ou suspendus; des congés imposés
sous menace de destitution enlevaient les fonctionnaires à
leur résidence, et avaient pour but de les priver illégalement
du droit de vote.

« On ressuscitait les candidatures officielles sous la forme
la plus scandaleuse qui leur eût été donnée.

« Pendant que les fonctionnaires de tout ordre étaient
transformés illégalement en autant d'agents de la candidature officielle, les candidats républicains voyaient leurs circulaires arrêtées, leurs affiches lacérées, l'intimidation exercée
partout contre leurs partisans; des poursuites de la dernière heure, qui n'étaient trop souvent qu'une manœuvre
électorale, précédaient les fraudes plus graves encore dont
plusieurs de vos bureaux ont eu déjà à connaître dans un
certain nombre de circonscriptions.

« L'organisation administrative tout entière semblait n'être
plus dirigée que dans le but d'imposer au pays un vote contraire à ses volontés.

« Quand des faits aussi graves, Messieurs, sont signalés
de toutes parts, quand ils se sont produits au grand jour;
quand ils ont, durant un long espace de temps, attristé, troublé
profondément toutes les consciences, quand l'indignation
est générale, la Chambre, trompant l'attente du pays, pour-
rait-elle se refuser à l'examen qu'on sollicite d'elle?

« Cela ne nous a pas paru possible, Messieurs; notre premier devoir est de rassurer ceux qui ont été atteints par ces
iniquités; de leur montrer que les pouvoirs publics, que la
Chambre des députés, issue du suffrage universel, veille sur
tous ces graves intérêts; qu'elle est toujours prête à les protéger, à les défendre, qu'elle ne peut permettre de pareils
désordres, de pareilles atteintes à la légalité.

« Sous la restauration, sous la monarchie de juillet, les
Chambres n'ont jamais hésité à user de leur droit constitutionnel, en ordonnant des enquêtes parlementaires, toutes
les fois qu'un grave intérêt sollicitait un examen approfondi
ou que les représentants du pays avaient le devoir de mettre en jeu les responsabilités que la Constitution et les lois
ont établies dans tous les pays libres.

« L'enquête a pour but de faire la lumière; elle cherche,

elle examine, elle est le premier acte comme elle est un élément nécessaire de l'information à laquelle vous devez procéder.

« Il ne nous appartient pas de préjuger les résultats de cette information. Quand l'enquête aura eu lieu et quand vous aurez pris connaissance du rapport qui devra vous être soumis, la Chambre statuera alors sur les mesures à prendre. Elle le fera avec la conscience de sa mission, avec le sentiment des devoirs que le pays lui impose, selon les formes que la Constitution a établies et dont le respect sera toujours la première règle d'une assemblée républicaine.

« Une objection, qui ne nous a pas paru fondée, a été faite par quelques-uns de nos collègues dont les pouvoirs n'ont pas encore été vérifiés. Ils ont paru craindre que la mesure sollicitée n'eût le caractère d'un ajournement indéfini des élections contestées.

« Ces élections seront rapportées dès que l'examen de chacune d'elles aura été fait par vos bureaux. L'enquête n'arrêtera pas cet examen.

« La commission d'enquête y puisera sans doute les éléments du rapport qu'elle aura à nous présenter. C'est là qu'elle trouvera l'indication des fait précis, des violations du droit qui peuvent entraîner de graves responsabilités.

« Mais l'œuvre ne sera pas la même. Le but demeurera différent.

« On pourrait même assurer que les vérifications seront d'autant plus promptes et plus faciles qu'à côté d'elles, qu'après elles, et quel que soit le verdict que vous prononciez, il restera une preuve des moyens employés, une flétrissure des manœuvres pratiquées, des violences exercées, c'est-à-dire une satisfaction morale donnée à la justice et au pays.

« En conséquence, nous avons l'honneur de vous proposer l'adoption de la proposition déposée par M. Albert Grévy. »

M. Baragnon, au nom de la droite, répond à M. Leblond. Il conteste la légalité de l'enquête proposée par M. Albert Grévy. « Votre résolution, dit-il à la gauche, n'est qu'une vaine tentative d'intimidation contre les fonctionnaires et contre tout le parti conservateur. Vous n'êtes pas une Assemblée unique. Vous ne pouvez faire de loi, et, sous la forme de résolution, vous ne pouvez imposer votre volonté à personne qu'à vous-mêmes. La Convention était souveraine, cette Chambre ne l'est pas. Le plus modeste des gardes champêtres ne serait pas tenu d'obéir à votre résolution. Quand un huissier se présente à nous, au nom de la loi, nos portes s'ouvrent, car ce modeste fonctionnaire a un caractère sacré : vos commissaires ne l'auraient pas.

« Non, vos commissaires ne seront rien, et moi, usant de mon droit, j'invite mes concitoyens à vous désobéir. »

M. GAMBETTA. — « Nous verrons si vous ne viendrez pas, vous, devant la commission ! »

M. Léon Renault soutient, au nom des gauches, la parfaite légalité de la proposition préparée par le comité des Dix-Huit :

« Le mode de procéder que nous soumettons à votre examen est-il régulier? C'est cette question de procédure qui a été soulevée par les observations que vous avez entendues et qui a rempli presque entièrement le discours de M. Baragnon. Si l'honorable M. Baragnon veut se reporter par la pensée au régime de la Restauration, s'il veut examiner ce qui s'est passé en 1828, il apprendra qu'à la suite de la chute du ministère Villèle, sur la proposition de plusieurs de ses membres, la Chambre des députés nomma une commission d'enquête chargée de réunir tous les éléments qui lui étaient nécessaires pour pouvoir apprécier s'il y avait, ou non, lieu d'introduire contre le ministère Villèle une procédure d'accusation. Personne n'a jamais imaginé de prétendre que cette Chambre sortait des limites de ses attributions. L'origine de ce droit de nommer des commissions d'enquête parlementaire est, d'une part, dans le droit de mettre en accusation les ministres ; d'autre part, dans le droit qu'a la Chambre d'apprécier les conditions dans lesquelles se sont faites les élections qu'elle a à valider ou à invalider...

« Maintenant, je dois vous donner les raisons prises dans le fond même des choses qui m'ont déterminé à signer le projet de résolution qui a été déposé sur le bureau de l'Assemblée.

« La première de ces raisons est celle-ci : Il ne faut pas que le pays voie se reculer indéfiniment l'heure de la justice et de la réparation.

« Il y avait une autre raison, et celle-là j'estime que vous

auriez mauvaise grâce à me reprocher d'y avoir été sensible.
Je suis de ceux qui pensent que, malgré tout ce que la candidature officielle a pu faire pour troubler, pour altérer la
signification véritable de la manifestation électorale à laquelle le pays avait été convié, il y a cependant des candidatures officielles qui, quels qu'aient été les abus qui se
sont produits à leur occasion, ont été cependant l'expression
sincère de la volonté du suffrage universel.

« Que fera, Messieurs, cette commission d'enquête ?

« Au fur et à mesure que des rapports électoraux seront
apportés devant la Chambre, au fur et à mesure que des
validations ou des invalidations auront été prononcées, si
les faits relevés par les rapports paraissent engager des responsabilités, les dossiers des élections jugées par la Chambre seront remis à la commission d'enquête. Cette Commission d'enquête viendra ensuite proposer à la Chambre
toutes les résolutions qu'elle peut prendre dans la limite de
ses pouvoirs, ou provoquer en vertu de son droit.

« A quoi aurait-il servi d'interpeller le cabinet sur la politique électorale qu'il a suivie depuis le jour où la dissolution a été prononcée. Pourrait-on trouver une formule
d'ordre du jour plus pressante, plus énergique, plus décisive au point de vue parlementaire, que la formule qui a
été adoptée et votée le 19 juin dernier? »

M. Léon Renault attaque, dans le détail de leurs actes
politiques, les ministres du 17 mai :

« Comment ont-ils procédé? Ils ont commencé par la
révocation d'une quantité énorme de préfets, de sous-préfets, de secrétaires généraux. On a assisté à ce spectacle
singulier de voir se promener à travers tous nos départements des fonctionnaires de la République, prêchant ouvertement, non pas le renversement des institutions républicaines, mais la nomination de députés qui professaient de
la façon la plus nette et la plus positive l'aversion, l'horreur
des institutions républicaines. Et on a exclu, chassé une
foule de fonctionnaires absolument étrangers à la politique,
qui s'imaginaient qu'ils ne seraient jamais exposés à être
touchés par aucun de ses coups, ni appelés à aucune de ses
faveurs.

« Quand j'indique les mesures auxquelles on a eu recours,
il est bien entendu que j'excepte Paris. Il y a longtemps

que Paul-Louis Courier a dit avec beaucoup d'esprit : « Il n'y a de lois qu'à Paris. »

« On a ouvert, dis-je, dans tous les services publics, dans le service des ponts et chaussées, dans les services rattachés à l'instruction publique, au ministère des finances, des enquêtes sur l'opinion des fonctionnaires.

« M. PARIS, *ministre des travaux publics*. — C'est parfaitement inexact pour les ponts et chaussées.

« M. LÉON RENAULT. — M. le ministre des travaux publics a été le seul à opposer une dénégation. Le *Journal officiel* est rempli de révocations et de déplacements de juges de paix, et j'avoue que si M. le ministre de la justice vient dire, à cette tribune, que pas un de ces changements n'a été déterminé par des considérations politiques, réclamé par un candidat agréable, ou indiqué par un préfet ou un sous-préfet, j'éprouverai la plus grande stupéfaction que j'aie eue dans ma vie.

« Je n'ai pas le dénombrement de tous les maires qui ont été révoqués ou suspendus, mais il y en a bien peu, dans les circonscriptions où on croyait la victoire possible, auxquels on n'ait pas fait payer l'indépendance par la révocation. Il y a eu là des actes inexcusables. Que penser de la révocation du vice-président du Sénat, M. le comte Rampon? Il a été destitué, savez-vous pourquoi? Le préfet de l'Ardèche le lui a indiqué dans une lettre. Il lui a dit qu'il ne contestait pas la façon admirable dont il administrait sa commune; mais que, par les opinions qu'il émettait et les relations qu'il avait, il était facile de voir qu'il était favorable à la réélection des '363, et qu'en conséquence l'administration avait le devoir de le frapper, lui l'élu du suffrage universel, l'élu du Sénat, qui en a fait son vice-président.

« Est-ce que j'exagère quand je dis qu'on a employé la calomnie comme un instrument principal de gouvernement pour arriver à fausser la sincérité du suffrage universel? Comment! il y avait une publication officielle qui s'appelait le *Bulletin des communes*. Je n'extrairai de ce *Bulletin des communes* que ce passage que vous avez vu partout, qui a été placardé sur tous les murs de toutes les communes de France :

« Les partisans de la Commune, les complices des incendiaires et des scélérats de 1871, que le maréchal a vaincus et écrasés dans les rues de Paris, n'étaient pas à cette grande fête militaire (la revue). » On n'y voyait non plus aucun des 363 anciens députés radicaux qui ont pour programme de désorganiser et de supprimer l'armée... »

« Voilà, Messieurs, ce que j'appelais la campagne des calomnies dirigées contre les candidats républicains. Elle a été organisée partout. C'est aux frais du Trésor public qu'on a répandu d'innombrables publications destinées à faire pénétrer partout de fausses interprétations de ce qu'avaient été la pensée, le but et les actes de l'ancienne Chambre des députés.

« Par contre, Messieurs, on interdisait tous les journaux républicains, on leur retirait le droit de colportage, le droit de vente sur la voie publique, en même temps qu'on prodiguait les permissions de colportage à tous ceux qui servaient la politique gouvernementale.

« S'est-on contenté d'user des seuls moyens administratifs? Non. On a fait des procès de presse comme jamais on n'en avait fait sous aucun régime. Les ministres ont imaginé, s'appuyant sans doute sur des dispositions empruntées aux lois de la Chine, de déférer à la justice, comme ayant le caractère d'offenses au chef de l'État, ce qui n'était que de simples critiques portant sur les choix du président. Ils ont fait poursuivre tous les journaux, même les plus modérés, surtout les plus modérés.

« Notre législation isole absolument l'Église de la politique. Cependant il est certain que, dans la dernière lutte électorale, il y a eu une intervention manifeste, déclarée de l'Église.

« Il s'est produit, au cours de la lutte électorale, un fait que je regarde, en ce qui me concerne, comme infiniment plus grave : M. le président de la République a été tiré par les ministres de la situation qui lui était faite par les lois.

« Qu'ont fait les ministres? Ils ont fait de M. le maréchal de Mac-Mahon, — et je demande pardon à la Chambre d'employer cette expression, je n'y attache aucun sens qui s'écarte du respect, — une sorte de protecteur, de patron de toutes les candidatures qu'ils voulaient faire réussir dans les divers arrondissements.

« Ils ont amené M. le maréchal de Mac-Mahon à intervenir par des voyages, par des recommandations, par des manifestes adressés au pays; ils l'ont amené à descendre dans la lutte, dans l'arène des partis.

« Ils ont été plus loin. Au dernier moment, ils ont imaginé, dans chaque circonscription, de faire présenter un candidat auquel ils ont donné la qualification de candidat du gouvernement du maréchal de Mac-Mahon, et ils ont affiché le nom de ce candidat sur du papier blanc, comme si c'était un acte officiel.

« Est-ce que vous croyez que la situation où vous avez amené le maréchal de Mac-Mahon aujourd'hui est une situation meilleure pour lui, meilleure pour le pays, que celle qu'il avait à la veille du 16 mai ou au moment de la dissolution? Est-ce que vous vous figurez qu'après avoir appelé le maréchal de Mac-Mahon, par une belle expression, un soldat légal, vous lui avez rendu service en lui créant une situation telle qu'il semble que les voies légales se dérobent sous ses pas? »

M. Léon Renault termine son discours en ces termes, que la majorité couvre d'applaudissements.

« On a beaucoup parlé des entreprises de la dernière Chambre en matière de budget. Vous savez si elle avait usurpé en matière de budget, elle qui avait consenti à reconnaître au Sénat des droits égaux aux siens. Mais enfin, on a beaucoup parlé des dangers que l'esprit d'innovation prétendu de la dernière Chambre pouvait faire courir aux finances du pays. Le ministère en est arrivé aujourd'hui à nous faire distribuer, — car je ne présume pas que ce soit du ciel que nous viennent les brochures qu'on nous envoie tous les jours — des brochures qui indiquent comment en Prusse on a pu, pendant quatre années, gouverner sans budget.

« Ce qui est dangereux pour les intérêts conservateurs, c'est ce funeste esprit de résistance, cette haine de la liberté, cette défiance des progrès nécessaires qu'incarne et résume le cabinet devant lequel nous nous trouvons.

« Le grief que la France doit avoir contre lui, — entendez-le bien, — c'est qu'il a placé le pays dans une situation telle qu'il n'y a plus aujourd'hui un intérêt conservateur, une idée conservatrice, qui ne se sentent menacés et compromis par lui et à cause de lui. »

SÉANCE DU 14 NOVEMBRE.

M. de Fourtou prend la parole au nom du cabinet. Il cherche à justifier les candidatures officielles et annonce que le gouvernement ne cédera pas, qu'il restera « au poste de salut où la Constitution l'a placé ». Il s'oppose vivement à l'enquête. « Oui, dit le ministre de l'intérieur, il y a eu pression intimidation, violence, mais pas par nous.

« Vous aviez dit : Nous reviendrons 400 et hier encore, M. Léon Renault s'étonnait que le pays eût pu rompre le lien dont il était enveloppé. Eh bien! moi, je retourne l'argument : N'oubliez pas que vous avez perdu 50 sièges; car, à votre langage, on croirait que vous oubliez que vous êtes les vaincus, et, pour que ce résultat ait pu se produire, après vos violences, il faut que nous ayons rencontré dans le pays un courant d'approbation bien réel.

« Ne vous hâtez donc pas trop de dire que vous êtes les souverains et ne pressez pas vos revendications.

« Regardez la répartition des chiffres électoraux : vous avez eu 4,300,000 suffrages, nous en avons eu 3,600,000.

« On peut donc dire que la presque unanimité de la nation veut le maintien d'un gouvernement d'ordre, de paix, de stabilité, sous l'égide du nom glorieux qui est plus que jamais la sauvegarde de ses intérêts et de son avenir, et auquel la France entière demande, à l'heure qu'il est, de rester, sans provocation, sans compromission, sans soumission à personne et sans démission pour personne, au poste de salut social où la Constitution l'a placé, où il est et où il restera. »

M. Jules Ferry répond à M. de Fourtou pour condamner dans les termes les plus énergiques les « méfaits électoraux » du cabinet du 17 mai et le « langage factieux » que l'on a fait tenir au maréchal de Mac-Mahon. Il dresse, contre le duc de Broglie et ses collègues, un véritable acte d'accusation.

« Messieurs, dans les feuilles qui vous soutiennent, que vous faites ou que vous patronnez, nous lisons tous les jours, depuis quelque temps, des appels impudents et coupables à la force, au coup d'État. Ces appels au coup d'État, ai-je besoin de le dire? la vigilance des parquets de M. le duc de Broglie les voit passer sans sourciller, alors qu'elle

ramasse jusqu'à la plus petite apparence de délit dans nos
circulaires électorales. Eh bien, Messieurs, savez-vous où
est le coup d'État, le vrai coup d'État, et sous quelle forme
il peut se produire? Le vrai coup d'État, c'est cette seconde
dissolution dont vous nous menacez à mots couverts. La
France ne subira, je le répète, ni coup d'État à ciel ouvert,
ni coup d'État hypocrite et détourné. Elle ne le subira pas,
parce qu'elle est souveraine.

« Depuis six ans, il s'est fait — ne l'avez-vous pas remarqué? — il s'est fait dans les habitudes, dans le tempérament,
dans l'esprit de la démocratie française, une transformation
profonde, profonde autant qu'heureuse. Cette démocratie
nous l'avons tous connue, à une autre époque, révolutionnaire; elle est devenue politique, essentiellement politique.
Autrefois elle était trop facilement portée à remettre aux
conflits et aux hasards de la force la solution des difficultés
intérieures. Maintenant cette démocratie française ne croit
plus qu'au droit, qu'au suffrage universel, aux bulletins de
vote.

« Depuis six mois, vous l'avez tenue sous une pression
sans exemple, vous l'avez atteinte dans ses droits les plus
essentiels, dans sa liberté électorale, vous l'avez frappée
dans ses intérêts. Oui, pour le service de votre politique,
vous avez amené une situation économique qui se traduira,
si elle dure quelques semaines encore, par cent mille ouvriers jetés sur le pavé. Malgré cette odieuse persécution,
malgré ce système détestable et provocant des vexations
électorales le peuple de France a eu une telle attitude qu'il
a arraché un cri d'admiration, il y a quelques semaines à
peine, à un grand homme d'État d'Angleterre...

« Ah! Messieurs, prenez garde! prenez garde que vous
avez affaire à une démocratie sage, sans doute, mais à une
démocratie qui a du sang dans les veines..... Et au moment
où elle pense et où elle a le droit de penser que sa volonté,
exprimée par les voies légales, sera obéie, vous allez vous
insurger contre elle et la menacer d'une seconde dissolution!

« Je le répète, et je m'adresse à des hommes d'État, à
des hommes politiques, à des citoyens : Prenez garde à ce
que vous allez faire! »

Le duc de Broglie répond à M. Jules Ferry. Il rejette sur le parti républicain le reproche de pression électorale. Il s'oppose à l'enquête :

« Auxiliaires et conseillers de M. le maréchal de Mac-Mahon pendant la lutte électorale, dit M. de Broglie, quand cette lutte a été terminée, nous lui avons offert nos démissions ; il nous a priés de les reprendre pour venir débattre nos actes devant vous, et pour répondre aux attaques que ces actes avaient suscitées.

« Quand ce double devoir sera rempli, que fera M. le président de la République? Je l'ignore, et ne veux lui enlever en rien sa liberté d'action. Vous avez entendu depuis deux jours qu'on lui proposait, suivant la règle parlementaire, de prendre un ministère dans la majorité de cette Assemblée. Mais si cette majorité est formée d'hommes qui, unis seulement pour livrer l'assaut au pouvoir, n'ont pas une vue pareille, s'il en est ainsi, la boussole parlementaire est singulièrement indécise, et on peut excuser M. le président de la République de chercher ailleurs ses inspirations.

« Quoi qu'il en soit, c'est l'affaire de M. le président de la République et non pas la nôtre. Nous avons à discuter le projet d'enquête qui vous est soumis. J'ai dit, en paraissant pour la première fois à cette tribune, que j'acceptais volontiers la discussion. J'ai donc besoin de faire comprendre pourquoi je n'accepte pas l'enquête que vous proposez à la Chambre.

« Soyez de bonne foi : ce que vous nous proposez c'est la préface d'une mise en accusation du ministère, pourquoi s'arrêter à cette préface et ne pas passer tout de suite au livre lui-même? C'est un principe de droit criminel que ce n'est pas celui qui accuse qui fait l'information ; la part serait trop belle pour l'accusateur. Est-ce cela dont vous ne voulez pas? Est-ce le corps qui ferait l'enquête à votre place dont vous suspectez les sentiments? Voulez-vous commencer par une enquête faite entre vous, par vos amis, par les témoins que vous choisirez? Voulez-vous commencer par réunir des faits que personne ne contrôlera et qui élèveraient devant les yeux du public une nuée si épaisse d'erreurs et de calomnies, qu'ensuite la vérité elle-même et la justice auraient peine à la percer! »

Le duc de Broglie présente un tableau des progrès du radicalisme et du parti révolutionnaire. Il condamne l'alliance de toutes les gauches contre le cabinet du 17 mai.

« Nous faisons la première épreuve qui ait été tentée dans le monde d'une République avec un chef inviolable et irresponsable à sa tête; on n'en trouverait pas un autre exemple, car, en réalité, cela est contraire au fond, à l'idée même de la République. Mais on me permettra de rappeler qu'à l'Assemblée nationale, au moment de discuter la fondation de la République, avant que l'article même fût en discussion, j'ai appelé l'attention de l'Assemblée sur les difficultés de son application. Eh bien, Messieurs, ce que je disais alors est précisément ce qui est arrivé. Tant qu'il ne s'est agi que de différends politiques entre les partis, je ne crois pas qu'on ait trouvé un chef d'État plus conciliant, plus large, plus tolérant que M. le maréchal de Mac-Mahon. Il ne s'est arrêté que le jour où il a pensé qu'on l'entraînait sur la pente du radicalisme; c'est ce jour-là qu'il s'est arrêté, c'est ce jour-là qu'il a fait l'acte du 16 mai et qu'il a averti la France. Il a usé, ce jour-là, de son droit parfaitement constitutionnel, car il y a là un droit qui, dans tout gouvernement parlementaire, ne peut appartenir qu'au chef du gouvernement lui-même, celui de changer ses ministres. Il est impossible de rendre responsables de l'exercice de ce droit les ministres qu'il renvoie pas plus que le ministère qu'il appelle. C'est donc essentiellement un acte personnel.

« Tous les actes qui ont été faits depuis, nous en prenons la responsabilité tout entière; celui-là seulement est à son compte. Tous les autres, nous en prenons la responsabilité, et tous les genres de responsabilité : la responsabilité morale devant l'histoire, la responsabilité politique devant les pouvoirs publics; nous en prenons la responsabilité pénale s'il le faut.

« Et maintenant, avons-nous mis dans sa bouche des paroles inconstitutionnelles? Qu'avons-nous dit? Qu'il protégerait ses fonctionnaires. Est-ce que la nomination des fonctionnaires ne lui appartient pas de par la Constitution? Qu'il défendrait les intérêts conservateurs avec l'appui du Sénat?

Est-ce que le Sénat n'a pas été précisément constitué pour défendre les intérêts conservateurs, quand ils pourraient être menacés par la Chambre populaire? Qu'il ne se démettrait pas. Est-ce que vous avez le droit de proclamer sa déchéance? Où sont donc nos crimes et nos attentats contre la Constitution. »

Le duc de Broglie termine son discours en accusant le parti républicain d'avoir fait intervenir dans la lutte électorale la crainte de la guerre, la crainte de l'étranger. Il dit que l'effort constant des 363 a été d'inquiéter l'étranger sur les dispositions de la France pour pouvoir ensuite intimider la France par la menace de l'étranger.

« Oui, cette calomnie s'est répandue, malgré tous les moyens légaux que j'ai employés; elle a déterminé à la dernière heure le succès des élections. Vous avez réussi à précipiter vers le scrutin des masses épeurées, alarmées.....

« M. GAMBETTA. — Vous injuriez la France, Monsieur! (Applaudissements prolongés à gauche et au centre.)

« A droite. — Non! non! — Très bien! très bien!

« M. LE PRÉSIDENT. — Monsieur Gambetta, vous devez d'autant moins interrompre que vous avez demandé la parole.

« M. LE PRÉSIDENT DU CONSEIL. — Vous avez réussi à entraîner des masses alarmées pour leurs intérêts les plus chers de sécurité et de famille. Vous êtes arrivés, à ce prix, au succès imparfait que vous avez obtenu. (Très bien! très bien! à droite.)

« Je ne sais pas si c'est cela qu'on a appelé l'autre jour l'émancipation et la virilité du suffrage universel; ce que je sais, c'est qu'il y a 3,000,000 Français qui n'ont pas cédé à cet égarement, et qui sont heureux de trouver encore debout des pouvoirs qui y étaient, comme eux, restés étrangers... (Approbation à droite) et qui restent pour les protéger contre le despotisme d'une Convention nouvelle. (Bravos à droite.)

« Et maintenant, faites ou ne faites pas votre enquête, appelez ou n'appelez pas vos témoins intéressés! Comme gouvernement, nous protestons, au nom de la loi; comme citoyens, nous nous inscrivons en faux devant l'équité de l'histoire et la justice du pays. » (Bravos et applaudissements prolongés à droite. — M. le président du conseil, en reprenant son siége au banc des ministres, est vivement félicité par un grand nombre de membres de la droite, et les applaudissements *redoublent de ce côté. — En même temps, plusieurs membres de la gauche se lèvent et applaudissent ironiquement.)*

M. Gambetta monte à la tribune.

M. GAMBETTA. — Si jamais la proposition qui est en délibération devant la Chambre a rencontré des arguments décisifs en sa faveur, c'est, à coup sûr, dans le très habile, dans le très perfide discours que vous venez d'entendre. En effet, le politique expérimenté qui descend de cette tribune vient de jeter sur la situation la lumière la plus vive et, en l'exposant devant vous avec ces formes de langage étudiées, quelque peu énigmatiques et dédaigneuses, il vous a fait sentir toute l'opiniâtreté de la résistance d'une certaine politique contre les décisions du pays, contre la volonté la plus formelle, la plus énergique, manifestée par la nation de se débarrasser enfin de ces procédés, de ces intrigues, de ces combinaisons, de ces coalitions misérables qui, depuis sept ans, n'ont qu'un but : disputer à la France le gouvernement qu'elle veut se donner. *(Applaudissements à gauche et au centre.)*

Si jamais la nécessité de l'enquête demandée par M. Albert Grévy et ses amis a été démontrée, n'est-ce pas au moment où l'orateur auquel j'ai l'honneur de répondre vient d'épuiser toutes les ressources de sa diplomatie à établir, au sujet du scrutin du mois d'octobre 1877, le même sophisme qu'il s'est appliqué à établir après le scrutin de 1876? Et quel était ce sophisme? C'est que si la France s'était prononcée pour la République en février 1876, c'est parce qu'on avait abusé du nom du maréchal de Mac-Mahon. Et aujourd'hui que dit-on? On dit que si la France a renouvelé cette affirmation, cette majorité n'est entrée ici que poussée par un sentiment de terreur du pays en proie aux craintes de la guerre. Voilà le système! *(Applaudissements à gauche et au centre.)*

Mais, de même que nous avons pu saisir sur le fait

les artifices de cette politique qui, après quinze mois
de stratégie parlementaire autour du pouvoir, a conduit le maréchal à faire le 16 mai, en réussissant à lui
persuader que c'était seulement parce qu'on avait abusé
de son nom, qu'on s'était couvert de son prestige,
qu'on avait exploité sa renommée devant les populations, que vous aviez pu vous asseoir sur ces bancs
comme une majorité victorieuse, — de même aujour-
d'hui, Messieurs, après la victoire électorale la plus
décisive, la plus triomphante, à raison même des menées auxquelles vous vous êtes livrés, qu'il ait été donné
à ce pays de remporter, et, comme il ne serait plus de
mise à l'heure actuelle de soutenir que le nom du maréchal a pesé dans le scrutin, vous cherchez une autre
équivoque, d'autres combinaisons, un autre mensonge,
et vous cherchez à faire croire que c'est la peur de la
guerre qui nous a amenés ici. (*Applaudissements à gauche et au centre.*)

Eh bien! il est peut-être temps aujourd'hui de dire
pour tout le monde, pour la minorité, pour la majorité,
pour le pays, pour le Sénat, pour le pouvoir lui-même,
que cet artifice n'est pas plus sérieux que le premier,
que ce calcul n'est pas plus loyal que le premier...
(*Exclamations à droite. — Applaudissements à gauche et
au centre.*)... — et que s'il amenait une seconde dissolution, sur le caractère délictueux de laquelle on appelait
hier votre attention, il aurait le même caractère et pro-
duirait les mêmes résultats pour la conscience nationale. (*Bravos à gauche et au centre.*)

Mais, Messieurs, est-ce que je vais m'attarder, à mon
tour, à discuter ces fictions si ingénieuses, si artiste-
ment préparées et ciselées qu'elles soient? Je ne connais qu'une chose : aller droit au fond des questions.
Eh bien, quelle est la vérité? La voici : au 16 mai, une
minorité a pris le pouvoir, s'est présentée devant le
pays, et, affirmant une certaine politique, elle a fait du
chef de l'État, qui était irresponsable par la Constitu-

tion, non-seulement un candidat, mais le grand électeur du pays; elle l'a jeté dans l'arène électorale, au
grand détriment de la situation et de la paix publique,
ajoutant ainsi aux obstacles que vous accumulez comme
des téméraires, comme des insensés, sur les pas de la
patrie. (*Applaudissements prolongés à gauche et au centre.*)

Vous avez, comme minorité, et je ne conteste pas
ce droit, confisqué le pouvoir; comme minorité, vous
vous êtes réclamés du pays; comme minorité qui avait
l'espoir que la France, que le suffrage universel rati-
fieraient votre prise de possession du pouvoir, vous êtes
allés devant la Chambre sénatoriale et, là, vous avez
arraché, vous savez avec quelles difficultés, vous savez
à l'aide de quels artifices, vous savez au milieu de
quelles angoisses et de quels regrets aujourd'hui... (*Rumeurs à droite. — Très bien! très bien! à gauche*), vous
avez arraché un vote dont vous avez largement exploité
le bénéfice pendant cinq mois, fermant la bouche à vos
adversaires... (*Dénégations à droite. — Oui! oui! c'est
vrai! à gauche.*) pendant cinq mois interdisant, de Dunkerque à Marseille, et de Bayonne à ce qu'il nous reste
de la frontière des Vosges, la circulation de tous les
écrits, de tous les journaux, de toutes les polémiques.
Vous avez eu la prétention de parler seuls à ce pays
par des affiches sur tous les murs de France, par des
brochures infâmes, par des distributions de journaux
subventionnés. Et où avez-vous pris tout l'argent nécessaire pour faire cette propagande? (*Exclamations
et cris: à l'ordre! à droite. — Applaudissements à gauche.*)

Je dis que vous, minorité, vous avez fait des efforts
désespérés sur les fonctionnaires, sur les asservis, sur
les assujettis de l'administration; je dis que vous avez
poussé le clergé dans l'urne électorale... (*Protestations
et dénégations à droite. — Très bien! très bien! et applaudissements à gauche.*)

Avez-vous oublié, Messieurs, les mandements de
Nosseigneurs les évêques, les brefs d'indulgences, les

prières publiques, les *triduums* auxquels on avait
convoqué le ban et l'arrière-ban des fidèles, véritable
levée de boucliers de la milice cléricale? Avez-vous
oublié cette ardeur qui précipitait dans chaque chaire
de France, non pas un ministre de la parole de Dieu,
mais un ministre de la parole ministérielle, transformant ainsi ce qu'il y avait de plus sacré en un moyen
électoral au bénéfice de l'entreprise du 16 mai? (*Marques d'approbation à gauche.*) J'ajoute que comme minorité ayant dans les mains toutes les ressources de
l'État, pouvant disposer de toutes les forces sociales,
politiques et administratives de ce pays, lançant sur
ces masses populaires que vous regardiez tout à l'heure
comme incapables de dignité, de fermeté et de résistance, l'ensemble de tous vos agents, vous êtes arrivés à ce résultat dont on a bien le droit de glorifier la
France, en admirant le superbe héroïsme qu'elle a
déployé pour vous résister, vous êtes arrivés à gagner
quarante sièges par le vol et la fraude... (*Bruyantes
exclamations et protestations à droite. — Applaudissements
répétés à gauche.*)

C'est ce que l'enquête établira... (*Interruptions et nouvelles protestations à droite.*)

M. PAUL DE CASSAGNAC. — Retirez le mot de vol!

M. GAMBETTA. — Je n'ai pas d'ordre à recevoir de
vous. (*Très bien! très bien! à gauche.*)

M. PAUL DE CASSAGNAC. — Vous en recevrez de la
Chambre!

M. LE MARQUIS DE BILLIOTTI. — Nous ne sommes pas
des voleurs!

M. LE PRÉSIDENT. — Laissez l'orateur s'expliquer.

M. GAMBETTA. — C'est peut-être un député de Vaucluse qui m'interrompt? (*Applaudissements à gauche.*)

M. LE MARQUIS DE BILLIOTTI. — Oui! c'est un député
de Vaucluse qui vous interrompt, et qui proteste contre
vos expressions qui sont une injure pour les électeurs
de l'arrondissement d'Orange!

M. LE COMTE DU DEMAINE. — Nous prouverons de quel côté ont été le vol et la fraude!

M. BARCILON. — Monsieur Gambetta, je vous interromps, et j'y suis autorisé par ma qualité de député de Vaucluse : je vous le prouverai quand viendra la discussion sur mon élection.

M. GAMBETTA. — Monsieur Barcilon, l'enquête en décidera.

M. CUNÉO D'ORNANO. — Les expressions dont se sert l'orateur sont intolérables! Est-ce qu'il se croit encore au café Procope ou dans les bouges qu'il fréquentait autrefois?

M. GAMBETTA. — Monsieur Cunéo d'Ornano, allez soigner le chenil où vous préparez votre patée de républicains! (*Applaudissements à gauche.*)

Plusieurs membres à droite. — A l'ordre! à l'ordre! l'orateur!

M. CUNÉO D'ORNANO descend dans l'hémicycle et, se plaçant au pied de la tribune, adresse à l'orateur des interpellations qui se perdent dans le bruit.

A gauche et au centre gauche. — A l'ordre! à l'ordre! l'interrupteur!

M. CUNÉO D'ORNANO. — Je demande la parole, Monsieur le président.

M. LE PRÉSIDENT. — Je ne puis interrompre l'orateur qui est à la tribune pour vous permettre d'y monter; je vous donnerai la parole plus tard, si vous persistez à la demander.

La parole est à M. Gambetta pour s'expliquer.

M. GAMBETTA. — J'ai prononcé un mot que M. le président m'invite à retirer ou à expliquer : j'aime mieux le retirer, car il est prématuré, mais vous aurez, quand l'enquête aura fonctionné, la preuve de ce que j'avance. (*Vives exclamations a droite.*)

MM. DE LA ROCHEFOUCAULD, DUC DE BISACCIA, DE BAUDRY D'ASSON et *autres membres.* — Elle n'aura pas lieu, votre enquête! (*Bruit.*)

M. PAUL DE CASSAGNAC. — Que l'orateur retire le mot injurieux qu'il a prononcé!

M. LE BARON DUFOUR. — Qu'il commence par rendre ses comptes! Il faut rendre ses comptes avant d'avoir le droit de traiter les autres de voleurs! (*Applaudissements à droite.*)

M. GAMBETTA. — Mes comptes sont rendus, Monsieur!...

A *droite.* — Non! non!

A *gauche.* — Si! si!

M. GAMBETTA. — Je les ai rendus...

A *gauche.* — Ne répondez pas, ce n'est pas la peine!

M. GAMBETTA. — ... Et je les ai si bien rendus, que je défie vos ministres et vos protecteurs de me faire un procès en reddition de comptes. (*Applaudissements à gauche.*)

M. PAUL DE CASSAGNAC. — M. Gambetta a-t-il retiré le mot qu'il a prononcé, Monsieur le président?

M. LE PRÉSIDENT. — Le mot a été retiré purement et simplement.

M. GAMBETTA. — Oui, je l'ai retiré purement et simplement.

M. BARCILON. — Ce n'est pas là une rétractation suffisante!

M. LE PRÉSIDENT. — Messieurs, je vous engage à faire silence.

M. GAMBETTA. — Je disais, Messieurs, que la minorité qui s'est emparée du pouvoir, le 16 mai, avait usé et abusé de toutes les ressources dont dispose le pouvoir central dans ce pays pour forcer la France à se démentir: que ce démenti n'était pas venu et que, bien au contraire, la France, affirmant une fois de plus sa volonté énergique de défendre et développer les institutions républicaines, a voulu y ajouter quelque chose de plus, la condamnation nette et précise de la politique personnelle, la condamnation nette et précise de la persistance et de l'obstination d'hommes qui ne sont pas républicains, mais les adversaires du parti et des intérêts républicains, à se perpétuer au pouvoir, à enlacer le chef de l'État, à l'égarer en lui rappelant sans cesse de prétendus engagements, dont on ne vous a jamais révélé ni l'existence, ni le texte, ni surtout la légitimité... (*Applaudissements à gauche*) à exploiter, contre la volonté de la nation, je ne sais quel fantôme de péril social, de doctrines radicales, de doctrines socialistes, d'hypothèses chimériques, dont on ne trouve le détail et la rédaction que dans les feuilles stipendiées et sous la plume des écrivains du ministre de l'intérieur. (*Nouveaux applaudissements à gauche.*)

N'est-ce pas la vérité, Messieurs? N'avons-nous pas vu répandre dans toutes nos communes, afficher sur les murs...

A droite. — Ah! voilà!

M. GAMBETTA. — Comment nommerai-je ce dégoûtant pamphlet, comment le qualifierai-je, ce pamphlet immonde? (*Vifs applaudissements à gauche. — Protestations à droite.*) Oui, immonde!... qu'on couvre et qu'on défend devant les tribunaux, et qu'on passe sous silence ici, parce qu'on ne saurait supporter l'explosion de l'indignation de la Chambre tout entière, car vous vous associeriez tous, Messieurs, à cette indignation, comprenant qu'il s'agit de protéger l'indépendance et la dignité des membres de cette assemblée, quels qu'ils soient?

Ah! il faisait beau, tout à l'heure, entendre M. le duc de Broglie déplorer, avec une voix dont les larmes épuisaient presque la vigueur, qu'on l'eût insulté dans son honneur, qu'on se fût attaqué, dans les polémiques, non seulement à l'homme politique, mais à l'homme privé, qu'on eût répandu sur lui et sur d'autres grands personnages de l'État je ne sais quelles accusations injustes, diffamatoires et calomnieuses!

Il avait bien raison, mais le souci de sa propre dignité n'aurait pas dû, dans la campagne électorale, lui faire perdre de vue qu'un gouvernement qui se respecte doit commencer par respecter ses adversaires... (*Assentiment à gauche et au centre gauche*), qu'un gouvernement qui a souci d'être un gouvernement conservateur — et nous sommes aussi bien que vous des conservateurs... (*Vifs applaudissements sur les mêmes bancs*) — ne doit jamais s'abaisser jusqu'à faire des fonctionnaires, jusqu'à faire de la presse gouvernementale, jusqu'à faire de l'Imprimerie nationale des instruments de diffamation et de calomnie publiques.

A gauche et au centre gauche. — Très bien ! très bien !

M. GAMBETTA. — Voilà ce qu'il aurait dû penser.

Messieurs, je ne veux pas parler de moi : je sais que le moi est haïssable ; mais, devant la commission d'enquête, je me réserve de faire traîner le tombereau des pamphlets infâmes qu'on a répandus sur mon compte dans toutes les circonscriptions de France. (*Approbation à gauche et au centre gauche.*)

Vous remarquerez que tous ces écrits ont été approuvés, publiés, estampillés par l'autorité; vous verrez les uns me représenter, dans les départements de l'Est, comme un agent prussien et un serviteur passif et inerte de l'ambition étrangère; les autres me représenter, dans les départements de l'Ouest, comme l'homme de la guerre à outrance et du camp de Conlie... (*Bruit à droite.*)

Quelques voix à droite. — C'est vrai !

M. GAMBETTA. — Ah! Messieurs, vous en êtes là, lorsque je vous fais saisir la contradiction qui existe dans ces infamies, vous en êtes là de ne pas me prêter votre attention et de vous laisser aller à des marques d'adhésion qui pourraient vous déshonorer si elles étaient sincères ! (*Applaudissements à gauche et au centre gauche. — Rumeurs à droite.*)

M. PAUL DE CASSAGNAC. — Comment! si elles étaient sincères? Monsieur le président, nous ne pouvons pas tolérer un pareil langage.

M. LE PRÉSIDENT. — Vous ne savez donc rien tolérer des autres, monsieur ?

M. PAUL DE CASSAGNAC. — Cela n'est pas tolérable! Réprimez-le, Monsieur le président, ou nous userons de représailles !

M. GAMBETTA. — Et croyez-vous qu'elle soit bien sincère et bien loyale, cette politique au moyen de laquelle on étale sur tous les murs de la dernière commune de France des affiches qui me représentent, moi, comme l'antagoniste du maréchal de Mac-Mahon, classant sous une épithète alternative les candidats officiels et les candidats républicains, les uns dévoués au maréchal, les autres à Gambetta. Ce sont là des procédés puérils et révoltants, puérils parce qu'ils indiquent la pauvre idée que vous vous faites d'un homme d'honneur et d'un homme politique, révoltants parce qu'ils donnent la triste mesure de ce dont vous êtes capables vous-mêmes. (*Vifs applaudissements au centre gauche et à gauche.*)

Oh! Messieurs, loin de moi la pensée de jamais me prévaloir de cette sorte d'exaltation besogneuse qui a été faite de ma propre personne par des adversaires déclarés! Non, non, un tel plébiscite ne pouvait pas se faire! Je n'en réclamerai ni l'honneur ni l'indignité. Républicain avant tout, je sers mon parti non pas pour l'asservir ou le compromettre, mais pour faire prévaloir, dans la mesure de mes forces, de mon travail et de mon intelligence, ses idées, ses aspirations et ses droits! (*Les membres de tout le côté gauche et du centre gauche de la Chambre se lèvent et accueillent les dernières paroles de l'orateur par plusieurs salves d'applaudissements.*)

Parmi les collègues que nous avons perdus, que nous avons laissés sur le champ de bataille où vous avez épuisé vos armes les plus perfides, il en est, comme M. Victor Lefranc, comme M. Beaussire, — je pourrais en nommer d'autres — il en est contre lesquels on a soutenu une lutte acharnée pour établir qu'ils étaient dans une solidarité absolue et complète avec moi.

Notre parti, à coup sûr, est grand, immense; il n'a pas la prétention de n'avoir pas des nuances, des dissidences, des variétés, car on n'y est pas soumis à une compression uniforme : chacun y a sa manière propre de servir le pays et d'interpréter le programme républicain. L'important, c'est que tout le monde soit debout au jour du danger et au jour de l'action commune, chacun conservant son individualité, sa physionomie, sa liberté d'examen et de conduite. (*Applaudissements prolongés à gauche et au centre gauche.*)

On dit que l'union ne peut pas exister parmi nous, parce que nous représentons plusieurs Républiques, parce que nous sommes des républicains d'origines diverses.

Ah! Messieurs, je croyais que vous aviez fini par renoncer à ces sophismes, à ces paradoxes usés que vous avez colportés de tribune en tribune depuis 1871 sans réussir à tromper la France. Je croyais que vous compreniez que le parti républicain pouvait avoir des aspirations différentes, mais que, à l'extrême gauche comme au centre, on savait qu'il fallait s'incliner devant la volonté nationale, devant la loi de la majorité... (*Applaudissements au centre gauche et à gauche*) on savait qu'il fallait s'astreindre à ne demander que le progrès et que les réformes que pouvaient supporter l'état de nos mœurs, l'état des dispositions de l'esprit public. Si nous sommes unis d'une façon indissoluble, d'une façon irréfragable, si aujourd'hui vous ne voyez pas entre nous les nuances qui nous séparent, cela tient à ce que le pouvoir est aux mains de l'ennemi et que nous ne pouvons pas nous diviser devant ceux qui se sont mis en révolte contre la volonté de la France. (*Applaudissements à gauche et au centre.*) Mais rassurez-vous. Vous ne verrez jamais dans le parti républicain

ces divisions violentes qui firent autrefois sa perte ; non,
peut-être pourra-t-on distinguer entre nous, peut-
être différerons-nous sur des solutions plus ou moins
prochaines, plus ou moins opportunes, mais on saura
toujours... (*Rumeurs à droite*) — est-ce que, par exemple, vous n'auriez pas de divisions entre vous, Messieurs? (*Rires approbatifs à gauche*) — mais on saura
toujours faire ce qui se fait dans les pays libres, on
saura dégager la résultante qui devient la loi de l'État
et sort du consentement des majorités. La majorité
fait loi. Vous disiez hier qu'il y avait quelque chose
au-dessus de la loi, que c'était la conscience nationale ;
eh bien, Messieurs les ministres, je vous rappelle au
respect de l'une et de l'autre. (*Bravos et applaudissements à gauche et au centre.*) Messieurs, où en sommes-
nous ? La France a été consultée, dans des conditions
sur lesquelles je ne veux pas revenir, et que jugera
l'enquête avec les conséquences et les éventualités
qui en peuvent sortir et dont vous paraissez vous accommoder si gaiement. Je dis que la France a prononcé, et qu'aujourd'hui la minorité qui a été vaincue
se conduit comme si elle était la majorité.

A *gauche.* — C'est cela! Très bien! très bien!

M. GAMBETTA. — Je dis qu'il est inutile de nous
faire ici de la métaphysique, de cette métaphysique
sophistique dans laquelle vous comparez la République américaine avec la République française, vous
servant tour à tour des arguments tirés du régime de
la monarchie constitutionnelle ou de la République
fédérale, contre quoi ? contre la Constitution, et, comme
vous le disiez dans un moment de sincérité qui ne
trompe jamais, contre vos vrais adversaires, les républicains, cela vous a échappé. (*Applaudissements à
gauche.*)

Eh bien, Messieurs, tranchons d'un mot cette difficulté.

Le suffrage universel est tout dans ce pays ; il est le

maître. Quand on le consulte, tout le monde doit s'incliner, car il n'y a pas, j'imagine, deux souverainetés nationales pour pouvoir faire appel de l'une à l'autre; il n'y a pas deux suffrages universels pour pouvoir faire appel de l'un à l'autre; il n'y a pas deux lois, et, pour vous plaire, je répéterai la forte parole de Bossuet : « Il n'y a pas de droit contre le droit. » Or, vous n'êtes que des serviteurs insurgés contre le droit. (*Applaudissements à gauche.*)

Mais, Messieurs, on fait une équivoque : on vient nous parler, avec des formes de langage empruntées à la numération la plus élémentaire, on vient nous parler de la théorie de deux contre un. Cela ne vaut pas l'honneur d'une discussion publique. Deux contre un, cela n'a aucun sens. Le pouvoir, en France, est organisé constitutionnellement, cela est vrai. Il y a deux Chambres, et j'ai contribué à les faire établir, et je contribuerai contre vous, qui en compromettez l'avenir et le principe, à les faire respecter. (*Bravos et applaudissements prolongés à gauche et au centre.*) Il y a deux Chambres, c'est le Parlement; il y a le pouvoir exécutif, qui n'est même pas un pouvoir proprement dit, si vous y regardez de près, quoiqu'il ait des privilèges et des prérogatives que je ne discute pas, que je respecte et que je vous accuse de dénaturer et de perdre. (*Applaudissements au centre et à gauche.*)

Eh bien, tous ces pouvoirs se meuvent dans la Constitution, ils se meuvent aussi dans une atmosphère qui les enveloppe tous : le suffrage universel. (*Très bien! très bien!*) Ils ne sont pas des pouvoirs propres, isolés, qui aient germé dans une nuit, qui aient une autonomie, une existence personnelle distincte de la nation.

Non! non! Voulez-vous leur vrai nom? Ce ne sont pas des pouvoirs, ce sont des organes du suffrage universel. (*Salve d'applaudissements au centre et à gauche.*)

Ils sont fondés, ces pouvoirs, pourquoi faire? Est-ce pour servir ou pour contrarier la nation? Pourquoi sont-ils établis? Est-ce pour obéir à la nation ou pour lui résister?

Ont-ils été établis pour garantir l'ordre et pour assurer la paix sociale, ou bien pour amener la discorde et peut-être la guerre civile? (*Bravos et applaudissements.*)

Qu'on réponde, et qu'on nous fasse grâce de ces fictions et de ces finesses. Ah! vous aviez raison aussi en prononçant un autre mot qui vous est également échappé, quand vous avez dit que toutes les dissidences qui existent entre nous proviennent peut-être d'une manière fort différente de comprendre la société française. Je vous ai interrompu à ce moment pour vous dire : « Oui! parfaitement! c'est là qu'est la dissidence en effet.» Elle tient à ce que vous êtes resté, en dépit de la transformation qui s'accomplissait autour de vous, en dépit de ce flot montant de la démocratie qu'il vous appartenait de régler, d'éclairer et de diriger, en dépit du progrès des mœurs publiques, en dépit de l'intérêt national, en dépit de la situation tristement inférieure qui est faite à la France depuis ses désastres, la dissidence tient à ce qu'en dépit de tout cela vous êtes resté un ennemi de la démocratie, un aristocrate! (*Salve d'applaudissements et bravos prolongés à gauche et au centre.*)

Messieurs, ce n'est pas que je veuille prononcer un mot de nature à réveiller des souvenirs que je considérerais comme funestes. Non, je ne suis pas un homme qui s'attache à distinguer entre les classes; je ne pousserai jamais à une politique de classes, à une politique de divisions et de conflits entre mes concitoyens (*Très bien! très bien! au centre et à gauche*), mais je suis un homme de mon temps et vous n'êtes plus un homme de votre temps, et vous êtes en train de perdre la tradition qui fut l'honneur et la gloire de votre maison, de savoir être de son temps en restant toujours ferme et fier. (*Applaudissements au centre et à gauche.*)

Vous vous êtes donné le facile plaisir d'apporter ici, avec votre élégance de grand seigneur (*Rumeurs à droite*), des épigrammes longuement préparées; mais il y a une chose que vous ne nous avez pas dite, une chose sur laquelle vous avez gardé le silence prudent de votre prédécesseur Conrart de l'Académie française. (*Oh! oh! à droite.*) Vous n'avez rien dit pour expliquer comment il se fait que M. le duc de Broglie, président du conseil, garde des sceaux et ministre de la justice, procédant sous la République à des élections pour avoir l'opinion du pays, s'est fait l'exécuteur des volontés du parti bonapartiste (*Rires approbatifs au centre et à gauche. — Exclamations à droite*), empruntant à ce parti ses plus détestables procédés, essayant de se faire un nom parmi les plus habiles opérateurs électoraux du Bas-Empire. (*Nouveaux rires d'approbation.*)

M. le duc de Broglie, qui n'avait jamais cessé jusqu'en 1870 d'attaquer, de critiquer — si elle avait pu être diffamée, il l'aurait diffamée — la candidature officielle. M. le duc de Broglie, en un jour, en une heure, a brûlé tous ses anciens dieux; il a volontairement oublié tout ce qu'il a écrit de pages charmantes, fines, sensées, presque prophétiques; il a jeté tout cela de côté, pour servir la coalition bonapartiste. (*Applaudissements et rires approbatifs au centre et à gauche.*) Écoutez ce qu'écrivait ce polémiste acéré, à la veille presque de nos désastres, sur la candidature officielle. J'en ai là un gros recueil qu'il est devenu assez difficile de se procurer; on en fera probablement plus tard une édition *ad usum imperatoris*, s'il vous doit son retour... (*Rires et applaudissements à gauche et au centre.*)

Eh bien! voici ce qu'écrivait M. de Broglie, dans un article qui fut depuis mis en brochure et qui parut dans le *Correspondant* de l'année 1868. Je pourrais faire des citations nombreuses, on m'en a donné

l'exemple, mais je n'en ferai qu'une et je pense que
M. le président du conseil ne le trouvera contraire ni
à sa légitime réputation d'écrivain ni à la politesse
qu'il désire tant voir régner dans nos débats : voici ce
qu'il disait :

« Le passé nous répond de l'avenir, et nous savons
d'avance comment, avec des mandataires choisis dans
la catégorie officielle, toutes choses couleront en
douceur. Nous voyons d'ici la guerre déclarée à la
Prusse. »

C'était le coup d'œil de l'homme politique, le coup
d'œil du patriote inquiet et clairvoyant.

« Nous voyons d'ici la guerre déclarée à la Prusse,
par suite à l'Allemagne, peut-être à l'Europe entière,
avec l'assentiment passif d'une majorité gémissante
qui contera tout bas ses regrets aux couloirs du palais
législatif. (*Mouvement.*)

«Mais si la France, » — on était à la veille des élections de 1869, et si ces conseils eussent été suivis,
peut-être ne serions-nous pas, nous, au lendemain des
ruines de 1870 — «mais si la France, instruite par
l'expérience ou réveillée par une crainte salutaire, se
met à la fin en tête que c'est son droit de faire la paix
ou la guerre comme elle l'entend, puisque l'une et
l'autre se font à ses dépens, de voter réellement l'impôt puisqu'elle le paie, et l'emprunt puisque c'est
son épargne qui le remplit et son crédit qui l'assure,
alors elle n'a qu'un moyen, mais il est très simple,
de rentrer tranquillement en possession de ces droits
essentiels à une nation digne de ce nom. »

Nous en recauserons au budget, si vous êtes là.
(*Sourires.*)

« Elle n'a ni révolution à faire, ni même une ombre
de changement à apporter aux institutions existantes.
Il lui suffit de désigner des représentants qu'aucun
engagement n'empêche d'opposer à une parole tombée
du trône un *non* respectueux mais ferme. Assez de

mandats de confiance suivis de votes de complaisance !
L'heure est venue de vouloir et de savoir. Qu'elle s'y
prenne cette fois à temps pour ne pas livrer à des
mains liées ou défaillantes son argent avant qu'on le
dépense, son sang avant qu'on le verse. » (*Bravos et
applaudissements au centre et à gauche.*)

Messieurs, si désagréables que puissent être pour
M. le duc de Broglie les applaudissements de ses adversaires, vous les lui devez; et s'il m'était permis
d'exprimer un regret, je dirais que je regrette hautement que ce langage si juste, si ferme, si patriotique,
si digne de la légitime ambition d'un homme d'État,
ne soit pas tenu aujourd'hui par celui-là même qui l'a
tenu en 1868. Je ne sais ce qu'il adviendra de votre
résistance insensée, de vos combinaisons, de votre
lutte désespérée contre la volonté nationale, mais je
sais qu'un jour viendra où vous regretterez pour vous
et pour vos enfants d'avoir démenti des sentiments si
élevés et si dignes du nom illustre que vous portez.
(*Assentiment au centre et à gauche.*)

Quant à l'affirmation que M. le président du conseil
a produite à cette tribune, à savoir que liberté pleine
et entière a été laissée à tous les fonctionnaires, qu'on
s'était contenté d'user de moyens légaux pour la répression du colportage et des fausses nouvelles, c'est
là une question que je renonce à traiter, et je n'en
veux dire qu'un mot. Je veux vous faire connaître
comment on écrivait à certains fonctionnaires, quelles
instructions on leur donnait et quelles effroyables.....
je n'ose pas me servir des mots justes, ils me feraient
rappeler à l'ordre (*Sourires à gauche*)... quelles imputations coupables on laissait se répandre contre la
majorité dissoute.

Voici ce que je lis dans deux circulaires confidentielles, c'est vrai, mais dont je pourrai remettre les
originaux à la commission d'enquête, et qui évidemment ne sont pas uniques dans leur genre. Messieurs,

quelle que soit la résolution de M. Baragnon de ne
pas laisser obéir les fonctionnaires, quelle que soit
celle de M. le duc de Broglie de décliner notre compétence, patience, nous arriverons au but, nous trouverons la vérité, nous trouverons la présence de votre
action et de vos efforts de minorité oppressive contre
la majorité du pays ; en attendant, voici un des rayons
épars de ce grand soleil que nous voulons allumer sur
vos têtes. (*Mouvements en sens divers.*)

« Gendarmerie, 14ᵉ légion, Ille-et-Vilaine. — Con-
fidentielle.

« Messieurs, au moment des élections, il est indispensable que vos sous-ordres soient mis au courant
de la situation politique par vous, et d'après l'exposé
ci-dessous qui me paraît la résumer.

« L'élection est un choix à faire entre les 363 avec
Gambetta pour chef, et les conservateurs avec le maréchal de Mac-Mahon à leur tête. Quelle que soit
l'honorabilité de l'un des 363, il représente la cause
du libéralisme outré... (*Mouvement à gauche*), de la République dans toutes ses conséquences... » — et voici
ces conséquences — « ... avec la suppression de l'armée et de toute force répressive. » (*Exclamations à
gauche et au centre.*)

Messieurs, voilà ce que l'on répand dans les rangs
du corps le plus méritant, le plus nécessaire, le plus
utile, le mieux recruté, et qui devrait être le plus sévèrement tenu à l'écart de nos querelles politiques.
On dit à ces braves gens et on les charge de répandre
cette autre vérité que les 363 et le parti républicain
sont partisans de la suppression de l'armée et de
toute force répressive. Il me serait facile. Messieurs,
d'établir le contraire si j'avais à prouver l'évidence...

A gauche. — Ce n'est pas nécessaire.

M. GAMBETTA. — Il me serait facile de dire, en présence de M. le ministre de la guerre qui est là, en
présence de celui qui l'a précédé et de ceux qui vien-

dront après et qui ne trouveront pas de différences
dans notre conduite, il me serait facile d'établir, si
cela était nécessaire, à quel point est coupable et criminelle cette indigne suggestion..... Je dis criminelle,
Messieurs, parce qu'elle nous présente comme les
ennemis de ce qui reste de l'existence nationale; je
dis criminelle, parce que ce que l'on veut, en écrivant
à des agents inférieurs de pareilles instructions, c'est
aliéner à la majorité républicaine un concours énergique, des sympathies qui lui sont acquises. (*Bravos à
gauche et au centre.*)

Messieurs, sous cette perfidie qu'on répand pour
arriver à surprendre la bonne foi des légionnaires de
tous grades, quelle pensée se cache? C'est la pensée
néfaste, horrible à toute époque, plus horrible encore
aujourd'hui où la tentative d'un coup de force contre
la loi et la majorité serait la préface de la disparition
de la France (*Applaudissements à gauche et au centre.*)...
je dis qu'on saisit là sur le fait, non pas, comme vous
le disiez, une discussion politique, non pas une dissidence entre adversaires, mais on saisit sur le fait la
pensée de conspirateurs, la pensée d'ennemis éhontés
de la paix civile et de l'avenir de la patrie. (*Applaudissements à gauche et au centre.*)

J'ai là une autre circulaire qui est encore plus
odieuse.

Est-ce qu'il n'est pas nécessaire, sans empiéter sur
aucun pouvoir, qu'une grande enquête ait lieu; que
les représentants du suffrage universel mettent à jour
et à nu toutes les pratiques, toutes les menées, toutes
les calomnies, tous les abus, tous les actes arbitraires
que l'on s'est permis pendant cette campagne; qu'ils
dénoncent à la justice régulière — et par là ils n'em-
piéteront pas sur le pouvoir judiciaire — les faits qu'ils
auront reconnus; et que, s'inspirant des plaintes du
pays et de l'instruction qu'ils auront faite eux-mêmes,
ils donnent à la conscience nationale, dont nous

sommes les gardiens sévères, cette satisfaction que,
pour avoir détenu le pouvoir et en avoir usé en foulant aux pieds toute vérité et toute équité, vous n'êtes
pas au-dessus des châtiments des lois? (*Applaudissements prolongés à gauche et au centre.*)

C'est dans cette pensée criminelle dont je vous parlais que l'on a dit à ces agents inférieurs que les candidats républicains voulaient supprimer la solde de la
gendarmerie, que ce serait une trahison s'ils n'empêchaient pas les candidats républicains de passer. Mais
je glisse sur ces infamies; il ne saurait me convenir
de m'étendre plus longtemps sur ce sujet.

M. LE GÉNÉRAL BERTHAUT, ministre de la guerre. —
Je demande la parole. (*Mouvement.*)

M. GAMBETTA. — Messieurs, nous voulons que tous
les excès de pouvoir auxquels vous vous êtes laissé
entraîner ou dont vous avez recommandé l'exécution
à vos agents soient examinés; nous le voulons parce
qu'il est nécessaire que dans ce pays le suffrage universel, que les minorités factieuses paraissent disposées à dénaturer et à opprimer, ne manque pas de
défenseurs; nous le voulons parce qu'il est nécessaire
que la majorité soit véritablement une majorité, qu'elle
ait raison des résistances illégitimes, des résistances
illégales que lui oppose une minorité de coterie.

Quant à moi, je crois qu'en décrétant cette enquête,
vous n'empiétez pas sur le pouvoir législatif, qui exige
le concours des deux Chambres, parce que vous ne
changez ni ne modifiez aucune loi : vous n'empiétez
pas sur le pouvoir judiciaire, parce que ce n'est pas
vous qui prononcerez les peines, pas plus que vous
ne procéderez à l'instruction des faits judiciaires : vous
saisirez de vos légitimes griefs l'autorité de droit commun. (*Vif assentiment à gauche.*)

Vous n'empiéterez pas davantage sur la juridiction
du Sénat. Le Sénat a ses attributions; elles sont assez
hautes pour qu'il s'y renferme. Mais la Chambre des

députés, investie de la prérogative — souveraine, celle-
là — de constituer son propre corps politique en
dehors de toute autre juridiction, n'est-elle pas le seul
juge de ce qu'il convient de faire, soit au point de vue
de la vérification des pouvoirs, soit au point de vue de
la recherche des délits, soit au point de vue des méfaits
politiques que la campagne électorale a révélés?(*Très
bien! à gauche et au centre.*)

Restons donc exclusivement dans nos attributions
les plus certaines, et ceux qui nous les contesteraient
au bénéfice du pouvoir exécutif feraient acte de despotisme, ceux qui nous les contesteraient au bénéfice
de la Chambre haute feraient un acte de confusion.
Ils commettraient cette confusion de pouvoirs qu'on
nous reproche si souvent, à nous qui ne voulons être
qu'une partie du pouvoir, mais une partie légitimement investie du droit de défendre les attributions qui
lui appartiennent dans l'État. Quand on nous représente comme marchant à une confusion des pouvoirs,
je dis que l'on cherche à tromper, par la violence des
mots, en dépit de la clarté des principes, les esprits
timides et ignorants.

Messieurs, pensez-y bien, ce qui ne serait pas un
jeu de mots, ce serait qu'on adoptât la théorie de messieurs les ministres, théorie qui consiste à faire du
Sénat une sorte de pouvoir supérieur au suffrage universel lui-même, ayant le droit de s'ingérer dans les
actes qui tiennent à votre propre Constitution, qui
tiennent à la défense de la moralité et de la dignité des
élections, qui tiennent au principe de la responsabilité
ministérielle.

Si le Sénat, que je suis bien loin d'accuser de cet
excès d'ambition, qui peut-être se trouvera un de ces
jours le premier intéressé à barrer la route à vos entreprises, si le Sénat s'arrogeait un pareil droit de
reviser les élections du suffrage universel, de déchirer
les titres de la Chambre des députés, après que le

conflit a été soumis au pays et résolu par lui, alors le
Sénat ne serait plus une Chambre haute : ce serait
une Convention ; il serait cette Convention dont vous
parlez tant, et parce que ce serait une Convention
blanche, ce ne serait ni la moins redoutable, ni la
moins criminelle. (*Applaudissements prolongés à gauche.*)
Mais, Messieurs, j'ai confiance. Je me rappelle parfaitement dans quelles circonstances ce Sénat a été
créé. Je sais par quels hasards, par quel jeu cruel de
la mort, la majorité a pu s'y déplacer au profit de nos
adversaires naturels. Je sais toutes ces choses. Il en
est une autre que je sais également : c'est que le Sénat,
comme la Constitution elle-même, est sorti d'un éclair
de patriotisme. Je connais les hommes qui ont fait cette
Constitution, à laquelle vous ne vous êtes ralliés qu'à la
dernière heure pour l'exploiter et la retourner contre la
France ; ceux-là, je les adjure, et comme conservateurs,
et comme parlementaires, et comme libéraux, et comme
patriotes, de prendre en main une dernière fois et le
soin de leur propre cause et le soin de la cause de la
liberté. Je les adjure, il en est temps encore, de faire
justice de cette politique qui vient dire ici qu'elle avait
donné sa démission, et qui l'a reprise. Arrière ces
défaites! La vérité, c'est que vous vous cramponnez
au pouvoir ; la vérité, c'est que vous n'hésitez pas à
perdre celui-là même dont vous exploitez le point
d'honneur contre son devoir constitutionnel, — et
vous n'hésitez point pour sauver quelques heures de
cette domination dont vous n'avez pas l'ambition, mais
dont vous avez la gloutonnerie! (*Applaudissements et
bravos prolongés à gauche et au centre gauche. — L'orateur, en remontant à son banc, reçoit les félicitations de
ses collègues.*)

M. LE GÉNÉRAL BERTHAUT, *ministre de la guerre.* — Je demande la parole.

M. LE PRÉSIDENT. — La parole est à M. le ministre de la
guerre.

M. LE MINISTRE DE LA GUERRE. — Messieurs, l'honorable
M. Gambetta vient de lire à la tribune une circulaire adressée
à la gendarmerie. Je déclare formellement que, d'accord
avec mes collègues, je n'ai adressé aucune circulaire à la
gendarmerie.

Plusieurs membres à gauche. — Ce n'est pas vous !

M. GAMBETTA. — Ce n'est pas M. le ministre de la guerre ;
c'est le chef d'escadron de la 14ᵉ légion, M. Granjacquet,
qui a fait cette circulaire. Je n'ai pas accusé le ministre de
la guerre ; il n'est pas capable de commettre de ces actes.
(*Applaudissements répétés à gauche et au centre.*)

M. LE MINISTRE DE LA GUERRE. — Je voulais dire à la Chambre que les devoirs de la gendarmerie sont écrits dans le
règlement de 1854 et que, quelles que soient les enquêtes
qu'on fasse, on ne trouvera autre chose que la recommandation la plus formelle du ministre de la guerre de maintenir l'armée en dehors de toute espèce de discussion politique. (*Vifs applaudissements à gauche et au centre. — Un
grand nombre de membres se lèvent en renouvelant leurs applaudissements*).

La clôture de la discussion est prononcée.

Le projet de résolution du comité des dix-huit est adopté
par 312 voix contre 205.

Le cabinet du 17 mai était condamné sans appel et, dans
la vérité du régime parlementaire, sa démission aurait dû
paraître au *Journal Officiel* du 16 novembre. Il n'en fut rien.
Le duc de Broglie ne voulait point descendre du pouvoir
sans avoir tenté un dernier effort pour engager le Sénat
dans la politique de résistance. Il avait échoué une première
fois, le 9 et le 10 novembre, devant les scrupules du centre
droit, et son refus de voter un ordre du jour portant approbation de la politique du maréchal et de ses ministres depuis
le seize mai [1]. Il réussit, le 17 novembre, à se faire interpeller par M. de Kerdrel « sur les mesures qu'il comptait
prendre au sujet de l'enquête ordonnée par la Chambre ».

Cette interpellation était, selon une vive interruption de

[1]. « Si le Sénat se compromettait par un vote tel que M. le duc
de Broglie nous le demande, avait dit M. Béraldi, je n'oserais me
représenter dans mon département. Les pierres mêmes se soulè-
veraient contre moi. »

M. Dufaure, « un acte révolutionnaire au premier chef. »
Elle violait la loi sur les pouvoirs publics en intervenant dans
une mesure votée par la Chambre. Elle était une première
menace contre la majorité républicaine du 14 octobre. Le duc
d'Audiffret-Pasquier et M. Bocher, qui étaient les premiers
à s'en rendre compte, eurent la faiblesse de passer outre.
Le président du Sénat se contenta de restreindre les vues
de l'interpellation en déclarant que M. de Kerdrel se bornait
à « interroger le gouvernement sur la conduite qu'il prescri-
rait à ses agents au sujet de l'enquête ».

M. de Kerdrel développa son interpellation dans la séance
du 19 novembre;

« Autre chose est la résolution de la Chambre des députés, c'est-à-dire l'enquête, autre chose est son exécution.

« Sur quelque partie du territoire français que se fasse
l'enquête, elle aura lieu sous le regard du gouvernement.
Si celui-ci a le devoir de lui laisser toute sa liberté légitime,
il a le devoir non moins étroit de prendre certaines précautions pour qu'elle ne devienne pas une source d'agitation dans le pays, un élément d'intimidation pour les citoyens
et les fonctionnaires, une atteinte à la liberté individuelle,
enfin un empiétement sur les droits des pouvoirs publics.

« D'abord il me paraît que la comparution des citoyens
devant la commission d'enquête ne saurait être que purement volontaire, qu'ils sont libres de répondre ou de ne
pas répondre à l'appel de la commission, et qu'au besoin,
le gouvernement devrait garantir leur liberté. Ceci est d'autant plus essentiel que si un particulier déposait des faits
diffamatoires, il ne serait pas protégé contre une action
judiciaire par sa qualité de témoin. Le Sénat a intérêt à
savoir si les fonctionnaires publics seront autorisés par le
gouvernement à prêter leur concours à la commission d'enquête. En ce qui me concerne, je n'hésite pas à dire que la
seule comparution des agents du gouvernement devant une
commission qui n'exerce pas de pouvoir judiciaire, constituerait une grave atteinte à l'unité aussi bien qu'à la dignité
du pouvoir exécutif.

« Une dernière question. Où siégeront les membres de
la commission d'enquête, s'il leur convient de se transporter
dans les départements? Ce point a son importance. Est-ce que
le gouvernement mettrait à la disposition de la commission

les hôtels de préfecture, de sous-préfecture et de mairie? »

M. de Broglie répondit à M. de Kerdrel par la déclaration suivante :

« Personne, absolument personne, n'est tenu de se rendre à l'appel de la commission, elle ne peut faire aucune menace ni exercer aucune contrainte. Viendra qui voudra pour dire ce qui lui conviendra. Personne n'est obligé de parler, et personne n'est obligé de croire à la vérité de ce qu'elle entend. De plus, il importe que les fonctionnaires sachent bien, pour leur compte, qu'ils restent soumis, comme auparavant, à la hiérarchie administrative, de laquelle relève la responsabilité ministérielle. Que, par conséquent, ils ne doivent entrer, pour ce qui concerne leurs fonctions, en communication avec aucune autre autorité que celle du ministre dont ils dépendent; qu'ils n'ont le droit ni de comparaître ni de répondre devant cette commission, pas plus que devant aucune autre, sans une autorisation expresse que, jusqu'à présent, le gouvernement n'est nullement disposé à leur donner. Nous leur avons interdit tout concours direct ou indirect aux travaux de la commission, toute communication de pièces et même toute admission de la commission ou de ses membres dans les édifices publics confiés à leur garde. »

M. Laboulaye répliqua au ministre : « Voyons la vérité des choses : le ministère n'est pas accusé judiciairement; mais devant l'opinion, on lui impute d'avoir employé, au moment des élections, des mesures condamnables. C'est dans cette situation que le ministère dit à ses subordonnés : « On m'accuse, on vous accuse, ne répondez pas. »

« C'est là, dit-on, sauvegarder la dignité du gouvernement.

« En ce moment, ce que vous voulez faire, c'est obliger vos successeurs; vous n'en avez pas le droit! Défendez aujourd'hui, tandis que vous avez le pouvoir, à vos fonctionnaires de répondre, c'est votre droit; vous êtes responsables. Mais faire de cela une règle de gouvernement, et faire consacrer cette règle par le Sénat, c'est précisément faire naître ce conflit que notre intérêt à tous est d'éviter.

« Ce qu'on nous propose en ce moment, c'est de rallumer des charbons qui s'éteignent, c'est de tâcher d'ouvrir un conflit nouveau. Si ce n'est pas là l'intention de l'interpellation, je demande alors ce qu'elle signifie? »

M. Dufaure prit la parole pour défendre l'ordre du jour pur et simple.

« Il y a, dit-il, une lacune certaine dans notre législation. Il est impossible de le contester ; et, si le gouvernement nous apportait un projet de loi pour régler les droits des commissions d'enquête parlementaire, les formes dans lesquelles elles devraient procéder, il aurait raison. C'est une matière à régler; mais ne venez pas nous demander une résolution qui n'aura aucune autorité et qui n'est pas digne du Sénat!

« L'ordre du jour qui manifesterait à la Chambre une méfiance qui la blesserait, pourrait recevoir pour réponse un ordre du jour que, au même titre, la Chambre des députés prendrait demain et qui répondrait à la résolution du Sénat par une résolution aussi blessante de la Chambre des députés.

« Ce débat est parfaitement inutile, et, comme je le disais, il est dangereux. Il est dangereux, Messieurs, dans un moment où les opinions sont surexcitées au point où elles le sont, je ne dis pas seulement dans les pouvoirs publics, mais dans toutes les parties de la société. »

L'ordre du jour pur et simple fut écarté, et 151 voix contre 129 adoptèrent l'ordre du jour suivant : « Le Sénat « prenant acte des déclarations du gouvernement; persévé- « rant dans la politique conservatrice qu'il a toujours « défendue, et désireux que les prérogatives appartenant « à chacun des trois pouvoirs soient respectées, passe à « l'ordre du jour. »

Le duc de Broglie avait atteint son but : le vote du Sénat couvrait son ministère et il engageait la lutte contre la Chambre. M. de Broglie pouvait se retirer. Le soir même, il remit au maréchal la démission du cabinet du 17 mai.

La *République française* apprécia avec une tristesse sévère le vote du Sénat :

« A ce vote dirigé contre la Chambre populaire, qu'a gagné le Sénat, qu'a gagné le gouvernement? Le Sénat a pris l'initiative du conflit, il a couru au-devant d'une rupture, en un moment où la France, exténuée par l'arbitraire des hommes du 16 mai, se montre affamée de paix et de travail : qui ne comprend les sentiments que va faire naître partout une pareille agression; qui ne sent quelle atteinte

en recevront l'autorité et le prestige de cette assemblée?
Est-ce le gouvernement qui va se trouver raffermi? Est-ce
sur un vote ainsi arraché qu'on peut s'appuyer pour résister
à la volonté d'une nation? Sur un vote à quatre voix de
majorité, sur un vote auquel on a mis pour condition la
retraite du cabinet qui le sollicitait, sur un vote qu'on n'aurait certainement pas obtenu si on n'avait soumis un à un,
vingt ou trente sénateurs et peut être davantage, à des obses-
sions personnelles, si on n'avait, confondant une fois de
plus toutes les responsabilités, placé leur conscience entre
un vote qu'ils jugeaient impolitique et la menace d'une
retraite dont on savait qu'ils n'ont pas encore pris leur
parti? M. de Mac-Mahon ne pouvait pas trouver de ministres présentables pour accepter l'héritage de ceux qu'il a, six
mois durant, associés à sa politique. La perspective va-t-elle
être devenue plus séduisante pour des politiques sérieux,
maintenant qu'il s'agit d'exécuter le testament de M. de
Broglie, de contresigner les instructions qu'il lui a plu de
préparer; maintenant qu'un nouveau ministère se verra
condamné à ne pouvoir se mettre d'accord avec les élus du
suffrage universel, sans être accusé de méconnaître un vote
du Sénat?

Abîmons tout plutôt : c'est l'esprit de l'Église.

« L'esprit de l'Église n'a jamais rien inspiré qui lui ressemble mieux que cet ordre du jour malencontreux. Ce qu'il
y a de plus triste, c'est que cette déclaration de guerre n'a
pu être faite qu'avec le concours des gens les plus pacifiques
du monde et que, parmi les hommes qui ont voté avec tant
de simplicité qu'il fallait tout abîmer, on en compte un
certain nombre qui ne sont dirigés dans la vie que par la
terreur de casser quelque chose. »

La Chambre répondit comme il fallait à la résistance
du Sénat. Le lendemain même du vote de l'ordre du jour
du centre droit, 308 voix contre 206 adoptèrent la résolution suivante :

« En présence des doctrines énoncées hier à la tribune du
Sénat par M. le président du Conseil, la Chambre, résolue
à repousser tout empiétement sur ses attributions et à
maintenir l'intégrité de ses résolutions et de ses prérogatives, ajourne l'examen de l'élection de M. le baron Reille

jusqu'au jour où la commission d'enquête aura terminé ses
opérations sur les élections du département du Tarn et
entendu les fonctionnaires et agents de l'autorité do l'arrondissement de Castres, où M. le baron Reille, sous-secrétaire d'État du cabinet du 16 mai, a été candidat officiel. »

Le duc de Broglie, en donnant sa démission de président
du conseil, était resté le conseiller le plus écouté du maréchal. Pendant que les organes du centre droit recomman-
daient la constitution d'un cabinet de gauche comme étant
la seule solution définitive et sincère de la crise, ce fut lui
qui persuada au maréchal de tenter une dernière résistance
et de composer, avec des hommes étrangers au parlement,
un cabinet qui se présenterait comme un ministère d'affaires
et qui permettrait aux chefs de la coalition d'aviser.

Le président de la République commit la faute grave de
se prêter à cette combinaison. Le cabinet du 23 novembre
fut composé comme suit :

Le général Grimaudet de Rochebouët, président du conseil et ministre de la guerre ;

MM. Welche, ministre de l'intérieur ;

Lepelletier, garde des sceaux, ministre de la justice ;

De Banneville, ministre des affaires étrangères ;

Faye, ministre de l'instruction publique et des cultes ;

Dutilleul, ministre des finances ;

Ozenne, ministre de l'agriculture et du commerce ;

Graeff, ministre des travaux publics ;

Le vice-amiral Roussin, ministre de la marine et des colonies.

Aucun des membres du cabinet n'appartenait au Parlement.

La *République française* apprécia dans l'article suivant la
composition étrange du ministère du 23 novembre :

« Le ministère « d'affaires » est enfin constitué, sous la
présidence de M. le général comte de Rochebouët. M. Welche,
préfet du Nord et candidat officiel battu par le suffrage universel, est ministre de l'intérieur ; M. Dutilleul, de la Banque
de Paris, candidat officiel battu par le suffrage universel,
ministre des finances ; M. Ozenne, ministre du commerce ;
M. Faye, candidat officiel battu par le suffrage universel,
ministre de l'instruction publique ; M. Graeff, à la place de

M. Collignon, qui avait été annoncé ministre des travaux publics; M. Le Pelletier, conseiller, ministre de la justice; M. le contre-amiral Roussin, dont la commission du budget a conservé un lamentable souvenir, ministre de la marine. Pourquoi M. le président de la République a-t-il tardé si longtemps à composer ce cabinet? Il est certain qu'il peut trouver des ministres pareils à la douzaine, et qu'après ceux-là il sera bien facile d'offrir à la Chambre et au pays de nouvelles combinaisons non moins sérieuses, tout autant qu'il en faudra.

« Cette liste bizarre a été accueillie, à Versailles et à Paris, par des éclats de rire. Cependant les personnes graves, qui refusent de se livrer à la gaieté en présence des périls de la patrie, parlaient avec indignation de cette provocation nouvelle adressée à l'opinion publique, à la France et à ses représentants. Est-ce que l'on prend, à l'Élysée, les élus du 14 octobre pour des hommes sans clairvoyance et sans défiance? S'imagine-t-on qu'ils n'ont pas profité de l'expérience de la dernière Chambre dissoute, victime du 16 Mai?

« On nous annonce que le cabinet Welche se présentera modestement, comme un cabinet d'apaisement, comme un cabinet de transition, sans programme, sans politique, sans avenir, destiné à préparer l'avènement d'un gouvernement définitif, mais comme un cabinet résolu à ne rien faire, en attendant, qui pût contrarier les desseins de ses héritiers présomptifs, républicains ou monarchistes, c'est-à-dire résolu à ne rien changer à l'œuvre accomplie depuis six mois par M. le duc de Broglie et par M. de Fourtou. Obtenir le vote du budget, ou seulement des quatre contributions et d'un douzième provisoire, voilà toute l'ambition de ces hommes d'État! Ils invoqueront l'indulgence, la générosité de la Chambre; ils oseront parler des intérêts, des souffrances du commerce, de l'industrie, du travail, de la misère et des ruines que le 16 Mai a causées, et ils supplieront qu'on les tolère pendant quelques semaines, afin que les ducs et les cléricaux aient eu le temps de préparer un plan et, sur un conflit habilement ménagé, d'amener une seconde dissolution avec accompagnement d'état de siège et de terreur blanche.

« Par bonheur, le piège est trop mal dissimulé. Les noms inoffensifs de M. Dutilleul et de M. Graeff ne sauraient cacher le caractère inquiétant de M. Welche, le ministre de l'inté-

rieur, de M. le comte de Rochebouët remplaçant M. le général
Berthaut, c'est-à-dire le ministre de la guerre que tous les
patriotes voulaient mettre en dehors des crises politiques.
Tout le monde comprend à merveille que ce cabinet extraparlementaire a été formé d'hommes étrangers à la Chambre et au Sénat, parce qu'aucun personnage appartenant à
un groupe politique n'aurait voulu accepter le rôle réservé
à cette combinaison d'un jour, mais qu'il a été formé contre toute idée de conciliation, en excluant soigneusement
tout ministre qui pourrait avoir la tentation de faire aux
représentants du pays, à la majorité de la Chambre populaire une concession sincère et de quelque importance. Le
ministère du 23 novembre n'est qu'un paravent derrière
lequel le gouvernement occulte qui règne depuis cinq ans
bientôt se réserve d'agir, pour se montrer armé, prêt au
combat, peut être au coup d'État et à la guerre civile au
moment favorable.

« La Chambre des députés, nous n'en doutons pas, fera
dès aujourd'hui prompte et complète justice de cette
tentative humiliante. Elle renverra M. Le Pelletier à son
prétoire, M. Ozenne à son bureau, M. Dutilleul à sa banque, M. Graeff à ses ponts et à ses routes, M. Welche aux
loisirs de la vie privée. Elle fera comprendre à ce cabinet
sans programme et sans politique qu'il ne peut donner à la
France aucune satisfaction, et que, en déclarant lui-même
qu'il n'a point d'avenir, il avoue qu'il n'offre aucune garantie
de sécurité ni aux intérêts, ni aux affaires, ni à la majorité
des électeurs qui ont voté, le 14 octobre et le 4 novembre,
contre la politique personnelle et les candidats de M. le maréchal de Mac-Mahon. Ce nom de ministres d'affaires qu'ils se
donnent serait absolument usurpé : leur présence au pouvoir
serait une preuve qu'on ne doit pas compter sur un lendemain, et que nous vivons sous la menace d'un redoutable
inconnu dont ces comparses seraient les précurseurs. Les
affaires seraient stérilisées, arrêtées par cette attente d'un
dénoûment révolutionnaire ou tragique. Or, ce que les affaires
demandent, c'est une solution immédiate et définitive : et
les affaires, sur ce point, sont soumises à la même loi que
la politique.

« Il ne faut pas que la crise se prolonge. Ceux-là seuls qui
n'ont aucun souci de la France en détresse peuvent avoir

encore le triste courage de la condamner à languir pour gagner quelques jours de pouvoir. Quant à nos amis de la majorité républicaine qui possèdent la majorité dans la Chambre des députés, qui la posséderaient dans le Congrès s'il était convoqué demain, qui la posséderaient même dans le Sénat si tous les sénateurs se sentaient libres, ils seront à la hauteur de leur devoir. Ils ne se laisseront tromper par aucune fausse promesse : ils remettront la vérité sous les yeux du pays, et ils ne permettront pas qu'on déplace le conflit qui existe entre M. le maréchal de Mac-Mahon et le pays électoral, et qu'on le transforme par des finesses parlementaires en questions ministérielles ou sénatoriales. Jusqu'au jour où le suffrage universel aura obtenu satisfaction, la Chambre des députés refusera obstinément d'entendre à aucun arrangement, d'écouter aucune proposition, d'entrer même en rapport avec aucun ambassadeur d'un pouvoir exécutif qui s'abuse évidemment sur l'étendue de ses droits et de ses prérogatives, et qui peut se laisser entraîner, sous l'influence de funestes conseillers, aux plus dangereuses usurpations. »

Devant la gravité croissante de la situation, le comité des Dix-Huit n'hésita pas et la Chambre fit courageusement son devoir. Le jour même de la publication par le *Journal officiel* de la liste des nouveaux ministres, le comité chargea M. de Marcère d'interpeller le cabinet sur sa formation et de lui signifier que la Chambre refusait d'entrer en rapport avec lui [1].

1. La déclaration suivante avait été présentée au Sénat par le général de Rochebouët et à la Chambre par M. Le Pelletier :

Messieurs,

A la suite des débats qui viennent d'avoir lieu dans les deux Chambres, M. le président de la République a cru devoir confier la direction des affaires du pays à des hommes étrangers aux derniers conflits, indépendants vis-à-vis de tous les partis, à des hommes qui doivent et qui veulent, pendant la durée de leur mandat, rester en dehors des luttes politiques.

C'est dans ces conditions, Messieurs, que nous nous présentons devant vous pour prêter au maréchal de Mac-Mahon le concours qu'il nous a fait l'honneur de nous demander.

La France a un besoin extrême de calme et de repos.

Après une longue période d'ardente agitation, à une époque de

L'interpellation du 24 novembre fut vigoureusement conduite par MM. de Marcère, Floquet et Germain. Elle fut close, après une courte réplique de M. Welche, par le vote de l'ordre du jour suivant :

« La Chambre des députés, considérant que, par sa composition et ses origines, le ministère du 23 novembre est la négation des droits de la nation et des droits parlementaires ;

« Que, dès lors, il ne peut qu'aggraver la crise qui, depuis le 16 mai, pèse si cruellement sur les affaires :

« Déclare qu'elle ne peut entrer en rapport avec le ministère, et passe à l'ordre du jour. »

Cet ordre du jour portait les signatures de tous les membres du comité des Dix-Huit.

Il fut adopté par 315 voix contre 204.

l'année où il importe au plus haut degré de faciliter les transactions commerciales, à la veille de cette grande Exposition universelle qui touche à tant d'intérêts, et qui engage l'honneur même de notre industrie nationale, il faut avant tout se consacrer à la bonne gestion des affaires.

Ce sera le plus impérieux de nos devoirs, parce que c'est le plus pressant besoin du pays, et en même temps le moyen le plus efficace pour rétablir entre les pouvoirs publics les bons rapports nécessaires au bien de l'État.

Nous n'avons pas d'autre mission.

Observateurs fidèles des lois de notre pays et résolus à ne permettre aucune atteinte à ses institutions, nous respecterons religieusement et nous ferons respecter la Constitution républicaine qui nous régit. Elle passera intacte de nos mains dans celles de nos successeurs, le jour où le président de la République jugera les dissentiments actuels suffisamment apaisés pour prendre un ministère dans le Parlement.

Jusque-là, nous remplirons notre tâche avec dévouement, avec fermeté et avec prudence, sans autre préoccupation que d'assurer à la France l'ordre et la paix.

M. le président de la République vous demande, Messieurs, de nous aider dans cette œuvre d'apaisement et d'intérêt public.

Il compte pour cela sur votre patriotisme.

DISCOURS

Prononcé le 19 novembre 1877

A LA COMMISSION DU BUDGET

La Chambre élue le 14 octobre était la continuation de la Chambre du 20 février, elle se considérait comme telle et elle ne manqua pas une occasion de l'affirmer. Après avoir réélu l'ancien bureau tout entier, elle renomma toute l'ancienne commission du budget qui renomma de même son ancien bureau à l'unanimité des voix [1].

M. Gambetta en prenant possession du fauteuil, prononça le discours suivant :

Messieurs,

Je sens très vivement la reconnaissance que je vous dois pour la nouvelle nomination dont vous venez de m'honorer, mais je sens en même temps qu'aujourd'hui une gravité spéciale s'attache à l'exercice de ces fonctions. Cette gravité ne peut être comparée qu'à celle de la crise exceptionnelle que traverse la France.

La commission du budget que nous remplaçons avait toujours eu le plus grand soin de se tenir en dehors des préoccupations de la politique.

Elle se maintenait dans l'étude approfondie des affaires de l'État. Sa carrière a été malheureusement

---

1. *Président* : M. Gambetta.
Vice-présidents : MM. Guichard et Cochery.
Secrétaires : MM. Devès, Millaud, Liouville et Richard Waddington.

trop courte, et en m'exprimant ainsi, je ne fais que ratifier le jugement porté par le pays.

Elle a fait preuve de prudence, de modération et de sagesse dans l'étude des abus que peut renfermer le mécanisme si complexe du budget. Jamais elle n'a donné raison aux craintes chimériques que l'on a baptisées du nom de péril social.

Elle est toujours restée à la hauteur de sa tâche, et si elle n'a pas poussé plus avant ses études, c'est à la politique qu'il faut en faire remonter la responsabilité. Cette politique, Messieurs, vous la connaissez, c'est la politique du 16 Mai. La France l'a jugée et condamnée sans appel.

Lorsque la commission s'est séparée en mai 1877, ses travaux avaient été énergiquement poussés. Tous les rapports étaient déposés.

D'accord avec le cabinet qui avait notre concours, avec le ministre des finances qui s'était mis en mesure, nous pouvions ouvrir devant la Chambre la discussion du budget ; nous pouvions proposer le dégrèvement de l'impôt sur la petite vitesse, la suppression totale de la surtaxe sur les savons.

Nous avions déjà fait agréer un rapport sur la réforme postale, nous avions augmenté sérieusement la solde des officiers de notre armée, et posé le principe d'une unification vers laquelle nous ne cesserons de tendre, et à laquelle nous avons l'espoir d'arriver promptement.

Nous avons pu retenir plus longtemps sous les drapeaux la seconde partie du contingent, et en même temps accroître les crédits nécessaires pour assurer au soldat dans la caserne et à l'hospice des conditions de vie plus salubres.

Une politique néfaste nous a interrompus au détriment des intérêts du pays, et je puis dire de la civilisation elle-même, car lorsqu'on trouble la France, on atteint de la façon la plus grave les plus grands intérêts de l'Europe elle-même. C'est un désordre qui a été causé dans la marche générale des affaires. Aujourd'hui que nous sommes de retour, nous pouvons faire justice des calomnies qui ont été dirigées contre nous.

Armés de l'arrêt de la souveraineté nationale que nous avons à faire prévaloir, nous nous maintiendrons dans la plus stricte légalité et nous nous efforcerons d'y retenir tous ceux qui voudraient s'en écarter.

Dans l'examen du nouveau budget nous aurons à tenir compte des deux considérations suivantes. D'abord il n'a pas été tenu compte des travaux et des décisions antérieures de l'ancienne commission. Nous aurons à faire ressortir la puérilité des nouvelles propositions qui nous sont présentées; et par là nous arriverons à démontrer la vérité de cette parole qui a été prononcée hier devant la Chambre et devant le pays sur l'incapacité des hommes qui ont saisi le pouvoir au 10 mai.

En second lieu, nous aurons à examiner la série de crédits supplémentaires et extraordinaires qui ont été ouverts en l'absence des Chambres. Il y aura un examen détaillé à faire de ces mesures que tant de bons esprits dans la presse ont considérées comme absolument illégales.

En résumé, le budget est prêt; les services publics sont assurés, les travaux sont en état; la France sait ce qu'elle doit faire, et elle le fera. Reste à savoir ce que le gouvernement doit au pays. (*Applaudissements.*)

La commission procède à l'organisation de ses sous-commissions, qui sont ainsi constituées :

1° Sous-commission des finances, des travaux publics, de l'agriculture et du commerce : MM. Cochery, Wilson, Allain-Targé, Guyot, Sadi Carnot, Le Cesne, Nadaud, Menier, Henri Germain, Jules Ferry, Richard Waddington.

2° Sous-commission chargée d'examiner les budgets des ministères de la justice et des cultes, de l'instruction publique et des beaux-arts : MM. Bardoux, Parent, Tirard, Millaud, Varambon, Jacques, Floquet, Liouville, Boysset, Senard, Guichard.

3° Sous-commission chargée de l'examen des budgets des ministères des affaires étrangères, de la guerre et de la marine : MM. Gambetta, Dréo, Martin-Feuillée, Spuller, Girerd, Langlois, Bethmont, Devès, Blandin, Merlin, Tallon.

DISCOURS

SUR

UNE DÉCLARATION DE LA COMMISSION DU BUDGET

Prononcé le 4 décembre 1877

A LA CHAMBRE DES DÉPUTÉS

Nous avons raconté (page 369) dans quelles conditions le maréchal de Mac-Mahon avait formé l'étrange cabinet du 23 novembre et comment la majorité républicaine de la Chambre avait répondu à la déclaration des successeurs de M. de Broglie par le refus d'entrer en rapports avec eux.

Ce vote courageux était le rappel de la fameuse alternative du discours de Lille : « Se soumettre ou se démettre. » Le maréchal s'obstina. Il repoussa durement les avis de tous ceux, sénateurs du centre droit ou députés républicains[1], qui le suppliaient, au nom de l'intérêt public, de se soumettre et de former un cabinet de gauche. La coterie de l'Élysée lui persuada que sa démission serait la mort du parti conservateur et la ruine du pays. Des bruits de complot militaire furent mis en circulation. Puisque les amis du duc d'Audiffret-Pasquier et de M. Bocher refusaient de prêter leur concours à une nouvelle dissolution de la Chambre, M. de Fourtou et le général de Rochebouët se faisaient les avocats d'un coup d'État. On sommerait la Chambre de voter le budget et, si la Chambre refusait, on passerait outre, les contributions directes seraient promulguées par décret, on proclamerait l'état de siège, on arrêterait M. Gambetta et les autres mem-

---

[1]. M. d'Audiffret-Pasquier, M. Bocher, M. Duclerc, M. Grévy, M. Dufaure.

bres du comité des Dix-Huit, le général Ducrot dissoudrait la Chambre[1]... Tels étaient les plans criminels que la presse bonapartiste prônait tous les jours et que des conseillers factieux osaient apporter à l'Élysée. Le maréchal fermait sa porte aux députations industrielles et commerciales qui venaient l'entretenir des souffrances croissantes du pays, des affaires arrêtées, de l'inquiétude générale. La crise, d'heure en heure, devenait plus aiguë. On put se croire pendant quelques jours à la veille d'une guerre civile.

Dans ces graves circonstances, le comité des Dix-Huit, dirigé effectivement par M. Gambetta, fit preuve d'une grande sagesse et d'un grand courage. Ce fut lui qui maintint, à travers les épreuves de la crise, l'union de la majorité républicaine de la Chambre et qui ne cessa d'opposer à la résurrection du pouvoir personnel la volonté souveraine du suffrage universel, tel qu'il s'était manifesté au 14 octobre. Il sut le faire sans faiblesse comme sans violence. Et ce fut sa forte attitude qui sauva la République.

Le 4 décembre, la Chambre prit une résolution énergique. Elle décida de ne se dessaisir de l'arme suprême du budget qu'en faveur d'un cabinet de majorité.

SÉANCE DU 4 DÉCEMBRE.

M. JULES FERRY. — Messieurs, la commission du budget m'a chargé de vous faire, relativement à l'état de ses travaux, une communication sur les termes de laquelle elle s'est mise d'accord à l'unanimité.

« Messieurs,

« La commission du budget s'est demandé s'il y avait lieu de détacher, en ce moment, de l'ensemble de la loi de finances, le vote des quatre contributions directes, pour en faire l'objet d'une loi spéciale. Elle en a délibéré, et elle me charge de vous faire connaître, sur ce point, l'état de ses travaux.

« Le vote des quatre contributions ne devrait être et n'est, en effet, dans le fonctionnement régulier des pouvoirs publics, qu'une question d'ordre administratif et financier.

1. Voir à l'Appendice le rapport de la commission d'enquête.

Mais il est manifeste que le vote engagé aujourd'hui, comme
au mois de juin dernier, la question politique tout entière,
c'est-à-dire le principe même du gouvernement constitutionnel et du régime parlementaire (*Très bien! très bien! à
gauche*); il s'agit de savoir, à cette heure, non pas seulement si les rôles des contributions seront confectionnés en
temps utile et si les conseils généraux pourront se réunir,
mais si les mandataires du pays se désarmeront (*Exclamations à droite*) en face d'une politique qui ne désarme pas.
(*Applaudissements à gauche.*) Si la question se pose sur ce
terrain, à qui, Messieurs, faut-il s'en prendre? A la majorité républicaine qui demande qu'on revienne à la règle
parlementaire, au pays qui sait ce qu'il veut et qui l'a fait
connaître, ou bien aux conseillers funestes qui entourent le
pouvoir exécutif, qui l'isolent et qui l'égarent? (*Applaudissements à gauche.*)

« Pour nous, dépositaires des droits de la nation qui s'est
prononcée souverainement le 14 octobre, nous ne nous
dessaisirons pas de ce qui constitue le suprême recours et
la dernière garantie des peuples libres. *Applaudissements à
gauche.*) Nous ne donnerons le vote des quatre contributions
directes qu'à un ministère vraiment parlementaire (*Très
bien! très bien! à gauche*), qui puisse offrir au pays les
garanties sérieuses de sincérité que réclament tant d'intérêts
gravement atteints dans le présent, plus gravement menacés
dans un prochain avenir. (*Applaudissements à gauche.*)

« Quant aux assemblées départementales, elles savent
déjà que si elles n'ont pu tenir en août dernier leur session
budgétaire annuelle, la faute en fut au ministère du 17 mai
qui a tenu non seulement à épuiser, mais à dépasser les
délais prescrits par la Constitution pour la convocation des
collèges électoraux; et elles sauront, cette fois encore, que
si, par malheur, les budgets départementaux n'étaient pas
votés dans le courant du mois de décembre, la responsabilité de ce fâcheux désordre retomberait tout entière sur
ceux qui s'obstineraient à prolonger, malgré le cri de la
misère publique (*Applaudissements à gauche. — Exclamations à droite.*) et l'arrêt complet des affaires, une crise
qu'on est toujours à temps de résoudre, puisqu'il suffirait
d'un moment et d'une inspiration de patriotisme pour y
mettre un terme. (*Applaudissements à gauche.*)

« En conséquence, la commission du budget ne vous présentera, jusqu'à nouvel ordre, aucun rapport sur le budget des contributions directes. (*Vifs applaudissements à gauche.*) »

M. BARAGNON dit qu'il se proposait de demander à la commission des nouvelles de ses travaux. M. Ferry a répondu d'avance. M. Jules Ferry a déposé, en réalité, un rapport concluant au rejet des contributions directes. (*Très bien! à droite. — Réclamations à gauche.*)

Ce refus est une conclusion. Il faut là des actes.

La minorité demande à donner ses raisons contre ce refus antipatriotique. (*Très bien! très bien! sur les mêmes bancs.*)

Cette discussion ne peut être refusée; elle doit se terminer par un vote.

L'orateur demande donc la discussion du rapport pour jeudi prochain, ou, si l'on conclut à un ajournement, la discussion de cet ajournement.

Agir autrement serait une hypocrisie indigne de la majorité. (*Très bien! à droite.*)

M. LE PRÉSIDENT dit que la commission n'a pas fait un rapport et qu'il ne peut mettre à l'ordre du jour une déclaration qui ne propose rien à la Chambre. (*Bruit à droite.*)

Le projet de loi est renvoyé à la commission, et ce n'est que quand cette commission fera un rapport que la discussion pourra s'engager.

M. ROUHER dit que la déclaration de M. Jules Ferry pose la question sur le terrain politique et déclare que la commission du budget ne fera pas de rapport jusqu'à ce que le conflit soit réglé.

La commission a-t-elle le droit d'agir ainsi, et la Chambre n'a-t-elle pas celui de se prononcer sur les intentions qu'elle vient de lui communiquer? En réalité, il n'y a pas de rapport entre les intérêts administratifs en souffrance et le conflit parlementaire. On peut pourvoir à ces intérêts sans rien préjuger de la lutte engagée entre le pouvoir parlementaire et le pouvoir exécutif.

La question vaut la peine d'être discutée, et la minorité a le droit d'en dire son avis. La Chambre seule doit avoir le dernier mot dans ce débat. C'est elle qui décidera s'il y a lieu ou non de pourvoir aux besoins administratifs.

Il y a dans la déclaration autre chose qu'un renseignement : il y a une résolution prise, il y a un engagement annoncé.

Elle doit être discutée, sinon on pourra dire que la voix de la minorité a été étouffée. (*Très bien! très bien! à droite.*)

M. GAMBETTA. — Je demande la parole.

M. LE PRÉSIDENT. — Vous avez la parole.

M. GAMBETTA. — Messieurs, je viens répondre quelques mots à l'honorable orateur qui descend de cette tribune et qui me paraît avoir qualifié tout à fait inexactement la communication que vous a apportée l'honorable M. Ferry au nom de la commission du budget, et cela pour pouvoir en tirer des conclusions absolument contraires à la réalité des desseins et des décisions de cette commission.

Et tout d'abord l'honorable M. Rouher a déclaré que la Chambre et la commission du budget elle-même ne seraient que les instruments d'un comité supérieur qui asservirait à ses volontés et à son caprice l'indépendance des votes de la Chambre.

C'est là, qu'il me permette de le lui dire, un argument indigne de son talent.

La commission du budget n'est que l'expression de la majorité de cette Assemblée. (*Très bien! très bien! à gauche et au centre.*) Et la preuve, c'est que si la Chambre avait à la renommer après la déclaration qui vient d'être faite en son nom, à cette tribune, la commission rencontrerait la même adhésion et les mêmes suffrages. (*Marques d'assentiment sur les mêmes bancs.*) La commission du budget a agi en mandataire scrupuleusement fidèle, elle s'est conformée aux injonctions qu'elle avait reçues de la majorité qu'elle sert et qu'elle représente à cette tribune. (*Très bien! très bien! à gauche et au centre.*)

Par conséquent, écartons ces mots de comité supérieur et extraparlementaire.

Dans la réunion des quatre groupes de gauche qui

constituent la majorité, il n'y a pas de comité directeur, il n'y a pas de pouvoir extraparlementaire; il y a une majorité légale que le pays a envoyée ici pour exécuter ses volontés et qui puise dans l'arsenal de nos lois et dans les prescriptions de nos règlements les moyens toujours légaux et toujours parlementaires de faire enfin prévaloir ses volontés. (*Marques d'adhésion à gauche et au centre.*)

Eh bien, est-il vrai que le rapport... (*Rumeurs et interruptions à droite*) que le rapport verbal, soyez sans aucune inquiétude, Messieurs... est-il vrai que la déclaration, la communication qualifiée de rapport par M. Rouher, constitue un rapport?

Cela, Messieurs, constitue si peu un rapport, que généralement les rapports sont faits sur des propositions de loi, qu'ils examinent ces propositions, qu'ils les critiquent, les modifient, les acceptent ou les rejettent, et que c'est lorsque vous êtes saisis de ces propositions législatives que vous pouvez les mettre à votre ordre du jour, les livrer à vos délibérations et les sanctionner ou les désapprouver par un vote.

Je sais bien qu'on dit que le ministère antiparlementaire, — ici il ne peut pas y avoir de discussion — qui siège quelquefois sur ces bancs... (*Rires et applaudissements à gauche*), a saisi la Chambre d'un projet de distraction des quatre contributions directes du budget général de l'État.

Mais inférer de ce que la commission du budget n'a pas rapporté ce projet ministériel qu'elle refuse de le rapporter, inférer que les minorités seront privées du droit de discuter cette distraction, c'est aller au delà de la vérité et méconnaître l'état des travaux de la commission du budget.

En effet, vous allez avoir, Messieurs, sous peu de jours, — jeudi prochain, — sur le bureau de la Chambre, tous les rapports sur tous les services publics; vous aurez le budget général de l'État en dépenses et en recettes. Quoique nous en ayons été saisis tardivement, nous avons pensé qu'il fallait faire appel au zèle et à l'activité de vos rapporteurs et de vos sous-commissions pour hâter autant que possible, vu la fin de l'année, l'expédition de tous ces rapports. Jeudi nous serons en mesure, nous apporterons tous ces rapports à la tribune, et ce jour-là nous dirons au pays, comme nous pouvons le lui dire dès à présent :

Après l'interruption absolument impolitique et illégale que la France a subie dans sa vie parlementaire depuis le 16 mai, nous avons essayé, dans la mesure de nos forces, de ne pas priver le pays des ressources qu'il prodigue et sur lesquelles il est en droit de compter pour le fonctionnement de ses affaires publiques... (*Très bien! très bien! à gauche*); ce budget général, nous l'avons préparé; les rapports sont là; nous les déposons sur la tribune du corps législatif.

Alors, en règle avec nos devoirs, prêts à la discussion et au vote de tous ces budgets, nous adressant encore au pays, nous ajouterons : Nous, nous sommes prêts; mais nous ne livrerons notre or, nos charges, nos sacrifices, le produit de notre dévouement, que lorsqu'on se sera incliné devant la volonté qui a été exprimée le 14 octobre, de savoir si, en France, c'est la nation qui gouverne ou un homme qui commande. (*Applaudissements prolongés à gauche et au centre. — Un grand nombre de députés se lèvent et acclament l'orateur au moment où il regagne sa place.*)

M. Rouher dit que les explications de M. Gambetta lui donnent raison.

Mais pourquoi reconnaître la nécessité d'un vote de la Chambre sur la question du budget et la méconnaître sur la question des contributions directes?

Un membre. — L'ordre du jour!

M. Rouher dit que la minorité est habituée à se voir enlever la parole.

M. le président déclare que la minorité n'est jamais privée du droit de parole et qu'en ce moment même on écoute l'orateur.

M. Rocher ajoute qu'il y a contradiction entre ce que propose M. Ferry et ce que déclare M. Gambetta, et demande que les deux affaires soient mises à l'ordre du jour de jeudi et discutées en même temps.

La Chambre seule a le droit de trancher la question constitutionnelle que soulèvent ces débats, et la minorité a le droit de faire entendre au pays ses observations sur la responsabilité qu'assume la majorité de la Chambre.

M. le président explique que la commission du budget déclare qu'elle ne fera pas de rapport sur les contributions directes.

Il n'y a rien à soumettre au vote de la Chambre.

La minorité n'est pas pour cela désarmée, puisque l'on peut faire une proposition pour enjoindre à la commission de déposer son rapport.

D'ailleurs on pourra demander jeudi la mise à l'ordre du jour des rapports qui seront déposés.

Dans l'état actuel il n'y a rien à soumettre au vote de la Chambre.

M. Rocher propose la résolution suivante : « La Chambre invite la commission du budget à déposer son rapport sur les contributions directes. »

M. le président dit que cette proposition suivra la voie réglementaire; elle sera renvoyée à l'examen des bureaux. (Bruit et rires.)

M. Rocher dit qu'il s'était empressé de se conformer à la procédure indiquée par M. le président.

Il ne s'agit point ici d'une proposition législative, mais d'une résolution intérieure. Si la proposition est renvoyée dans les bureaux, aucun résultat effectif ne sera obtenu; il s'agit de discuter les intérêts du pays sous la double forme où ils sont engagés.

La minorité pense que le conflit parlementaire ne doit pas laisser en suspens les intérêts administratifs du pays.

Pourquoi ne pas aborder sincèrement la discussion de cette question?

L'orateur demande qu'au lieu de faire de ce débat une affaire politique, on en fasse une affaire réglementaire.

M. LE PRÉSIDENT dit qu'il n'a pas d'autres préoccupations que d'appliquer le règlement.

La proposition de M. Rouher ne peut être affranchie de l'examen des bureaux. Aucun précédent n'autoriserait cette procédure.

M. ROUHER demande la déclaration d'urgence sur sa proposition.

L'urgence est mise aux voix et, à la majorité de 328 voix contre 197 voix sur 525 votants, n'est pas déclarée.

Le lendemain de cette mémorable séance, l'élection du IX⁰ arrondissement de Paris offrit à M. Gambetta une nouvelle occasion de porter à la connaissance du pays la vérité de la crise politique et l'inébranlable résolution de la majorité républicaine. M. Grévy, élu député dans le IX⁰ arrondissement de Paris, et dans l'arrondissement de Dôle, avait opté pour Dôle, et les électeurs du IX⁰ arrondissement de Paris étaient convoqués pour lui donner un successeur. M. Gambetta, président du comité républicain de cet arrondissement, proposa la candidature de M. Émile de Girardin et prononça à cette occasion l'un de ses plus puissants discours. Ce discours, qui produisit une impression immense, n'a pas été recueilli par la sténographie. Nous devons nous borner à reproduire, d'après la *République française*, le compte rendu de la réunion où il fut prononcé.

RÉUNION ÉLECTORALE DU IX⁰ ARRONDISSEMENT

Mercredi, 5 décembre, a eu lieu, au grand gymnase Paz, une réunion privée organisée par le comité électoral républicain du IX⁰ arrondissement : 4,000 personnes environ y ont trouvé place. Les électeurs munis de lettres d'invitation formaient une queue qui tenait toute la rue de Morée et s'étendait jusque dans la rue Milton. Un grand nombre ont dû renoncer à entrer, faute d'espace.

A 8 h. 20 minutes, des acclamations et des applaudissements saluaient l'arrivée de M. Gambetta. Sur l'estrade étaient déjà des sénateurs, des députés, des conseillers municipaux, MM. Peyrat, Joseph Garnier, Noël Parfait, Langlois, Viollet-Le-Duc, Prélet, Dubois, Stupuy, secrétaire du comité, etc., etc.

Un peu plus tard, le même accueil était fait à M. Victor Hugo. Lorsque le silence s'est établi, M. Gambetta a demandé à la réunion de traduire ses sentiments en acclamant président le sublime défenseur du droit républicain, Victor Hugo.

M. Victor Hugo a accepté la présidence, et, a-t-il dit, puisque j'ai la parole, j'en profiterai pour exposer en quelques mots ma pensée sur la situation.

« La situation, citoyens, elle est simple et elle est terrible.

« La France lutte, et lutte contre qui, ou plutôt contre quoi ? Contre le pouvoir personnel.

« Le pouvoir personnel, c'est l'ennemi ; il faut le combattre et il faut l'abattre. (*Bravos prolongés.*) Il faut le combattre comme personnalité. Il faut l'abattre comme système. »

L'orateur, parlant de l'humiliation qu ressent une grande nation soumise au pouvoir discrétionnaire d'un seul homme, s'est écrié :

« Est-il possible que la France, après avoir été envahie par un peuple, soit maintenant envahie par un homme ! (*Triple salve d'applaudissements.*)

« La crise inouïe, incroyable, que nous subissons ne peut durer ; elle est trop cruelle, et il nous appartient, à nous, législateurs, comme à vous, citoyens, d'y mettre un terme. Le combat est engagé, nous devons aller nous aussi jusqu'au bout. Quant à moi, je vous le déclare, j'irai ! (*Explosion de bravos : Nous irons tous !*)

« Et bien ! citoyens, je vous ai dit le devoir des législateurs ; voici le vôtre : Élire un député ! Élire un député, c'est-à-dire dans le combat engagé désigner un combattant. Ce combattant vous l'avez. C'est l'homme qui a lutté avec le plus d'énergie, le plus de courage, le plus de persévérance contre le pouvoir personnel.

« Cette élection est significative : vos suffrages ne seront pas donnés à une personnalité, ils viseront le pouvoir personnel. Je vote pour Émile de Girardin, parce que voter pour Émile de Girardin, c'est voter contre le pouvoir personnel. »

Ce discours émouvant a été couvert d'applaudissements.

M. Gambetta, voulant, comme il l'a dit, éviter à M. Victor

Hugo de faire le ménage de l'assemblée, a donné la parole
à M. Stupuy, secrétaire du comité, qui a donné lecture de
la déclaration suivante :

« M. Émile de Girardin ayant obtenu la majorité des voix,
le comité a décidé qu'il sera le candidat unique présenté à
l'assemblée générale des électeurs. »

M. Gambetta a expliqué que la discussion des candidatures suivrait son cours régulier et que tous les électeurs
qui en exprimeront le désir seront entendus. Il a ajouté :

« L'assemblée décidera en dernier ressort; mais qu'il soit
bien entendu que le candidat définitivement adopté sera le
candidat unique : la solidarité dans le parti républicain est
aujourd'hui plus nécessaire que jamais. »

M. Gambetta a annoncé le désistement de M. Émile Ferry,
maire du IX⁰ arrondissement, dont il a loué chaudement la
conduite, et la retraite spontanée de M. Anatole de la Forge.

M. Anatole de la Forge est venu alors lui-même expliquer
les motifs de sa retraite, et il a dit en finissant :

« Si j'étais électeur du IX⁰ arrondissement, si j'avais
l'honneur d'être membre du comité, je voterais contre ma
propre candidature, pour soutenir celle de M. Émile de Girardin, parce que ce vaillant lutteur, ce défenseur intrépide
du suffrage universel, a rendu depuis six mois d'immenses
services à la République.

« M. Émile de Girardin est le candidat de l'indignation
universelle. » (*Très bien! — Bravos.*)

M. Gambetta a repris la parole et continué l'examen des
candidatures écartées.

M. Paul de Rémusat n'a été battu à Muret (Haute-Garonne)
qu'à très peu de voix, et il sera probablement appelé à prendre une revanche prochaine.

De même pour M. Devoucoux, vaincu à Bourges par la
candidature officielle, lui qui l'avait emporté sur M. Buffet.

M. de Montalivet s'est récusé pour cause de maladie.

Cet examen étant terminé, M. Gambetta a donné la parole
à diverses personnes.

M. Viardot avait été un des dissidents du comité, mais il
déclare qu'il croit devoir donner l'exemple de la discipline
démocratique en se ralliant à la candidature de M. de Girardin.

M. Eugène Paz est venu ensuite faire un appel à l'union :

« Unissons-nous dans une seule pensée ; sachons faire au besoin le sacrifice de nos préférences personnelles, afin de porter nos voix sur le candidat qui a su, depuis le 16 mai, exprimer avec le plus de précision, de vigueur et de courage les sentiments qui sont dans le cœur de chacun de nous. » (*Vifs applaudissements.*)

Puis, personne ne demandant plus la parole, M. Gambetta s'est exprimé à peu près en ces termes :

« Messieurs, je n'ai pas l'intention de vous faire un discours, mais il me semble que je manquerais à mon premier devoir et à l'attente naturelle d'une assemblée de républicains, si je laissais passer l'occasion de vous dire quelques mots sur la situation politique qui pèse sur nous depuis le 14 octobre.

« Vous ressentez tous, comme la France, sans distinction d'opinions et de parti, tout ce qu'il y a d'affreux, d'épouvantable, de cruel dans le cauchemar politique qui pèse sur elle et qui menace d'épuiser jusqu'à son dernier reste de vitalité. Il n'y a pas un cœur, une tête, où ne soient entrées l'horreur du lendemain, la crainte de l'inconnu et la colère contre le présent.

« Tous les intérêts sont menacés, les intérêts matériels et moraux, les intérêts privés et publics, les intérêts de la France au dedans et les intérêts de la France au dehors. La vie sociale menace de s'arrêter. Et l'impuissance où pourrait se trouver demain le pays de résister à une faction détestée, qui depuis sept ans lui refuse la halte nécessaire pour panser ses plaies, a causé dans la France entière un mouvement de stupeur d'abord, puis d'indignation. (*Bravos prolongés.*)

« La France a passé à travers toutes les pressions, toutes les intrigues, toutes les manœuvres pour dire après six mois ce qui est son espoir, sa volonté. Elle l'a dit le 14 octobre. Pourquoi? Parce qu'on lui avait affirmé que sa parole ferait autorité, parce qu'on lui avait assuré qu'elle serait le juge suprême, qu'elle reprendrait possession de son honneur et de sa responsabilité de nation. (*Applaudissements.*)

« Mais quand elle l'a prononcé, ce mot solennel, il s'est rencontré une poignée d'hommes qui ne pèsent rien dans la balance de la volonté nationale, une minorité qui, prenant une attitude factieuse, a osé répondre à la France qu'elle ne tiendrait compte ni de sa volonté ni de ses ordres. Il s'est

trouvé un homme, M. de Broglie, qui a osé représenter ces
votes comme étant le résultat d'une illusion et d'une sorte
de terreur panique. Oui, cet homme est allé jusqu'à calomnier l'honneur national pour conserver le pouvoir quinze
jours de plus! (*Acclamations et bravos.*)

« La question est entière : la France a parlé et on ne lui
a pas obéi. Mais elle a des mandataires au cœur froid, à la
tête sûre, résolus à faire vider une fois pour toutes cette
question : « Si la France est esclave ou souveraine. » Si la
France est esclave..... elle même a répondu déjà, elle a créé
une majorité à laquelle elle a recommandé de ne pas sortir
de la légalité, mais à condition que personne n'en sorte.
(*Triple salve d'applaudissements.*)

« Nous sommes en face de la suprême question : La force
résistera-t-elle au droit? »

« Si la majorité se contente de faire son devoir, tout son
devoir, et elle le fera, ce que je puis vous dire, c'est que la
force et le droit se trouveront du même côté. » (*Applaudissements prolongés.*)

M. Gambetta a alors rendu hommage au désintéressement
des candidats qui ont, sans balancer, donné l'exemple de la
discipline et de l'abnégation, aux républicains dont M. Viardot avait été l'organe, et qui ont su faire une œuvre habile
et patriotique en sacrifiant aux besoins du présent le souvenir des dissentiments du passé. Après avoir rapidement
rappelé les services éclatants rendus dans la crise actuelle
par le candidat que vient d'adopter le comité républicain du
IXᵉ arrondissement, M. Gambetta a dit en terminant:

« Votez pour M. Émile de Girardin, votez pour le polémiste étincelant et redoutable qui a posé les vraies questions
de l'heure présente comme le peuple entend qu'elles soient
posées, c'est-à-dire avec simplicité et avec vigueur.

« J'ignore si nous irons au scrutin du 16 décembre, car
nous vivons à une époque singulière, où, même lorsqu'il
s'agit des prescriptions de la loi, l'on ne sait pas si l'on peut
compter sur huit jours de sécurité ou seulement de proba-
bilité.

« Mais, lors même que nous ne pourrions aller au scrutin
le 16 de ce mois, la candidature seule de M. de Girardin aurait été une éclatante protestation.

« Je termine par un mot que je voudrais savoir entendu,

non pas seulement par vous, mais par la France, par l'Europe, par le monde entier, le mot même que M. de Girardin prononçait au lendemain du 24 février 1848, et dont je ferai une application un peu différente : Ayez confiance ! » (*Double salve d'applaudissements. — Vive la République !*)

La candidature de M. de Girardin proposée comme unique candidature de l'opinion républicaine dans le neuvième arrondissement aux élections probables du 16 décembre, a été mise ensuite aux voix et adoptée à l'unanimité. Pas un seul électeur ne s'est levé à la contre-épreuve.

La séance s'est terminée à neuf heures et demie. Les notabilités présentes, notamment MM. Victor Hugo et Gambetta, ont été vivement acclamées à la sortie. »

Il ne nous appartient pas d'entrer ici dans le détail des événements qui suivirent les deux journées du 4 et du 5 décembre. L'histoire du comité des Dix-Huit n'est pas encore faite et celle du complot militaire, qui fut ébauché par la réaction aux abois, est encore très obscure. Nous nous bornons à emprunter au journal *l'Estafette* (n° du 6 janvier 1878) l'historique des diverses négociations qui se poursuivirent à l'Élysée après le vote de la Chambre sur la résolution de la commission du budget. Cet historique, dont l'auteur est évidemment l'un des acteurs principaux de cette période, est le résumé fidèle du dernier chapitre du Seize Mai.

8 décembre. — M. Batbie se charge de constituer un cabinet de dissolution. Ses auxiliaires probables sont MM. Dupuy de Lôme, Depeyre, Daru et Vandier. Tous escomptent comme certain le concours du Sénat.

9 décembre. — M. de Montgolfier accepte le ministère des finances ; le cabinet paraît constitué.

10 décembre. — Le ministère Rochebouët demande que l'on hâte la solution. L'amiral Roussin refuse de faire partie du nouveau cabinet. Il sera remplacé par l'amiral Dompierre d'Hornoy, qui accepte le poste de ministre de la marine.

MM. Daru et Dupuy de Lôme se retirent. MM. de Maillé, Jahan et Vandier prennent les portefeuilles des finances, des travaux publics et du commerce. M. de Montgolfier passe à l'intérieur.

Discussion du programme de M. Batbie, en présence de M. Buffet. Le maréchal déclare vouloir rester dans la légalité. Le ministère demandera au Sénat une nouvelle dissolution. Pour remplacer le vote du budget, un décret-loi paru le 1er janvier promulguerait le budget et serait soumis à la ratification du pays par voie de plébiscite.

Plusieurs des futurs ministres réclament l'état de siège comme condition nécessaire de la réussite de ce programme. Le maréchal refuse de souscrire à cette condition.

11 *décembre*. — Le maréchal est disposé à donner sa démission. M. Batbie lit au futur cabinet le message préparé à cet effet. Il y était dit textuellement « que la résistance l'aurait entraîné à sortir de la légalité; qu'il avait donné sa parole de maintenir la loi et la Constitution de son pays, et que cette parole, il lui était impossible de la violer ».

MM. de Maillé, Jahan et Vandier, partisans du programme de la dissolution avec l'état de siège, refusent de faire partie d'un ministère de démission et se retirent.

Intervention de Mgr Dupanloup qui propose un ministère où figureraient les noms de MM. Pouyer-Quertier, Ancel, de Lareinty, Leguay et général Ducrot à l'intérieur. Mais il faut avant tout faire revenir le maréchal sur sa décision, et triompher des scrupules de MM. Ancel et Pouyer-Quertier qu'on a mis en avant sans les avoir consultés.

12 *décembre*. — M. Pouyer-Quertier signale l'illégalité des mesures financières proposées et refuse énergiquement de prendre part à la combinaison : « L'opinion publique, dit-il, dans tous les grands centres industriels, est hostile au maréchal. Le pays entier a vu avec un immense désappointement l'échec de la combinaison Dufaure. Il faut reprendre les pourparlers avec lui. »

Le maréchal répond qu'il préfère donner sa démission.

Supplications de MM. Depeyre, Ancel, Pouyer-Quertier, de Rochebouët, de Montgolfier, d'Espeuilles, de Lareinty, de Banneville qui lui affirme avoir en portefeuille des dépêches faisant redouter des complications avec l'Allemagne.

Le maréchal répond les larmes aux yeux : « Vous m'assurez que j'ai encore un devoir à remplir; je suis forcé de vous croire. En le remplissant, je vais sans doute perdre, aux yeux de ceux qui me connaissent, toute ma dignité et une partie de mon honneur. J'aimerais mieux être fusillé que

de prendre la résolution que vous m'indiquez. Cependant,
j'aime assez mon pays pour lui sacrifier, je ne dis pas
ma vie, ce qui est fait, mais la dernière parcelle de mon
honneur. »

M. le duc d'Audiffret-Pasquier est rappelé et consent à
servir d'intermédiaire auprès de M. Dufaure, non toutefois
sans avoir reproché amèrement au maréchal sa complaisance
au regard d'hommes qui ont attenté depuis six mois au repos
de la France et font tout encore pour fomenter la guerre
civile. Ces reproches provoquent une scène violente avec
M. Balbie.

Le lendemain, le ministère Dufaure était constitué. Il
était composé comme suit :

Présidence du conseil et justice. MM.	Dufaure.
Affaires étrangères.	Waddington.
Intérieur.	De Marcère.
Finances.	Léon Say.
Guerre.	le général Borel.
Marine et colonies	l'amiral Pothuau.
Instruction publique et cultes. .	Bardoux.
Travaux publics. . . . . : .	De Freycinet.
Agriculture et commerce.	Teisserenc de Bort.

Le message suivant fut lu au Sénat par M. Dufaure, et à
la Chambre des députés par M. de Marcère.

« Messieurs,

« Les élections du 14 octobre ont affirmé une fois de plus
la confiance du pays dans les institutions républicaines.

« Pour obéir aux règles parlementaires, j'ai formé un cabinet choisi dans les deux Chambres, composé d'hommes
résolus à défendre et à maintenir ces institutions par la
pratique sincère des lois constitutionnelles.

« L'intérêt du pays exige que la crise que nous traversons
soit apaisée. Il exige avec non moins de force qu'elle ne se
renouvelle pas.

« L'exercice du droit de dissolution n'est, en effet, qu'un
mode de consultation suprême auprès d'un juge sans appel,

et ne saurait être érigé en système de gouvernement. J'ai cru devoir user de ce droit, et je me conforme à la réponse du pays.

« La Constitution de 1875 a fondé une République parlementaire en établissant mon irresponsabilité, tandis qu'elle a institué la responsabilité solidaire et individuelle des ministres.

« Ainsi sont déterminés nos devoirs et nos droits respectifs : l'indépendance des ministres est la condition de leur responsabilité nouvelle.

« Ces principes, tirés de la Constitution, sont ceux de mon gouvernement.

« La fin de cette crise sera le point de départ d'une nouvelle ère de prospérité.

« Tous les pouvoirs publics concourront à favoriser ce développement. L'accord établi entre le Sénat et la Chambre des députés, assurée désormais d'arriver régulièrement au terme de son mandat, permettra d'achever les grands travaux législatifs que l'intérêt public réclame.

« L'Exposition universelle va s'ouvrir, le commerce et l'industrie vont prendre un nouvel essor, et nous offrirons au monde un nouveau témoignage de la vitalité de notre pays, qui s'est toujours relevé par le travail, par l'épargne et par son profond attachement aux idées de conservation, d'ordre et de liberté. »

La *République française* du 15 décembre publia l'article suivant :

« Le message de M. le président de la République, lu à la tribune du Sénat par M. Dufaure, et à la tribune de la Chambre des députés par M. de Marcère, sera accueilli dans toutes les communes de France par une joyeuse approbation. Il est possible, en effet, de penser qu'un message peut être contredit par un autre message et que la défiance est encore le commencement de la sagesse, mais il est impossible de ne pas reconnaître l'accent républicain et la vraie doctrine de la souveraineté nationale dans le langage du nouveau manifeste présidentiel. C'est l'honneur des élus du 14 octobre d'avoir obtenu et c'est l'honneur des ministres du 14 décembre d'avoir exigé ces déclarations si nettes et si précises, qui seront désormais le commentaire officiel de

notre Constitution et qui rendent bien difficile un retour
offensif contre le droit républicain et contre le règne du
suffrage universel.

« L'obéissance aux décisions de la majorité, la soumission
du pouvoir exécutif au jugement sans appel du corps électoral, la répudiation des théories de ceux qui voulaient faire
de la dissolution un système de gouvernement, la condamnation du pouvoir personnel et l'abdication de toutes les
prétentions et de toutes les influences avouées ou occultes
qui essayaient de gêner l'indépendance des ministres responsables et de protéger contre eux certains fonctionnaires
insoumis, l'inviolabilité de la Chambre nouvelle contre laquelle le Sénat et le président renoncent à exercer aucune
pression, ayant épuisé leur droit en recourant à l'épreuve
des élections dernières, l'engagement pris solennellement
devant le pays de le laisser travailler en repos, de ne plus
le troubler désormais dans son œuvre de relèvement, de le
délivrer pour toujours de ses agresseurs et de ses tyrans :
voilà ce que le message a eu pour but de promettre à la
Chambre des députés, et voilà le prix qu'on lui offre en
échange de son concours nécessaire.

« Les ministres qui se portent garants des promesses du
message sont des hommes de conviction sincère et qui ne
se sont pas contentés de phrases vagues et de vaines
paroles. Ils ont dû prendre leurs précautions, ils ont dû
s'entourer de garanties sérieuses. Comment reviendrait-on
maintenant sur des résolutions annoncées dans cette forme
et dont les résultats ne sauraient tarder à se montrer par
des actes que la nation attend, sur lesquels elle a le droit
de compter ?

« Quant à nous, sans nous abandonner à une satisfaction
sans mélange, car tout danger n'est pas écarté encore, il ne
nous paraîtrait pas juste de ne pas constater que le cabinet
formé par M. Dufaure se présente dans des conditions bien
faites pour lui gagner la faveur de l'opinion et qui ne
ressemblent pas aux conditions qui ont amené l'échec de
M. Ricard et de M. Jules Simon. Nos députés ont déjà conquis
une première récompense de leur patriotique fermeté : ils
ont vaincu l'obstination de la résistance qui se donnait
comme invincible. Ce n'est pas une raison pour renoncer à
la vigilance et s'abandonner à une imprudente quiétude,

mais c'est assez pour espérer une prompte et décisive victoire. Nous croyons que les ministres ont en main tous les
moyens d'être les plus populaires de tous les ministres que
nous ayons eus depuis longtemps, et qu'ils ont l'intention
de mériter cette précieuse popularité et de s'en servir. »

APPENDICE

RAPPORT

FAIT AU NOM DE LA COMMISSION [1]
CHARGÉE DE FAIRE UNE ENQUÊTE PARLEMENTAIRE
SUR LES ÉLECTIONS DES 14 ET 28 OCTOBRE 1877

Par M. Henri Brisson, député.

Messieurs,

La Chambre des Députés a renvoyé devant sa commission d'enquête électorale :

1° Les actes du ministère nommé le 17 mai 1877, avec mission d'apprécier la responsabilité de leurs auteurs et de proposer à la Chambre les résolutions que ces actes lui paraîtraient comporter;

2° Et, à l'occasion d'une pétition dont vous avez gardé le souvenir, certains faits spéciaux qui ont signalé la première quinzaine du mois de décembre 1877.

En saisissant la même commission de ces deux ordres de faits, la Chambre des Députés a suffisamment indiqué que, dans sa pensée, elle ne les séparait point; qu'elle les rattachait, les uns et les autres, à un plan concerté pour changer la forme du gouvernement.

Il est manifeste, en effet, Messieurs, que les ennemis de la Constitution se sont livrés, entre le 16 mai et le 14 décembre 1877, à deux genres d'action, distincts sans doute par

1. Cette Commission était composée de MM. Grévy (Albert) *président;* Brisson (Henri), général de Chanal, *vice-présidents;* le baron Boissy-d'Anglas, Brelay, Joly (Albert), Ménard-Dorian, *secrétaires;* Buyat, Lecherbonnier, Mercier, Allain-Targé, Lavergne (Bernard), Casse (Germain), Lisbonne, Laisant, Renault (Léon), Floquet, Jozon, Fréminet, Crozet-Fourneyron, Lelièvre, Lockroy, Varambon, Boysset, Blanc (Louis), Villain, Bethmont, Noirot, Spuller, Balbaut, Millaud (Édouard), Christophle (Albert), Perin (Georges).

les moyens employés, mais tendant au même but, dictés par la même pensée, procédant des mêmes inspirations.

Durant la première période, les meneurs de l'affaire ont eu pour principal objet de contraindre le suffrage universel à revenir sur son vote du 20 février 1876. Obtenir une majorité contraire à la République, tel était le résultat cherché. Pour y parvenir, rien n'a été négligé : la Constitution a été violée : des lois formelles ont été foulées aux pieds; la liberté individuelle des citoyens a subi des atteintes illégales; la magistrature a été invitée à faire de la justice une arme de parti; la corruption, la fraude, la violence, la terreur, ont été mises en œuvre. C'est la période qui a été close par les votes du 14 et du 28 octobre.

La seconde s'ouvre au lendemain du scrutin; elle dure jusqu'au 14 décembre. Durant ces deux mois, les fauteurs du 16 mai organisent les moyens de suppléer par l'emploi de la force, l'assentiment national qu'ils n'ont pu obtenir. Ce qui a été fait alors, tenté, préparé, à la veille de s'accomplir, achève d'éclairer les véritables desseins des auteurs et des principaux instruments du 16 mai.

Nous examinerons brièvement ces deux périodes.

I

Le 16 mai, Messieurs, a été un coup imprévu pour l'opinion publique; mais il avait été de longue date préparé par ses auteurs, c'est-à-dire par les hommes qui, durant cinq années, avaient essayé, dans l'Assemblée nationale, d'empêcher la fondation de la République et de restaurer la monarchie.

Ils tenteront sans doute de se réfugier derrière certaines dispositions des lois constitutionnelles; ils prétendront, à l'aide d'interprétations subtiles, trouver dans tel ou tel texte un moyen de couvrir leurs illégalités. Ce n'est pas la première fois, Messieurs, que des ministres coupables cherchent un abri derrière des textes en apparence équivoques; l'article 14 de la Charte est demeuré célèbre sous ce rapport.

Les juges de 1830 ont pensé qu'une constitution qui autoriserait un coup d'État légal serait un non-sens; les minis-

tres de 1877 ne trouveront sans doute pas plus de grâce pour
leurs argulies.

Obligés de s'incliner, tout au moins en apparence, devant
le verdict national du 20 février 1876, les inventeurs de la
politique de combat ne s'étaient cependant jamais pliés à
une application sincère et complète des règles du gouvernement constitutionnel.

L'influence qu'ils avaient gardée sur l'esprit de M. le
président de la République leur avait permis d'empêcher la
formation d'un cabinet véritablement homogène et parlementaire.

Dans le cabinet Dufaure-Ricard comme dans le cabinet
Jules Simon-Martel, ils avaient conservé une représentation
qui leur fournissait le moyen de contrarier l'action des
ministres républicains.

En même temps, leur tacticien favori élevait le conflit
entre les deux Chambres à la hauteur d'une doctrine politique; non contents de la théorie, ils formaient au Sénat,
en y appelant les personnages les plus connus pour leur
hostilité à la République, une majorité prête à les suivre
dans cette direction.

Ils ne pouvaient, en effet, retarder beaucoup leur entrée
en campagne.

L'année 1877 devait voir le renouvellement par moitié
des conseils de département et d'arrondissement et le renouvellement intégral des conseils municipaux, c'est-à-dire des
assemblées qui décident de la nomination des sénateurs.
Si cette triple élection s'opérait sans pression, sous l'œil
d'une administration libérale et impartiale, le sort des prochaines élections sénatoriales était compromis, la République
possédait la majorité dans les deux Chambres. Cette combinaison, mêlée de légalité frelatée et de violence, sur laquelle
on comptait pour renverser nos institutions, cette combinaison devenait impossible ou trop périlleuse.

Menacés de perdre, à bref délai, la majorité dans la
seconde Chambre, les meneurs de la coalition anti-républi-
caine résolurent de brusquer l'aventure, et d'obtenir de
haute lutte, s'il était possible, la majorité dans la Chambre
des députés.

Un évènement que vous n'avez pas oublié vint, d'ailleurs,
leur donner le signal de l'action.

Justement émue des manifestations dangereuses du parti clérical et de plusieurs évêques, la Chambre des députés avait, par son ordre du jour du 4 mai, signalé ces menées au gouvernement. La faction ultramontaine, lien commun des partis inconstitutionnels, ne voulut plus souffrir de retard; ses journaux prophétisèrent la chute prochaine du ministère présidé par M. Jules Simon.

Quelques jours après, le 16 mai s'accomplissait.

La session de 1876 s'était terminée dans un calme profond; celle de 1877 se poursuivait de même. Sur la question de ses prérogatives financières, la Chambre des députés, pour maintenir l'harmonie entre les pouvoirs publics avait accepté provisoirement une transaction que ses prédécesseurs, sous la monarchie, n'avaient point consentie. L'ordre et la tranquillité étaient partout. Pas le moindre symptôme de trouble ou de désobéissance aux lois. Le 16 mai parut donc un coup de foudre.

Pour nous expliquer sur cet événement avec toute liberté, il nous suffira de demeurer fidèles à l'esprit comme à la lettre de la Constitution, et d'attribuer aux conseillers de M. le président de la République, la responsabilité de tous les actes politiques de son gouvernement, sans en excepter aucun.

Les motifs invoqués pour l'éviction de M. Jules Simon étaient si futiles, les griefs articulés contre la Chambre des députés, si contraires à la réalité, qu'on n'y peut voir que des prétextes. N'ayant point de motifs sérieux d'agir et ne pouvant toutefois retarder le moment d'agir, on agissait sans motifs. Jamais préméditation ne fut plus évidente.

Tout démontre d'ailleurs que l'on agissait d'après un plan concerté. Tout le monde fut surpris par le 16 mai, hormis ceux qui en profitèrent.

La rapidité avec laquelle les mesures nécessaires ont été accomplies, la promptitude apportée dans le changement du personnel administratif, le choix des fonctionnaires arrêté d'avance, tout enfin s'accorde à faire voir combien les ministres du 17 mai étaient prêts à s'emparer du pouvoir. La France a reconnu là la main qui avait fait le 24 mai.

Non, le 16 mai n'est pas l'improvisation de sauveurs effrayés par le débordement du « radicalisme » et prenant soudain une résolution virile ; c'est simplement l'entrée en scène d'acteurs qui attendaient leur moment ; c'est la prise de possession officielle du pouvoir par un gouvernement occulte, depuis longtemps préparé dans la coulisse.

Quel a été le but, quelle a été l'action de ce gouvernement ? Quels griefs la nation a-t-elle à diriger contre lui ?

Vous connaissez déjà, Messieurs, par la vérification des pouvoirs et vous retrouverez, dans une série de rapports régionaux, le tableau général des élections auxquelles ont présidé les ministres du 16 mai. Aujourd'hui, nous nous proposons seulement de relever devant vous quelques-uns des actes qui engagent leur responsabilité d'une façon particulière.

VIOLATION DE LA CONSTITUTION

§ 1er. — Le cabinet présidé par M. le duc de Broglie a, suivant nous, violé la Constitution d'une façon générale :

En remettant en question l'existence de la République ;

En poussant M. le président de la République à assumer le pouvoir personnel ;

En essayant ainsi de transformer la Constitution républicaine parlementaire en une sorte de dictature.

Les ministres ont remis en question, disons-nous, la forme du Gouvernement.

Cette question avait été tranchée par les lois constitutionnelles, sur la demande même de M. le président de la République, lorsque, dans son message, le 9 juillet 1874, il s'exprimait en ces termes :

« Il faut que les questions réservées soient résolues. Il n'est pas de plus impérieux devoir que celui qui consiste à assurer au pays, par des institutions régulières, le calme, la sécurité, l'apaisement. »

Les questions réservées, nous le répétons, l'Assemblée nationale les avait résolues en faveur de la République. Malgré des déclarations hypocrites, le ministère du 16 mai les a posées de nouveau. Il en a fait le terrain de la bataille électorale. Il n'a demandé à ses fonctionnaires, il n'a demandé à ses candidats, il n'avait demandé à ses propres membres, divisés sur tant de points, que de s'accorder sur celui-ci : La haine de la République.

Les républicains les plus modérés ont été combattus avec autant d'acharnement que les plus avancés. De tels actes ne laissent pas de prise à l'équivoque. Le pays ne s'y est pas trompé; il a senti que la forme du gouvernement était menacée, qu'on avait l'intention de le rejeter dans le provisoire, qu'on le conduisait à la monarchie, si on le pouvait, et sinon à la dictature.

Cette dictature qui était le but, n'a-t-elle pas été aussi le moyen des auteurs de l'entreprise? N'ont-ils pas privé la nation de son Parlement durant six mois? N'ont-ils pas violé la Constitution en déplaçant la responsabilité politique!

Aux termes des lois constitutionnelles, le président de la République est irresponsable et les ministres seuls sont responsables de la politique générale du gouvernement.

Cette règle salutaire, commune à tous les pays libres, unique garantie contre l'établissement du pouvoir personnel, cette règle a été méconnue par les ministres du 16 mai. Le président de la République a été constamment mis face à face avec la nation. Dès le début, ils se sont dérobés derrière celui que leur rôle était de couvrir; leur culpabilité n'en paraîtra pas atténuée.

Des actes ultérieurs, et nombreux, nous les montrent d'ailleurs assumant directement la responsabilité de cette violation.

Le message adressé aux deux Chambres le 18 mai est contresigné par M. le duc de Broglie, président du conseil, et par M. de Fourtou, ministre de l'intérieur. Ce document n'est qu'une longue revendication du pouvoir personnel.

Dans le message adressé le 16 juin au Sénat, nous retrouvons le même langage. Ma politique, mon gouvernement, ma pensée, telles sont les expressions mises constamment par les ministres dans la bouche ou dans les écrits du président, non seulement lorsqu'il s'adresse aux Chambres, mais encore à Bourges, à Évreux, à Bordeaux, à Tours, partout en un mot.

Dans un ordre du jour publié en tête du *Journal officiel* et affiché dans toute la France, M. le président de la République parle de sa mission aux troupes et leur donne l'assurance qu'il la remplira jusqu'au bout.

« Jusqu'au bout » devient dès lors le mot d'ordre du pouvoir et de ses agents. Le « maréchal », dit-on, ne reculera pas. Déjà, dans leurs discours devant les deux Chambres, les ministres avaient affirmé que M. le président de la République avait le droit d'avoir une politique personnelle.

Bientôt ils soutiendront que, cette politique personnelle, il a le droit et le devoir de la faire prévaloir contre la nation elle-même, exprimant régulièrement sa volonté dans ses comices électoraux. Le 19 septembre, M. le président de la République adresse un manifeste aux Français et il leur dit :

« Il faut que vous sachiez ce que j'ai fait, *ce que j'entends faire*, et quelles seront les conséquences de ce que vous allez faire vous-mêmes.

« ... Mon gouvernement vous désignera, parmi les candidats, ceux qui, seuls, pourront s'autoriser de mon nom. Des élections favorables à ma politique faciliteront la marche régulière du gouvernement existant.

« Des élections hostiles aggraveraient le conflit entre les pouvoirs publics, entraveraient le mouvement des affaires, entretiendraient l'agitation, et la France, au milieu de ces complications nouvelles, deviendrait pour l'Europe un objet de défiance.

« Quant à moi, mon devoir grandirait avec le péril. Je ne saurais obéir aux sommations de la démagogie. Je ne saurais ni devenir l'instrument du radicalisme, ni abandonner le poste où la Constitution m'a placé.

« Je resterai pour défendre, avec l'appui du Sénat, les intérêts conservateurs et pour protéger énergiquement les fonctionnaires fidèles qui, dans un moment difficile, ne se sont pas laissé intimider par de vaines menaces. »

Ce manifeste est contresigné par M. de Fourtou, ministre de l'intérieur. N'est-ce pas là le langage de la dictature, en même temps que la pression électorale la plus intense ?

Enivré par ces paroles véhémentes, l'un des principaux organes du ministère [1], escomptant le triomphe de « la politique présidentielle », disait nettement qu'après les élections, le maréchal aurait « le pouvoir tout à fait prépondérant d'un maître », et il ajoutait : « Les républicains ne peuvent nous défendre d'avoir confiance à la loyauté du maître, auquel les élections vont donner un pouvoir dictatorial. »

[1]. Le *Français* du 3 septembre 1877.

L'établissement de la dictature, tel était bien l'incontestable dessein des ministres du 16 mai. La fermeté des électeurs a déjoué ces calculs. Éclairé par les évènements, averti par sa loyauté, M. le président de la République n'a point suivi jusqu'au bout les détestables conseils de ses ministres; quant à ceux qui ont donné ces conseils, qui ont persisté durant deux mois dans leur résistance à la nation, qui ont tenté tout, jusqu'à l'emploi de la force, pour mettre en pratique le « jusqu'au bout », vous apprécierez, Messieurs, leur responsabilité.

Ils ont attenté, suivant nous, à la Constitution du pays.

§ 2. — Les ministres du 17 mai ont encore violé les lois constitutionnelles en retardant les élections au delà du délai qu'elles ont fixé.

L'article 5 de la loi constitutionnelle du 25 février 1875, relative à l'organisation des pouvoirs publics, est ainsi conçu :

« Le président de la République peut, sur l'avis conforme du Sénat, dissoudre la Chambre des Députés avant l'expiration légale de son mandat.

« En ce cas, les collèges électoraux sont convoqués pour de nouvelles élections dans le délai de trois mois. »

On pourrait sans doute établir que la dissolution d'une Chambre dont le mandat ne remontait guère à plus d'un an, était un abus illégitime de la faculté constitutionnelle accordée au pouvoir exécutif; la Chambre des députés n'était point en désaccord avec le ministère frappé le 16 mai; la majorité n'y était ni douteuse ni flottante; aucun indice ne permettait de soupçonner qu'elle ne représentait plus fidèlement l'opinion de ses électeurs. Elle ne se trouvait donc dans aucun des cas de dissolution prévus par le bon sens et par les usages constitutionnels. La proposition de dissolution a été comme la prise de possession du pouvoir par le ministère du 16 mai, un pur fait d'arbitraire.

Dans tous les cas, le ministère du 16 mai a méconnu les prescriptions de l'article 5 de la loi constitutionnelle. Quand le paragraphe 2 de cet article dispose que les électeurs devront être convoqués pour de nouvelles élections dans le délai de trois mois, il signifie, qu'entre la dissolution et le jour du scrutin, il ne pourra s'écouler un plus long intervalle.

Tel a été le sens des dispositions analogues de toutes les constitutions antérieures; tel est le sens de la disposition qui nous régit aujourd'hui. Le délai de trois mois est un délai maximum au delà duquel il n'est pas permis de laisser la nation sans représentants.

En fait, sous la Charte de 1814, sous celle de 1830, sous la Constitution de 1852, jamais les délais impartis au chef de l'État n'ont été atteints. Il était réservé à M. le duc de Broglie, à M. de Fourtou et à leurs collègues de les dépasser.

L'article 5 a imposé une limite légale à la période durant laquelle le pays pourrait être privé de députés; si on l'applique à la réunion des électeurs, cette prescription a un sens et une efficacité, puisque dans les trois mois, une nouvelle Chambre succède à celle qui a été dissoute; si on l'applique au décret de convocation, elle demeure sans signification et sans vertu, puisque la période électorale, peut être illimitée et qu'ainsi l'interrègne parlementaire pourrait être infiniment prolongé, ce que la loi veut empêcher. Or, il est de règle d'interpréter les lois dans le sens où elles peuvent être exécutées, et non pas de leur donner l'interprétation qui en ferait une lettre morte.

En fait, la dissolution a été prononcée le 25 juin; l'élection aurait dû avoir lieu le 25 septembre au plus tard. Elle a été retardée jusqu'au 14 octobre. Le ministère a inconstitutionnellement prolongé la dictature inconstitutionnelle déjà qu'il exerçait sous le couvert de M. le président de la République.

Il a ainsi engagé sa responsabilité. Le ministre de l'intérieur, qui a contresigné le décret de la convocation, et le conseil des ministres, qui l'a approuvé, tombent, suivant nous, sous le coup de l'article 12, § 2, de la loi du 6 juillet 1875, lequel traite de la mise en accusation des ministres.

VIOLATION DES LOIS

Les lois constitutionnelles proprement dites ne sont pas les seules qui aient été violées par les ministres du 17 mai.

Ils ont violé l'article 21 de la loi du 10 août 1871, qui leur commandait de procéder à l'élection de la moitié des membres des conseils généraux avant la session ordinaire du mois d'août 1877.

Ils ont violé l'article 35 de la loi du 22 Juin 1833, qui leur commandait de procéder à l'élection de la moitié des membres des conseils d'arrondissement.

Ils ont violé l'article 39 de la loi du 10 mai 1838, qui leur commandait de réunir les conseils d'arrondissement avant la session du conseil général.

Ils ont violé l'article 3 de la loi du 27 décembre 1875, lequel est ainsi conçu : « L'interdiction de vente et de distribution sur la voie publique ne pourra plus être édictée par l'autorité administrative comme mesure particulière contre un journal déterminé. »

Or, de nombreux documents prouvent que les ministres et leurs agents ont prononcé des interdictions de ce genre.

Tout le monde connaît la circulaire relative au colportage, adressée par le ministre de l'intérieur aux préfets et insérée dans le *Journal officiel* du 5 juin. Le public connaît moins la circulaire qu'il leur faisait parvenir par voie télégraphique, le 9 du même mois, sur le même sujet.

On y lisait :

« Certains de vos collègues ont fait connaître aux colporteurs et distributeurs qu'un délai assez bref, dix à quinze jours, leur était imparti pour le renouvellement ou le retrait des autorisations de colportage antérieurement délivrées, et qu'à partir de la date indiquée toute permission non renouvelée ou non revêtue d'un nouveau visa de la préfecture, serait considérée comme nulle et non avenue. Je trouve la mesure excellente et je vous invite à l'appliquer dans votre département. »

On aperçoit déjà dans cette dépêche le détour à l'aide duquel le ministère compte échapper aux prescriptions de la loi du 27 décembre 1875 : les autorisations de colportage seront retirées à tout distributeur qui ne s'engagera point à ne vendre que les journaux favorables au gouvernement.

Dès le 26 juin, nouvelle circulaire télégraphique :

« *Intérieur à préfet.*

« Veuillez m'adresser dans le plus bref délai un rapport spécial me rendant compte des mesures que vous avez prises pour l'exécution de ma circulaire sur le colportage, et me faisant connaître les résultats obtenus. »

Enfin, le 29 septembre, au cours de la période électorale,

troisième circulaire télégraphique ayant le même objet.

« Dans la période où nous sommes, il convient de tenir fermement la main à l'exécution de ma circulaire sur le colportage.

« Je crois devoir, en présence des renseignements qui me parviennent, la rappeler à votre attention. »

Dans bien des cas, d'ailleurs, la violation de la loi se montre à découvert.

Le 15 juin, M. le préfet de l'Ardèche télégraphie à M. le ministre de l'intérieur :

« Je vous serai reconnaissant de me dire si je puis autoriser sans inconvénients colportage du *Petit Journal*. »

Le ministère répond :

« Plusieurs de vos collègues ont refusé les autorisations de colporteurs à ceux qui vendaient ou se proposaient de vendre le *Petit Journal*. »

Voilà bien la mise en œuvre de la circulaire du 9.

Le 22 juin, le préfet de l'Ariège adresse le télégramme suivant à son ministre :

« Puis-je refuser l'autorisation de colportage du *Petit Journal?* »

Le même jour le ministre répond :

« Vous ne devez pas hésiter. »

Le 30 juin, télégramme du préfet de l'Aude au ministre :
« Je vous prie de me faire connaître si vous êtes d'avis de laisser vendre le *Petit Journal*, qui paraît en ce moment se désintéresser de la politique, mais de la part duquel c'est peut-être une manœuvre. »

Réponse du ministère :

« Je suis d'avis de l'interdire. »

La théorie du ministère de l'intérieur est d'ailleurs parfaitement simple. Le préfet de la Haute-Garonne lui ayant demandé sans doute la liste des journaux à interdire, le ministre répond :

« Je n'ai pas à vous envoyer la liste que vous demandez. Les journaux se partagent actuellement en deux nuances bien tranchées : Ceux qui attaquent le Gouvernement et ceux qui le défendent. Vous devez faciliter la diffusion de ces derniers, et refuser l'autorisation de colportage aux vendeurs des premiers, dans les gares comme sur la voie publique ; c'est à vous de vous renseigner. »

Après cette dépêche, il est inutile d'insister. Le ministère de l'intérieur a visiblement considéré comme n'existant point l'article 3 de la loi du 25 décembre 1875.

Nous passons rapidement sur ce qui concerne les librairies dites « fictives » et la fermeture des cabarets. Le célèbre arrêté de M. de Nervo, préfet de la Haute-Loire, retirant du même coup toutes les autorisations de débits de boissons, demeure le type de la violation des lois.

Ce que toutes ces mesures contraires, soit aux lois constitutionnelles, soit aux lois ordinaires, ont de particulièrement grave, c'est qu'elles sont le résultat d'un concert entre des individus dépositaires de l'autorité publique, et c'est ce qui ne saurait échapper, si le cabinet de Broglie est mis en accusation, aux juges qui auront à délibérer sur le sort des ministres. Ils mettront ces actes en regard des articles 123 et 124 du Code pénal qui s'y appliquent expressément.

PRÉVARICATION

L'objet du présent rapport n'est pas, Messieurs, nous l'avons déjà dit, de présenter l'histoire générale des élections du 14 octobre 1877. Si nous avions à la retracer, il faudrait faire passer sous vos yeux, d'abord les circulaires de tous les ministres, ensuite la série des innombrables abus de pouvoir qu'ils ont commis. Circulaires publiques, circulaires secrètes.

Le premier de ces documents est la circulaire aux préfets, que M. de Fourtou faisait insérer au *Journal officiel* du 3 juillet.

Il y était dit que les fonctionnaires de tout ordre devaient leur concours à la vaste entreprise électorale que le cabinet du 17 mai avait juré de faire réussir. Pour mieux assurer cet embauchage de toutes les forces administratives, les préfets, par une circulaire télégraphique en date du 5 juillet étaient invités à correspondre directement avec les ministres compétents pour demander le déplacement des fonctionnaires trop peu zélés.

Chaque ministre, d'ailleurs, favorisa de son mieux l'ardeur de M. de Fourtou. Vous n'avez point oublié les circulaires de M. Brunet, ministre de l'instruction publique, de M. Paris, ministre des travaux publics, de M. de Meaux, ministre de l'Agriculture et du commerce, de M. Caillaux, ministre des finances.

Les agents les plus étrangers à la politique furent menacés dans leur existence : on résolut de porter l'effroi jusque dans le personnel employé par les compagnies de chemins de fer, et l'on y réussit.

Le ministre des finances s'est particulièrement signalé dans cette campagne. Le sort des buralistes, des agents des forêts, des facteurs, des employés des contributions indirectes, des percepteurs, des receveurs municipaux, des contrôleurs, des receveurs de l'enregistrement, a été mis à la discrétion des préfets et des candidats, comme l'attestent un trop grand nombre de documents. Ils ont été déplacés, suspendus, révoqués sans pitié, principalement durant les premiers jours d'octobre. D'autres fois, on les a en quelque sorte internés. Le 29 septembre, le préfet de la Marne adresse au ministre des finances le télégramme suivant :

« Je suis informé que, contrairement aux engagements pris et à vos instructions, M. Maupoil, garde général des forêts, qui devait ne pas retourner à Reims pendant la période électorale, est depuis quelques jours dans cette ville. »

Un autre préfet, plus ingénu encore, prie « Son Excellence de mander immédiatement à Paris M. Barat, percepteur d'Huriel, sous prétexte d'explications, et de le retenir jusqu'à lundi, » c'est-à-dire jusqu'au lendemain du vote, car la lettre est du 9 octobre.

Une dépêche entre toutes vous fera voir, Messieurs, que toutes ces mesures avaient un caractère purement politique. M. le préfet de la Haute-Saône ayant demandé la révocation d'un buraliste, le ministre des finances lui télégraphie, le 5 octobre :

« L'enquête à laquelle il a été procédé n'ayant relevé aucun fait précis de propagande contre le sieur Froissard, receveur buraliste à Angicourt, je vous prie de me faire savoir si le déplacement de cet agent vous paraît toujours nécessaire aux intérêts conservateurs. »

Le préfet insiste et Froissard est révoqué le 10 octobre.

L'enquête est d'ailleurs souvent considérée comme superflue. Telle mesure de rigueur est provoquée le 12 et ordonnée le 13. Dans l'espace d'une nuit, le fonctionnaire est arbitrairement sacrifié. Il s'agit d'imprimer la terreur.

Un grand nombre d'agents secrets envoyés de Paris et sur plusieurs desquels la préfecture de police nous a fourni les renseignements les moins flatteurs, sont répandus sur tout le territoire, y organisent l'espionnage et la délation, provoquent les rigueurs ministérielles.

L'envoi, dans les départements, de ces nombreux agents secrets a dû coûter à l'État des sommes considérables, et c'est là une dépense dont il y aura lieu d'examiner la régularité.

Si le ministère se montre prodigue de ses rigueurs envers ceux que ses espions lui dénoncent, il ne l'est pas moins de ses faveurs envers les autres. Les nominations de fonctionnaires sont faites dans un intérêt électoral immédiat.

Des largesses d'un tout autre ordre, mais dont la destination est la même, sont faites par M. le ministre des travaux publics.

Par dépêches des 7 et 17 août, le préfet de la Savoie réclame une subvention pour les digues du Rhône, en ajoutant « qu'il se rattache à cette question un intérêt politique très considérable. » Le 18 août, M. Paris lui annonce une première subvention de 15,000 francs.

Dans d'autres occasions, c'est le ministre qui prend l'initiative. Le 24 septembre, il télégraphie aux préfets de Vaucluse et du Gard :

« Faites-moi savoir d'urgence par dépêche s'il y a intérêt à ce que le gouvernement se montre favorable à l'entreprise du chemin de fer d'Alais à Orange. » Naturellement les préfets répondent :

« Je vous prie de favoriser le plus possible l'entreprise. Intérêt très grand pour le pays et pour les élections. »

Quelquefois pourtant, le zèle de M. Paris a besoin d'être stimulé; le grand électeur du cabinet, M. de Fourtou, ne manque point alors à sa tâche, ainsi que le prouvent les deux télégrammes suivants :

« 30 septembre.

« *Ministre intérieur à ministre Travaux publics.*

« Il est urgent que le décret relatif au chemin de fer des Landes soit délibéré en Conseil d'État jeudi 4 octobre et notifié aussitôt. »

4 octobre.

« *Travaux publics à préfet, Gironde.*

« Décret d'intérêt local des Landes de Gironde signé par le Maréchal. Insertion à l'*Officiel* aura lieu samedi. »

Les dates de ces diverses dépêches nous dispensent de tout commentaire.

La manœuvre inverse avait lieu quelquefois, comme le prouve le télégramme que voici :

« 11 juin.

Préfet de la Vendée à Travaux publics.

« Votre décision relative au tracé du chemin de fer de Fontenay-le-Comte à Benet est fâcheux au point de vue électoral.

» Elle est un succès pour M. le député Bienvenu, que nous devons combattre.

» Veuillez m'autoriser à en ajourner la publication après les élections. »

Comme ses collègues, d'ailleurs, M. Paris a révoqué, déplacé, éloigné, dans un intérêt électoral, des fonctionnaires de son service, et jusqu'à des ingénieurs chefs de section de chemin de fer. Le ministre de l'agriculture et du commerce paraît n'être pas resté en arrière de ses collègues : plusieurs vérificateurs des poids et mesures ont été frappés par lui pour cause politique.

L'affaire de la garnison d'Uzès et d'autres faits ont prouvé que le département de la guerre n'était pas non plus resté étranger à cette vaste entreprise électorale.

D'autres intérêts, Messieurs, et d'un ordre plus élevé, ont été sacrifiés par les ministres du 16 mai aux besoins de leur politique.

Les vérifications de pouvoirs vous ont en partie révélé les faits à la charge de M. Brunet pour le domaine de l'Instruction publique.

Dès les premiers jours de juin, le nouveau grand-maître de l'Université demandait aux préfets des renseignements confidentiels sur les recteurs, les inspecteurs d'Académie et les inspecteurs primaires, et mettait ainsi tout le haut personnel de son service à la discrétion des agents de M. de Fourtou.

Il nous reste à vous entretenir de quelques-uns des principaux faits relevés contre M. le duc de Broglie, ministre de la justice.

Parmi les reproches que la nation adresse au ministère du 16 mai, l'un des plus graves assurément est celui d'avoir compromis la magistrature dans la lutte illégale qu'il avait engagée contre le pays.

En prenant la direction de la justice, à laquelle il ne semblait point spécialement appelé, le chef de l'entreprise du 16 mai, M. le duc de Broglie, avait sans doute voulu faire comprendre à la magistrature française le rôle éminent qu'il lui destinait dans son œuvre.

A peine installé au ministère, il lui recommandait de poursuivre avec activité tous les délits politiques; il lui conseillait de ne point se laisser arrêter par les attaques des partis; il lui promettait enfin « de la défendre et de lui rendre en toute occasion le témoignage qu'elle mérite ».

Plusieurs centaines de magistrats mis hors d'emploi, entre le 21 mai et le 2 novembre, presque tous, comme des pièces officielles l'établissent, sur la demande des préfets ou des candidats eux-mêmes; un beaucoup plus grand nombre changés de place, devaient témoigner du zèle ardent que M. le duc de Broglie professait pour la justice.

Deux faits particulièrement instructifs vous donneront une idée de la façon dont le nouveau garde des sceaux comprenait ses devoirs et quels mobiles le guidaient, notamment en ce qui concerne la nomination ou l'avancement dans la magistrature :

Le 7 juillet, le préfet de la Savoie télégraphie au ministre de l'intérieur :

« La nomination du substitut du procureur général, connue aujourd'hui, mécontente vivement M. d'Alexandry, oncle de M. de Tours, qui est écarté, et M. de Tours père, que j'espère décider à accepter la candidature à Albertville. Si le mouvement proposé pour le remplacement du président ne se faisait pas, nous serions abandonnés par M. d'Alexandry, notre auxiliaire le plus puissant. Je vous prie d'insister de toutes vos forces. C'est très grave. »

L'affaire se suit, non sans offrir des difficultés, paraît-il.

Le garde des sceaux y met pourtant de la complaisance, car M. de Fourtou télégraphie le 16 juillet à son préfet :

« Si, pour la combinaison que vous cherchez dans la magistrature de Chambéry, le poste de président du tribunal civil d'Orléans pouvait vous convenir, il est libre. »

Ainsi, les postes de président de tribunal sont mis à la disposition des préfets pour en user suivant leurs convenances électorales.

Malgré tant de complaisance, l'affaire ne s'arrange pas, car le 23 juillet, le préfet télégraphie directement au ministre de la justice. Voici le texte de sa dépêche :

« Je vous demande pardon de mon insistance, mais je ne puis me dispenser de vous faire savoir que la réunion générale des conservateurs du département aura lieu à Chambéry, samedi prochain 28, et qu'il importerait beaucoup que les nominations espérées dans la magistrature fussent connues avant ce jour, savoir : la nomination de M. Salomon comme conseiller à la cour d'appel de Chambéry; celle de M. de Tours comme substitut à Marseille ou substitut d'un procureur général; celle de M. Richard comme juge de paix à Lans-le-Bourg. »

Le préfet n'obtient pas satisfaction, précisément pour le jour qu'il demandait; l'accomplissement de ses vœux ne se fait cependant pas beaucoup attendre, car il peut télégraphier, le 1er septembre, à son ministre :

« La nomination de M. de Tours fils, comme substitut à Marseille, étant à l'*Officiel* de ce matin, j'ai vu le père immédiatement. Il accepte la candidature pour Albertville. Chaque circonscription de la Savoie a donc dès aujourd'hui son candidat conservateur déclaré. »

Vous voyez, Messieurs, ce qu'il en coûte au gouvernement du 16 mai pour avoir des candidats. Le fait suivant vous montrera qu'il ne lui en coûte pas moins pour désintéresser, pour écarter de l'arène électorale certains autres candidats conservateurs.

M. de Châteaurenard, conseiller d'État, était candidat officiel dans la circonscription d'Agen (Lot-et-Garonne). M. Besse, également conservateur, avocat au barreau de cette ville, avait l'intention de se présenter. On songe à obtenir son désistement; on lui offre comme compensation un poste de conseiller à la cour d'Alger.

Le 3 août, le préfet de Lot-et-Garonne télégraphie au ministre de l'intérieur :

« Prière de communiquer la dépêche suivante à M. de Châteaurenard : Le désistement de M. Besse est assuré, s'il est nommé à Alger. Veuillez agir avec la dernière énergie pour l'obtenir dans le plus bref délai. Il importe de se hâter, car M. Besse pourrait revenir sur sa décision sous la pression de certaines influences. »

Le ministre de la justice hésitait, paraît-il. Le 12 août, il télégraphie au premier président et au procureur général :

« Prière de m'adresser des renseignements d'urgence sur la moralité, la capacité, la position au barreau de M. Besse, avocat à Agen, pour lequel une place serait demandée dans la magistrature. »

Nous ne sommes pas en possession, Messieurs, des rapports adressés à M. de Broglie par les deux chefs de la Cour d'Agen, mais nous pouvons nous en faire une idée par le télégramme suivant :

Préfet à sous-secrétaire d'État, Intérieur, Paris, 17 août.

« J'apprends que les chefs de la Cour d'Agen, consultés, ont signalé comme graves les inconvénients de la nomination de M. Besse à Alger. Je crois que ces appréciations sont empreintes d'une excessive sévérité, et je vous serais reconnaissant de tenir M. le ministre de la justice en garde contre de telles exagérations. Si la satisfaction promise de ce côté aux bonapartistes intransigeants venait à leur manquer, la candidature Châteaurenard deviendrait impossible, et tous nos efforts pour constituer dans le Lot-et-Garonne un ensemble satisfaisant de candidatures patronnées seraient voués à l'insuccès. »

Dans une autre dépêche, du 18 août, le préfet du Lot-et-Garonne écrit :

« Veuillez tenir pour insuffisamment justifiées les appréciations rigoureuses dont M. Besse a dû être l'objet, MM. Noubel, Sarrette et autres affirment sa parfaite honorabilité. Au surplus, cette nomination est devenue la condition nécessaire d'une entente sans laquelle je considère toute chance comme perdue. »

Le garde des sceaux ne résista point à cet argument décisif et, le 21 août, le ministre de l'intérieur écrivait à son préfet :

« La compensation à accorder à M. Besse est chose décidée en principe; seulement, on cherche actuellement à la chancellerie le moyen de réaliser le mouvement qui lui donnerait satisfaction. »

Nous possédons, Messieurs, à la suite de ce rapport, toutes les dépêches relatives à ce honteux trafic; il n'y en a pas moins de quarante et une.

L'affaire n'est complètement finie que le 23 septembre. Durant les dernières semaines, elle se traite directement entre le ministre de la justice et le préfet. Il n'y avait pas de place vacante à Alger, il fallait en créer une; on avait compté sur une démission qui n'arrivait pas, et, le 8 septembre, le garde des sceaux écrivait au préfet :

« La démission du conseiller d'Alger n'est pas arrivée, quoique je l'eusse provoquée par télégraphe. »

Le 13, on est toujours dans le même embarras, comme en témoigne la dépêche suivante :

« Je n'ai pas encore la démission. Le décret sera prêt dès que je l'aurai. »

Le 17, la démission est sans doute arrivée, car le chef de la magistrature française adresse au préfet le télégramme que voici :

« Puis-je mettre nomination à l'*Officiel* en toute sécurité ? Réponse immédiate. »

M. de Broglie veut avoir le désistement de M. Besse avant d'insérer le décret de nomination au *Journal officiel*, tant est grande sa confiance dans le magistrat qu'il va nommer. M. Besse, de son côté, ne veut se désister que conditionnellement; il prend ses précautions.

Nous lisons, en effet, ce qui suit dans une dépêche adressée par le préfet au ministre de la justice :

« M. Besse considère son désistement comme ne l'engageant qu'autant qu'il sera nommé. J'estime qu'il est, comme je l'ai dit, nécessaire de me faire parvenir la lettre lui annonçant sa nomination avant l'insertion du décret. »

Une dépêche du candidat officiel termine enfin ce marchandage :

« Marquis de Châteaurenard, conseiller d'État, à ministre de la justice, chiffre spécial. — M. Besse a retiré officielle-

VII.   27

ment sa candidature. Son désistement est désormais un fait
accompli. Il n'y aurait donc plus, à mes yeux, d'inconvénient
à insérer le décret à l'*Officiel*. »

La nomination de M. Besse comme conseiller à la cour
d'Alger a, en effet, été publiée par le *Journal officiel* du
23 septembre 1877.

De tels faits nous dispensent d'en produire d'autres.

Nombreux sont les exemples de pression exercée sur la
magistrature.

L'affaire Fabas est connue.

M. Fabas, juge de paix à Tarbes, avait condamné le commissaire de police de cette ville à 200 francs de dommages-
intérêts pour avoir retiré à des colporteurs leur autorisation.
Le préfet demande la révocation de ce magistrat. Le garde
des sceaux lui répond le surlendemain :

« La mesure que vous désirez sera prochaine. Faites faire
un appel immédiat par le commissaire central. Si vous ve-
niez à être assigné sur l'heure, prévenez-moi par dépêche
télégraphique : Mesures seront prises pour éviter un second
scandale. »

Le ministre de l'intérieur télégraphie de son côté :

« Faites interjeter appel immédiatement par le commissaire central. Il demandera au président de faire venir d'urgence l'affaire à l'audience. Vous opposerez le déclinatoire
dès l'ouverture de la procédure. La déclaration d'incompétence entraînera implicitement l'infirmation de la sentence
du juge de paix. »

Les mesures avaient été bien prises : il n'y eut pas de
second scandale. Le commissaire central de Tarbes gagna
son procès en appel et M. Fabas fut révoqué.

L'affaire Durand mérite aussi de retenir votre attention.

M. Durand, membre du conseil général du Rhône, avait,
paraît-il, dans une séance de cette assemblée, tenu des propos désagréables pour les ministres. Par dépêche du 24 août,
le procureur général près la cour de Lyon informe le garde
des Sceaux que « après avoir, avec discrétion, sondé l'opinion des magistrats, il croit une condamnation probable ».
Il reçoit le lendemain l'ordre de poursuivre, et M. Durand
est en effet condamné à quinze jours de prison et 500 francs
d'amende.

Vous ne vous attendez pas, Messieurs, à ce que nous pas-

sions en revue les trois mille procès à l'aide desquels M. le
duc de Broglie, aidé de M. Benoit, directeur des affaires
criminelles, a mis la justice au service de sa politique. Nous
pouvons les montrer, dans un autre ordre d'idées, trafi-
quant des grâces dans un intérêt électoral.

Par télégramme du 6 septembre, le préfet des Pyrénées-
Orientales demande au ministre de la justice la grâce d'un
nommé Barrère, condamné à quinze jours de prison pour
sophistication de vin. « Question très importante, dit-il ;
Barrère a une grande influence et est très conservateur. »

Des ordres sont immédiatement lancés par le garde des
sceaux pour empêcher l'incarcération des condamnés, qui
allait avoir lieu ; il adresse même des reproches au procureur général de Rennes et au procureur de la République à
Perpignan, qui n'exécutent pas assez promptement ses instructions.

Les faits de ce genre sont presque sans nombre.

Il en est un autre qui, pour l'exemple, doit trouver sa
place ici :

Le 14 juin, M. le préfet de Vaucluse informe le ministre
de l'intérieur qu'il s'est rendu maître « sans bourse délier »
du *Journal du Midi*, journal républicain, publié à Avignon,
moyennant un service de correspondance et de dépêches
télégraphiques. M. de Fourtou le félicite ; mais le 20 juin,
MM. Gros, propriétaires du journal, se ravisent et réclament
en sus du marché une somme de 40,000 fr. Le préfet, dans
son irritation, télégraphie au ministre : « Je lâcherai parquet sur le journal et empêcherai colportage si les Gros ne
se rendent pas. » Le 21 juin, le ministère répond : « Veuillez
retirer autorisation de colportage aux vendeurs du journal
dont il s'agit et vous concerter avec le parquet. »

Sur cette menace, MM. Gros se rendent sans doute, car le
26 juin, le préfet télégraphie : « Le *Journal du Midi* est définitivement lié par un traité. » Mais le journal n'accomplit
pas l'évolution promise. Il est bientôt assigné sous la prévention d'offense envers le président de la République ; le
4 juillet, son gérant et son rédacteur sont condamnés : le
premier, à quinze jours de prison, le second, à un mois de
la même peine, et chacun d'eux à 1,000 fr. d'amende. Le
parquet avait été « lâché sur le journal ».

Rédacteur et gérant sont mis en prison, et alors intervient

un troisième arrangement entre les propriétaires et le préfet. Celui-ci en avise les préfets ses voisins, afin qu'ils laissent colporter le journal. Cette fois, d'ailleurs, le traité s'exécute et un service télégraphique est organisé au profit du *Journal du Midi*. La même correspondance est adressée dans les mêmes conditions au *Petit Régional*, journal fondé à Nîmes pour soutenir la politique du 16 Mai.

Commencée le 1er août pour la feuille d'Avignon et le 10 septembre pour celle de Nîmes, elle ne contenait pas moins de 1,000 mots en moyenne, par jour. Les 13, 14 et 15 novembre, le nombre de mots s'est élevé jusqu'à 10,000 pour chaque journée; les dépêches reproduisaient les débats parlementaires qui ont précédé la nomination de la commission d'enquête.

Il y a, dans toute cette affaire, abus de la justice, pression exercée jusqu'à la violence, prévarication, détournement de taxes dues à l'État.

M. Ducrest de Villeneuve, préfet de Vaucluse, a été nommé chevalier de la Légion d'honneur le 15 octobre 1877.

Ce fait de détournement de taxes n'est pas isolé; des circulaires télégraphiques du 8 et du 15 juillet, adressées par le ministre de l'intérieur à soixante-neuf préfets et à vingt-trois sous-préfets, montrent que le télégraphe a été mis gratuitement à la disposition des journaux favorables au ministère. Les documents nous manquent pour établir à quel chiffre s'élèvent ces pertes infligées à l'État par les ministres du 16 mai. Nous ne sommes pas non plus en mesure d'évaluer les sommes considérables dépensées par les ministres ou sur leur ordre, pour la propagande électorale.

Nous rappelons en passant les efforts faits par le cabinet du 16 mai, à la veille des élections, pour amener la hausse de la rente, et les télégrammes qu'il adressait à ses préfets et à ses journaux pour persuader aux électeurs que cette hausse était due à la conviction répandue dans le public que le gouvernement sortirait vainqueur du scrutin.

Nous arrêtons ici ce tableau. Un nombre incalculable de pièces officielles établit que les ministres du 17 mai, ont dans un intérêt électoral, pour servir leurs projets inconstitutionnels, fait un abus criminel de leurs pouvoirs, perverti toutes les forces de l'État, souillé jusqu'à la justice.

ACTES ARBITRAIRES ATTENTATOIRES A LA LIBERTÉ INDIVIDUELLE OU AUX DROITS CIVIQUES

Nous avons vu plus haut que les ministres du 17 mai se sont rendus, suivant nous, coupables d'actes attentatoires à la Constitution. La Chambre ne nous demandera pas d'énumérer les actes arbitraires ou attentatoires soit à la liberté individuelle, soit aux droits civiques des citoyens, dont le cabinet de Broglie est responsable.

Des citoyens ont été arrêtés, notamment dans la Dordogne, dans la Haute-Loire, dans les Bouches-du-Rhône, dans le Morbihan, et souvent relâchés immédiatement après le scrutin.

Ailleurs, et par exemple dans la Vaucluse, les citoyens ont été empêchés, avec voies de fait et menaces, de surveiller le scrutin et violemment expulsés de la salle. Dans plusieurs communes, la gendarmerie et la troupe ont été l'instrument de cette intimidation. Nous savons, d'ailleurs, que cette manœuvre a eu lieu par suite d'ordres venus du ministère.

Sans parler des agents révoqués, un certain nombre de fonctionnaires ont été obligés, nous l'avons vu, durant la période électorale, de quitter le siège de leurs fonctions.

Nous rappelons ici la menace générale contenue dans le manifeste du 19 septembre ; les menaces sans nombre faites aux fonctionnaires et aux citoyens, suivies d'effet pour beaucoup et qui ont toutes eu pour objet et pour résultat d'entraver le libre exercice des droits civiques, les actes particuliers ont du reste été commis par suite d'un plan concerté pour être exécuté sur tout le territoire.

Nous pensons que, suivant les cas, ils tombent sous le coup des articles 109 et 110 ou 114 et 115 du code pénal.

SOUSTRACTION ET ENLÈVEMENT DE PAPIERS PUBLICS

L'enquête dans la Dordogne a révélé que des agents ont été envoyés vers la fin de son règne par le ministère du 17 mai pour enlever certaines pièces des préfectures. Plusieurs télégrammes signalent même l'hésitation de certains préfets à remettre aux affidés qui leur étaient expédiés, les documents en question. Dans ce cas, le ministère insiste et les papiers sont livrés.

Ces agents étaient encore le 12 décembre dans le Midi de la France. Lorsqu'ils sont revenus, à qui ont-ils remis les documents soustraits? C'est ce que l'instruction établira. Elle fixera également, suivant le caractère des documents, la nature des responsabilités. Elle dira si les faits rentrent dans les cas prévus par l'article 173 ou par les articles 254 et 255 du Code pénal.

II

COMPLOT

Nous arrivons, Messieurs, à la deuxième période de la crise ouverte par le 16 mai.

Les hommes qui avaient pris le pouvoir à cette époque, qui avaient fait passer brusquement le pays de la paix la plus profonde à l'état de discorde, avaient, après les scrutins des 14 et 28 octobre, un moyen de se faire pardonner leurs violences.

Qu'avaient-ils dit pour justifier la dissolution?

Ils avaient dit, premièrement, que le vote du 20 février 1876 était vicié par une sorte de manœuvre générale, les ennemis de M. le président de la République s'étant présentés comme ses amis.

Ils avaient dit encore que la nation blâmait la politique révolutionnaire de la Chambre des députés et, qu'appelée à se prononcer en connaissance de cause, elle condamnerait certainement les 363.

Nous n'examinons pas la valeur et la sincérité de ces assertions; nous prenons, tel quel, le thème des ministres du 17 mai.

Vous savez, Messieurs, comment ils le développèrent, par quels moyens ils cherchèrent à se procurer un triomphe électoral. Rien ne fut épargné pour tirer les électeurs de l'erreur où ils étaient tombés, disait-on, le 20 février. Le gouvernement de M. le président de la République désigna les candidats et les adversaires du maréchal; ceux-ci furent présentés, dans des publications officielles, comme les pires des démagogues.

Le suffrage universel confirma néanmoins son vote du 20 février 1876 et condamna la politique du 16 mai.

La volonté nationale, que l'on avait prétendu consulter, la volonté nationale était connue. Elle était d'autant plus claire que de plus violents efforts avaient été faits pour lui arracher un verdict différent.

Le ministère du 16 mai n'avait qu'une conduite à tenir : se retirer sur-le-champ.

La majorité contre lui n'était pas douteuse ; elle était de plus de cent voix. Il demeure cependant au pouvoir ; il affecte de ne tenir aucun compte des élections législatives. Il pousse l'usurpation jusqu'à procéder et à faire procéder par ses préfets de combat aux élections des conseils généraux et des conseils d'arrondissement. Ses organes annoncent une seconde dissolution.

La Chambre se réunit au milieu de l'angoisse universelle ; elle se constitue. Dans une première rencontre, le ministère est battu par 312 voix contre 205. Les orateurs semblent confirmer les bruits de dissolution nouvelle, car ils prétendent que les élections d'octobre 1877 ont été, comme celles de 1876, viciées par une manœuvre générale. Les mêmes hommes qui, dans le manifeste présidentiel du 19 septembre, ont menacé la France de l'animadversion de l'Europe, si elle renversait les 363, affirment audacieusement que les 363 n'ont été réélus qu'en faisant peur d'une nouvelle guerre à la France.

Vous ordonnez une enquête sur les élections. Le ministère du 16 mai se met immédiatement en révolte contre vos décisions. Par des circulaires rendues publiques, il interdit à ses fonctionnaires de comparaître devant votre commission, de lui prêter le moindre concours, de la laisser pénétrer dans les édifices publics. Il provoque les citoyens à vous désobéir. Le président du conseil renouvelle à la tribune de l'autre Chambre ces interdictions et ces excitations.

Tout à coup cependant le ministère disparaît ; on a dit, avec beaucoup d'apparence de vérité, que c'était après avoir sondé la majorité du Sénat et s'être assuré qu'elle ne le suivrait pas jusqu'au bout, s'il tentait l'aventure d'une deuxième dissolution.

Le ministère du 16 mai disparaît donc. Le cabinet qui lui succède est entièrement composé d'hommes étrangers aux deux Chambres; il n'a rien de parlementaire. Il a pour chef un homme de guerre, M. le général de Rochebouët.

Sous quelles influences le nouveau cabinet prenait-il le pouvoir? De quelles inspirations procédait-il? C'est ce qu'il vous importe, Messieurs, de savoir.

Le ministère Rochebouët n'a été nommé que le 23 novembre, et sa nomination n'a paru au *Journal officiel* que le 24.

M. le général de Rochebouët, qui commandait à Bordeaux, est mandé à Paris le 18 novembre par des dépêches qui ne mentionnent nullement l'intention de lui confier le pouvoir, et qui le prient simplement de venir à Paris le lendemain, et de se rendre à l'Élysée.

Le général de Rochebouët avait cependant sans doute quelques notions des motifs pour lesquels on l'appelait à Paris; car il adresse immédiatement à M. le général Ducrot, commandant le 8e corps, à Bourges, le télégramme suivant :

« Je suis mandé à Paris par le maréchal de Mac-Mahon. Vous devinez le sentiment que j'éprouve en présence des propositions qui peuvent m'être faites. Je serai ce soir et demain mardi hôtel Vouillemont, Paris. »

Par cela seul que le général de Rochebouët s'adresse en ces termes à M. le général Ducrot, il devient extrêmement probable que, dans des entrevues et des correspondances antérieures, il avait été question de la formation d'un cabinet d'action militaire, et que M. le général Ducrot n'était pas étranger à cette combinaison.

Celui-ci, en effet, n'hésite point, et il répond sur-le-champ à M. de Rochebouët :

« Dans circonstances présentes, ne pouvez refuser. Mettez pour conditions qu'on vous laisse faire dans personnel ministériel et garnisons de Paris et Versailles les modifications qui vous paraîtront indispensables, sous votre responsabilité. Comptez sur mon concours le plus absolu; je vous écris. »

Ce télégramme autorise à penser que M. le général Ducrot est fixé sur la mission réservée à M. le général de Rochebouët. Au lieu de céder à la nation, l'on se prépare à lui résister. Est-il permis de supposer que le ministère du 16 mai, qui occupe encore le pouvoir, ignore et cette résolution et ces préparatifs? Est-ce M. le duc de Broglie, chef du

cabinet démissionnaire, qui a, suivant les usages, donné à
M. le président de la République le conseil d'appeler M. de
Rochebouët? L'instruction éclaircira sans doute cette ques-
tion.

Vous avez vu, Messieurs, que M. le général Ducrot conseillait à M. de Rochebouët de faire des changements dans
le personnel du ministère de la guerre. Ce conseil est immédiatement suivi. Le 22 novembre, M. de Rochebouët télégraphie à M. le général Ducrot :

« Rien de fait. Envoyez-moi Miribel aujourd'hui. »

Le lendemain, 23 novembre, M. le général Ducrot adresse
à M. le capitaine Ganay, à Versailles, la dépêche suivante :

« Faites savoir au général de Rochebouët que Miribel
accepte situation de chef d'état-major général, mais ne pourra
quitter la chambre avant deux ou trois jours, pour cause
d'indisposition. »

M. le général de Miribel était le chef d'état-major de M. le
général Ducrot. Le nouveau chef du cabinet demandait donc
à ce dernier non seulement des inspirations, mais encore
des collaborateurs.

Cependant, le ministère Rochebouët s'installe. Le 24 novembre, il est mis en minorité devant la Chambre par 315
voix contre 207. Il ne se retire pas. Son langage, à la tribune, a été un peu moins agressif que celui de ses prédécesseurs; néanmoins, le coup de force semble se préparer;
les indices en abondent. Nous ferons passer les plus importants sous vos yeux.

Deux dépêches adressées par le ministre de la guerre, le
27 et le 28 novembre, à M. le général commandant à Marseille et à M. le général commandant à Lyon, leur recom-
mandaient des précautions significatives, entre autres de faire
rentrer au fort de Saint-Jean des armes appartenant à des
particuliers. La réponse de M. le général commandant à
Lyon contient ce passage : « Je ne doute pas que vous pro-
clamiez l'état de siège par le télégraphe. »

D'autres télégrammes expriment la crainte que certains
corps ne se prêtent pas au coup de force médité. Le 4 décembre, le ministre de la guerre télégraphie ce qui suit au
général commandant à Toulouse :

« On me dit que l'on ne peut pas compter sur le 9e régiment. Est-ce vrai? Y a-t-il une mesure à prendre? »

Que préméditaient donc les chefs de l'entreprise pour redouter une résistance de la part de la troupe?

Le soupçon et la crainte paraissent d'ailleurs s'être glissés dans leur esprit; les télégrammes suivants en font foi :

« 5 décembre.

« *Guerre à gouverneur militaire, à Lyon.*

« D'après avis qui paraît certain, les perturbateurs seraient au courant des ordres donnés à vos chefs de corps. Le secret ne serait pas gardé sur vos instructions confidentielles en cas de troubles. »

« 5 décembre.

« *Guerre à gouverneur, à Lyon.*

« Si je suis bien informé, le sieur Gallot, commissaire à la préfecture de Lyon, livrerait à la rue Grolée les secrets de l'administration. »

Le télégramme suivant est du même jour :

« *Guerre à général commandant 8ᵉ corps, Bourges.*

« En réponse à votre télégramme chiffré, et conformément aux instructions *verbales* que je vous ai données, je vous prie d'interdire tous déplacements des généraux de division, sauf ordres ministériels, quand bien même ces officiers seraient convoqués pour des commissions. »

Il importe de faire, à l'occasion de cette dépêche, deux observations : la première, que M. le général Ducrot est venu à Paris entre le 18 novembre et le 5 décembre, puisqu'il y a reçu des instructions verbales; la seconde, que le moment d'agir ne paraît pas éloigné.

M. le ministre de la guerre, président du conseil, et M. le général Ducrot éprouvent encore le besoin de conférer ensemble, car nous trouvons dans notre dossier le télégramme suivant :

« Paris, le 6 décembre 1877.

« *Guerre à général commandant le 8ᵉ corps, à Bourges :*

« Je vous autorise à venir à Paris dimanche. Il y a en ce moment un ministère Dufaure en formation. »

Ces derniers mots indiquent que, pour M. le général Ducrot et M. de Rochebouët, la question politique prime tout. On parlait alors, en effet, d'une tentative de conciliation ; la nation pensait que l'accord allait s'établir entre M. le président de la République et les élus de la France. Tel était l'espoir de tous les bons citoyens.

Le 7 décembre, M. de Rochebouët télégraphie à M. le général Ducrot :

« Les négociations pour la constitution du ministère sont rompues, par suite du refus du maréchal de céder sur les titulaires de la guerre et des affaires étrangères.

M. le général Ducrot répond :

« Merci ! Que le bon Dieu et le maréchal de Mac-Mahon soient bénis et glorifiés ! »

Nous ne commenterons pas, Messieurs, ce cri de triomphe arraché à M. le général Ducrot, par la nouvelle que la guerre est rouverte entre le gouvernement et la nation. Les deux télégrammes du 7 décembre montrent suffisamment quels sentiments animaient les chefs de l'entreprise.

A partir de ce moment, des mesures de détails sont prises pour assurer l'exécution de leurs résolutions.

Le 9 décembre, l'intendant du 5e corps d'armée adresse aux sous-intendants de Blois, Auxerre, Melun, Fontainebleau, Sens, et aux sous-préfets de Joigny, Provins, Montargis, Vendôme, Romorantin, le télégramme suivant :

« Faites immédiatement transporter dans chaque caserne, pour être aujourd'hui à la disposition des troupes d'infanterie, cavalerie, artillerie, deux jours de vivres de mobilisation, y compris la viande de conserve ; pour les chevaux, deux jours d'avoine. Rendez-moi compte. »

Nous verrons plus loin que cette mesure n'a pas été prise seulement dans l'étendue du 5e corps.

Le 10 décembre, deux nouveaux télégrammes s'échangent entre M. le ministre de la guerre, président du conseil, et M. le général Ducrot :

« *Guerre à général commandant le 8e corps, Bourges :*

« La Commission militaire se réunira demain mardi matin. Veuillez venir me voir à votre arrivée. »

« *Général commandant 8ᵉ corps à guerre, Paris :*

« Je serai chez vous demain mardi vers huit heures. »

C'est sans doute, Messieurs, dans cette dernière entrevue
que les résolutions définitives ont été prises ; telle est du
moins la conclusion que nous tirons des deux dépêches suivantes :

« 12 décembre.

« *Ministre de la guerre à général commandant 3ᵉ corps, Rouen :*

« Organisez la brigade Delaunay pour l'exécution du plan
nᵒ 2, comme vous me le proposez dans la lettre que M. le
commandant Gossard m'a remise de votre part. »

« 12 décembre.

« *Ministre Guerre à général commandant 10ᵉ corps, Rennes :*

« Faites vos efforts pour être prêt jeudi au plus tard. Vos
troupes prendraient tous les effets de campement, mais impossible d'ajouter des voitures. »

Enfin le 13 décembre, c'est-à-dire le jour où le ministère
Dufaure est constitué, M. de Rochebouët télégraphie à Bordeaux :

« Veuillez prévenir confidentiellement au quartier général
d'arrêter tous préparatifs de départ. Je reprendrai probablement le commandement du 18ᵉ corps d'armée. ».

Ces quelques dépêches télégraphiques nous révèlent, Messieurs, sinon toute l'organisation, au moins l'existence du
complot. Le dessein de résister à la volonté nationale a été
formé ; la résolution d'agir a été prise, les agents d'exécution ont été choisis, les dispositions militaires ont été ordon-
nées, les ordres de mise en marche ont été donnés.

Enfin, comme pour mieux prouver qu'il n'y a dans tout
ceci qu'une conspiration politique, qu'aucune éventualité
insurrectionnelle ne justifiait ces préparatifs, dès qu'un ministère constitutionnel est formé, tout est contremandé par
le ministre de la guerre et il retourne prendre le commandement de son corps d'armée.

Ces documents, Messieurs, portent une vive lumière sur les faits signalés à la Chambre par la pétition de M. le major Labordère, pétition que vous nous avez renvoyée.

M. le major Labordère signale trois faits principaux :

Premièrement, les instructions données par M. le ministre de la guerre aux commandants de corps d'armée au commencement du mois de décembre ont été, suivant le pétitionnaire, non pas transmises par des lettres confidentielles confiées à la poste, mais portées aux généraux par des officiers de l'état-major du ministre. — Cette première assertion du major Labordère est confirmée par la note insérée au *Journal officiel* du 31 décembre 1877, note émanée du département de la guerre.

M. le major Labordère affirme en second lieu que deux jours de vivres de campagne ont été transportés, le mardi 11 décembre, à la caserne du 11e régiment d'infanterie, à Limoges. Cette deuxième assertion n'a jamais été démentie; nous savons même, par une dépêche citée plus haut, que cette mesure significative n'a pas été prise à Limoges seulement, mais encore dans toute l'étendue du cinquième corps d'armée, dont le centre est à Orléans, tandis que Limoges est le chef-lieu du 12e corps.

Enfin, le récit du major Labordère se termine par les lignes suivantes :

« Le même jour, 11 décembre, on avait commencé l'instruction des jeunes soldats de la classe 1876 arrivés la veille; d'après l'ordre de la réponse au rapport, on les avait mis aussitôt à l'étude de la charge exclusivement.

« Jeudi, 13 décembre, j'appris, vers 10 heures du soir, que tous les officiers du 11e de ligne devaient se rendre immédiatement à leur caserne en tenue de campagne, avec leur revolver.

« J'y courus. Quand j'arrivai, les soldats étaient prêts à prendre les armes; les chevaux des officiers montés étaient dans la cour, sellés; les officiers étaient réunis dans la salle des écoles, je m'y rendis.

« Quand j'entrai, le commandant Tardif donnait lecture, en présence du colonel Billot, des instructions arrêtées par le général pour le cas de troubles dans la ville de Limoges. Points à occuper par les diverses fractions de la garnison..., conduite à tenir pour empêcher les rassemblements et les disperser; recommandation d'agir avec la plus grande énergie et, après les sommations, de faire feu sans s'inquiéter des femmes et des enfants que les groupes mettraient probablement au premier rang, etc.

« M. le lieutenant Laferrière, adjudant de la garnison, arriva quand cette lecture se terminait ; il dit quelques mots à voix basse au colonel Billot, puis il ajouta à demi-voix qu'il fallait toujours se tenir prêt à partir d'un moment à l'autre. Le colonel parcourut des yeux une lettre de service qu'il avait à la main et nous dit qu'en raison des ordres reçus, les officiers resteraient en permanence à la caserne, et qu'au premier signal chacun se rendrait à son poste.

« Aucun de nous ne pouvait douter et ne doutait que ce ne fût un coup d'État et qu'on ne dût prendre les armes dans la nuit même. Les visages étaient mornes et inquiets. J'élevai la voix et dis : « Mon colonel, un coup d'État est un crime ; je n'en serai pas complice. Je suis honnête homme. Le rôle que l'on me réserve dans cette tentative criminelle, je ne le remplirai pas.

« Le colonel me dit : « Vous n'avez pas à discuter ; votre devoir est d'obéir quand même. »

Ce récit, Messieurs, n'a jamais été contesté.

Il est d'ailleurs difficile de le mettre en doute lorsqu'on connaît les dépêches télégraphiques que nous venons de citer. Les préparatifs militaires ont été poussés jusqu'aux plus minutieux détails; des mesures d'exécution, « que rien ne justifiait, » toujours suivant la note officielle, ont été prises, non pas à Limoges seulement et par suite de la méprise d'un officier, mais d'une façon générale et par ordre du ministre de la guerre, président du conseil. On a été jusqu'à supposer, ce que n'autorisait à prévoir aucune de nos révolutions, que les femmes et les enfants seraient mis au premier rang par les prétendus insurgés, et l'on a donné l'ordre de faire feu sur eux.

Par cette prévision étrange, les auteurs de ces ordres ont peut-être prouvé qu'ils avaient conscience de l'horreur qu'inspirerait leur attentat, et qu'ils s'attendaient aux protestations des populations tout entières.

Notons en passant qu'à cette même date le ministre de l'intérieur télégraphie à plusieurs préfets que « les idées de résistance l'emportent à l'Elysée ».

Tels sont, Messieurs, les principaux indices que nous avons recueillis.

Vous voudrez bien remarquer que votre commission n'avait aucun pouvoir de coercition ; qu'elle était hors d'état d'obliger certaines personnes à comparaître devant elle ; qu'il lui manque des documents importants.

Dans cet état néanmoins, nous avons été amenés à cette conviction que l'entreprise du 16 mai et la dissolution n'ont pas été seulement la tentative d'une minorité parlementaire pour devenir la majorité. Elles n'ont pas eu pour but unique de faire appel aux électeurs, d'obtenir l'assentiment de la nation. Si tel eût été le dessein des auteurs du 16 mai, si les meneurs de la dissolution n'eussent eu d'autre objet que de consulter le suffrage universel, ils auraient, ou dès le lendemain des élections, ou, au plus tard, dès leur premier échec devant les Chambres, donné leur démission et cédé le pouvoir à un cabinet représentant la majorité nationale.

Par cela seul qu'ils ont gardé le gouvernement après leur défaite, qu'ils sont entrés en révolte contre le verdict du pays, ils nous prouvent que leur dessein était tout différent. Leur cas s'aggrave des préparatifs militaires qu'ils ont poussés si avant. Nous avons les éléments du complot ; la résolution d'agir a été prise ; des actes ont été commis ou commencés pour en préparer l'exécution. Pour quelle raison les conspirateurs n'ont-ils pas agi ? Pourquoi se sont-ils arrêtés au dernier moment ? Nous le saurons peut-être par la suite. Ils n'ont pas été jusqu'à l'attentat, mais les caractères du complot se rencontrent dans leurs entreprises.

Nous avons d'ailleurs montré, au commencement de ce rapport, que leur but avait été, malgré de trompeuses assurances, de changer le gouvernement établi. Dès le début, la pensée qui éclate à la fin de l'affaire avait été conçue. Il serait donc vain, suivant nous, de tenter une distinction absolue entre le ministère du 17 mai et celui du 23 novembre. C'est le premier de ces deux cabinets qui a commencé la lutte à outrance contre le pays.

C'est le cabinet de Broglie qui, dans le manifeste du 19 septembre, a osé annoncer que, si les élections lui étaient hostiles, il ne serait tenu aucun compte de la volonté de la France : la dictature était en germe dans une pareille menace.

Cette menace, d'ailleurs, n'était pas vaine, et la preuve c'est qu'on a tout préparé, politiquement et militairement, pour la réaliser. L'on n'a reculé probablement que devant l'impossible. On comptait sur un faux point d'honneur pour entraîner le président de la République; le véritable honneur, le patriotisme et la sagesse l'ont emporté; nous avons eu le mémorable message du 14 décembre.

Le ministère Rochebouët ne semble donc figurer dans l'entreprise que comme agent d'exécution. C'est ce que, suivant nous, la marche des faits paraît démontrer d'une façon générale.

Ajoutons que, d'après la note du *Journal officiel* du 31 décembre 1877, un premier projet d'ensemble aurait été établi au ministère de la guerre dans de certaines prévisions à la date du 14 novembre, c'est-à-dire à une époque où le cabinet de Broglie occupait encore le pouvoir. Il resterait à connaître les transformations qu'il a dû subir.

En résumé, Messieurs, le ministère du 17 mai a violé, suivant nous, les lois constitutionnelles :

1° En essayant de transformer et en transformant en effet la République parlementaire établie par ces lois, en une dictature; en poussant M. le président de la République à assumer le pouvoir personnel et à s'appuyer sur la force armée pour changer ainsi le gouvernement du pays;

2° En découvrant sans cesse M. le président de la République, au lieu de l'abriter derrière sa responsabilité;

3° En retardant au delà de trois mois la réunion des collèges électoraux pour le remplacement de la Chambre dissoute;

4° En retardant au delà du délai voulu l'élection pour le remplacement de M. Pierre Lefranc, sénateur.

Les ministres du 17 mai ont, en outre, suivant nous, violé manifestement les lois du 10 août 1871, du 22 juin 1833, du 10 mai 1838, du 27 décembre 1875, les décrets du 29 décembre 1851, du 12 février 1852 et du 27 décembre 1871 :

1° En ne faisant point procéder au renouvellement par moitié des conseils généraux;

2° En ne faisant point procéder au renouvellement des conseils d'arrondissement;

3° En ne convoquant point ces dernières assemblées;

4° En interdisant ou faisant interdire sur la voie publique des journaux déterminés ;

5° En appliquant abusivement les dispositions relatives à la police des cafés et cabarets ;

6° En transformant le *Bulletin des communes*, lequel ne doit contenir que « les lois, décrets et instructions du gouvernement, » en un pamphlet politique.

D'après votre Commission, la définition la moins étendue qui puisse être donnée de la responsabilité particulière, établie contre les ministres par l'article 12 de la loi du 16 juillet 1875, c'est qu'ils commettent un crime toutes les fois qu'en qualité d'agents de la puissance exécutive, ils commettent une violation de la loi. D'ailleurs, ainsi que nous l'avons déjà fait remarquer, toutes les mesures contraires aux lois ou contre l'exécution des lois prises par le ministère du 17 mai, sont le résultat d'une coalition entre dépositaires de l'autorité publique, telle que la prévoit et la punit le Code pénal.

Il est en outre incontestable en principe que la responsabilité judiciaire d'un ministère se trouve encourue toutes les fois qu'il fait, même en dehors des qualifications de la loi pénale, un abus criminel du pouvoir qui lui est confié. « Un ministre trahit l'État, dit Benjamin Constant, toutes les fois qu'il exerce au détriment de l'État son autorité légale. » Telle a toujours été la base principale des accusations pour crime de trahison.

Nous rencontrons, Messieurs, de graves excès de ce genre dans l'histoire du 16 mai ; mais il est superflu d'insister sur ce point, car cette triste période nous présente nombre de faits qui tombent directement sous l'application des lois pénales communes à tous les citoyens.

Voici, Messieurs, les conclusions de votre commission :

Il y a, suivant nous, présomption grave que les ministres du 17 mai se sont rendus coupables des crimes de trahison et de prévarication, et en fait :

D'avoir, par une politique ouvertement inconstitutionnelle, remis en question l'existence de la République et jeté ainsi le pays dans une perturbation profonde ;

D'avoir suspendu l'empire de la Constitution et des lois ; de les avoir formellement violées ;

D'avoir fait un abus criminel du pouvoir qui leur était

confié, et ce, dans le dessein de fausser les élections et de priver les citoyens du libre exercice de leurs droits civiques ;

D'être intervenus dans les élections, par la violence, par la promesse et par la menace, par dons, faveurs, distributions de fonctions, décorations, grades ou places, par des destitutions de fonctionnaires, par des manœuvres de toute sorte, par des proclamations, des ordres, des circulaires, des instructions données aux agents du pouvoir, et par de fausses nouvelles ;

D'avoir attenté à la liberté de la presse ;

D'avoir ordonné divers actes arbitraires ou attentatoires soit à la Constitution, soit à la liberté individuelle, soit aux droits civiques des citoyens ;

D'avoir, par voies de fait ou menaces, empêché les citoyens d'exercer leurs droits civiques ; d'avoir, à cet effet, concerté un plan pour être exécuté sur tout le territoire ;

D'avoir concerté des mesures contraires aux lois et contre l'exécution des lois ;

D'avoir, dans l'intérêt de leurs desseins coupables, trafiqué des fonctions publiques ou des faveurs, ainsi que de tous les attributs et privilèges du pouvoir ;

D'avoir agréé des promesses pour confier ou retirer des fonctions publiques ; d'avoir promis ou donné lesdites fonctions pour obtenir tantôt qu'un candidat se présente, tantôt qu'il se retire ;

D'avoir fait remise à des particuliers, pour les corrompre dans un intérêt électoral, de taxes légitimement dues à l'État ;

D'avoir tenté d'influencer et influencé, par des moyens coupables, les magistrats chargés de mettre en mouvement l'action publique ou de rendre la justice ;

D'avoir tantôt pressé, tantôt suspendu, tantôt empêché l'exécution des lois pénales, suivant les opinions politiques des coupables, des prévenus ou des condamnés ;

D'avoir détourné et fait détourner des pièces et documents appartenant aux administrations publiques ;

D'avoir fait enlever des papiers dans des dépôts publics.

Crimes commis dans l'exercice de leurs fonctions, prévus et punis par l'article 12 de la loi du 16 juillet 1875 et par les articles 109, 110, 114, 115, 123, 124, 130, 173, 179, 254 et 255 du Code pénal.

Il y a, en outre, suivant nous, présomption grave que les ministres du 17 mai et du 23 novembre 1877 se sont rendus coupables du crime de trahison :

En formant un complot ayant pour but soit de changer, soit de détruire le gouvernement, ledit complot suivi d'actes commis ou commencés pour en préparer l'exécution, crime prévu et puni par l'article 89 du Code pénal :

En prenant des mesures contraires aux lois et à l'exécution des lois par suite d'un concert pratiqué entre des dépositaires de l'autorité publique, crime prévu et puni par les articles 123 et 124 du Code pénal.

En conséquence, votre Commission vous propose la résolution suivante :

PROJET DE RÉSOLUTION

ARTICLE PREMIER

Conformément à l'article 12, § 2, de la loi constitutionnelle du 16 juillet 1875, la Chambre des députés met en accusation devant le Sénat, pour crimes commis dans l'exercice de leurs fonctions, les membres du ministère du 17 mai 1877, présidé par M. le duc de Broglie, et du ministère du 23 novembre 1877, présidé par M. de Rochebouët.

ARTICLE 2

Trois commissaires, pris dans la Chambre des députés, seront nommés par elle au scrutin de liste pour, en son nom, faire toutes les réquisitions nécessaires, suivre, soutenir et mettre à fin l'accusation devant le Sénat, à qui la présente résolution et toutes les pièces recueillies par la commission d'enquête seront transmises dans le plus bref délai.

TABLE DES MATIÈRES

www.ingramcontent.com/pod-product-compliance
Lightning Source LLC
Chambersburg PA
CBHW071953270326
41928CB00009B/1430